T0240062

Informations- und Kodierungstheorie

Dagmar Schönfeld · Herbert Klimant
Rudi Piotraschke

Informations- und Kodierungstheorie

4. Auflage

 Springer Vieweg

Dr. Dagmar Schönfeld
TU Dresden
Deutschland

Dr. Herbert Klimant
TU Dresden
Deutschland

Dr. Rudi Piotraschke (†)

ISBN 978-3-8348-0647-5
DOI 10.1007/978-3-8348-8218-9

ISBN 978-3-8348-8218-9 (eBook)

Die Deutsche Nationalbibliothek verzeichnet diese Publikation in der Deutschen Nationalbibliografie; detaillierte bibliografische Daten sind im Internet über http://dnb.d-nb.de abrufbar.

Springer Vieweg

Einbandentwurf: KünkelLopka GmbH, Heidelberg

Gedruckt auf säurefreiem und chlorfrei gebleichtem Papier

Springer Vieweg ist eine Marke von Springer DE.
Springer DE ist Teil der Fachverlagsgruppe Springer Science+Business Media
www.springer-vieweg.de

Vorwort zur 4. Auflage

Auch die dritte Auflage dieses Buches ist vergriffen, was zum einen das nach wie vor bestehende Interesse an der hier behandelten Thematik zeigt und zum anderen uns die Möglichkeit gibt, den Inhalt nochmals einer Prüfung und Überarbeitung zu unterziehen. Grundlage des Buches sind eine Vorlesung zur Informations- und Kodierungstheorie im Bachelor-Studiengang/Grundstudium Diplomstudiengang sowie eine darauf aufbauende Vorlesung zur Kanalkodierung im Master-Studiengang/Hauptstudium Diplomstudiengang an der Fakultät Informatik der TU Dresden.

Das Buch wendet sich an Studenten der Informatik, Medieninformatik, Nachrichtentechnik und Mathematik an Universitäten und Fachhochschulen. Mathematische Anforderungen und die methodische Darstellung des Stoffes sind so gewählt, dass Studenten anderer Fachrichtungen ebenfalls solides Wissen auf diesem Gebiet erwerben können, auch im Selbststudium. Durchgerechnete Beispiele zu den einzelnen Stoffgebieten und Aufgaben mit unterschiedlichem Schwierigkeitsgrad zur Selbstkontrolle sollen das Studium erleichtern.

Obwohl die drei Hauptteile des Buches

- Informationsquellen und Quellenkodierung
- Informationsübertragung
- Kanalkodierung

inhaltlich eine Einheit bilden, ist es trotzdem möglich, sich beim Studium auf ein Teilgebiet zu konzentrieren.

Die Auswahl der Stoffgebiete, der zahlreichen Beispiele und Aufgaben zeigt dem Leser, dass die Informations- und Kodierungstheorie als angewandte mathematische Disziplin viele praxisrelevante Bezüge hat und ihre Ergebnisse in der modernen Informationsverarbeitung und Kommunikationstechnik ihren Niederschlag finden.

Leider ist unser Mitautor, Herr Dr. R. Piotraschke, im Sommer 2011 verstorben und konnte an dieser überarbeiteten Auflage nicht mehr mitwirken.

Dresden, im Januar 2012   Die Autoren

Inhalt

1 Einführung

1.1 Gegenstand der Informations- und Kodierungstheorie

Die Informations- und Kodierungstheorie [information and coding theory] gehört zum theoretischen Fundament der Informatik. Sie dient der formalen Beschreibung, der Analyse und Bewertung informationeller Prozesse (wie Erzeugung, Übertragung und Speicherung von Information) in unterschiedlichen Anwendungsbereichen. Bemerkenswert dabei ist, dass die Information in diesen Prozessen immer nur in kodierter Form erscheint, womit bereits auf den engen Zusammenhang zwischen Information und Kodierung hingewiesen werden soll.

Die Entstehung der Informationstheorie und der Kodierungstheorie fällt deshalb nicht zufällig in die gleiche Zeit, die mit den grundlegenden Arbeiten von C.E. SHANNON [SHA 48] und R.W. HAMMING [HAM 50] datiert werden kann. In der Folgezeit haben sich beide Theorien dann jedoch weitgehend selbständig entwickelt.

Obwohl die Informationstheorie, historisch gesehen, aus den Bedürfnissen der Nachrichtenübertragung entstand, fand sie nach dem Erscheinen der Arbeit von SHANNON eine rasche Verbreitung in vielen Anwendungsbereichen. Dabei wurden aber auch bald ihre Grenzen erkannt, die darin bestehen, dass die Informationstheorie nur eine spezifische Seite der Information, nämlich ihren **statistischen** Aspekt, erfasst, der sich auf die wahrscheinlichkeitstheoretische Verteilung der informationstragenden Elemente (z. B. Zeichen) bezieht. Man sagt deshalb auch zu Recht „Statistische Informationstheorie" oder „SHANNONsche Informationstheorie".

Für die Einbeziehung des semantischen Aspekts (Bedeutung der Information) und des pragmatischen Aspekts (Nutzen für den Informationsempfänger) ist bisher noch keine gleichwertige und allgemeingültige Lösung gefunden worden. Andererseits hat die Beschränkung auf den statistischen Aspekt jedoch in den meisten Fällen erst eine mathematische, d. h. wahrscheinlichkeitstheoretische

Beschreibung informationstheoretischer Probleme ermöglicht. Die Anwendung der SHANNONschen Informationstheorie ist also überall dort berechtigt, wo semantische und pragmatische Aspekte der Information unberücksichtigt bleiben können, z. B. bei der Übertragung und Speicherung von Daten. Aus diesem Grunde wird auch der SHANNONschen Informationstheorie das **Modell** einer gestörten Nachrichtenübertragung (Bild 1.1.1) zugrunde gelegt. Dabei ist besonders darauf hinzuweisen, dass der Übertragungskanal von der physischen Realisierung abstrahiert ist. Es kann dahinter ein Übertragungsweg, aber auch genauso ein Speichermedium, in das Information geschrieben und wieder ausgelesen wird, stehen.

Bild 1.1.1 *Allgemeines Modell der Nachrichtenübertragung*

Bei dieser verhältnismäßig starken Abstraktion von realen Übertragungssystemen ist zu berücksichtigen, dass es hier in erster Linie um Modelle für die Übertragung von **Information** geht und nicht von Signalen als Träger der Information. Probleme der Signalübertragung werden in diesem Buch nur dann angesprochen, wenn es das Verständnis der Informationsübertragung und der Dekodierung von Information erfordert.

Für die im Bild 1.1.1 enthaltenen Blöcke *Quelle* [source] und *Übertragungskanal* [transmission channel] werden wahrscheinlichkeitstheoretische Modelle entwickelt, mit denen die **Quelleninformation** und die vom Kanal unter dem Einfluss von Störungen [noise] **übertragene Information** (Transinformation) berechnet werden können.

Die Effektivität der Informationsübertragung ist wesentlich von der **Kodierung** der Information abhängig. Dabei geht es um zwei grundlegende Probleme: Einerseits soll die Quelleninformation in einer übertragungsfähigen Form eindeutig und rationell dargestellt (Quellenkodierung) und andererseits gegen Störungen auf dem Übertragungskanal geschützt (Kanalkodierung) werden. Dazu bietet die Kodierungstheorie eine Vielzahl verschiedener Methoden an. Die Informationstheorie bestimmt dagegen die Möglichkeiten und Grenzen der Informationsübertragung bei einer geeigneten Kodierung. Auch wenn die Kanalkodierung sich immer mehr zu einem selbständigen Teilbereich entwickelt hat, ist es gerechtfertigt, von einer „Informations- und Kodierungstheorie" zu sprechen.

Wesentliche *Aufgaben und Ziele* der Informations- und Kodierungstheorie sind:

- Modellmäßige Beschreibung informationstheoretischer Probleme in realen Informationssystemen,

- Darstellung gesetzmäßiger Zusammenhänge und Berechnung spezieller Kenngrößen, um die Leistungsfähigkeit von Informationssystemen zu erkennen sowie bestimmte Parameter optimal abzustimmen,

- Entwurf und Bewertung von Kodes bezüglich vorgegebener Kriterien, z. B. minimale Kodewortlängen (Quellenkodierung) oder hohe Störsicherheit (Kanalkodierung). Ziel ist eine nahezu fehlerfreie Dekodierung bei „optimalen" Kodeparametern.

1.2   Informationsbegriff und Informationsmaß

Obwohl heute jeder den Begriff „Information" in den verschiedensten Zusammenhängen verwendet, muss man feststellen, dass es dafür keine einheitliche Definition gibt, die allgemein akzeptiert und allen Anwendungsaspekten gerecht wird.

Mit welchen Schwierigkeiten eine eindeutige Begriffsbestimmung verbunden ist, soll mit folgendem Beispiel verdeutlicht werden: Wenn jemand sagt, die von ihm besuchte Veranstaltung sei „sehr informativ" gewesen (sie habe ihm eine „Menge an Informationen" gegeben), dann bedeutet das offensichtlich, er/sie hat viele neue Erkenntnisse gewonnen. Für einen anderen Besucher kann die gleiche Veranstaltung dagegen „wenig informativ" gewesen sein. Beide Aussagen sind aus subjektiver Sicht zwar eindeutig, jedoch ist der wirkliche Informationsgehalt besagter Veranstaltung auf diese Weise objektiv nicht bewertbar. Damit letzteres möglich wird, mussten wesentliche Einschränkungen bei der Begriffsbestimmung, die der SHANNONschen Informationstheorie zugrunde liegt, vorgenommen werden.

Man knüpft dabei aber an den Gedanken an, dass mit *Information* die Gewinnung von neuen Erkenntnissen aus einer Quelle verbunden werden kann. Dies bedeutet gleichzeitig, dass eine gewisse **Unbestimmtheit** über diese Quelle vorliegen muss (anderenfalls kann man nichts Neues von ihr erfahren!).

Betrachten wir z. B. das lateinische Alphabet als Informationsquelle, so besteht die Unbestimmtheit in den unterschiedlichen Auswahlmöglichkeiten der $N = 27$ Zeichen (26 Buchstaben und ein Leerzeichen). Da die konkrete Auswahl der Zeichen vom Inhalt der zu bildenden Nachricht abhängt, erscheint das aufeinanderfolgende Austreten der Zeichen aus der Quelle einem außenstehenden Beobachter als ein **Zufallsprozess**. Die Ungewissheit über diesen

Vorgang ist beseitigt, sobald eine konkrete Auswahl realisiert ist. Aus diesem Gedankengang resultiert die geläufige Aussage:

„Information ist beseitigte Unbestimmtheit".

Gelingt es, das Maß dieser Unbestimmtheit als äquivalenten Ausdruck der Informationsmenge zu ermitteln, so hat man einen Ansatz zur quantitativen Beschreibung von Informationsprozessen gewonnen.

Ein derartiger Ansatz, der u. a. auf R.V.L. HARTLEY [HAR 28] zurückgeht und von C.E. SHANNON erweitert und in der von ihm begründeten Informationstheorie konsequent angewendet wurde, kann wie folgt formuliert werden:

In einer Menge $X = \{x_1, x_2, ..., x_N\}$ soll das Ereignis x_i mit der Wahrscheinlichkeit $p(x_i)$ für $i = 1, 2, ..., N$ auftreten. Ein Ereignis kann z. B. die Auswahl eines Buchstabens aus dem lateinischen Alphabet sein. Der reziproke Wert von $p(x_i)$ stellt dann ein Maß H_i für die Unbestimmtheit über das Ereignis x_i dar: *Je größer $p(x_i)$ ist, um so kleiner wird H_i, und umgekehrt.*

Damit auch die Bedingung erfüllt wird, dass ein sicheres Ereignis ($p(x_i) = 1$) keine Unbestimmtheit enthält ($H_i = 0$), bildet man noch den Logarithmus[1] und erhält:

$$H_i = \log \frac{1}{p(x_i)} = -\log p(x_i). \tag{1.1}$$

Zweckmäßigerweise verwendet man heute i. Allg., wie auch im vorliegenden Buch, den *Logarithmus zur Basis 2* (Schreibweise: $\log_2 x = \operatorname{ld} x$).

Da Information als beseitigte Unbestimmtheit verstanden werden soll, gilt der Ausdruck H_i sowohl für das Maß der Unbestimmtheit (die *vor* dem Auftreten von x_i vorhanden war), als auch für das Maß der Information (die *nach* dem Auftreten von x_i gewonnen wurde).

Dieses Informationsmaß, das wir den weiteren Betrachtungen zugrunde legen, ist logisch erklärbar und mathematisch einfach handhabbar, widerspiegelt jedoch – das soll nochmals betont werden – nur den statistischen Aspekt der Information.

---

[1] Von weiteren Vorteilen, die sich aus der Anwendung der Logarithmenrechnung auf das vorliegende Problem ergeben, werden wir uns im Abschn. 2 überzeugen können.

2 Informationsquellen

2.1 Modellierung und Klassifizierung von Quellen

Im Abschn. 1 wurde schon darauf hingewiesen, dass die Berechnung von Informationsmengen eine Abstraktion von realen Vorgängen, d. h. eine Modellbildung erfordert. Das trifft im Besonderen auch für Informationsquellen zu. Man muss sich deshalb im Folgenden immer bewusst sein, dass die Berechnung der Quelleninformation auf **Modelle** bezogen ist, die von realen Quellen abgebildet sind. In diesem Zusammenhang sind zwei wesentliche Aspekte hervorzuheben:

- Im Modell werden nur spezifische Eigenschaften des realen Objekts abgebildet, so dass immer eine Überprüfung notwendig ist, ob die Abbildungsgenauigkeit für den vorgesehenen Zweck ausreicht.
- Aufgrund der Abstraktion können mit gleichen Modellen physisch sehr verschiedenartige Quellen beschrieben werden, wie wir in vielen Beispielen zeigen werden.

Gemäß der SHANNONschen Theorie erfolgt die Modellbildung auf wahrscheinlichkeitstheoretischer Grundlage: Die reale Informationsquelle wird durch eine vorgegebene Wahrscheinlichkeitsverteilung auf die Menge der möglichen Ereignisse der Quelle abgebildet.

Unter einem „Ereignis" verstehen wir die Auswahl eines Symbols oder Zeichens aus der Quelle; das kann im konkreten Fall ein Buchstabe, eine Ziffer, ein Messwert, o. Ä. sein.

Beispiele für die Abbildung realer Informationsquellen sind:

- Anzahl der Zeichen einer alphanumerischen Tastatur mit der Wahrscheinlichkeitsverteilung der Tastenanschläge,
- Anzahl unterscheidbarer Helligkeitswerte jedes Bildpunktes (z. B. eines Fernsehbildes) und ihre Auftrittswahrscheinlichkeiten,
- Anzahl und Wahrscheinlichkeitsverteilung der Amplitudenstufen eines quantisierten analogen Signals.

Die Menge der möglichen Ereignisse einer Quelle wird als Zeichenvorrat oder **Alphabet** der Quelle bezeichnet.

Ein bestimmtes Ereignis, d. h. ein konkreter Auswahlvorgang aus einem Alphabet, wird dem Informationsbegriff entsprechend als **zufälliges Ereignis** betrachtet.

Damit kann das Modell einer Informationsquelle auch auf eine zufällige Variable mit einem vorgegebenen Wertevorrat und einer zugehörigen Wahrscheinlichkeitsverteilung zurückgeführt werden.

Der Wertevorrat bzw. die Anzahl der Elemente des Alphabets kann *endlich* sein, wie beim lateinischen Alpabet der Buchstaben, oder *unendlich*, wie z. B. die Amplitudenwerte eines analogen Signals. Werden jedoch nur ganz bestimmte Amplitudenwerte der analogen Signalquelle erfasst, dann hat das Alphabet nur endlich viele oder abzählbar unendlich viele Elemente.

Unter diesem Aspekt wird eine Einteilung in **diskrete** und **kontinuierliche** (bzw. **analoge**) Quellen vorgenommen.

In realen Informationsquellen sind die Ereignisse meistens voneinander *abhängig*, d. h., ein Ereignis ist durch ein anderes oder durch mehrere andere Ereignisse bedingt, wie z. B. die Anordnung der Buchstaben in einem sinnvollen Wort. Diese Abhängigkeit wird modellmäßig durch bedingte Wahrscheinlichkeiten berücksichtigt. In vielen Anwendungsfällen kann die Abhängigkeit jedoch vernachlässigt werden, und häufig reicht sogar eine Näherungslösung durch die zusätzliche Annahme gleichwahrscheinlicher Ereignisse aus.

Diese unterschiedlichen Aspekte der Modellbildung werden auch zur Klassifizierung der Informationsquellen (Bild 2.1.1) und für die weitere Gliederung im vorliegenden Abschnitt verwendet.

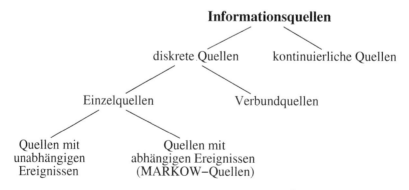

Bild 2.1.1 *Klassifizierung von Informationsquellen*

2.2 Diskrete Quellen

2.2.1 Diskrete Quellen mit unabhängigen Ereignissen

Im Abschn. 1.2 wurde ein Informationsmaß eingeführt (Gl. (1.1)), das nun zur Berechnung verschiedener Quellenmodelle genutzt und erweitert werden soll. Dabei werden die zunächst für ein Einzelereignis dargestellten Überlegungen auf eine endliche Menge unterschiedlicher Ereignisse übertragen.

Definition 2.2.1 *Eine Quelle mit dem Alphabet* $X = \{x_1, x_2, ..., x_N\}$ *und der Verteilung der zugehörigen Auftrittswahrscheinlichkeiten* $(p(x_i)) = (p(x_1), p(x_2), ..., p(x_N))$, *wobei*

$$\sum_{i=1}^{N} p(x_i) = 1, \tag{2.1}$$

wird als **diskrete Quelle X** *mit* **unabhängigen** *Ereignissen bezeichnet.*

Da Gl. (1.1) offensichtlich für alle $p(x_i)$ $(i = 1, 2, ..., N)$ gilt, ergeben sich

$$H_1 = -\mathrm{ld}\, p(x_1),$$
$$H_2 = -\mathrm{ld}\, p(x_2),$$
$$\vdots$$
$$H_N = -\mathrm{ld}\, p(x_N).$$

Die einzelnen Ereignisse liefern i. Allg. unterschiedliche Beiträge zur Unbestimmtheit bzw. zum Informationsgehalt der Quelle. Da die Ereignisse zufälligen Charakter haben, wie oben festgestellt wurde, ist auch H_i $(i = 1, 2, ..., N)$ eine Zufallsgröße, für die folgender *gewichteter* Mittelwert H_m berechnet werden kann:

$$H_m = \sum_{i=1}^{N} p(x_i)\, H_i$$

bzw.

$$H_m = \sum_{i=1}^{N} p(x_i)\, \mathrm{ld}\, \frac{1}{p(x_i)} = -\sum_{i=1}^{N} p(x_i)\, \mathrm{ld}\, p(x_i). \tag{2.2}$$

Anmerkungen zur Notation:
1. Im Weiteren wird zur einfacheren Schreibweise meistens $p(x_i) = p_i$ gesetzt.
2. Wo es zweckmäßig erscheint, wird $H_m = H(p_1, p_2, ..., p_N)$ geschrieben. □

Mit Gl. (2.2) wird die mittlere Unbestimmtheit der Quelle berechnet, die als **Entropie** [entropy] bzw. **Quellenentropie** bezeichnet wird. Aufgrund des Zusammenhangs zwischen Unbestimmtheit und Information stellt die Quellenentropie H_m damit gleichzeitig den **mittleren Informationsgehalt** [average information content] der Quelle dar.

H_m erhält die Maßeinheit *bit/Zeichen, bit/Messwert* u. Ä. Obwohl in der Literatur häufig nur die Einheit *bit* verwendet wird, werden wir im vorliegenden Buch aus methodischen Gründen auch immer die Bezugsgröße für *bit* angeben.

In den folgenden Sätzen werden einige wichtige Eigenschaften der Entropiefunktion gemäß Gl. (2.2) aufgeführt:

1. Die Quellenentropie H_m ist eine stetige Funktion von p_i für $0 \leq p_i \leq 1$.
2. H_m wird **maximal**, wenn alle Ereignisse der Quelle **gleichwahrscheinlich** sind.

   Beweis:

   Zur Extremwertbestimmung von H_m verwenden wir den LAGRANGEschen Multiplikator λ und erhalten die Hilfsfunktion

   $$F = -\sum_{i=1}^{N} p_i \, \mathrm{ld}\, p_i - \lambda \left(\sum_{i=1}^{N} p_i - 1 \right) \quad \mathrm{mit} \quad \sum_{i=1}^{N} p_i = 1$$

   $$= -\sum_{i=1}^{N} (p_i \, \mathrm{ld}\, p_i + \lambda \, p_i) + \lambda.$$

   Die partiellen Ableitungen nach p_i $(i = 1, 2, ..., N)$ ergeben

   $$\frac{\partial F_i}{\partial p_i} = -\mathrm{ld}\, p_i - \mathrm{ld}\, e - \lambda.$$

   Aus der Bedingung $\dfrac{\partial F_i}{\partial p_i} = 0$ erhalten wir schließlich

   $$\mathrm{ld}\, p_i = -\mathrm{ld}\, e - \lambda \quad (i = 1, 2, ..., N).$$

   Da $\mathrm{ld}\, p_i$ für alle i gleich ist, muss

   $$p_i = \frac{1}{N} \quad (i = 1, 2, ..., N)$$

   für den Extremwert gelten. Alle zweiten Ableitungen nach p_i ergeben negative Werte, d. h., es liegt tatsächlich ein Maximalwert vor.

   Nach dem Einsetzen von $p_i = 1/N$ in Gl. (2.2) ergibt sich damit der **Maximalwert** der Quellenentropie

   $$H_{max} = \mathrm{ld}\, N. \tag{2.3}$$

3. Eine Quelle, deren Alphabet ein *sicheres Ereignis* enthält, hat keine Unbestimmtheit:

$$H(0, ..., 0, 1, 0, ..., 0) = 0.$$

Der Beweis folgt unmittelbar aus Gl. (2.2).

4. Die Hinzufügung von *unmöglichen Ereignissen* zum Alphabet einer Quelle ändert nicht ihre Entropie:

$$H(p_1, p_2, ..., p_N, 0, 0, ..., 0) = H(p_1, p_2, ..., p_N).$$

Der Beweis folgt unmittelbar aus Gl. (2.2).

5. Die Auflösung eines Ereignisses in Teilereignisse, für die $p_i = q_1 + q_2$ gilt, führt zu einer *Zunahme der Entropie*:

$$H_1(p_1, p_2, ..., p_i, ..., p_N) < H_2(p_1, ..., q_1, q_2, ..., p_N).$$

Beweis (für $i = N$, also $p_N = q_1 + q_2$):

$$H_1 = -\sum_{i=1}^{N-1} p_i \operatorname{ld} p_i - p_N \operatorname{ld} p_N = -\sum_{i=1}^{N-1} p_i \operatorname{ld} p_i - q_1 \operatorname{ld} p_N - q_2 \operatorname{ld} p_N,$$

$$H_2 = -\sum_{i=1}^{N-1} p_i \operatorname{ld} p_i - q_1 \operatorname{ld} q_1 - q_2 \operatorname{ld} q_2,$$

$$H_2 - H_1 = -q_1 \operatorname{ld} q_1 - q_2 \operatorname{ld} q_2 + q_1 \operatorname{ld} p_N + q_2 \operatorname{ld} p_N,$$

$$= q_1 \operatorname{ld} \frac{p_N}{q_1} + q_2 \operatorname{ld} \frac{p_N}{q_2} > 0.$$

Der letzte Satz lässt folgende allgemeine Schlussfolgerung zu:
Je größer die Auflösung eines diskreten Systems ist, d. h. je feiner es strukturiert ist, um so größer ist seine Entropie bzw. sein mittlerer Informationsgehalt.

Abschließend kehren wir nochmal zum 2. Satz mit der Bemerkung zurück, dass der Maximalwert der Entropie auch als **Entscheidungsgehalt** H_0 [decision content] der Quelle bezeichnet wird. Darunter ist Folgendes zu verstehen:
In einem System zufälliger Ereignisse kann jedes Ereignis durch aufeinanderfolgende Binärentscheidungen (ja/nein, kleiner/größer, u. Ä.) bestimmt werden. Soll z. B. auf diese Weise aus einer Menge von N Zahlen eine bestimmte Zahl „erraten" werden, so sind dazu im Mittel H_0 Fragen bzw. Binärentscheidungen erforderlich.
Von besonderem Interesse in diesem Zusammenhang ist der binäre Fall ($N = 2$) mit gleichwahrscheinlichen Ereignissen, z. B. der Wurf einer Münze mit den möglichen Ergebnissen „Kopf" oder „Zahl". Für diesen Fall wird die Einheit der Informationsmenge definiert.

Definition 2.2.2 *Der Entscheidungsgehalt von zwei unabhängigen und gleichwahrscheinlichen Ereignissen einer Quelle*

$$H_0 = \text{ld}\,2 = 1\,\frac{bit}{Ereignis} \tag{2.4}$$

wird als **Einheit der Informationsmenge** *bezeichnet.*

Beispiel 2.2.1

Berechnung der Quellenentropie eines Würfels ($N = 6$) für folgende Fälle:

- idealer Würfel mit $p_i = \frac{1}{6}$ für $i = 1, 2, ..., 6$.
  Entsprechend Gl. (2.3) ergibt sich
  $H_0 = \text{ld}\,6 = \underline{2,58\ bit/Ereignis}$,

- vom Idealfall abweichender Würfel mit dem Wahrscheinlichkeitsvektor
  $(p_i) = (p_1,\ p_2,\ ...,\ p_6) = \left(\frac{1}{8}\ \frac{1}{8}\ \frac{1}{8}\ \frac{1}{8}\ \frac{1}{8}\ \frac{3}{8}\right)$.
  Entsprechend Gl. (2.2) erhält man
  $H_m = 5 \cdot \frac{1}{8}\,\text{ld}\,8 + \frac{3}{8}\,\text{ld}\,\frac{8}{3} = \underline{2,41\ bit/Ereignis}$. $\qquad\square$

Diese Ergebnisse werden durch die praktische Erfahrung bestätigt, derzufolge die Unbestimmtheit (Entropie) geringer ist, wenn die Wahrscheinlichkeit für das Auftreten einer bestimmten Augenzahl beim Würfeln größer als die der anderen Augenzahlen ist.

Beispiel 2.2.2

Berechnung der Entropie einer **Binärquelle** ($N = 2$) mit $p_1 = p$ und $p_2 = 1-p$. Durch Einsetzen der Wahrscheinlichkeiten in Gl. (2.2) ergibt sich

$$H_m = -p\,\text{ld}\,p - (1 - p)\,\text{ld}\,(1 - p). \tag{2.5}$$

Die logarithmische Funktion $H(p_1, p_2)$ hat die Extremwerte
$H(0, 1) = H(1, 0) = 0$ und
$H\left(\frac{1}{2}, \frac{1}{2}\right) = H_{max} = 1\ bit/BZ$. $\qquad\square$

Anmerkung:

In der Rechentechnik und Datenverarbeitung wird grundsätzlich jedem *Bit* (binäres Element als Träger der Information) der Wert von 1 *bit* zugeordnet. Der entsprechende Informationsgehalt gemäß der SHANNONschen Theorie beträgt jedoch nur im Grenzfall 1 *bit*, d. h., wenn beide möglichen Binärzustände *gleichwahrscheinlich* sind. $\qquad\square$

Wir betrachten abschließend noch ein **spezielles Quellenmodell:**

Ein besonderer Modellfall liegt vor, wenn sich das Wahrscheinlichkeitsfeld aus gleichwahrscheinlichen *und* nichtgleichwahrscheinlichen Ereignissen zusammensetzt. Als Beispiel kann man sich eine Skalenanzeige (mit Grob- und Feinanzeige) vorstellen, bei der die ganzzahligen Werte mit sehr unterschiedlichen Wahrscheinlichkeiten auftreten können, während für die Zwischenwerte meistens Gleichwahrscheinlichkeit angenommen werden kann.

Das mathematische Modell dieses Falls kann wie folgt beschrieben werden: Gegeben sei eine diskrete Quelle mit N unabhängigen Objekten mit unterschiedlichen Auftrittswahrscheinlichkeiten p_i und M_i gleichwahrscheinlichen Elementen des i-ten Objektes ($i = 1, 2, ..., N$).

Die Entropie des i-ten Objektes ist

$$H_i = \operatorname{ld} \frac{1}{p_i} + \operatorname{ld} M_i.$$

Als Mittelwert über alle N Objekte erhalten wir die Quellenentropie H_m in *bit/Element*:

$$H_m = \sum_{i=1}^{N} p_i \left(\operatorname{ld} \frac{1}{p_i} + \operatorname{ld} M_i \right). \tag{2.6}$$

Für den Fall $M_i = M$ für alle i gilt

$$H_m = \sum_{i=1}^{N} p_i \operatorname{ld} \frac{1}{p_i} + \operatorname{ld} M. \tag{2.7}$$

Die Gln. (2.6) und (2.7) zeigen nochmal deutlich, dass es sich bei diesem Quellenmodell um einen zweistufigen Entscheidungsprozess handelt:

1. Auswahl eines Objektes,

2. Auswahl eines Elementes aus dem entsprechenden Objekt.

Beispiel 2.2.3

Eine diskrete Quelle enthält 24 Zeichen, die in drei gleich große Gruppen mit den Auftrittswahrscheinlichkeiten $(p_i) = (0,80 \quad 0,15 \quad 0,05)$ unterteilt werden können. Innerhalb jeder Gruppe treten die Zeichen gleichwahrscheinlich auf. Es ist die Entropie dieser Informationsquelle zu bestimmen!

Lösung:

Mit $M = 8$, $N = 3$ und (p_i) ergibt sich nach Gl. (2.7)

$H_m = \operatorname{ld} 8 - 0,8 \operatorname{ld} 0,8 - 0,15 \operatorname{ld} 0,15 - 0,05 \operatorname{ld} 0,05 = \underline{3,9 \; bit/Zeichen}$.

Ohne Berücksichtigung der unterschiedlichen Gruppenwahrscheinlichkeiten wäre die Quellenentropie

$$H_0 = \text{ld}\, 24 = \underline{4,6\ bit/Zeichen}\,.$$ □

Hinweis: **Aufgaben** s. Abschn. 2.4

2.2.2 Diskrete Quellen mit abhängigen Ereignissen (MARKOW-Quellen)

2.2.2.1 Beschreibung diskreter MARKOW-Quellen

Im vorangegangenen Abschnitt wurde angenommen, dass die aufeinanderfolgenden Ereignisse einer Quelle voneinander unabhängig sind. Man spricht in diesem Fall auch von einer „Quelle ohne Gedächtnis". Diese Modellannahme ist zwar oft bei praktisch hinreichender Genauigkeit gerechtfertigt, weicht jedoch meistens erheblich von der Realität ab, wie z. B. bei der Verwendung des Alphabets der lateinischen Buchstaben. Schon aus Erfahrung wissen wir, dass in jedem sinnvollen Text bestimmte Buchstabenverbindungen (z. B. en, de, ch) sehr viel häufiger als andere vorkommen, d. h., zwischen diesen existieren stärkere Abhängigkeiten.

Die **Abhängigkeit** zeigt sich darin, dass das Eintreten eines Ereignisses (die Auswahl eines Quellenzeichens) von den *vorausgegangenen* Ereignissen bestimmt wird. Mit anderen Worten: *Das Ereignis* $x^{(m+1)}$ *tritt unter der Bedingung ein, dass ganz bestimmte Ereignisse* $x^{(1)}, x^{(2)}, ..., x^{(m)}$ *bereits eingetreten sind.*

Diese m Ereignisse stellen den **Zustand** der Quelle vor dem Eintreten des Ereignisses $x^{(m+1)}$ dar. Bei jedem Ereignis (Auswahl eines Quellenzeichens) geht die Quelle in einen Folgezustand über, der durch die m zuletzt ausgewählten Quellenzeichen bestimmt wird und von dem die Auswahl des jeweils nächsten Quellenzeichens abhängt.

Die Auswahl des Quellenzeichens $x^{(m+1)}$ erfolgt demnach mit der bedingten Wahrscheinlichkeit

$$p\left(x^{(m+1)}|x^{(m)}...\,x^{(2)}\,x^{(1)}\right).\tag{2.8}$$

Ein Quellenmodell, bei dem die Quellenzeichen entsprechend Gl. (2.8) ausgewählt werden, wird als „MARKOW-Quelle m-ter Ordnung" oder auch als „Quelle mit Gedächtnis" bezeichnet.

Wir werden uns hier auf den wichtigen Modellfall „MARKOW-Quellen **erster Ordnung**" beschränken, bei dem die Auftrittswahrscheinlichkeiten der Ereignisse immer nur von dem *zuletzt* eingetretenen Ereignis $x^{(m)}$ abhängen.

Da der jeweilige Zustand der Quelle in diesem Fall nur vom Ereignis $x^{(m)}$ bestimmt wird, spricht man bei MARKOW-Quellen erster Ordnung auch meistens von **Zustandswahrscheinlichkeiten** anstelle von Ereignis- oder Zeichenwahrscheinlichkeiten.

Die bedingte Wahrscheinlichkeit ist in diesem Modellfall gemäß Gl. (2.8)

$$p(x^{(m+1)}|x^{(m)})\,,$$

wofür wir im Folgenden die Schreibweise

$$p(x_j|x_i)\quad (i,j=1,2,...,N) \tag{2.9}$$

verwenden werden. Sie ist die Wahrscheinlichkeit dafür, dass das Ereignis bzw. der Zustand x_j eintreten wird, wenn der Zustand x_i vorliegt. Weil damit der Übergang vom Zustand x_i in den Zustand x_j ausgedrückt wird, bezeichnet man $p(x_j|x_i)$ auch als **Übergangswahrscheinlichkeit**.

Definition 2.2.3 *Eine MARKOW-Quelle ist das mathematische Modell einer Informationsquelle, bei dem die aufeinanderfolgende Auswahl von Quellenzeichen, d. h. die Folge der Zustände, sowohl von der momentanen Verteilung der Auftritts- bzw. Zustandswahrscheinlichkeiten als auch von der Verteilung der Übergangswahrscheinlichkeiten abhängt.*

Der Begriff „momentane Verteilung" weist darauf hin, dass die Auftritts- bzw. Zustandswahrscheinlichkeiten (im Gegensatz zu Quellen mit unabhängigen Ereignissen) bei MARKOW-Quellen i. Allg. zeitlich veränderlich sind. Die Folge dieser Wahrscheinlichkeitsverteilungen der Zustände bzw. Quellenzeichen nennen wir MARKOW-**Kette** (s. Bild 2.2.1).

Die MARKOW-Kette kann in jedem diskreten Zeitpunkt nach dem Satz von der vollständigen Wahrscheinlichkeit wie folgt berechnet werden:

$$p(x_j) = \sum_{i=1}^{N} p(x_i)\, p(x_j|x_i)\quad (j=1,2,...,N)\,. \tag{2.10}$$

Anmerkung:
Im Gegensatz zu den Zustandswahrscheinlichkeiten soll die Verteilung der Übergangswahrscheinlichkeiten zeitlich invariant sein. $\qquad\square$

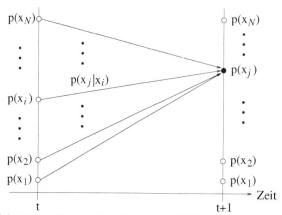

Bild 2.2.1 *Zustandswahrscheinlichkeiten* $p(x_i)$, $p(x_j)$ *und Übergangswahrscheinlichkeiten* $p(x_j|x_i)$ $(i, j = 1, 2, ..., N)$

Beispiel 2.2.4

Eine diskrete Quelle sei durch die Anfangswahrscheinlichkeiten (Vektor der Zustandswahrscheinlichkeiten zum Zeitpunkt $t = 0$) $(p_i^{(0)}) = (1 \; 0 \; 0)$ und die folgende Matrix der Übergangswahrscheinlichkeiten bestimmt:

$$(p(x_j|x_i)) = \begin{pmatrix} p(x_1|x_1) & p(x_2|x_1) & p(x_3|x_1) \\ p(x_1|x_2) & p(x_2|x_2) & p(x_3|x_2) \\ p(x_1|x_3) & p(x_2|x_3) & p(x_3|x_3) \end{pmatrix} = \begin{pmatrix} 0 & 0,2 & 0,8 \\ 0,1 & 0,9 & 0 \\ 0,2 & 0,4 & 0,4 \end{pmatrix}.$$

Zu berechnen sind die Zustandswahrscheinlichkeiten der MARKOW-Kette für eine hinreichend große Zahl von Übergängen!

Lösung:

Entsprechend Gl. (2.10) wird die Verteilung der Zustandswahrscheinlichkeiten zum Zeitpunkt $(t + 1)$ wie folgt berechnet:

$$(p_j^{(t+1)}) = (p_i^{(t)}) \, (p(x_j|x_i)).$$

Zustandswahrscheinlichkeiten zum Zeitpunkt $t = 1$:

$p_1^{(1)} = p_1^{(0)}p(x_1|x_1) + p_2^{(0)}p(x_1|x_2) + p_3^{(0)}p(x_1|x_3) = 1 \cdot 0 + 0 \cdot 0,1 + 0 \cdot 0,2 = 0$,

$p_2^{(1)} = p_1^{(0)}p(x_2|x_1) + p_2^{(0)}p(x_2|x_2) + p_3^{(0)}p(x_2|x_3) = 1 \cdot 0,2 + 0 \cdot 0,9 + 0 \cdot 0,4 = 0,2$,

$p_3^{(1)} = p_1^{(0)}p(x_3|x_1) + p_2^{(0)}p(x_3|x_2) + p_3^{(0)}p(x_3|x_3) = 1 \cdot 0,8 + 0 \cdot 0 + 0 \cdot 0,4 = 0,8$.

Zustandswahrscheinlichkeiten zum Zeitpunkt $t = 2$:

$p_1^{(2)} = 0 \cdot 0 + 0,2 \cdot 0,1 + 0,8 \cdot 0,2 = 0,18$,

$p_2^{(2)} = 0 \cdot 0,2 + 0,2 \cdot 0,9 + 0,8 \cdot 0,4 = 0,50$,

$p_3^{(2)} = 0 \cdot 0,8 + 0,2 \cdot 0 + 0,8 \cdot 0,4 = 0,32$.

Für die weiteren Übergänge wollen wir uns nur die Berechnungsergebnisse ansehen:

t	0	1	2	3	4	5	6	...	10	...	20
p_1	1	0,00	0,18	0,12	0,12	0,11	0,10	...	0,10	...	0,10
p_2	0	0,20	0,50	0,61	0,68	0,72	0,74	...	0,76	...	0,76
p_3	0	0,80	0,32	0,27	0,20	0,17	0,16	...	0,14	...	0,14

Nach dem zehnten Übergang ändert sich die Verteilung der Zustandswahrscheinlichkeiten (bei einer Genauigkeit von zwei Dezimalstellen) nicht mehr,
d. h., diese Verteilung entspricht dem **stationären Zustand** der Quelle.   □

Mit dem Beispiel 2.2.4 haben wir eine wesentliche Eigenschaft der hier betrachteten Klasse von MARKOW-Quellen kennengelernt, nämlich die der **Statio-
narität**.
Die meisten dieser stationären Quellen besitzen darüber hinaus die Eigenschaft
der **Ergodizität**. Ohne auf theoretische Grundlagen ergodischer Prozesse näher einzugehen, soll der für uns wesentliche Aspekt hervorgehoben werden:
*Bei ergodischen Quellen hängt die Verteilung der stationären Wahrschein-
keiten nur noch von den Übergangswahrscheinlichkeiten und nicht mehr vom
Anfangszustand der Quelle ab.*
Wir können uns von dieser wichtigen Eigenschaft leicht überzeugen, indem im
Beispiel 2.2.4 für die Anfangswahrscheinlichkeiten z. B. $(p_i^{(0)}) = \left(\frac{1}{3}\ \frac{1}{3}\ \frac{1}{3}\right)$ gewählt wird. Deshalb werden die Zustandswahrscheinlichkeiten im stationären
Bereich auch als **ergodische Zustandswahrscheinlichkeiten** bezeichnet.
Wir wollen im Folgenden stets **ergodische MARKOW-Quellen** vorausset-
zen. Dann können die stationären bzw. ergodischen Zustandswahrscheinlich-
keiten $\overline{p_i}\ (= \overline{p(x_i)})$ auch aus der allgemeinen *Lösung des vollständigen Gleichungssystems* (für den stationären Zustand) gewonnen werden:

$$\left.\begin{aligned}
\overline{p_1} &= \overline{p_1}\,p(x_1|x_1) + \overline{p_2}\,p(x_1|x_2) + \ldots + \overline{p_N}\,p(x_1|x_N)\,, \\
\overline{p_2} &= \overline{p_1}\,p(x_2|x_1) + \overline{p_2}\,p(x_2|x_2) + \ldots + \overline{p_N}\,p(x_2|x_N)\,, \\
&\cdots\cdots\cdots\cdots\cdots\cdots\cdots\cdots\cdots\cdots\cdots\cdots\cdots\cdots \\
\overline{p_N} &= \overline{p_1}\,p(x_N|x_1) + \overline{p_2}\,p(x_N|x_2) + \ldots + \overline{p_N}\,p(x_N|x_N)\,,
\end{aligned}\right\} \tag{2.11}$$

mit $\overline{p_1} + \overline{p_2} + \ldots + \overline{p_N} = 1$.

Im Gegensatz zur iterativen Lösung gemäß Gl. (2.10), deren Genauigkeit von
der Anzahl ausgeführter Übergänge bzw. Iterationsschritte abhängt, führt das
Gleichungssystem (2.11) zu exakten Lösungen.

Für die **binäre MARKOW-Quelle** ($N = 2$) erhalten wir aus Gl. (2.11) die
stationären Zustandswahrscheinlichkeiten

$$\overline{p_1} = \frac{p(x_1|x_2)}{p(x_2|x_1) + p(x_1|x_2)}\,, \quad \overline{p_2} = \frac{p(x_2|x_1)}{p(x_2|x_1) + p(x_1|x_2)} \quad \text{mit } \overline{p_1} + \overline{p_2} = 1\,.$$

Hervorzuheben ist hierbei der Fall **symmetrischer Übergangswahrschein-lichkeiten**

$$p(x_2|x_1) = p(x_1|x_2) - p \,,$$

$$p(x_1|x_1) = p(x_2|x_2) = 1 - p \,,$$

mit den stationären Zustandswahrscheinlichkeiten

$$\overline{p_1} = \overline{p_2} = \tfrac{1}{2} \,.$$

Eine Binärquelle mit gleichen Zustandswahrscheinlichkeiten und symmetrischen Übergangswahrscheinlichkeiten (was häufig, wenigstens näherungsweise, zutrifft) befindet sich demzufolge von Anfang an im stationären Zustand.

Eine anschauliche Beschreibung von MARKOW-Quellen ist auch durch **Zustandsgraphen** möglich (Bild 2.2.2), in denen die Ereignisse (Zustände) durch Knoten und die Übergänge (mit den zugehörigen Übergangswahrscheinlichkeiten) durch Kanten dargestellt werden (kantenbewerteter gerichteter Graph).

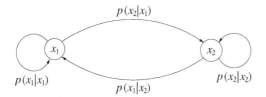

Bild 2.2.2 *Zustandsgraph einer binären MARKOW-Quelle 1. Ordnung*

2.2.2.2 Entropie diskreter MARKOW-Quellen

Wie wir wissen, ist die Entropie ein Maß für die Unbestimmtheit eines Systems zufälliger Ereignisse. Bei Quellen mit N nicht gleichwahrscheinlichen und voneinander abhängigen Zuständen liegt Unbestimmtheit in der Hinsicht vor, dass man für einen bestimmten Zeitpunkt nicht genau voraussagen kann,

– welcher von N möglichen Zuständen gerade vorliegt und

– welcher von N möglichen Übergängen als nächster eintreten wird.

Zunächst wollen wir feststellen, dass bei dem angenommenen Fall immer beide Teile der Unbestimmtheit vorliegen, und zwar unabhängig davon, welches Quellenmodell verwendet wird. Sobald man aber eine Unbestimmtheit durch eine Wahrscheinlichkeitsverteilung beschreibt und diese bei der Entropieberechnung berücksichtigt, wird ein Teil der ursprünglichen Unbestimmtheit beseitigt, d. h., die wirkliche Entropie wird kleiner.

Bei MARKOW-Quellen (Definition 2.2.3) werden sowohl die Zustands- als auch die Übergangswahrscheinlichkeiten berücksichtigt. Man kann demzufolge erwarten, dass die Entropie kleiner als beim Quellenmodell mit unabhängigen Zuständen sein wird.

Zuerst wollen wir die Unbestimmtheit, die in den Übergangsmöglichkeiten von einem beliebigen x_i zu allen x_j $(j = 1, 2, ..., N)$ liegt, berechnen. Analog zur Gleichung für die Entropie unabhängiger Ereignisse (Gl. (2.2)) erhält man

$$H_i = \sum_{j=1}^{N} p(x_j|x_i) \operatorname{ld} \frac{1}{p(x_j|x_i)} .$$

Den anderen Teil der Unbestimmtheit erfasst man durch Mittelwertbildung über alle x_i $(i = 1, 2, ..., N)$, d. h. durch Wichtung der einzelnen Beträge H_i mit den entsprechenden Auftrittswahrscheinlichkeiten $p(x_i)$:

$$H_m = \sum_{i=1}^{N} p(x_i) \, H_i .$$

Der Mittelwert H_m, der die Entropie bzw. den mittleren Informationsgehalt der MARKOW-Quelle erster Ordnung darstellt, wird für den stationären Fall $p(x_i) = \overline{p(x_i)}$ als **MARKOW-Entropie** H_M bezeichnet:

$$H_M = \sum_{i=1}^{N} \sum_{j=1}^{N} \overline{p(x_i)} \, p(x_j|x_i) \operatorname{ld} \frac{1}{p(x_j|x_i)} \quad \text{in} \quad \frac{bit}{Zustand} . \tag{2.12}$$

Anmerkung:
Da wir uns auf MARKOW-Quellen *erster* Ordnung beschränken, könnte die Maßeinheit auch *bit/Ereignis* oder *bit/Quellenzeichen* heißen. □

Beispiel 2.2.5
Berechnung der MARKOW-Entropie einer diskreten Quelle mit $N = 3$ voneinander abhängigen Zuständen (mit den im Beispiel 2.2.4 gegebenen Zustands- und Übergangswahrscheinlichkeiten) entsprechend Gl. (2.12):

$$H_M = 0,10 \left(0,2 \operatorname{ld} \frac{1}{0,2} + 0,8 \operatorname{ld} \frac{1}{0,8} \right) + 0,76 \left(0,1 \operatorname{ld} \frac{1}{0,1} + 0,9 \operatorname{ld} \frac{1}{0,9} \right)$$

$$+ 0,14 \left(0,2 \operatorname{ld} \frac{1}{0,2} + 2 \cdot 0,4 \operatorname{ld} \frac{1}{0,4} \right)$$

$$= 0,64 \; bit/Zustand .$$

Zum Vergleich soll die Entropie dieser Quelle im stationären Zustand bestimmt werden, wenn die Abhängigkeiten dabei unberücksichtigt bleiben:

$$H_m = 0,10 \; \mathrm{ld} \; \frac{1}{0,10} + 0,76 \; \mathrm{ld} \; \frac{1}{0,76} + 0,14 \; \mathrm{ld} \; \frac{1}{0,14} = 1,03 \; bit/Zustand \, .$$

Wird darüber hinaus noch Gleichwahrscheinlichkeit der Zustände angenommen, ergibt sich eine maximale Entropie

$$H_0 = \mathrm{ld} \, 3 = 1,58 \; bit/Zustand \, . \hspace{3cm} \square$$

Die Ergebnisse des Beispiels 2.2.5 bestätigen den objektiven Zusammenhang zwischen dem Maß der Unbestimmtheit und der Entropie bzw. dem mittleren Informationsgehalt der Quelle: Je mehr „Vorinformation" in Form von Wahrscheinlichkeitsverteilungen berücksichtigt wird, um so geringer ist die verbleibende Unbestimmtheit. Wir sollten aber nicht vergessen, dass es sich in diesem Beispiel nur um unterschiedliche Modelle *einer* Quelle handelt.

Die Anwendung des MARKOW-Modells (unter der Voraussetzung der Realisierbarkeit) würde zu einer beträchtlichen Reduzierung der zu verarbeitenden oder zu speichernden Informationsmengen führen. Auf diesen Aspekt, der mit der Kodierung zusammenhängt, werden wir im Abschn. 3.4.2.4 näher eingehen.

Hinweis: **Aufgaben** s. Abschn. 2.4

2.2.2.3 Spezielle MARKOW-Modelle

Bei dem oben betrachteten MARKOW-Modell werden zu jedem diskreten Zeitpunkt *alle möglichen* Zustandsübergänge berücksichtigt. Dadurch ist das Modell universell anwendbar. In speziellen Anwendungsfällen kann es aber sinnvoll sein, das Modell so an die konkrete Quelle anzupassen, dass viele Übergangsmöglichkeiten „verdeckt" bleiben. Auf diese Weise kann die Modellkomplexität wesentlich verringert werden. Für diese angepassten Modelle wurde der Begriff **Hidden-MARKOW-Modell** (HMM) eingeführt.

Wir wollen uns hier auf die kurze Beschreibung eines praktischen Anwendungsfalls beschränken, und zwar auf ein „phonetisches Strukturmodell als Hidden-Markow-Modell" [SCH 92].

Die automatische Sprachverarbeitung setzt eine Modellierung der natürlichen Sprache voraus. Eine Möglichkeit dazu ist, die in der Sprache enthaltenen **Phoneme** (kleinste bedeutungstragende Lauteinheiten) durch spezielle MARKOW-Modelle nachzubilden.

Man hat erkannt, dass jedes Phonem durch 6 aufeinanderfolgende Zustände (z_1, z_2, ..., z_6) hinreichend genau beschrieben werden kann. Diese Zustände sind zeitlich so angeordnet, dass man in jedem Zustand nur drei Übergangsmöglichkeiten berücksichtigen muss: man verweilt im jeweiligen Zustand *oder* geht zum nächstfolgenden über *oder* überspringt einen Zustand (Bild 2.2.3).

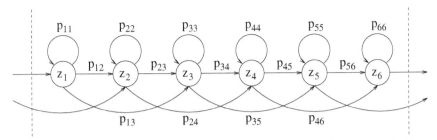

Bild 2.2.3 *Hidden-MARKOW-Modell eines Phonems* $(p_{ij} = p(z_j|z_i))$

Hidden-MARKOW-Modelle vereinfachen damit auch das Darstellen von Zusammenhängen. Betreffs weiterer Einzelheiten sowie spezieller Modellberech-
nungen wird auf die oben angegebene Literatur verwiesen.

2.2.3 Verbundquellen

Wir betrachten in diesem Abschnitt gleichzeitig zwei diskrete Quellen X und Y
mit den zugehörigen Verteilungen der Auftrittswahrscheinlichkeiten $(p(x_i)) =
(p(x_1), p(x_2), ..., p(x_N))$ der Zeichen $x_i \in X$ und $(p(y_j)) = (p(y_1), p(y_2), ...,
p(y_M))$ der Zeichen $y_j \in Y$. Dabei wollen wir annehmen, dass die *Ereignisse
innerhalb jeder Einzelquelle voneinander unabhängig* sind.
Für die Modellbeschreibung ist es dabei unwesentlich, ob es sich wirklich um
zwei verschiedene Quellen handelt oder nur um eine Quelle mit zwei verschiedenen Ereignismengen. Wesentlich ist dagegen, dass die Ereignisse beider Quellen
voneinander abhängig sind, d. h., dass ein Ereignis der einen Quelle von einem
vorausgegangenen Ereignis der anderen Quelle bestimmt wird.
Wir wollen im Weiteren den Fall zugrunde legen, dass immer zuerst in der
Quelle X ein Ereignis stattfindet, das unmittelbar danach ein *bedingtes Ereig-
nis* in der Quelle Y mit der bedingten Wahrscheinlichkeit $p(y_j|x_i)$ auslöst.
Dieses Auftreten von zwei Ereignissen x_i $(i = 1, 2, ..., N)$ und y_j $(j = 1, 2, ..., M)$
bezeichnet man als **Verbundereignis** (x_i, y_j), das durch eine **Verbundwahr-
scheinlichkeit** $p(x_i, y_j)$ bewertet wird.
Da bei der konjunktiven Verknüpfung von Ereignissen bekanntlich der Mul-
tiplikationssatz der Wahrscheinlichkeitslehre gilt, ergibt sich für die Verbund-
wahrscheinlichkeit

$$p(x_i, y_j) = p(x_i) \cdot p(y_j|x_i). \qquad (2.13)$$

Definition 2.2.4 *Die diskreten Quellen* X *und* Y *mit den Verbundwahrscheinlichkeiten* $p(x_i, y_j)$ *für* $i = 1, 2, ..., N$ *und* $j = 1, 2, ..., M$ *bilden eine*
Verbundquelle (X,Y).

Da die Verbundquelle allein durch eine Menge diskreter Wahrscheinlichkeiten eindeutig beschrieben wird, kann für die Entropieberechnung prinzipiell der gleiche Ansatz wie für diskrete Einzelquellen verwendet werden. Indem in Gl. (2.2) $p(x_i)$ durch $p(x_i, y_j)$ ersetzt wird, erhält man die Entropie der Verbundquelle bzw. die **Verbundentropie** [joint entropy]

$$H(X, Y) = -\sum_{i=1}^{N} \sum_{j=1}^{M} p(x_i, y_j) \operatorname{ld} p(x_i, y_j) \,. \tag{2.14}$$

Um weitere Aussagen zur Verbundentropie zu gewinnen, setzen wir Gl. (2.13) in Gl. (2.14) ein,

$$H(X, Y) = -\sum_{i=1}^{N} \sum_{j=1}^{M} p(x_i) \, p(y_j|x_i) \operatorname{ld} \left(p(x_i) \, p(y_j|x_i) \right) ,$$

und erhalten nach einigen Umformungen

$$H(X, Y) = -\sum_{i} p(x_i) \operatorname{ld} p(x_i) - \sum_{i} \sum_{j} p(x_i) \, p(y_j|x_i) \operatorname{ld} p(y_j|x_i) \,.$$

Im ersten Term erkennen wir die Quellenentropie $H(X)$, der zweite Term stellt die **bedingte Entropie** [conditional entropy] $H(Y|X)$ dar:

$$H(Y|X) = -\sum_{i} \sum_{j} p(x_i) \, p(y_j|x_i) \operatorname{ld} p(y_j|x_i) \,. \tag{2.15}$$

Damit erhalten wir schließlich folgende Formel für die Verbundentropie:

$$H(X, Y) = H(X) + H(Y|X) \,. \tag{2.16}$$

Für den Fall, dass zuerst in der Quelle Y ein Ereignis auftritt, d. h., dass

$$p(x_i, y_j) = p(y_j) \cdot p(x_i|y_j)$$

ist, erhält man im Ergebnis

$$H(X, Y) = H(Y) + H(X|Y) \tag{2.17}$$

mit der bedingten Entropie

$$H(X|Y) = -\sum_{j} \sum_{i} p(y_j) \, p(x_i|y_j) \operatorname{ld} p(x_i|y_j) \,. \tag{2.18}$$

Die gewonnenen Ergebnisse können in einem VENN-Diagramm (Flächendiagramm) (Bild 2.2.4) anschaulich dargestellt werden. Das Bild zeigt, dass der Grad der Abhängigkeit beider Quellen formal im Grad der Überdeckung beider Kreisflächen und damit in der Größe der bedingten Entropien zum Ausdruck kommt.

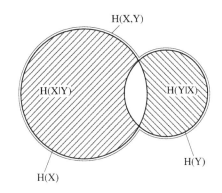

Bild 2.2.4 *VENN-Diagramm einer Verbundquelle* (X, Y)

Unter Nutzung dieser Interpretation können wir bei der Angabe der folgenden Schranken für die bedingten Entropien auf einen mathematischen Beweis verzichten:

$$H(X|Y) \leq H(X) \quad \text{und} \quad H(Y|X) \leq H(Y). \tag{2.19}$$

Es sollen jetzt noch zwei interessante *Grenzfälle* der Abhängigkeiten beider Quellen betrachtet werden (Bild 2.2.5):

a) Vollständige Unabhängigkeit:

Bei unabhängigen Ereignissen gilt $p(y_j|x_i) = p(y_j)$, d. h.

$H(Y|X) = H(Y)$ entsprechend Gl. (2.19) und damit

$H(X,Y) = H(X) + H(Y)$.

b) Vollständige Abhängigkeit:

Bei vollständig abhängigen Ereignissen ist $H(Y|X) = 0$ und damit wird

$H(X,Y) = H(X)$.

(Für den Fall, dass zuerst in der Quelle Y ein Ereignis stattfindet, wäre $H(X,Y) = H(Y)$.)

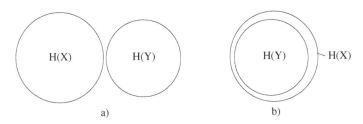

Bild 2.2.5 *Grenzfälle für Verbundquellen*
a) vollständig unabhängig, b) vollständig abhängig

Beispiel 2.2.6

Gegeben seien zwei diskrete Quellen X und Y mit folgenden Verbundwahrscheinlichkeiten:

$$
(p(x_i,y_j)) = \begin{pmatrix} p(x_1,y_1) & p(x_1,y_2) & \dots & p(x_1,y_M) \\ p(x_2,y_1) & p(x_2,y_2) & \dots & p(x_2,y_M) \\ \dots\dots\dots\dots\dots\dots\dots\dots\dots \\ p(x_N,y_1) & p(x_N,y_2) & \dots & p(x_N,y_M) \end{pmatrix} = \begin{pmatrix} \frac{1}{8} & 0 & \frac{1}{8} \\ \frac{1}{16} & \frac{1}{32} & \frac{1}{32} \\ 0 & \frac{1}{8} & 0 \\ \frac{1}{8} & \frac{1}{8} & \frac{1}{4} \end{pmatrix}.
$$

Zu berechnen sind:
a) Einzelwahrscheinlichkeiten $(p(x_i)), (p(y_j))$,
b) bedingte Wahrscheinlichkeiten $(p(y_j|x_i))$,
c) Entropien $H(X), H(Y), H(Y|X), H(X,Y)$.

Lösung:

zu a)

$$
p(x_i) = \sum_{j=1}^{M} p(x_i,y_j) \text{ ergibt: } p(x_1) = \tfrac{1}{4},\ p(x_2) = p(x_3) = \tfrac{1}{8},\ p(x_4) = \tfrac{1}{2}.
$$

$$
p(y_j) = \sum_{i=1}^{N} p(x_i,y_j) \text{ ergibt: } p(y_1) = \tfrac{5}{16},\ p(y_2) = \tfrac{9}{32},\ p(y_3) = \tfrac{13}{32}.
$$

zu b)

Nach Gl. (2.13) ist $p(y_j|x_i) = \dfrac{p(x_i,y_j)}{p(x_i)}$ und damit wird

$$
(p(y_j|x_i)) = \begin{pmatrix} \frac{1}{2} & 0 & \frac{1}{2} \\ \frac{1}{2} & \frac{1}{4} & \frac{1}{4} \\ 0 & 1 & 0 \\ \frac{1}{4} & \frac{1}{4} & \frac{1}{2} \end{pmatrix}.
$$

zu c)

$$
H(X) = \sum_{i=1}^{N} p(x_i)\, \mathrm{ld}\, \frac{1}{p(x_i)} = \frac{1}{4}\,\mathrm{ld}\,4 + 2\cdot\frac{1}{8}\,\mathrm{ld}\,8 + \frac{1}{2}\,\mathrm{ld}\,2
$$

$$
= 1,75\ bit/Ereignis\,,
$$

$$
H(Y) = \sum_{j=1}^{M} p(y_j)\, \mathrm{ld}\, \frac{1}{p(y_j)} = \frac{5}{16}\,\mathrm{ld}\,\frac{16}{5} + \frac{9}{32}\,\mathrm{ld}\,\frac{32}{9} + \frac{13}{32}\,\mathrm{ld}\,\frac{32}{13}
$$

$$
= 1,57\ bit/Ereignis\,,
$$

$$H(Y|X) = \sum_i \sum_j p(x_i)\, p(y_j|x_i)\, \mathrm{ld}\, \frac{1}{p(y_j|x_i)}$$

$$= \frac{1}{4}\left(2 \cdot \frac{1}{2}\, \mathrm{ld}\, 2\right) + \frac{1}{8}\left(\frac{1}{2}\, \mathrm{ld}\, 2 + 2 \cdot \frac{1}{4}\, \mathrm{ld}\, 4\right) + \frac{1}{8}\, \mathrm{ld}\, 1 + \frac{1}{2}\left(2 \cdot \frac{1}{4}\, \mathrm{ld}\, 4 + \frac{1}{2}\, \mathrm{ld}\, 2\right)$$

$$= 1,19\ \ bit/Ereignis\,,$$

$$H(X,Y) = H(X) + H(Y|X)$$

$$= 1,75\ bit/Ereignis + 1,19\ bit/Ereignis$$

$$= \underline{2,94\ \ bit/Verbundereignis}\,.$$

Kontrolle: Berechnung der Verbundentropie nach Gl. (2.14)

$$H(X,Y) = \frac{1}{4}\, \mathrm{ld}\, 4 + 5 \cdot \frac{1}{8}\, \mathrm{ld}\, 8 + \frac{1}{16}\, \mathrm{ld}\, 16 + 2 \cdot \frac{1}{32}\, \mathrm{ld}\, 32$$

$$= \underline{2,94\ \ bit/Verbundereignis}\,.$$

Grenzfälle:

a) Vollständige Unabhängigkeit

$$H(X,Y) = H(X) + H(Y) = \underline{3,32\ \ bit/Verbundereignis}\,.$$

b) Vollständige Abhängigkeit

$$H(X,Y) = H(X) = \underline{1,75\ \ bit/Verbundereignis}\,. \qquad \square$$

Wir wollen nun noch die **spezielle Verbundquelle** $(\boldsymbol{X}, \boldsymbol{X})$ betrachten, bei der beide Quellen identisch sind.

Stellt man sich diesen Modellfall als *eine Quelle mit zwei identischen Ereignismengen* vor, dann wird mit der Verbundwahrscheinlichkeit $p(x_i, x_j)$ die Abhängigkeit von zwei aufeinanderfolgenden Ereignissen einer Quelle X ausgedrückt, und die bedingte Entropie $H(X|X)$ ist nichts anderes als die bekannte MARKOW-Entropie H_M erster Ordnung (Bild 2.2.6).

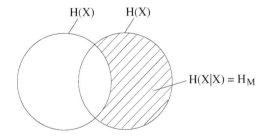

Bild 2.2.6 *VENN-Diagramm der Verbundquelle* (X, X)

In diesem Fall gilt für die Verbundentropie

$$H(X) \leq H(X, X) \leq 2 \cdot H(X),$$

und somit wird die MARKOW-Entropie

$$H_M = H(X, X) - H(X) = \left\{ \begin{array}{ll} H(X) & \text{bei vollständiger Unabhängigkeit,} \\ 0 & \text{bei vollständiger Abhängigkeit.} \end{array} \right.$$

Zur Demonstration dieser speziellen Verbundquelle dient das folgende Beispiel.

Beispiel 2.2.7

Eine diskrete Quelle $X = \{x_1, x_2, x_3\}$ sei durch folgende Matrix der Verbund-wahrscheinlichkeiten beschrieben:

$$(p(x_i, x_j)) = \begin{pmatrix} \frac{1}{16} & \frac{1}{8} & \frac{1}{8} \\ 0 & 0 & \frac{7}{32} \\ \frac{1}{4} & \frac{3}{32} & \frac{1}{8} \end{pmatrix}.$$

Zu berechnen sind:

a) Quellenentropie $H(X)$,

b) bedingte Entropie $H(X|X)$ als MARKOW-Entropie.

Lösung:

zu a)

$p(x_i) = \sum_j p(x_i, x_j)$ ergibt: $p(x_1) = \frac{5}{16}$, $p(x_2) = \frac{7}{32}$, $p(x_3) = \frac{15}{32}$.

$p(x_j) = \sum_i p(x_i, x_j)$ ergibt: $p(x_1) = \frac{5}{16}$, $p(x_2) = \frac{7}{32}$, $p(x_3) = \frac{15}{32}$.

Die Gleichheit der Ergebnisse bedeutet, dass sich die Quelle im stationären Zustand befindet (Bedingung für die Berechnung der MARKOW-Entropie!).

$$H(X) = \frac{5}{16} \operatorname{ld} \frac{16}{5} + \frac{7}{32} \operatorname{ld} \frac{32}{7} + \frac{15}{32} \operatorname{ld} \frac{32}{15} = 1,52 \ bit/Zeichen.$$

zu b)

$$H(X|X) = H_M = \sum_i \sum_j p(x_i) \, p(x_j|x_i) \operatorname{ld} \frac{1}{p(x_j|x_i)},$$

$$(p(x_j|x_i)) = \left(\frac{p(x_i, x_j)}{p(x_i)} \right) = \begin{pmatrix} \frac{1}{5} & \frac{2}{5} & \frac{2}{5} \\ 0 & 0 & 1 \\ \frac{8}{15} & \frac{3}{15} & \frac{4}{15} \end{pmatrix},$$

$$H_M = \frac{5}{16} \left(\frac{1}{5} \operatorname{ld} 5 + 2 \cdot \frac{2}{5} \operatorname{ld} \frac{5}{2} \right) + \frac{15}{32} \left(\frac{8}{15} \operatorname{ld} \frac{15}{8} + \frac{3}{15} \operatorname{ld} \frac{15}{3} + \frac{4}{15} \operatorname{ld} \frac{15}{4} \right)$$

$$= 1,16 \ bit/Zeichen. \qquad \square$$

Abschließend soll noch erwähnt werden, dass die Verbundquelle als Modell-
klasse nicht nur die Verbindung zu MARKOW-Quellen herstellt, sondern auch
die Grundlage zur wahrscheinlichkeitstheoretischen Beschreibung der Informationsübertragung bildet (s. Abschn. 4.4.2, Kanalmodell).

Hinweis: **Aufgaben** s. Abschn. 2.4

2.3   Kontinuierliche Quellen

Das von einer kontinuierlichen Quelle ausgehende Signal kann in einem vorgegebenen Bereich jeden beliebigen Wert annehmen, d. h., die Menge der möglichen Ereignisse dieser Quelle ist unbegrenzt. Unter dem Informationsaspekt
sind auch in diesem Fall nur *zufällige* Ereignisse von Bedeutung. Wir interessieren uns deshalb auch nur für zufällige Signale, deren Amplitudenwerte
meistens eine charakteristische Verteilung (z. B. Gleich- oder Normalverteilung) aufweisen.

Aus der Mathematik wissen wir, dass für stetige Zufallsgrößen die **Wahrscheinlichkeitsdichte** eine charakteristische Kennfunktion darstellt. In Analogie zur Auftrittswahrscheinlichkeit bei diskreten Ereignissen kann die Wahrscheinlichkeitsdichte interpretiert werden als die Wahrscheinlichkeit, mit der
ein zu einem bestimmten Zeitpunkt auftretender Funktionswert des zufälligen
Signals $x(t)$ in ein bestimmtes Intervall Δx fällt (wobei $\Delta x \to 0$).

Zur Berechnung der **Entropie einer kontinuierlichen Quelle** bzw. eines
kontinuierlichen Signals wollen wir von einer diskreten Betrachtung der stetigen Dichtefunktion ausgehen, damit bereits bekannte Beziehungen von den
diskreten Quellen übernommen werden können.

Dazu denkt man sich die Fläche
unter der Dichtefunktion $f(x)$ in
Teile gleicher Breite Δx zerlegt
(Bild 2.3.1).

Das Integral einer Teilfläche der
Breite Δx gibt dann die Wahrscheinlichkeit $p(x_i)$ dafür an, dass
die zufällige Größe x_i im Bereich
Δx liegt:

$$p(x_i) = \int\limits_{\Delta x} f(x)\,\mathrm{d}x \approx f(x_i)\,\Delta x\,.$$

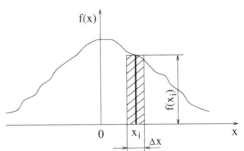

Bild 2.3.1 *Wahrscheinlichkeitsdichtefunktion*

Durch Einsetzen dieser Beziehung in Gl. (2.2) für diskrete Ereignisse erhält man

$$H(X) = -\sum_i f(x_i)\,\Delta x\,\mathrm{ld}\,(f(x_i)\Delta x)$$
$$= -\sum_i f(x_i)\,\Delta x\,\mathrm{ld}\,f(x_i) - \sum_i f(x_i)\,\Delta x\,\mathrm{ld}\,\Delta x\,.$$

Um nun zur Entropie einer **kontinuierlichen** Quelle zu gelangen, muss der Grenzübergang $\Delta x \to 0$ durchgeführt werden. Das gelingt nicht vollständig, denn

$$\lim_{\Delta x \to 0} \mathrm{ld}\,\Delta x$$

würde eine unendlich große Entropie $H(X)$ ergeben, was offensichtlich der Realität widerspricht. Betrachtet man die Stufenbreite Δx als Maß für die Auflösung der stetigen Funktion in praktisch unterscheidbare Amplitudenwerte (was der praktisch möglichen Genauigkeit bei der Informationserfassung entspricht), dann hat Δx immer einen Wert, der größer als Null ist und, im Gegensatz zur Funktion $x(t)$, nicht zufällig ist.

Nach dem Grenzübergang für die übrigen Ausdrücke in der obigen Gleichung erhalten wir

$$H(X) = -\int_{-\infty}^{\infty} f(x)\,\mathrm{ld}\,f(x)\,\mathrm{d}x - \mathrm{ld}\,\Delta x\,. \tag{2.20}$$

Da Δx unter gleichen Bedingungen als konstant angesehen werden kann, lässt man das Glied $\mathrm{ld}\,\Delta x$ in Gl. (2.20) meistens weg und spricht von der **relativen Entropie** einer kontinuierlichen Quelle:

$$H_{rel} = -\int_{-\infty}^{\infty} f(x)\,\mathrm{ld}\,f(x)\,\mathrm{d}x\,. \tag{2.21}$$

Beispiel 2.3.1

Wir bestimmen die Entropie für zwei praktisch wichtige Fälle von kontinuierlichen (analogen) Zufallssignalen.

1. **Amplitudenbegrenztes** Signal mit einer **Gleichverteilung** der Funktionswerte im Bereich $-a \le x \le a$:

   Einsetzen von $f(x) = \frac{1}{2a}$ in Gl. (2.21) ergibt

   $$H_{rel} = \int_{-a}^{a} \frac{1}{2a}\,\mathrm{ld}\,(2a)\,\mathrm{d}x\,,$$

   $$H_{rel} = \mathrm{ld}\,(2a)\,. \tag{2.22}$$

2. **Leistungsbegrenztes** Signal mit einer **Normalverteilung** der Funktionswerte x bei gegebener mittlerer Leistung P:

Wir setzen die Dichtefunktion der Normalverteilung

$$f(x) = \frac{1}{\sqrt{2\,\pi\,P}}\ e^{-\frac{x^2}{2\,P}}$$

in Gl. (2.21) ein und erhalten:

$$H_{rel} = \int\limits_{-\infty}^{\infty} f(x)\ \mathrm{ld}\left(\sqrt{2\,\pi\,P}\ e^{\frac{x^2}{2\,P}}\right)\,\mathrm{d}x$$

$$= \mathrm{ld}\,\sqrt{2\,\pi\,P}\int\limits_{-\infty}^{\infty} f(x)\,\mathrm{d}x + \frac{1}{2\,P}\,\mathrm{ld}\,e\int\limits_{-\infty}^{\infty} x^2\,f(x)\,\mathrm{d}x$$

$$= \mathrm{ld}\,\sqrt{2\,\pi\,P} + \frac{1}{2}\,\mathrm{ld}\,e\,,$$

$$H_{rel} = \frac{1}{2}\,\mathrm{ld}\,(2\,\pi\,e\,P)\,. \tag{2.23}$$

□

Aus dem Beispiel geht hervor, dass die Entropie neben dem Integrationsbe-
reich vor allem von der Art der Dichtefunktion bestimmt wird. Wir haben in
diesem Beispiel bereits die Dichtefunktionen gewählt, die im jeweiligen Fall
eine **maximale Entropie** ergeben.

Die entsprechende Beweisführung, die hier nur grob skizziert werden kann,
erfolgt nach der Methode der LAGRANGEschen Multiplikatoren λ_1 und λ_2:

1. Für das **amplitudenbegrenzte Signal** mit der Nebenbedingung

$$\int\limits_{-a}^{a} f(x)\,\mathrm{d}x = 1$$

erhalten wir aus Gl. (2.21)

$$F = -\int\limits_{-a}^{a} f(x)\,\mathrm{ld}\,f(x)\,\mathrm{d}x - \lambda_1\left(\int\limits_{-a}^{a} f(x)\,\mathrm{d}x - 1\right)\,.$$

Die partielle Ableitung

$$\frac{\partial F}{\partial f(x)} = 0$$

beinhaltet die Lösung eines Variationsproblems und liefert die Extremwert-
bedingung (Extremwert gleich Maximum, da zweite Ableitung negativ!):

$$-\ln f(x) - 1 - \lambda_1 \ln 2 = 0 \, .$$

Daraus folgt

$$f(x) = e^{-(1+\lambda_1 \ln 2)} = \text{const} \, .$$

Dieses Ergebnis bedeutet, dass die **Gleichverteilung** den Maximalwert der
Entropie ergibt.

2. Für das **leistungsbegrenzte Signal** erhält man durch die zusätzliche Nebenbedingung

$$\int\limits_{-\infty}^{\infty} x^2 \, f(x) \, \mathrm{d}x = P$$

in analoger Weise wie oben:

$$-\ln f(x) - 1 - \lambda_1 \ln 2 - (\lambda_2 \ln 2) \, x^2 = 0 \, .$$

Daraus folgt

$$f(x) = e^{-(1+\lambda_1 \ln 2)} \, e^{-(\lambda_2 \ln 2) \, x^2} \, .$$

Indem dieser Ausdruck in die beiden Nebenbedingungen eingesetzt wird,
können mit Hilfe bekannter Integralformeln für $e^{-(\lambda_2 \ln 2) \, x^2}$ die Unbekannten
λ_1 und λ_2 bestimmt werden und man erhält schließlich

$$f(x) = \frac{1}{\sqrt{2 \, \pi \, P}} \, e^{-\frac{x^2}{2 \, P}} \, .$$

Dieses Ergebnis zeigt, dass bei leistungsbegrenzten Signalen die **Normalverteilung** zum Entropiemaximum führt.

Zum Vergleich wollen wir jetzt noch die Entropie bei **Gleichverteilung leis-
tungsbegrenzter Signale** (H_{GV}) berechnen:
Für $f(x) = \frac{1}{2a}$ mit $-a \leq x \leq a$ wird die mittlere Leistung

$$P = \int\limits_{-a}^{a} x^2 \, f(x) \, \mathrm{d}x = \frac{1}{2a} \int\limits_{-a}^{a} x^2 \, \mathrm{d}x = \frac{a^2}{3} \, .$$

Setzt man $a = \sqrt{3 \, P}$ in Gl. (2.22) ein, so ergibt sich eine Entropie

$$H_{GV} = \mathrm{ld} \, (2a) = \frac{1}{2} \, \mathrm{ld} \, (12 \, P) \, .$$

Die entsprechende Entropie bei Normalverteilung gemäß Gl. (2.23) ist

$$H_{NV} = \frac{1}{2} \operatorname{ld}(17\,P).$$

Sollen die Entropien bei Normal- und Gleichverteilung gleich sein ($H_{NV} = H_{GV}$), dann ergibt sich für die mittleren Leistungen $17\,P_{NV} = 12\,P_{GV}$, d. h., es müsste $P_{GV} = 1,42\,P_{NV}$ sein.

2.4 Aufgaben

Abschn. 2.2.1: Quellen mit unabhängigen Ereignissen

1. Berechnen Sie den mittleren Informationsgehalt (Entropie) einer diskreten Quelle mit sechs voneinander unabhängigen Zeichen, wenn

   a) $p_1 = 0,5$ $p_2 = 0,2$ $p_3 = p_4 = 0,1$ $p_5 = p_6 = 0,05$

   b) alle Zeichen gleichwahrscheinlich sind.

2. Bestimmen Sie den mittleren Informationsgehalt einer Buchseite!
   Für die Berechnung sind anzunehmen:
   45 unabhängige und gleichwahrscheinliche Zeichen,
   40 Zeilen und 65 Zeichen/Zeile.

3. Eine automatische Waage mit binärer Messwerterfassung habe einen Messbereich von $0 \ldots 100\,g$ bei einer Schrittweite von $1\,g$.

   a) Bestimmen Sie den mittleren Informationsgehalt je Messwert!

   b) Wie groß wird der mittlere Informationsgehalt bei einer Schrittweite von $0,1\,g$?

4. Ein Rasterbild bestehe aus 10^5 Bildpunkten mit folgender Wahrscheinlichkeitsverteilung der Helligkeitswerte H_i:

   $H_1:$ 50,00 %,
   $H_2:$ 25,00 %,
   $H_3:$ 12,50 %,
   $H_4:$ 6,25 %,
   $H_5:$ 6,25 %.

   a) Wie groß ist der mittlere Informationsgehalt eines Bildes?

   b) Wie groß wäre der mittlere Informationsgehalt, wenn die Auftrittswahrscheinlichkeiten der Helligkeitsstufen unbekannt sind?

5. Der Amplitudenbereich eines zufälligen Signals soll in sieben Intervalle eingeteilt sein, für die folgende Auftrittswahrscheinlichkeiten der Amplitudenwerte ermittelt wurden:
   $(p(x_i)) = (0,47 \quad 0,25 \quad 0,13 \quad 0,07 \quad 0,04 \quad 0,02 \quad 0,02)$.
   Innerhalb jedes Intervalls, bestehend aus 16 Teilintervallen, wird gleichwahrscheinliches Auftreten der Amplitudenwerte angenommen.

a) Bestimmen Sie die Quellenentropie, d. h. den mittleren Informationsgehalt je Amplitudenwert!

b) Wie groß ist die maximale Entropie?

6. Das Alphabet einer Informationsquelle bestehe aus den Zahlen 1 bis 100, die mit folgenden Wahrscheinlichkeiten auftreten:

$$1 \text{ bis } 25: \quad p(x_1) = \tfrac{1}{6},$$
$$26 \text{ bis } 70: \quad p(x_2) = \tfrac{1}{3},$$
$$71 \text{ bis } 100: \quad p(x_3) = \tfrac{1}{2}.$$

Innerhalb der Teilbereiche treten die Zahlen mit gleichen Wahrscheinlichkeiten auf.

a) Berechnen Sie die Entropie dieser Quelle!

b) Wie groß wäre die Entropie bei gleichwahrscheinlichem Auftreten aller Zahlen?

Abschn. 2.2.2: MARKOW-Quellen

1. Eine ergodische Informationsquelle habe ein Alphabet mit drei Zeichen, wobei folgende Abhängigkeiten zwischen den Zeichen bestehen:

$$(p(x_j|x_i)) = \begin{pmatrix} 0,5 & 0,2 & 0,3 \\ 0,1 & 0,6 & 0,3 \\ 0,2 & 0,1 & 0,7 \end{pmatrix}.$$

a) Bestimmen Sie die stationären (ergodischen) Wahrscheinlichkeiten $\overline{p(x_i)}$!

b) Bestimmen Sie die MARKOW-Entropie dieser Quelle!

2. Die Steuerung eines automatischen Teilefertigungsprozesses erfordert die laufende Qualitätsprüfung der produzierten Teile. Dabei sollen drei Güteklassen (Zustände z_1, z_2, z_3) unterschieden werden, für die folgende Verteilung der Auftrittswahrscheinlichkeiten zum Zeitpunkt $t = 0$ anzunehmen ist:

$$p(z_1)^{(0)} = 0,9 \quad p(z_2)^{(0)} = 0,1 \quad p(z_3)^{(0)} = 0.$$

Für den Fertigungsprozess wurde folgendes Übergangsverhalten der Zustände statistisch ermittelt:

$$(p(z_j|z_i)) = \begin{pmatrix} 0,60 & 0,38 & 0,02 \\ 0,15 & 0,80 & 0,05 \\ 0,40 & 0,60 & 0 \end{pmatrix}.$$

Berechnen Sie

a) die Zustandswahrscheinlichkeiten für die Zeitpunkte $t = 1, 2, ..., 5$,

b) den mittleren Informationsgehalt (MARKOW-Entropie) je Prüfergebnis, wobei die Zustandswahrscheinlichkeiten zum Zeitpunkt $t = 5$ als stationär anzunehmen sind.

3. Ein sogenanntes „System mit Erneuerung" mit den Zuständen z_1 (Funktionstüchtigkeit) und z_2 (Ausfall) habe eine Ausfallrate λ und eine Reparaturrate μ. Das Übergangsverhalten des Systems soll durch folgende Matrix beschrieben sein:

$$(p(z_j|z_i)) = \begin{pmatrix} 1-\lambda & \lambda \\ \mu & 1-\mu \end{pmatrix}.$$

Bestimmen Sie (allgemein)

a) die stationären Zustandswahrscheinlichkeiten,

b) die MARKOW-Entropie des Systems.

Abschn. 2.2.3: Verbundquellen

1. Gegeben seien zwei Signalquellen A und B mit jeweils drei Farbsignalen (rot, gelb, grün) und folgenden Verbundwahrscheinlichkeiten:

B \\ A	a_1 (rot)	a_2 (gelb)	a_3 (grün)
b_1 (rot)	$\frac{2}{9}$	$\frac{1}{18}$	$\frac{1}{9}$
b_2 (gelb)	$\frac{1}{18}$	$\frac{1}{9}$	$\frac{1}{9}$
b_3 (grün)	$\frac{1}{9}$	$\frac{1}{18}$	$\frac{1}{6}$

Berechnen Sie

a) Einzelentropien $H(A)$, $H(B)$,

b) bedingte Entropien $H(A|B)$, $H(B|A)$,

c) Verbundentropie $H(A,B)$.

2. Von zwei diskreten Quellen X und Y sei folgende Matrix der Verbundwahrscheinlichkeiten gegeben:

$$(p(x_i,y_j)) = \begin{pmatrix} 0,12 & 0,10 & 0,08 & 0,05 & 0,03 \\ 0,02 & 0,04 & 0,12 & 0,04 & 0,02 \\ 0,03 & 0,05 & 0,08 & 0,10 & 0,12 \end{pmatrix}.$$

Gesucht sind:

a) Einzelentropien $H(X)$, $H(Y)$,

b) bedingte Entropie $H(X|Y)$,

c) Verbundentropie $H(X,Y)$

   1. für den gegebenen Fall,

   2. für den Fall, dass y_j $(j=1,2,...,5)$ auf ein sicheres Ereignis $x_i \in X$ führt.

Abschn. 2.3: Kontinuierliche Quellen

1. Berechnen Sie die Entropie eines kontinuierlichen Signals mit symmetrischer Exponentialverteilung

$$f(x) = \frac{a}{2}\,e^{-a|x|}, \quad -\infty < x < \infty.$$

3 Kodierung diskreter Quellen

3.1 Einführung

Im Abschn. 2 wurde die Information zunächst weitgehend unabhängig von ihrer Realisierung betrachtet. Jeder Prozess der Informationsübertragung und -verarbeitung erfordert jedoch, dass die Information in einer dafür geeigneten Form dargestellt wird, d. h., sie muss kodiert werden.

Unter **Kodierung** wird i. Allg. ein Vorgang verstanden, bei dem die Elemente eines Alphabets auf die Elemente eines anderen Alphabets (bzw. auf Wörter über diesem Alphabet) abgebildet werden. Für die Kodierung diskreter Quellen bedeutet dies: Jedes Element des Quellenalphabets wird einem Element des Kanalalphabets U bzw. einem Wort über U eineindeutig zugeordnet.

Das geeignete Kanalalphabet wird unter dem Aspekt der technischen Realisierbarkeit, d. h. vom derzeitigen Stand der Technik, bestimmt. Wir beschränken uns deshalb auf die **Binärkodierung** [binary coding], für die

$$U = \{0, 1\}$$

gilt.

Im Folgenden wollen wir zuerst einige grundlegende Begriffe der Kodierung, speziell der **Quellenkodierung**, definieren.

Definition 3.1.1 *Ein Wort $a^* \in \{0,1\}^l$ wird als* **Kodewort** *bzw.* **Quellenkodewort** *der Länge l bezeichnet.*

Definition 3.1.2 *Das Alphabet $A^* = \{0,1\}^l$ (die Menge aller Kodewörter), das einem Quellenalphabet eineindeutig zugeordnet ist, bildet einen gleichmäßigen* **Kode** *(bzw.* **Quellenkode**).

Wir sprechen also von einem **gleichmäßigen** Kode, wenn alle Kodewörter gleich lang sind. Folgerichtig wird ein Kode mit ungleicher Kodewortlänge als **ungleichmäßiger** Kode bezeichnet.

Definition 3.1.3 *Die Differenz zwischen der Kodewortlänge und der Entropie der Quelle bezeichnen wir als* **Koderedundanz**.

Der Begriff Koderedundanz [code redundancy] (Näheres im Abschn. 3.3) ist auch geeignet, den prinzipiellen Unterschied zwischen der Quellen- und Kanalkodierung hervorzuheben (Bild 3.1.1):

Quellenkodierung ist die erste Stufe der Kodierung, bei der die eineindeutige Darstellung der Quelleninformation in einer realisierbaren, möglichst *redundanzfreien* bzw. *redundanzarmen* Form erfolgen soll.

Kanalkodierung, die sich meistens an die Quellenkodierung anschließt, ist mit absichtlicher Hinzufügung von Koderedundanz in Form zusätzlicher Kontrollinformation zum Zweck des Störungsschutzes verbunden (s. Abschn. 8).

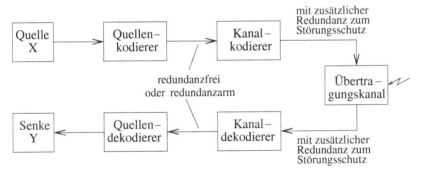

Bild 3.1.1 *Koderedundanz im Nachrichtenübertragungsmodell*

Im Abschn. 3 werden ausschließlich Probleme der Quellenkodierung behandelt. Dabei sollen neben wichtigen Grundprinzipien vor allem Verfahren der redundanzarmen Quellenkodierung dargestellt werden.

3.2   Dekodierbarkeitsbedingungen

Die Kodierung erfüllt natürlich nur dann ihren Zweck, wenn die Kodewörter vom Empfänger wieder eindeutig den ursprünglichen Quellenzeichen zugeordnet werden können. Deshalb fordern wir: Die Zuordnung von Quellenzeichen und Kodewörtern muss **eineindeutig** sein.

Ein Kode ist eindeutig dekodierbar, wenn man die binäre Empfangsfolge eindeutig in Blöcke (Wörter) bestimmter Länge zerlegen und diese den Quellenzeichen eindeutig zuordnen kann. Darüber hinaus wird in der Regel gefordert, dass die Dekodierung **unverzögert** erfolgen soll: Jedes Wort soll unmittelbar nach dem Empfang der letzten Binärstelle eindeutig dekodiert werden können. Die erste Aufgabe bei der Dekodierung ist demnach die Trennung der fortlaufenden Empfangsfolge, d. h. das Erkennen der Wortenden. Beim *gleichmäßigen* Kode ist dies problemlos, weil alle Wörter gleich lang sind.

Beim *ungleichmäßigen* Kode ist eine zusätzliche Bedingung für die Erkennung der Wortenden erforderlich. Diese Bedingung wird von allen ungleichmäßigen Kodes erfüllt, die die sogenannte Präfix-Eigenschaft besitzen.

Definition 3.2.1 *Ein ungleichmäßiger Kode, bei dem kein Kodewort den Anfang (Präfix) eines anderen Kodewortes darstellt, wird als* **Kode mit Präfix-Eigenschaft** *[instantaneous code] bezeichnet.*

Beispiel 3.2.1

Das Alphabet einer diskreten Quelle X enthalte sechs unabhängige Zeichen, die in nebenstehenden drei Varianten (K1, K2, K3) kodiert sind.

Betrachten wir diese Kodes hinsichtlich ihrer Dekodierbarkeit!

X	K1	K2	K3
x_1	0	0	0
x_2	10	100	10
x_3	110	101	110
x_4	101	110	1110
x_5	1100	1110	11110
x_6	1111	1111	11111

K1: Kode ohne Präfix-Eigenschaft, nicht dekodierbar (d. h., K1 ist kein Kode entsprechend Definition 3.2.1).

K2: Kode mit Präfix-Eigenschaft, eindeutig und unverzögert dekodierbar.

K3: „Kommakode", eindeutig und unverzögert dekodierbar.

Zur Entscheidung, welcher der brauchbaren Kodes K2 und K3 geeigneter ist, sind weitere Kriterien erforderlich. □

Die sogenannten **Kommakodes** bilden eine spezielle Klasse der „Präfix-Kodes" (s. Beispiel 3.2.1): Jedes Kodewort besteht hier nur aus Einsen und wird mit einer Null (als „Komma") abgeschlossen (mit Ausnahme der Kodewörter maximaler Länge, deren letzte Stelle sowohl 0 als auch 1 sein kann). Das „Komma" wirkt hier wie ein Trennzeichen und erleichtert damit die Dekodierbarkeit des ungleichmäßigen Kodes.[1]

---

[1] Nullen und Einsen können natürlich auch invertiert sein.

Ein Kode kann auch als gerichteter Graph in Form eines **Kodebaumes** [decoding tree] dargestellt werden (Bild 3.2.1). Dabei wird jedes Kodewort durch einen von der Baumwurzel ausgehenden Pfad bis hin zu einem Endknoten bestimmt.

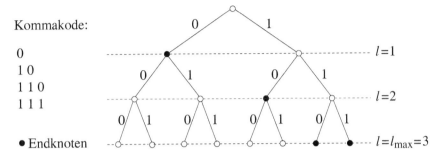

Bild 3.2.1 *Kode-Beispiel mit entsprechendem Kodebaum*

Um die Dekodierbarkeitsbedingung gemäß Definition 3.2.1 zu erfüllen, darf es auf jedem Pfad selbstverständlich nur einen Endknoten geben.
Die Stufen des Kodebaumes bestimmen die verschiedenen Kodewortlängen

$$l = 1, 2, ..., l_{max}.$$

Auf der Stufe l_{max} gibt es $2^{l_{max}}$ Knoten, d. h., es können $2^{l_{max}}$ Kodewörter *gleicher* Länge gebildet werden.

Beim *ungleichmäßigen* Kode wird die Anzahl zulässiger Kodewörter durch jeden Endknoten reduziert, der auf einer Stufe $l < l_{max}$ liegt. Anders ausgedrückt: Unter jedem Endknoten, der auf einer Stufe $l < l_{max}$ liegt, befinden sich $(2^{l_{max}-l})$ „ungenutzte" Knoten auf der Stufe l_{max}.
Summiert man diese Knoten für jedes der N Kodewörter der Länge l_i für $i = 1, 2, ..., N$, so erhält man die Bedingung

$$\sum_{i=1}^{N} 2^{l_{max}-l_i} = 2^{l_{max}}.$$

Nach der Division durch $2^{l_{max}}$ und unter Berücksichtigung des Falls, dass ein Kode nicht alle möglichen Endknoten nutzt, entsteht die von L.G. KRAFT gefundene Ungleichung

$$\sum_{i=1}^{N} 2^{-l_i} \leq 1. \tag{3.1}$$

Die Aussagefähigkeit dieser Ungleichung wird im folgenden Beispiel untersucht.

Beispiel 3.2.2

Zur Kodierung einer diskreten Quelle X mit $N = 6$ unabhängigen Zeichen soll ein ungleichmäßiger Kode ($l_{max} = 4$) verwendet werden. Folgende Kode-Varianten (K1, K2, K3, K4) sind hinsichtlich Dekodierbarkeit in Verbindung mit der KRAFTschen Ungleichung zu analysieren.

X	K1	K2	K3	K4
x_1	00	00	00	0
x_2	01	01	01	100
x_3	10	10	10	101
x_4	110	110	110	110
x_5	111	1110	1110	1110
x_6	1101	1101	1111	1111

Lösung:

Wir prüfen, ob Präfix-Bedingung (1) und KRAFTsche Ungleichung (2) erfüllt sind.

K1: (1) nicht erfüllt,

(2) nicht erfüllt, denn $3 \cdot \dfrac{1}{4} + 2 \cdot \dfrac{1}{8} + \dfrac{1}{16} = \dfrac{17}{16} > 1$.

K2: (1) nicht erfüllt,

(2) erfüllt, denn $3 \cdot \dfrac{1}{4} + \dfrac{1}{8} + 2 \cdot \dfrac{1}{16} = \dfrac{16}{16} = 1$.

K3: (1) und (2) erfüllt.

K4: (1) und (2) erfüllt.

Schlussfolgerungen:

Für eindeutig dekodierbare Kodes (K3, K4) ist die KRAFTsche Ungleichung immer erfüllt.

Wenn die KRAFTsche Ungleichung erfüllt ist, bedeutet das jedoch nur, dass ein dekodierbarer Kode mit dieser Struktur existiert, aber nicht, dass jede beliebige Struktur, die diese Bedingung erfüllt, ein dekodierbarer Kode ist. Ersetzt man in K2 z. B. das Wort (1101) durch (1111), so erhält man den dekodierbaren Kode K3. $\qquad\square$

Wir fassen zusammen:

- Die KRAFTsche Ungleichung ist eine *notwendige*, aber *keine hinreichende* Bedingung für die Dekodierbarkeit.

- Da die Präfix-Eigenschaft eine *hinreichende Bedingung* ist, reicht es aus, wenn ein ungleichmäßiger Kode auf die Erfüllung dieser Bedingung geprüft wird.

3.3 Koderedundanz und erstes SHANNONsches Kodierungstheorem

Die Anwendung eines gleichmäßigen oder ungleichmäßigen Kodes hängt natürlich vom Wissen über meine Quelle ab. Aus den Betrachtungen im Abschn. 2.2 ist klar geworden, dass sich dieses Wissen in der Größe der Entropie widerspiegelt. Dieses Wissen gilt es jetzt auch geeignet in die Quellenkodierung einzubeziehen, um damit die Koderedundanz minimal zu gestalten.

Zur Ermittlung der Koderedundanz entsprechend Definition 3.1.3 müssen wir zunächst die **Kodewortlänge** bestimmen. Sie ergibt sich aus der Beziehung

$$l = \lceil \operatorname{ld} N \rceil \quad \text{für } \textbf{gleichmäßige } \text{Kodes.} \tag{3.2}$$

Bei ungleichmäßigen Kodes kann nur der Mittelwert der Kodewortlängen l_i ($i = 1, 2, ..., N$) gebildet werden, der von den Auftrittswahrscheinlichkeiten p_i der einzelnen Kodewörter, d. h. von der Statistik der zu kodierenden Quelle, abhängt. Danach ergibt sich eine **mittlere Kodewortlänge**

$$l_m = \sum_{i=1}^{N} p_i\, l_i \quad \text{für } \textbf{ungleichmäßige } \text{Kodes.} \tag{3.3}$$

Jedes Kodewort ist eine Folge von Binärzeichen (Bit [binary digit]) bzw. Kanalzeichen (KZ). Demnach kann die Kodewortlänge in

$$\frac{Bit}{QZ} \quad \text{bzw.} \quad \frac{KZ}{QZ}$$

(bezogen auf ein Quellenzeichen (QZ)) angegeben werden.

Aus praktisch einleuchtenden Gründen (weniger Speicherplatz, kürzere Übertragungszeiten der Information) werden generell möglichst kleine Kodewortlängen angestrebt. Da jedoch die Kodewortlänge den mittleren Informationsgehalt je Quellenzeichen verkörpert, gilt für einen dekodierbaren (binären) Kode offensichtlich die untere Schranke

$$l_m \geq H_m\,.$$

Beweis: $H_m - l_m \leq 0\,.$

Wir gehen von den Gln. (2.2) und (3.3) aus:

$$\sum_i p_i \operatorname{ld} \frac{1}{p_i} - \sum_i p_i\, l_i \operatorname{ld} 2 \leq 0\,,$$

$$\sum_i p_i \operatorname{ld} \frac{1}{p_i} + \sum_i p_i \operatorname{ld} 2^{-l_i} = \sum_i p_i \operatorname{ld} \frac{2^{-l_i}}{p_i} \leq 0\,.$$

Mit $\operatorname{ld} x = \ln x \cdot \operatorname{ld} e$ und $\ln x \leq x - 1$ erhalten wir für $x = \frac{2^{-l_i}}{p_i}$:

$$\operatorname{ld} e \sum_i p_i \ln \frac{2^{-l_i}}{p_i} \leq \operatorname{ld} e \sum_i p_i \left(\frac{2^{-l_i}}{p_i} - 1 \right) = \operatorname{ld} e \left(\sum_i 2^{-l_i} - 1 \right).$$

Da

$$\sum_i 2^{-l_i} - 1 \leq 0$$

entsprechend Gl. (3.1) sein muss, ist obige Bedingung erfüllt. $\square$

Für die **Koderedundanz** R_K gilt demnach[2]

$$R_K = l_m - H_m \geq 0 . \tag{3.4}$$

Was bedeutet eigentlich „Koderedundanz" nach Gl. (3.4)? $R_K > 0$ bedeutet, dass die Kodewortlänge l_m prinzipiell mehr Darstellungsmöglichkeiten bietet, als bei der Kodierung genutzt werden. Bei der Quellenkodierung ist es meistens verfahrensbedingt, dass diese potentiellen Möglichkeiten nicht vollständig genutzt werden können. Uns interessieren hier natürlich vor allem Quellenkodes mit möglichst kleiner Koderedundanz.

In diesem Zusammenhang soll auf den Begriff des **kompakten** oder **optimalen Kodes** hingewiesen werden: Darunter versteht man denjenigen Kode, der unter allen dekodierbaren Kodes einer Quelle die kleinstmögliche Redundanz aufweist. Wie man solche Kodes findet, werden wir im nächsten Abschnitt zeigen.

Beispiel 3.3.1

Für die dekodierbaren Kodes im Beispiel 3.2.2 ist die Koderedundanz zu berechnen, wobei folgende Quellenstatistik angenommen wird:

$$(p(x_i)) = (0,6 \quad 0,1 \quad 0,1 \quad 0,1 \quad 0,05 \quad 0,05) .$$

---

[2] Es kann durchaus sinnvoll sein, bei der Ermittlung der Koderedundanz den Informationsgehalt eines kodierten Quellenzeichens mit H_{QZ} anzugeben. Dieser ergibt sich als Produkt aus mittlerer Kodewortlänge l_m und maximalem Informationsgehalt H_K eines Kanalzeichens, d. h.

$H_{QZ} = l_m \, H_K$

und damit

$R_K = H_{QZ} - H_m = l_m \, H_K - H_m .$

Bei einem Binärkode ist $H_K = \operatorname{ld} 2 = 1 \frac{bit}{Bit}$ bzw. $H_{QZ} = l_m \cdot 1$ in $\frac{bit}{QZ}$ (s. a. Abschn. 5.2). Eine Beschränkung auf Binärkodes vernachlässigt deshalb meist diesen Zusammenhang in der allgemeinen Beschreibung, wie auch in Gl. (3.4).

Lösung:

Mit Hilfe der Gln. (3.3), (2.2) und (3.4) erhalten wir für

– Kode K3:

$$l_m = 0,6 \cdot 2 + 0,1 \cdot 2 + 0,1 \cdot 2 + 0,1 \cdot 3 + 0,05 \cdot 4 + 0,05 \cdot 4$$
$$= 2,30 \; Bit/QZ \,,$$
$$H_m = -0,6 \, \mathrm{ld}\, 0,6 - 3 \cdot 0,1 \, \mathrm{ld}\, 0,1 - 2 \cdot 0,05 \, \mathrm{ld}\, 0,05$$
$$= 1,87 \; bit/QZ \,,$$
$$R_K = 2,30 \; Bit/QZ \cdot \mathbf{1 \; bit/Bit} - 1,87 \; bit/QZ = \underline{0,43 \; bit/QZ} \,.$$

(s. a. Fußnote 2!)

– Kode K4:

$$l_m = 0,6 \cdot 1 + 3 \cdot 0,1 \cdot 3 + 2 \cdot 0,05 \cdot 4$$
$$= 1,90 \; Bit/QZ \,,$$
$$R_K = 1,90 \; Bit/QZ \cdot 1 \; bit/Bit - 1,87 \; bit/QZ = \underline{0,03 \; bit/QZ} \,.$$

Bezüglich der gegebenen Quellenstatistik ist K4 also wesentlich besser als K3. Ob K4 für diese Quelle schon der optimale Kode ist, kann damit jedoch nicht gesagt werden.   □

Hinweis: **Aufgaben** s. Abschn. 3.5

Die Forderung nach minimaler Koderedundanz führt uns zu der Frage, ob prinzipiell auch eine **redundanzfreie** Kodierung ($l_m = H_m$) möglich ist. Entsprechend dem Informationsgehalt eines Quellenzeichens (Gl. (1.1)) müsste $l_i = \mathrm{ld}\, \frac{1}{p_i}$ sein, wenn jedes Quellenzeichen redundanzfrei kodiert wird, d. h., es gilt dann

$$2^{-l_i} = p_i \quad \text{für} \quad i = 1, 2, ..., N.$$

Weichen die Wahrscheinlichkeiten p_i von diesen *idealen* Werten ab, dann ergeben sich folgende *Schranken für einen annähernd redundanzfreien Kode*:

$$2^{-l_i} \leq p_i < 2^{-l_i+1}. \tag{3.5}$$

Wir interessieren uns jetzt nur für die rechte Seite von Gl. (3.5) und formen diese folgendermaßen um:

$$\mathrm{ld}\, p_i < \mathrm{ld}\, 2^{-l_i+1} = -l_i + 1 \,,$$

$$l_i < -\mathrm{ld}\, p_i + 1 \,,$$

$$\sum_i p_i \, l_i < - \sum_i p_i \, \text{ld} \, p_i + \sum_i p_i \,,$$

$$l_m < H_m + 1 \,.$$

Die Zusammenfassung beider Schranken der mittleren Kodewortlänge für den annähernd redundanzfreien Kode ergibt

$$H_m \le l_m < H_m + 1 \,. \tag{3.6}$$

Auf der Grundlage von Gl. (3.6) hat C.E. SHANNON nachgewiesen, dass es *prinzipiell möglich ist, jede diskrete Quelle völlig redundanzfrei zu kodieren*, auch wenn keine „idealen Wahrscheinlichkeiten" vorliegen.

Dies besagt das **erste SHANNONsche Kodierungstheorem**, das wie folgt zu beweisen ist:

Man nimmt eine m-fache Erweiterung der Quelle vor, d. h., die Quellenzeichen werden nicht einzeln, sondern in Blöcken von m Zeichen kodiert. Analog zu Gl. (3.6) gilt dann (s. a. 2. Aufgabe zum Abschn. 3.3)

$$m \, H_m \le m \, l_m < m \, H_m + 1$$

und nach der Division durch m

$$H_m \le l_m < H_m + \frac{1}{m} \,. \tag{3.7}$$

Aus Gl. (3.7) folgt, dass die mittlere Kodewortlänge durch Vergrößerung von m beliebig an den unteren Grenzwert H_m angenähert werden kann und damit die Koderedundanz beliebig klein wird. Eine praktische Realisierung nach diesem Prinzip bedeutet jedoch, dass die Forderung nach unverzögerter Kodierung und Dekodierung der einzelnen Quellenzeichen nicht erfüllt werden kann.

In den folgenden Abschnitten werden wir uns mit Möglichkeiten einer redundanzreduzierenden Kodierung befassen.

3.4 Optimalkodierung

3.4.1 Grundsätzliches

Obwohl, wie oben gezeigt wurde, redundanz*freie* Kodes prinzipiell möglich sind, muss man bei der praktischen Realisierbarkeit vom Aufwand-Nutzen-Verhältnis ausgehen. So würde es sicher keinen nennenswerten Effekt ergeben, wenn die Einsparung einer unbedeutenden Koderedundanz mit großen Zeitverzögerungen erkauft werden müsste. Deshalb wird man i. Allg. auf die Forderung nach vollkommen redundanzfreien Kodes verzichten. Methoden zur Schaffung *redundanzarmer* bzw. *annähernd redundanzfreier* Kodes mit vertretbarem Aufwand werden unter dem Begriff „Optimalkodierung" zusammengefasst. Dafür ist eine Reihe praktikabler Verfahren entwickelt worden.

Die im Folgenden beschriebenen Verfahren wollen wir in zwei Gruppen einteilen: Verfahren, welche die Kenntnis der Quellenstatistik voraussetzen (SHANNON-FANO- und HUFFMAN-Verfahren), auch durch den Begriff der Entropiekodierung geprägt, und solche, die dies nicht erfordern (LEMPEL-ZIV-Verfahren).

Zunächst wollen wir uns klarmachen, worin das Wesen der Redundanzreduzierung bei der Optimalkodierung besteht.

Bei der ersten Verfahrensgruppe (Abschn. 3.4.2) nutzen wir die Auftrittswahrscheinlichkeiten der Quellenzeichen, um einen ungleichmäßigen Kode gemäß Gl. (3.5) nach folgendem Prinzip aufzubauen:

Je höher die Auftrittswahrscheinlichkeit eines Quellenzeichens, um so kleiner die entsprechende Kodewortlänge.

Mit anderen Worten: Die mittlere Kodewortlänge wird minimiert, wenn die häufig auftretenden Kodewörter möglichst kurz und die selten genutzten Kodewörter dafür entsprechend länger sind (vgl. MORSE-Kode!). *Derartig aufgebaute Kodes werden wir auch auf erweiterte Quellen (Abschn. 3.4.2.3) und MARKOW-Quellen (Abschn. 3.4.2.4) anwenden.*

Das LEMPEL-ZIV-Verfahren (einschließlich seiner Weiterentwicklungen) beruht auf einem anderen Prinzip der Redundanzreduzierung: Mit Hilfe eines dynamisch aufgebauten *Wörterbuchs* werden vor allem die Abhängigkeiten bzw. Bindungen zwischen den Quellenzeichen ausgenutzt, um mehrere Zeichen auf ein Kodewort abzubilden. Wir werden darauf im Abschn. 3.4.3 näher eingehen.

Nachdem in den vorangegangenen Abschnitten die wesentlichsten Aspekte der Quellenkodierung theoretisch behandelt wurden, sollen nun die genannten Verfahren (ohne weitere mathematische Beweise) als Konstruktionsvorschriften dargestellt und beispielhaft angewendet werden.

3.4.2 Verfahren auf der Grundlage der Quellenstatistik

3.4.2.1 SHANNON-FANO-Verfahren (1949)

Die Konstruktionsvorschrift für den SHANNON-FANO-Kode lautet:

1. Ordnen der Auftrittswahrscheinlichkeiten der zu kodierenden Quellenzeichen nach fallenden Werten.
2. Teilen des geordneten Wahrscheinlichkeitsfeldes, so dass die Teilsummen der Wahrscheinlichkeiten in jeder Gruppe möglichst gleich groß sind.

Aufgrund dieses Teilungsprinzips enthält jeder Teilungsschritt und damit jedes Kodewortelement die größte Entropie bzw. Informationsmenge.

3. Kodieren nach dem Prinzip, dass der ersten Gruppe (zweckmäßigerweise) das Zeichen 0 (bzw. 1) und der zweiten Gruppe einheitlich das Zeichen 1 (bzw. 0) zugeordnet wird.

4. Wiederholen der Schritte 2. und 3., und zwar solange, bis jede Teilgruppe nur noch ein Element enthält.

Bei diesem Verfahren ergeben sich die einzelnen Kodewortlängen zwangsläufig, wobei entsprechend dem Optimierungsprinzip sowohl ein Auf- als auch ein Abrunden von $\operatorname{ld} \frac{1}{p_i}$ erfolgt, d. h. $l_i = \left\lceil \operatorname{ld} \frac{1}{p_i} \right\rceil$ oder $l_i = \left\lfloor \operatorname{ld} \frac{1}{p_i} \right\rfloor$.

Beispiel 3.4.1

Für eine diskrete Quelle mit dem Wahrscheinlichkeitsfeld
$(p_i) = (0,18 \ \ 0,10 \ \ 0,40 \ \ 0,08 \ \ 0,05 \ \ 0,05 \ \ 0,14)$
ist ein Optimalkode nach dem SHANNON-FANO-Verfahren zu entwerfen und bezüglich der Koderedundanz zu bewerten.

Lösung:

Die einzelnen Schritte gemäß dem o. a. Algorithmus sind im folgenden Lösungsschema zusammengefasst:

p_i	Teilung				Kodewörter	Länge l_i	$p_i \, l_i$
	1	2	3	4			
0,40		0			0 0	2	0,80
0,18	0	1			0 1	2	0,36
0,14	1		0		1 0 0	3	0,42
0,10		0	1		1 0 1	3	0,30
0,08		1	0		1 1 0	3	0,24
0,05			1	0	1 1 1 0	4	0,20
0,05				1	1 1 1 1	4	0,20
						$l_m = 2,52$	

$$H_m = -0,40 \operatorname{ld} 0,40 - 0,18 \operatorname{ld} 0,18 - 0,14 \operatorname{ld} 0,14 - 0,10 \operatorname{ld} 0,10$$
$$- 0,08 \operatorname{ld} 0,08 - 2 \cdot 0,05 \operatorname{ld} 0,05$$
$$= 2,43 \ bit/QZ \,.$$

Die Koderedundanz ist damit

$$R_K = l_m - H_m = 2,52 \ Bit/QZ \cdot 1 \ bit/Bit - 2,43 \ bit/QZ$$
$$= \underline{0,09 \ bit/QZ} \,.$$

$\square$

Im vorgestellten Beispiel liegt ein Wahrscheinlichkeitsfeld vor, das nach dem SHANNON-FANO-Verfahren nur eine einzige Aufteilungsmöglichkeit zulässt. Dass dies nicht immer so sein muss, zeigt z. B. das folgende Wahrscheinlichkeitsfeld mit drei verschiedenen Aufteilungsmöglichkeiten und damit unterschiedlichen Kodierungsmöglichkeiten:

0,40	0	0	00
0,20	100	100	01
0,10	101	101	100
0,10	1100	110	101
0,10	1101	1110	110
0,05	1110	11110	1110
0,05	1111	11111	1111

Der Leser möge sich selbst davon überzeugen, dass diese drei möglichen Kodes in dem Sinne gleichwertig sind, dass sie die gleiche Koderedundanz aufweisen.

3.4.2.2 HUFFMAN-Verfahren (1952)

Diesem Kodierungsverfahren liegt folgender Algorithmus zugrunde:

1. Ordnen des gegebenen Wahrscheinlichkeitsfeldes nach fallenden Werten.
2. Zusammenfassen der letzten zwei Wahrscheinlichkeiten (die mit den kleinsten Werten) zu einem neuen Wert (s. Bild 3.4.1).
3. Erneutes Ordnen des reduzierten Wahrscheinlichkeitsfeldes entsprechend Schritt 1.
4. Wiederholen der Schritte 2. und 3. solange, bis die Zusammenfassung der beiden letzten Elemente den Wert 1 ergibt.
5. Aufstellen eines Kodebaumes entsprechend dem Reduktionsschema und Zuordnung der Kodesymbole 0 und 1. Auslesen der Kodewörter vom Wurzelknoten zu den Blattknoten, notwendig zur Erfüllung der Dekodierbarkeitsbedingung gemäß Definition 3.2.1.

Beispiel 3.4.2

Für das gegebene Wahrscheinlichkeitsfeld im Beispiel 3.4.1 ist ein Optimalkode nach dem HUFFMAN-Verfahren zu entwerfen und mit dem entsprechenden SHANNON-FANO-Kode zu vergleichen.

Lösung:

Gemäß dem Algorithmus ergibt sich folgendes Lösungsschema:

1. $(p_i) = (0,40 \quad 0,18 \quad 0,14 \quad 0,10 \quad 0,08 \quad 0,05 \quad 0,05)$

Die Schritte 2. bis 4. (Reduktionsschema) und 5. (Kodebaum) sind im Bild 3.4.1 dargestellt.

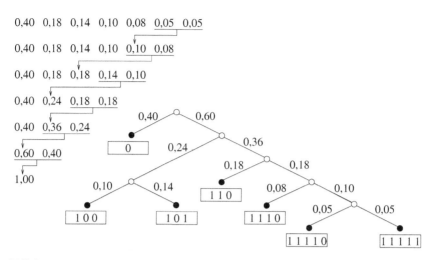

Bild 3.4.1 *HUFFMAN-Verfahren*

Anhand des Kodebaumes können wir die mittlere Kodewortlänge bestimmen:

$$l_m = 0,40 \cdot 1 + 0,18 \cdot 3 + 0,14 \cdot 3 + 0,10 \cdot 3 + 0,08 \cdot 4 + 2 \cdot 0,05 \cdot 5$$
$$= 2,48 \; Bit/QZ \, .$$

Damit beträgt die Koderedundanz bei diesem Optimalkode nur noch

$$R_K = 2,48 \; Bit/QZ \cdot 1 \; bit/Bit - 2,43 \; bit/QZ = \underline{0,05 \; bit/QZ} \, .$$

Anmerkung:

Wie beim SHANNON-FANO-Verfahren ergeben sich auch beim HUFFMAN-Verfahren unterschiedliche, aber gleichwertige Kodierungsmöglichkeiten. Sie entstehen dadurch, dass die zusammengefassten Wahrscheinlichkeitswerte an verschiedenen Stellen eingeordnet werden können, wenn noch andere gleichgroße Werte vorliegen. Die Bestätigung dieser Feststellung wird dem Leser zur Übung empfohlen. □

Hinweis: **Aufgaben** s. Abschn. 3.5

Wir wollen diesen Abschnitt mit einer vergleichenden Betrachtung der vorgestellten Verfahren bezüglich Koderedundanz abschließen.

Beide Verfahren liefern Ergebnisse, die sich i. Allg. nur wenig, oft gar nicht voneinander unterscheiden. Es ist aber theoretisch nachgewiesen worden, z. B. in [KÄM 71], dass das *HUFFMAN-Verfahren immer Kodes mit minimaler Redundanz* liefert, d. h., es gibt kein anderes Verfahren, das Kodes mit geringerer Redundanz erzeugen kann. Dies ist neben der einfachen technischen Realisierung der entscheidende Grund dafür, dass dieses Verfahren praktisch häufig zur Anwendung kommt. HUFFMAN-Kodes werden u. a. bei der Kodierung von Befehlssätzen verwendet, damit häufig vorkommende Befehle möglichst kurz sind [VIT 87], oder bei Verfahren der Datenspeicherung zum Zweck der Datenkompression (meist in „Verkettung" mit verlustbehafteten Kompressionsverfahren, wie im MP3-Verfahren für die Kompression von Audiodaten, im JPEG-Verfahren für die Kompression von Bilddaten, oder mit verlustfreien Kompressionsverfahren wie in Fax-Geräten).

3.4.2.3 Optimalkodierung erweiterter Quellen

Im Zusammenhang mit dem SHANNONschen Kodierungstheorem wurde bereits von einer m-fachen Erweiterung diskreter Quellen gesprochen. Jetzt wollen wir solche Quellen konkret unter dem Aspekt der Optimalkodierung untersuchen.

Definition 3.4.1 *Unter einer* **erweiterten Quelle** *verstehen wir eine aus der ursprünglichen Informationsquelle (mit N Zeichen) gebildete Ersatzquelle, in der jeweils m Zeichen der ursprünglichen Quelle zu einem Ersatzzeichen zusammengefasst sind (Anzahl Ersatzzeichen: N^m).*

Aus der ursprünglichen Quelle $X = \{x_1, x_2, ..., x_N\}$ mit den zugehörigen Auftrittswahrscheinlichkeiten $p(x_i)$ $(i = 1, 2, ..., N)$ wird die erweiterte Quelle

$$X^{[m]} = \{x_1^{[m]}, x_2^{[m]}, ..., x_{N^m}^{[m]}\}$$

mit den erweiterten Zeichen (Ersatzzeichen)

$$x_j^{[m]} = (x_{j1}\, x_{j2} ... x_{jm}) \quad (x_{jk} \in X)$$

und den Wahrscheinlichkeiten $p(x_j^{[m]}) = \prod_{k=1}^{m} p(x_{jk})$ für $j = 1, 2, ..., N^m$.
Für die Entropie erweiterter Quellen gilt (s. 2. Aufg. zum Abschn. 3.2)

$$H(X^{[m]}) = m\, H(X)\,. \tag{3.8}$$

Die mittlere Kodewortlänge der m-fach erweiterten Quelle wird wie folgt berechnet:

$$l_m^{[m]} = m\, l_m = \sum_{j=1}^{N^m} p(x_j^{[m]})\, l_j^{[m]}\,. \tag{3.9}$$

Bezogen auf die ursprüngliche Quelle gilt dann

$$l_m = \frac{l_m^{[m]}}{m}\,. \tag{3.10}$$

Gemäß dem SHANNONschen Kodierungstheorem (vgl. Abschn. 3.3) wird die Koderedundanz für solche erweiterten Quellen um so kleiner, je größer m gewählt wird.

Mit dem folgenden Beispiel soll diese Aussage gestützt werden, indem ein Verfahren der Optimalkodierung auf eine gegebene diskrete Quelle und zwei ihrer Erweiterungen angewendet wird.

Beispiel 3.4.3

Gegeben sei eine diskrete Binärquelle mit unabhängigen Zeichen und den Auftrittswahrscheinlichkeiten $p(x_1) = 0,2$ und $p(x_2) = 0,8$.

Zu bestimmen ist die Koderedundanz bei einer Optimalkodierung nach dem SHANNON-FANO-Verfahren

a) für die gegebene Binärquelle,
b) für die erweiterte Quelle mit $m = 2$,
c) für die erweiterte Quelle mit $m = 3$.

Lösung:

Die Berechnung der Koderedundanz entsprechend Gl. (3.4) erfordert die Bestimmung der mittleren Kodewortlänge l_m und der Quellenentropie H_m.

zu a)

$l_m = 1\ Bit/QZ$,

$H_m = -0,2\ \text{ld}\ 0,2 - 0,8\ \text{ld}\ 0,8 = 0,722\ bit/QZ$,

$R_K = 1\ Bit/QZ \cdot 1\ bit/Bit - 0,722\ bit/QZ = \underline{0,278\ bit/QZ}$.

zu b)

Bei $m = 2$ erhalten wir die erweiterte Quelle

$X^{[2]} = \{(x_1 x_1), (x_1 x_2), (x_2 x_1), (x_2 x_2)\}$

mit den zugehörigen Auftrittswahrscheinlichkeiten

$p(x_1^{[2]}) = 0,2 \cdot 0,2 = 0,04 \quad p(x_2^{[2]}) = 0,2 \cdot 0,8 = 0,16 \quad p(x_3^{[2]}) = 0,8 \cdot 0,2 = 0,16$

$p(x_4^{[2]}) = 0,8 \cdot 0,8 = 0,64$.

Die Anwendung des SHANNON-FANO-Verfahrens entsprechend Abschn. 3.4.2.1 auf dieses Wahrscheinlichkeitsfeld wird im nebenstehenden Lösungsschema dargestellt.

Mit $l_m = \frac{1,56}{2} = 0,780\ Bit/QZ$ und $H_m = 0,722\ bit/QZ$ erhält man eine Koderedundanz

$p(x_j^{[2]})$	Optimalkode	$p(x_j^{[2]})\, l_j^{[2]}$
0,64	0	0,64
0,16	1 0	0,32
0,16	1 1 0	0,48
0,04	1 1 1	0,12
$l_m^{[2]} = \sum_j p(x_j^{[2]})\, l_j^{[2]} = 1,56$		

$R_K = 0,780\ Bit/QZ \cdot 1\ bit/Bit - 0,722\ bit/QZ = \underline{0,058\ bit/QZ}$.

zu c)

Analog zu b) ergibt sich folgende Lösung für $m = 3$:

$X^{[3]}$	$p(x_j^{[3]})$	$p(x_j^{[3]})$ geordnet	Optimalkode	$p(x_j^{[3]})\, l_j^{[3]}$
$x_1\, x_1\, x_1$	$0,512$	$0,512$	0	$0,512$
$x_1\, x_1\, x_2$	$0,128$	$0,128$	$1\ 0\ 0$	$0,384$
$x_1\, x_2\, x_1$	$0,128$	$0,128$	$1\ 0\ 1$	$0,384$
$x_1\, x_2\, x_2$	$0,032$	$0,128$	$1\ 1\ 0$	$0,384$
$x_2\, x_1\, x_1$	$0,128$	$0,032$	$1\ 1\ 1\ 0\ 0$	$0,160$
$x_2\, x_1\, x_2$	$0,032$	$0,032$	$1\ 1\ 1\ 0\ 1$	$0,160$
$x_2\, x_2\, x_1$	$0,032$	$0,032$	$1\ 1\ 1\ 1\ 0$	$0,160$
$x_2\, x_2\, x_2$	$0,008$	$0,008$	$1\ 1\ 1\ 1\ 1$	$0,040$
		$l_m^{[3]} = \sum_j p(x_j^{[3]})\, l_j^{[3]} = 2,184$		

$$l_m = \frac{2,184\ Bit/Ersatzzeichen}{3\ QZ/Ersatzzeichen} = 0,728\ Bit/QZ\,.$$

Mit $H_m = 0,722\ bit/QZ$ ergibt sich eine Koderedundanz

$$R_K = 0,728 - 0,722 = \underline{0,006\ bit/QZ}\,.$$

Anmerkung:

Zu den gleichen Ergebnissen gelangt man, wenn die Koderedundanz als Differenz von mittlerer Kodewortlänge und Entropie der *erweiterten* Quelle bestimmt wird. Die rechnerische Überprüfung dieser Aussage sei dem Leser zur Übung empfohlen.

Die Ergebnisse für

$m = 1:\quad R_K = 0,278\ bit/QZ\,,$
$m = 2:\quad R_K = 0,058\ bit/QZ\,,$
$m = 3:\quad R_K = 0,006\ bit/QZ$

belegen eindeutig die Effektivität der dargestellten Methode. Wir wollen aber nochmals darauf hinweisen, dass eine unverzögerte zeichenweise Kodierung und Dekodierung damit nicht mehr möglich ist. □

Hinweis: **Aufgaben** s. Abschn. 3.5

3.4.2.4 Optimalkodierung von MARKOW-Quellen

Bei den in den vorangegangenen Abschnitten betrachteten Problemen und Methoden der Quellenkodierung wurde die statistische Unabhängigkeit der Quellenzeichen vorausgesetzt. Von den MARKOW-Quellen (Abschn. 2.2.2) wissen wir, dass die Quellenentropie geringer ist, wenn die vorhandene statistische Abhängigkeit der Quellenzeichen berücksichtigt wird. Folglich müssen wir auch die Aussagen über die Koderedundanz (Gl. (3.4)) und die Schranken der mittleren Kodewortlänge (Gl. (3.6)) entsprechend präzisieren.

Im Abschn. 3.3 wurde bewiesen, dass die mittlere Kodewortlänge nicht kleiner als die Quellenentropie sein kann. Diese Feststellung ist so allgemeingültig, dass sie selbstverständlich auch auf die Kodierung von MARKOW-Quellen zutrifft, bei denen die MARKOW-Entropie die kleinstmögliche mittlere Kodewortlänge bestimmt. Wie dicht man sich diesem Grenzwert durch einen Optimalkode nähert, hängt vom speziellen Kodierungsverfahren ab. Wir wollen uns überlegen, wie ein solches Verfahren für MARKOW-Quellen gestaltet sein kann, wenn wir von den bekannten Optimalkodierungsverfahren ausgehen.

Im Abschn. 2.2.2.1 wurde gezeigt, dass die Abhängigkeit der Quellenzeichen durch ihre Übergangswahrscheinlichkeiten $p(x_j|x_i)$ berücksichtigt werden kann, wobei es für jedes Quellenzeichen i. Allg. eine andere Verteilung der $p(x_j|x_i)$ für $i, j = 1, 2, ..., N$ gibt.

Ein Quellenzeichen kann also nicht mehr durch ein einziges Kodewort, wie bei statistischer Unabhängigkeit, abgebildet werden. Vielmehr muss jedem Quellenzeichen ein spezieller Kode zugeordnet werden, der alle Übergangsmöglichkeiten zu den anderen Quellenzeichen durch entsprechende Kodewörter darstellt. Jeder dieser „Übergangskodes" wird nach einem Verfahren der Optimalkodierung gebildet. Der *Optimalkode der MARKOW-Quelle besteht demnach aus N verschiedenen optimalen Teilkodes*, wenn das Alphabet der Quelle N abhängige Zeichen enthält.

Immer wenn bei der Nachrichtenerzeugung ein anderes Quellenzeichen auftritt, muss auch der Übergangskode gewechselt werden. Man spricht deshalb bei MARKOW-Quellen auch von einer **zustandsabhängigen Kodierung**. Entsprechend der Definition 3.1.3 können wir die **Koderedundanz** R_K als Differenz zwischen der mittleren Kodewortlänge l_M des gesamten Quellenkodes und der Entropie H_M der MARKOW-Quelle bestimmen:

$$R_K = l_M - H_M \; ; \;\; l_M = \sum_{i=1}^{N} \sum_{j=1}^{N} \overline{p(x_i)} \, p(x_j|x_i) \, l_{ij} = \sum_{i=1}^{N} \overline{p(x_i)} \, l_{m,i} \, , \quad (3.11)$$

wobei l_{ij} die Kodewortlänge für den Übergang von x_i nach x_j bzw. für das bedingte Auftreten des Zeichens x_j ist. Die mittlere Länge aller Kodewörter l_M ist demnach der Mittelwert der mittleren Längen $l_{m,i}$ für $i = 1, 2, ..., N$ der Einzelkodes.

Beispiel 3.4.4

Eine MARKOW-Quelle mit folgender Matrix der Übergangswahrscheinlichkeiten ist nach dem SHANNON-FANO-Verfahren optimal zu kodieren:

$$(p(x_j|x_i)) = \begin{pmatrix} 0,10 & 0,30 & 0,50 & 0,08 & 0,02 \\ 0,60 & 0 & 0,10 & 0,20 & 0,10 \\ 0,05 & 0,40 & 0,20 & 0,05 & 0,30 \\ 0 & 0,10 & 0,80 & 0 & 0,10 \\ 0,30 & 0,20 & 0,10 & 0,40 & 0 \end{pmatrix}.$$

Mittlere Kodewortlänge und Koderedundanz sind mit einem SHANNON-FANO-Kode der stationären Zustandswahrscheinlichkeiten dieser Quelle zu vergleichen!

Lösung:

a) Bestimmung der Teilkodes und ihrer mittleren Kodewortlängen

Jede Zeile der Matrix $(p(x_j|x_i))$ gibt für ein Quellenzeichen die Verteilung der Übergangswahrscheinlichkeiten an, d. h., *jede Zeile stellt ein Wahrscheinlichkeitsfeld für einen Teilkode Ki $(i = 1, 2, ..., 5)$ dar*. Bei den folgenden Anwendungen des SHANNON-FANO-Verfahrens sind die jeweiligen Wahrscheinlichkeitsfelder nach fallenden Werten geordnet (bei der Dekodierung zu beachten!).

$p(x_j\|x_1)$	K1	$p(x_j\|x_1)\, l_{1j}$
$p(x_3\|x_1) = 0,50$	0	0,50
$p(x_2\|x_1) = 0,30$	1 0	0,60
$p(x_1\|x_1) = 0,10$	1 1 0	0,30
$p(x_4\|x_1) = 0,08$	1 1 1 0	0,32
$p(x_5\|x_1) = 0,02$	1 1 1 1	0,08
	$l_{m,1} = 1,80$	

$p(x_j\|x_2)$	K2	$p(x_j\|x_2)\, l_{2j}$
$p(x_1\|x_2) = 0,60$	0	0,60
$p(x_4\|x_2) = 0,20$	1 0	0,40
$p(x_3\|x_2) = 0,10$	1 1 0	0,30
$p(x_5\|x_2) = 0,10$	1 1 1	0,30
$p(x_2\|x_2) = 0$	–	–
	$l_{m,2} = 1,60$	

$p(x_j\|x_3)$	K3	$p(x_j\|x_3)\, l_{3j}$
$p(x_2\|x_3) = 0,40$	0	0,40
$p(x_5\|x_3) = 0,30$	1 0	0,60
$p(x_3\|x_3) = 0,20$	1 1 0	0,60
$p(x_4\|x_3) = 0,05$	1 1 1 0	0,20
$p(x_1\|x_3) = 0,05$	1 1 1 1	0,20
	$l_{m,3} = 2,00$	

$p(x_j\|x_4)$	K4	$p(x_j\|x_4)\, l_{4j}$
$p(x_3\|x_4) = 0,80$	0	0,80
$p(x_2\|x_4) = 0,10$	1 0	0,20
$p(x_5\|x_4) = 0,10$	1 1	0,20
$p(x_1\|x_4) = 0$	–	–
$p(x_4\|x_4) = 0$	–	–
	$l_{m,4} = 1,20$	

$p(x_j\|x_5)$	K5	$p(x_j\|x_5)\, l_{5j}$
$p(x_4\|x_5) = 0,40$	0	0,40
$p(x_1\|x_5) = 0,30$	1 0	0,60
$p(x_2\|x_5) = 0,20$	1 1 0	0,60
$p(x_3\|x_5) = 0,10$	1 1 1	0,30
$p(x_5\|x_5) = 0$	–	–
	$l_{m,5} = 1,90$	

b) Berechnung der Koderedundanz gemäß Gl. (3.11):

Zur Berechnung von l_M und H_M werden die stationären Zustandswahrscheinlichkeiten $\overline{p(x_i)}$ benötigt (s. Abschn. 2.2.2):

Die iterative Anwendung der Gl. (2.10) ergibt nach etwa 15 Schritten folgende stationäre Verteilung der Zustandswahrscheinlichkeiten:

$$\overline{p(x_1)} = 0,21 \quad \overline{p(x_2)} = 0,22 \quad \overline{p(x_3)} = 0,31 \quad \overline{p(x_4)} = 0,13 \quad \overline{p(x_5)} = 0,13\,.$$

Nach dem Einsetzen dieser Werte und der gegebenen Übergangswahrscheinlichkeiten $p(x_j|x_i)$ in Gl. (2.12) erhalten wir eine MARKOW-Entropie

$$H_M = 1,68\ bit/Zustand\,.$$

(Für *Zustand* könnte auch *Quellenzeichen* (*QZ*) stehen.)

Die mittlere Kodewortlänge über alle Teilkodes wird

$$l_M = 0,21 \cdot 1,8 + 0,22 \cdot 1,6 + 0,31 \cdot 2,0 + 0,13\,(1,2 + 1,9)$$
$$= 1,75\,Bit/Zustand\,.$$

Damit ergibt sich eine Koderedundanz

$$R_K = 1,75\ Bit/Zustand \cdot 1\ bit/Bit - 1,68\ bit/Zustand = \underline{0,07\ bit/Zustand}\,.$$

c) Zum Vergleich: *NUR* SHANNON-FANO-Kode entsprechend der Verteilung der stationären Zustandswahrscheinlichkeiten:

$\overline{p(x_i)}$	Optimalkode	$\overline{p(x_i)}\, l_i$
$\overline{p(x_3)} = 0,31$	0 0	0,62
$\overline{p(x_2)} = 0,22$	0 1	0,44
$\overline{p(x_1)} = 0,21$	1 0	0,42
$\overline{p(x_4)} = 0,13$	1 1 0	0,39
$\overline{p(x_5)} = 0,13$	1 1 1	0,39
	$l_m = 2,26$	

Bei unveränderter Quellenentropie entsteht die folgende Koderedundanz:

$R_K = 2,26 - 1,68 = \underline{0,58 \; bit/Zustand}$.

Die Kodierung vorliegender Informationsquelle zeigt unter Berücksichtigung der Übergangswahrscheinlichkeiten eine beträchtliche Reduzierung der mittleren Kodewortlänge von $2,26$ auf $1,75$ $Bit/Zustand$. Die Koderedundanz reduziert sich von $0,58$ auf beachtliche $0,07$ $bit/Zustand$. $\square$

Anmerkungen zur Dekodierung:

Entsprechend $p(x_j|x_i)$ tritt das Kodewort für x_j unter der Bedingung auf, dass unmittelbar davor das Kodewort für x_i aufgetreten ist. Deshalb benötigt man für die Dekodierung den Startzustand, der als erstes Zeichen übertragen werden muss. Desweiteren wird für die eindeutige Dekodierung selbstverständlich auch die Zuordnung der Teilkodewörter entsprechend der Matrix $(p(x_j|x_i))$ benötigt.

Die im Beispiel 3.4.4 gegebene MARKOW-Quelle soll z. B. die Zeichenfolge x_3, x_5, x_2, x_1, x_3, x_4, ... ausgeben. Auf der Grundlage der Kodetabellen ergeben sich folgende Kodewörter:

$p(x_5|x_3) = 0,30:$ 1 0
$p(x_2|x_5) = 0,20:$ 1 1 0
$p(x_1|x_2) = 0,60:$ 0
$p(x_3|x_1) = 0,50:$ 0
$p(x_4|x_3) = 0,05:$ 1 1 1 0

Da die Zeichenfolge mit x_3 beginnt, muss zuerst $i = 3$ (als Kodewort 0 1 1) übertragen werden, damit der Dekodierer weiß, zu welchem Teilkode das erste Kodewort gehört. Der empfangene (fehlerfreie) Bitstrom kann dann entsprechend den Kodetabellen wie folgt dekodiert werden:

0 1 1 | 1 0 | 1 1 0 | 0 | 0 | 1 1 1 0 | . . .
x_3 | x_5 | x_2 | x_1 | x_3 | x_4

$\square$

Hinweis: **Aufgaben** s. Abschn. 3.5

3.4.3 Verfahren ohne Kenntnis der Quellenstatistik (LEMPEL-ZIV-Verfahren)

Dieses Quellenkodierungsverfahren wurde erstmals im Jahr 1977 von A. LEMPEL und J. ZIV [LEZ 77] als neue Methode der *verlustfreien* Datenkompression publiziert.

Der wesentliche Unterschied zur Optimalkodierung auf der Grundlage der Quellenstatistik kommt vor allem im Prinzip der Redundanzreduktion zum

Ausdruck, worauf schon im Abschn. 3.4.1 hingewiesen wurde. Daraus resultieren weitere Besonderheiten der beiden Verfahrensgruppen:

- Ein Optimalkode, der entsprechend einer gegebenen Wahrscheinlichkeitsverteilung des Quellenalphabets generiert wird, liegt als „statisches Wörterbuch" vor, das zum Kodieren und Dekodieren aller Eingabetexte mit annähernd gleicher Statistik verwendet werden kann.
- Beim LEMPEL-ZIV-(LZ-)Verfahren erfolgt die Redundanzreduktion *während* des Kodierungsvorgangs der von der Quelle fortlaufend generierten Zeichen. Dabei wird nach wiederholt auftretenden Zeichenketten im Text gesucht, die als *Muster* bereits in einem dynamisch aufgebauten „Wörterbuch" abgespeichert sind.

  Die Redundanzreduktion wird also dadurch erreicht, dass mehrere bzw. möglichst viele Quellenzeichen als Zeichenkette (Muster) jeweils auf *ein* Kodewort abgebildet werden, auf das bei jedem wiederholten Auftreten des betreffenden Musters zurückgegriffen wird.

  Obwohl keine Kenntnisse über die konkrete Quellenstatistik erforderlich sind, werden bei diesem Verfahren, wie bei der Optimalkodierung von MARKOW-Quellen, nicht nur die Auftrittswahrscheinlichkeiten der Quellenzeichen, sondern auch ihre gegenseitigen Bindungen berücksichtigt. Im Gegensatz zur Kodierung von MARKOW-Quellen werden jedoch auch zeitlich veränderliche Übergangswahrscheinlichkeiten durch den LZ-Algorithmus berücksichtigt, d. h., die Kodierung wird automatisch an die Quellenstatistik angepasst.

Unter dem Begriff „LZ-Kodierung" verbirgt sich eine Vielzahl unterschiedlicher Varianten des oben skizzierten Verfahrens. Sie unterscheiden sich hauptsächlich darin, wie das Wörterbuch aufgebaut und genutzt wird.

Wir werden uns hier mit einem der bekanntesten Verfahren befassen, dem der von T.A. WELCH [WEL 84] weiter entwickelte LZ-Algorithmus zugrunde liegt und als **LZW-Algorithmus** bekannt ist.

Charakteristisch für das Wörterbuch bei diesem Verfahren ist, dass alle Eintragungen von Null beginnend durchnummeriert sind. Standardmäßig sollen bis zu 2^{12} Einträge möglich sein, wobei die ersten 2^8 Einträge für das Quellenalphabet (ASCII-Zeichen mit den Indizes 0 bis 255) im Wörterbuch vorinstalliert sind. Jedem Wörterbucheintrag ist ein Index i eineindeutig zugeordnet, der im Binärkode $<i>$ der Länge von 12 *Bit* ausgegeben wird.

Kodierung

Der LZW-Algorithmus sucht bei der sequentiellen Zeicheneingabe nach bekannten Mustern, und zwar nach der jeweils längsten Zeichenkette, die bereits im Wörterbuch eingetragen ist. Dieser Suchvorgang erfolgt Zeichen für Zeichen, wobei jedes Einzelzeichen bereits ein eingetragenes Muster darstellt. Ob die betreffende Zeichenkette w jedoch die *längste* ist (also ein bereits eingetragenes Muster darstellt), kann erst entschieden werden, wenn das jeweils *nächste* Zeichen z gelesen und mit w konkateniert wird. Die Zeichenkette w wird deshalb als *Präfix* bei der folgenden Konkatenation mit z verwendet.

Bevor wir den Kodierungsalgorithmus in kompakter Form notieren, wollen wir den weiteren Ablauf anhand eines einfachen Demonstrationsbeispiels erläutern.

Beispiel 3.4.5

Es sei ein Quellenalphabet mit den Zeichen a, b, c gegeben.

Der Eingabestring *baacbacbaacba* soll mit dem LZW-Algorithmus kodiert werden, wobei das zu erstellende Wörterbuch bereits mit $a = 1$, $b = 2$ und $c = 3$ vorinstalliert ist.

Lösung:

Der Kodierungsvorgang wird in folgender Tabelle dargestellt (Erläuterungen im Textteil).

Eingabe	Konkatenation	Wörterbuch-	Ausgabe	Präfix
z	$w \circ z$	eintrag	$< i >$	w
		$a = 1$		
		$b = 2$		
		$c = 3$		
b				b
a	$b \circ a$	$ba = 4$	$< 2 >$	a
a	$a \circ a$	$aa = 5$	$< 1 >$	a
c	$a \circ c$	$ac = 6$	$< 1 >$	c
b	$c \circ b$	$cb = 7$	$< 3 >$	b
a	$b \circ a$			ba
c	$ba \circ c$	$bac = 8$	$< 4 >$	c
b	$c \circ b$			cb
a	$cb \circ a$	$cba = 9$	$< 7 >$	a
a	$a \circ a$			aa
c	$aa \circ c$	$aac = 10$	$< 5 >$	c
b	$c \circ b$			cb
a	$cb \circ a$			cba
$-$			$< 9 >$	

Ausgabefolge: $< 2 >< 1 >< 1 >< 3 >< 4 >< 7 >< 5 >< 9 >$

Wie aus dem Ergebnis der Kodierung ersichtlich ist, werden anstelle der 13 Eingabezeichen nur 8 Kodewörter ausgegeben.

Es folgen noch einige Erläuterungen zur Tabellendarstellung (die auch übersprungen werden können):
Da vereinbarungsgemäß alle Quellenzeichen bereits im Wörterbuch eingetragen sind (somit auch als bekannte Muster anzusehen sind), sucht der Algorithmus immer nach bekannten Zeichenketten, die mindestens zwei Zeichen enthalten. Deshalb wird das erste eingelesene Zeichen $z = b$ als Präfix w mit dem nächsten Zeichen $z = a$ (in der nächsten Tabellenzeile) konkateniert. Jetzt wird festgestellt, dass zwar b, aber nicht die Zeichenkette ba ein bekanntes Muster ist. Also wird $ba = 4$ als unbekanntes Muster ins Wörterbuch eingetragen, Zeichen b bzw. sein Kodewort $< 2 >$ ausgegeben und a als Präfix $w = a$ für den folgenden Kodierungsschritt gespeichert.
Betrachten wir noch die Tabellenzeile nach der Ausgabe des Kodewortes $< 3 >$: Präfix $w = b$ wird mit dem aktuellen $z = a$ konkateniert. Ein Durchsuchen des Wörterbuches zeigt, dass die gebildete Zeichenkette ba bereits eingetragen ist. Um aber festzustellen, ob sie das *längste* bekannte Muster ist, muss sie als $w = ba$ zwischengespeichert und mit $z = c$ zur Zeichenkette bac verknüpft werden. Da bac kein bekanntes Muster ist, wird $bac = 8$ neu eingetragen und ba als Kodewort $< 4 >$ ausgegeben.
Nach dem Ende des Eingabestrings erfolgt noch die Ausgabe des bekannten Musters $w = cba$ als Kodewort $< 9 >$.   □

Zusammenfassend kann folgender **Kodierungsalgorithmus** angegeben werden:

1. Lies erstes Zeichen z und setze Präfix $w := z$.
2. Lies nächstes Zeichen z und konkateniere $w \circ z$.
3. Stelle fest, ob Zeichenkette wz bereits im Wörterbuch steht,

       wenn **ja**:   Setze $w := wz$,

      wenn **nein**: 1. Trage wz ins Wörterbuch ein.

                   2. Gib w aus.

                   3. Setze $w := z$.

4. Stelle fest, ob aktuelles z das letzte Zeichen des Eingabestrings ist,

      wenn **nein**:   Gehe nach 2.,

       wenn **ja**:   Gib w aus und Stopp.

Dekodierung

Nach der Übertragung der Nachricht soll die ursprüngliche Zeichenfolge rekonstruiert werden. Dazu ist es notwendig, dass der Dekodierer mit einem Wörterbuch arbeitet, dessen Eintragungen mit denen des Kodierers identisch sind. Dies wird gewährleistet, indem man die Systematik der Eintragungen des Kodierers beachtet: An jedes erkannte Muster, d. h. jeden vorhandenen Eintrag im Wörterbuch, wurde das jeweils nächstfolgende Eingabezeichen angehängt. Dadurch ergab sich, dass das *letzte* Zeichen eines Eintrages immer mit dem *ersten* des folgenden Eintrages identisch ist.

Bei der Dekodierung (siehe folgende Tabelle) wird jedes empfangene Kodewort übersetzt und unverzögert als Zeichenkette $zk = (z(1), z(2), ...)$ ausgegeben. Diese wird gleichzeitig als „Präfix" w zwischengespeichert und im nächsten Dekodierungsschritt mit dem ersten übersetzten Zeichen $z(1)$ des aktuellen Kodewortes verknüpft. Die Zeichenkette $w \circ z(1)$ ergibt den neuen Wörterbucheintrag. Man beachte, dass ein neuer Eintrag immer erst stattfinden kann, wenn das erste Zeichen des nächstfolgenden Kodewortes bekannt, d. h. nachdem das Kodewort übersetzt ist.

Die tabellarische Darstellung zeigt den Dekodierungsablauf für die Ausgabefolge des Beispiels 3.4.5.

Hinweis: Zur Übung wird empfohlen, den Dekodierungsalgorithmus in geeigneter Form darzustellen.

Eingabe $<i>$	Ausgabe zk	Konkatenation $w \circ z(1)$	Wörterbuch-Eintrag	Präfix w
			$a = 1$	
			$b = 2$	
			$c = 3$	
$< 2 >$	b			b
$< 1 >$	a	$b \circ a$	$ba = 4$	a
$< 1 >$	a	$a \circ a$	$aa = 5$	a
$< 3 >$	c	$a \circ c$	$ac = 6$	c
$< 4 >$	ba	$c \circ b$	$cb = 7$	ba
$< 7 >$	cb	$ba \circ c$	$bac = 8$	cb
$< 5 >$	aa	$cb \circ a$	$cba = 9$	aa
$< 9 >$	cba	$aa \circ c$	$aac = 10$	

Ausgabefolge: *baacbacbaacba*

Nachdem wir uns mit dem grundsätzlichen Ablauf des LZW-Verfahrens vertraut gemacht haben, soll noch ein kurzer Blick auf die praktische Realisierbarkeit folgen. Dabei erkennt man schnell, dass das Wörterbuch eine kritische Stelle im System darstellt. Einerseits kann das ständige Durchmustern der maximal 4096 Eintragungen zum Problem werden, wenn nicht ein sehr effektiver Suchalgorithmus zur Verfügung steht. Andererseits kann es problematisch werden, wenn die Kapazität des Wörterbuchs nicht ausreichend ist.[3] Dann könnte es zur drastischen Verschlechterung der Datenkompression führen. In der Praxis sind diese Probleme heute weitgehend beherrschbar.

Betrachtungen zur **Koderedundanz** und **Datenkompression**

Die bisherigen Berechnungen zur Quellenkodierung (s. Abschn. 3.3) auf der Grundlage der Quellenstatistik konnten bereits *vor* der eigentlichen Kodierung vorgenommen werden. Dafür reichte die Kenntnis der Auftrittswahrscheinlichkeiten und ggf. der Übergangswahrscheinlichkeiten einer MARKOW-Kette erster Ordnung aus.

Bei der LZW-Kodierung werden entsprechend den statistischen Bindungen unterschiedlich viele Quellenzeichen auf ein Kodewort abgebildet. Die mittlere Kodewortlänge l_m (auf ein Quellenzeichen bezogen) kann durch eine Mittelwertbildung der Ausgabefolge gewonnen werden, denn jedem 12stelligen Kodewort ist eine Zeichenkette zugeordnet.

Ein größeres Problem bei der Berechnung der Koderedundanz nach Gl. (3.4) stellt die Bestimmung der mittleren Quellenentropie H_m dar. Da nicht einzelne Textzeichen sondern Zeichenketten kodiert werden, ist H_m für eine MARKOW-Kette höherer Ordnung (die mindestens der zu erwartenden mittleren Zeichenkettenlänge entsprechen sollte) zu berechnen. Dies geht über den hier gegebenen Rahmen hinaus, und deshalb werden wir uns auch nicht weiter mit der Redundanz von LZW-Kodes befassen.

Weitaus einfacher zu bestimmen und praktisch relevanter ist dagegen die **Kompressionsrate**: Darunter wollen wir den Quotienten R_C aus Anzahl der Ausgabebits und Anzahl der Eingabebits verstehen:[4] Wir gehen davon aus, dass n_e 8-*Bit*-Zeichen eingegeben und n_a 12-*Bit*-Zeichen ausgegeben werden. Dann ergibt sich

$$R_C = 1,5\,\frac{n_a}{n_e}\,. \tag{3.12}$$

---

[3] Die Menge der einzutragenden Muster hängt wesentlich vom Charakter des Eingabetextes, seiner Homogenität ab.

[4] In der Literatur sind auch andere Bewertungsmaße für die Datenkompression zu finden.

Aus Beispiel 3.4.5 ist natürlich kein realistischer Wert für R_C zu erwarten. Dies ist nur bei der Kodierung größerer Textdateien möglich.

Nach Erfahrungswerten ist mit dem LZW-Verfahren bei Textdateien eine Datenkompression von etwa 50% als realistisch anzusehen, obgleich dieser Wert bei unterschiedlichen Texten stark schwanken kann. Grundsätzlich gilt, dass die LZW-Kodierung dann sehr effektiv ist, wenn sich eine relativ kleine Anzahl von Mustern sehr oft im zu kodierenden Text wiederholt.

Das standardisierte LZW-Verfahren wird hauptsächlich beim Pack-Programm *compress* und bei der Grafik-Kompression im *GIF*-Format angewendet.

Durch verschiedene Weiterentwicklungen einzelner LZ-Verfahren, sowie durch Kopplung mit anderen Verfahren (z. B. LZ77-Algorithmus mit HUFFMAN-Kodierung) konnte die Kompressionsrate erheblich verbessert werden. Die Kompression kann *verlustfrei* jedoch nur soweit getrieben werden, bis die Koderedundanz beseitigt ist.

Eine darüber hinausgehende Datenverdichtung ist mit einem Verlust an Quelleninformation verbunden. In vielen Fällen, wo dies anwendungsbedingt möglich ist, wird von der *verlustbehafteten* Datenkompression Gebrauch gemacht.

Abschließend soll darauf hingewiesen werden, dass wir uns im Rahmen dieses Buches auf einige grundlegende Verfahren der redundanzreduzierenden Quellenkodierung beschränken mussten. Dem interessierten Leser sei z. B. [SAL 97] und [STR 05] zur weiterführenden Lektüre empfohlen.

3.5 Aufgaben

Abschn. 3.2 und **3.3**: Dekodierbarkeitsbedingungen, Koderedundanz

1. Gegeben sei eine diskrete Quelle X mit

   $(p(x_i)) = (0,4 \quad 0,2 \quad 0,1 \quad 0,1 \quad 0,1 \quad 0,05 \quad 0,05)$

   und folgenden Kode-Varianten:

X	K1	K2	K3	K4
x_1	0	0	00	00
x_2	100	100	01	010
x_3	101	101	100	011
x_4	110	110	101	100
x_5	1110	1110	110	101
x_6	11110	1101	1110	110
x_7	11111	1111	1111	111

a) Welche Kodes sind eindeutig dekodierbar?

b) Welcher Kode entsprechend a) hat die kleinste Kodewortlänge?

c) Wie groß ist die Koderedundanz des unter b) ermittelten Kodes?

2. Man beweise folgenden Satz, der zur Ableitung der Gl. (3.7) verwendet wurde: Wenn eine diskrete Quelle X die Entropie $H(X)$ hat, dann gilt für ihre m-fache Erweiterung

$$H(X^{[m]}) = m\,H(X)\,.$$

Hinweis: Lösungsansatz siehe „Verbundquellen"!

Abschn. 3.4.2.1 und 3.4.2.2: SHANNON-FANO- und HUFFMAN-Verfahren

1. Eine diskrete Quelle mit den Zeichenauftrittswahrscheinlichkeiten

$$(p(x_i)) = (0,15 \quad 0,14 \quad 0,30 \quad 0,10 \quad 0,12 \quad 0,08 \quad 0,06 \quad 0,05)$$

ist optimal zu kodieren

a) nach dem SHANNON-FANO-Verfahren,

b) nach dem HUFFMAN-Verfahren.

Zum Vergleich der Optimalkodes sind die Koderedundanzen zu bestimmen.

2. Ein um den Amplitudenwert Null symmetrisch verteiltes analoges Signal sei im positiven wie im negativen Bereich jeweils in sieben Intervalle unterteilt. Die Auftrittswahrscheinlichkeit der Amplitudenwerte in diesen Intervallen soll mit steigenden Absolutwerten nach folgender Beziehung abnehmen:

$$p(x_{i+1}) = \tfrac{1}{2}\,p(x_i) \text{ für } i = 1, 2, ..., 5\,, \text{ wobei } p(x_7) = p(x_6)\,.$$

Bestimmen Sie

a) einen HUFFMAN-Kode für diese Quelle,

b) die mittlere Kodewortlänge,

c) die Differenz der mittleren Kodewortlänge gegenüber der Länge eines gleichmäßigen Kodes!

3. Der Wertebereich eines Signals von 0 bis $999\,mV$ in Stufen von $1\,mV$ soll in vier Intervalle mit folgenden Auftrittswahrscheinlichkeiten unterteilt werden können:

$$
\begin{aligned}
&0 \ ... \ \ 49: & p(x_1) &= 0,60 \\
&50 \ ... \ 199: & p(x_2) &= 0,25 \\
&200 \ ... \ 499: & p(x_3) &= 0,10 \\
&500 \ ... \ 999: & p(x_4) &= 0,05\,.
\end{aligned}
$$

Innerhalb jedes Intervalls sind gleichwahrscheinliche Signalwerte anzunehmen.

Es ist folgende Quellenkodierung vorgesehen:

– Optimalkode nach SHANNON-FANO für die Intervalle,

– gleichmäßige Kodes für die Signalwerte innerhalb der Intervalle.

Zu berechnen sind:

a) Quellenentropie,

b) mittlere Kodewortlänge (für den gesamten Quellenkode),

c) Verringerung der Redundanz durch die vorgesehene Quellenkodierung gegenüber einem vollständig gleichmäßigen Kode.

Abschn. 3.4.2.3: Optimalkodierung erweiterter Quellen

1. Eine Binärquelle mit den Auftrittswahrscheinlichkeiten $p(x_1) = 0,9$ und $p(x_2) = 0,1$ der unabhängigen Zeichen ist nach dem SHANNON-FANO-Verfahren zu kodieren. Berechnen Sie die Koderedundanz für die Fälle
   a) $m = 1$,
   b) $m = 2$,
   c) $m = 3$.

2. Gegeben sei eine diskrete Informationsquelle mit drei unabhängigen Zeichen, die mit den Wahrscheinlichkeiten $(p(x_i)) = (0,6 \quad 0,3 \quad 0,1)$ auftreten.
   Diese Quelle und ihre Erweiterung mit $m = 2$ sind nach dem HUFFMAN-Verfahren zu kodieren und durch die Koderedundanz zu bewerten!

3. Die Information einer Binärquelle mit den Auftrittswahrscheinlichkeiten $p(0) = 0,8$ und $p(1) = 0,2$ soll gespeichert werden, wobei der Speicherbedarf durch eine Optimalkodierung um mindestens 25 % gegenüber dem Bedarf bei einer gleichmäßigen Kodierung verringert werden soll.
   a) Bestimmen Sie einen Optimalkode, der diese Forderung erfüllt!
   b) Wie groß ist die tatsächliche Reduzierung durch den Optimalkode?
   c) Wäre durch weitere Optimierung auch eine Reduzierung um 30 % möglich? (Begründung!)

Abschn.3.4.2.4: Optimalkodierung von MARKOW-Quellen

1. Eine stationäre MARKOW-Quelle sei durch die Zustandswahrscheinlichkeiten
   $$(\overline{p(x_i)}) = (0,14 \quad 0,29 \quad 0,38 \quad 0,19)$$
   und dem folgenden Zustandsgraphen (ein mit Übergangswahrscheinlichkeiten kantenbewerteter Graph, Bild 3.5.1) gegeben:

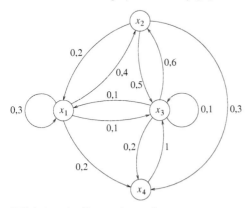

Bild 3.5.1 *Zustandsgraph*

   a) Bestimmen Sie einen Optimalkode für diese Quelle.
   b) Berechnen Sie die Koderedundanz.
   c) Ermitteln Sie die Verkürzung der Kodewortlänge gegenüber einem Optimalkode, der nur die Zustandswahrscheinlichkeiten berücksichtigt!

4 Nachrichten und Kanäle

4.1 Einführung

Die Übertragung von Nachrichten ist ein uraltes Anliegen. Heute werden Nachrichten über Telefonverbindungen, Rundfunk und Fernsehen übertragen. Nachrichten sind Informationen, und zwar in einem erweiterten Verständnis gegenüber dem im Abschn. 1.1 Dargestellten. Der semantische Aspekt der Information spielt dabei die übergeordnete Rolle. Wir werden uns bei der Behandlung der Übertragung von Informationen jedoch wieder auf die Betrachtungsweise des Abschn. 1.1, d. h. auf ihren *statistischen Aspekt*, beschränken.

Informationen und Signale stehen in einer engen Beziehung zueinander. Informationsübertragung [information transmission] erfolgt mittels Signalen, die Träger der Information sind. Daraus resultiert auch, dem Verständnis des Begriffs der Information folgend, dass Signale, die Information übertragen, nicht völlig vorhersagbar sein können. Diese allgemeine Bedingung gilt unabhängig davon, um welche Art des Signals es sich dabei handelt. Die folgenden Darlegungen beschränken sich auf elektrische Signale, da diese z. Z. in integrierten Informationsübertragungs- und Verarbeitungssystemen dominieren.

Die Übertragung von Informationen mittels Signalen erfolgt auf (Übertragungs-)Kanälen. Diese sind an Übertragungswege gebunden, die unterschiedlicher Natur sein können. So kommen z. B. Kabel, Glasfaserleitungen und auch drahtlose Verbindungen (z. B. Satellitenverbindungen, Mobilfunk) zur Anwendung.

4.2 Signale für die Informationsübertragung und deren Beschreibung

Grundsätzlich unterscheiden wir zwei Arten von Signalen:
- deterministische und
- nichtdeterministische.

Deterministische Signale, die für die Informationsübertragung benutzt werden, können in kontinuierlicher oder diskontinuierlicher Form (bezogen auf die Zeitachse) vorliegen. Ebenso sind in Bezug auf die Amplitude analoge und diskrete Signale zu unterscheiden. Zur Erläuterung der Darstellung von Signalen werden in diesem Buch impulsförmige Signale dienen, die für die diskrete Informationsübertragung von besonderer Bedeutung sind.

Signale lassen sich in zwei Bereichen darstellen, zum einen im Zeitbereich [time domain] (unabhängige Variable ist die Zeit) und zum anderen im Frequenzbereich [frequency area] (unabhängige Variable ist die Frequenz). Jede dieser Darstellungen liefert spezifische Aussagen, die besonders für die technische Realisierung von Übertragungssystemen benötigt werden.

Die mathematischen Hilfsmittel, die den Zusammenhang dieser Bereiche beschreiben, sind die FOURIER-Transformation und die LAPLACE-Transformation. Die Signaldarstellung in zwei Bereichen entspricht der mathematischen Darstellung von Funktionen im Original- und Bildbereich.

4.2.1 Beschreibung der Signale im Zeitbereich

Eine Wechselspannung mit sinusförmigem Verlauf lässt sich durch die Beziehung

$$u(t) = \hat{U} \sin{(\omega t + \varphi_0)}$$

beschreiben.

Dieser Verlauf wird durch drei Parameter bestimmt:

$\hat{U}$ Amplitude,

ω Kreisfrequenz, $\omega = 2\,\pi\,f$ (f Frequenz),

φ_0 Nullphasenwinkel.

Daraus abgeleitet ist der oft benutzte Begriff der Periodendauer, die sich wie folgt ergibt:

$$T = \frac{1}{f} = \frac{2\,\pi}{\omega}\,.$$

Sind diese Parameter bekannt, ist der Verlauf der Funktion $u(t)$ eindeutig beschrieben und vorhersagbar. Sie haben für den Empfänger keine Unbestimmtheit. Soll ein solches Signal zur Übertragung von Information benutzt werden, ist es nötig, einen dieser Parameter veränderlich zu gestalten. Der technische Vorgang dieser Veränderung wird als **Modulation** bezeichnet. Je nach verändertem Parameter resultieren daraus die Begriffe

- Amplitudenmodulation,
- Frequenzmodulation,
- Phasenmodulation.

Da für die Informationsübertragung vor allem die Änderung der Parameter von Interesse ist (der Absolutwert der Frequenz z. B. bestimmt den Frequenzbereich, in dem die Information übertragen werden soll), können diese den erforderlichen Bedingungen für die Übertragung angepasst werden.

Weitere Signalformen, die für die Informationsübertragung eine sehr große Bedeutung besitzen, sind *impulsförmige Signalfolgen*. Als Beispiel soll hier ein Rechteckpuls (Impulsfolge) mit seinen Parametern beschrieben werden (Bild 4.2.1).

Besonders wichtig sind die Begriffe „Impulsdauer" und „Periodendauer", weil sie für die Auswahl von Übertragungskanälen wesentlich sind.

Auch hier können zur Informationsübertragung die einzelnen Parameter der Impulsfolge verändert, d. h. moduliert werden (s. Bild 4.2.2).

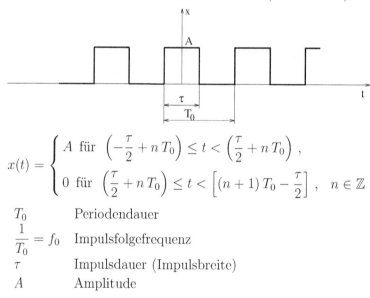

$$x(t) = \begin{cases} A \text{ für } \left(-\dfrac{\tau}{2} + n\,T_0\right) \leq t < \left(\dfrac{\tau}{2} + n\,T_0\right), \\[2mm] 0 \text{ für } \left(\dfrac{\tau}{2} + n\,T_0\right) \leq t < \left[(n+1)\,T_0 - \dfrac{\tau}{2}\right], \quad n \in \mathbb{Z} \end{cases}$$

T_0	Periodendauer
$\dfrac{1}{T_0} = f_0$	Impulsfolgefrequenz
τ	Impulsdauer (Impulsbreite)
A	Amplitude

Bild 4.2.1 *Beschreibung einer Impulsfolge*

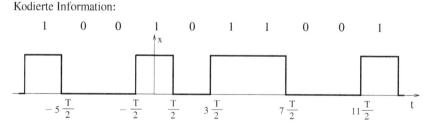

Bild 4.2.2 *Darstellung einer kodierten Information durch eine Impulsfolge*

4.2.2 Beschreibung der Signale im Frequenzbereich

In diesem Abschnitt wird die spektrale Darstellung von Signalen erläutert. Ausgangspunkt bildet die Impulsfolge entsprechend Bild 4.2.1. Das periodische Signal lässt sich entsprechend der FOURIER-Reihenentwicklung als Summe unendlich vieler sinusförmiger Teilschwingungen beschreiben:

$$x(t) = a_0 + \sum_{n=1}^{\infty} \left(a_n \cos\left(n\,\omega_0\,t\right) + b_n \sin\left(n\,\omega_0\,t\right) \right) \ \ \text{mit} \ \ \omega_0 = 2\,\pi\,f_0 = \frac{2\,\pi}{T_0}\,,$$

$$a_0 = \frac{1}{T_0} \int_{-\frac{\tau}{2}}^{+\frac{\tau}{2}} x(t)\,\mathrm{d}t\,,$$

$$a_n = \frac{1}{T_0} \int_{-\frac{\tau}{2}}^{+\frac{\tau}{2}} x(t)\cos\left(n\,\omega_0\,t\right)\mathrm{d}t\,,$$

$$b_n = \frac{1}{T_0} \int_{-\frac{\tau}{2}}^{+\frac{\tau}{2}} x(t)\sin\left(n\,\omega_0\,t\right)\mathrm{d}t\,.$$

Bei der im Bild 4.2.1 durch $x(t)$ beschriebenen Impulsfolge handelt es sich um eine gerade Funktion, d. h. $x(t) = x(-t)$. Die Lösungen für alle Integrale zur Berechnung der b_n haben den Wert 0. Also gilt für alle n

$$b_n = 0\,.$$

Die Lösungen für die a_n lauten:

$$a_0 = A\,\frac{\tau}{T_0}\,,$$

$$a_n = A\,\frac{\tau}{T_0}\,\frac{\sin\left(n\,\pi\,\frac{\tau}{T_0}\right)}{n\,\pi\,\frac{\tau}{T_0}} = A\,\frac{\tau}{T_0}\,\mathrm{sp}\left(n\,\pi\,\frac{\tau}{T_0}\right) \ \ \text{mit} \ \ \mathrm{sp}\left(x\right) = \frac{\sin x}{x}\,.$$

Die hier berechneten Koeffizienten der FOURIER-Reihe sind die Amplitudenwerte der einzelnen Spektrallinien von Bild 4.2.3.

In der Darstellung im Bild 4.2.3 wurde für das Verhältnis $\frac{\tau}{T_0}$ der Wert $\frac{1}{4}$ verwendet.

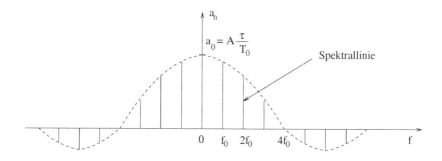

Bild 4.2.3 *Amplitudenspektrum eines periodischen Signals*

Definition 4.2.1 *Die Frequenz f, bei der die Funktion $sp\left(n\,\pi\,\dfrac{\tau}{T_0}\right)$ ihre erste Nullstelle hat, wird als Grenzfrequenz [limiting frequency] f_g bezeichnet.*

In praktischen Anwendungen wird es nicht möglich sein, alle im Amplitudenspektrum enthaltenen Frequenzen über einen Kanal zu übertragen. Damit die Impulsfolge aus den verbleibenden Spektralanteilen so beschrieben werden kann, dass einzelne Impulse in der Folge unterscheidbar bleiben, sind alle Frequenzanteile erforderlich, die kleiner als f_g sind. Ein Übertragungskanal muss daher alle diese Frequenzanteile übertragen. Er muss mindestens die Bandbreite [bandwidth]

$$B = f_g$$

haben. Der Begriff „Bandbreite" wird im Abschn. 4.3 erklärt. Da die Amplitudenwerte mit steigender Frequenz abnehmen, ist ihr Anteil für die Rekonstruktion des Impulses gering. Auf sie kann in diesem Fall verzichtet werden. Zwei weitere Begriffe sollen noch erwähnt und kurz erklärt werden:

Diskrete Spektren

Alle Spektralfunktionen, die periodische Vorgänge beschreiben, liefern im Frequenzbereich diskrete Spektren. Diese sind dadurch gekennzeichnet, dass nur diskrete Frequenzen, und zwar Vielfache der Grundfrequenz f_0 bzw. ω_0, im Spektrum enthalten sind (z. B. Bild 4.2.3).

Kontinuierliche Spektren

Diese entstehen bei der Beschreibung aperiodischer Signale (z. B. Einzelimpuls) und enthalten alle möglichen Frequenzen.

4.2.3 Wechselbeziehungen der Parameter im Zeit- und Frequenzbereich

Diesen Betrachtungen werden periodische Funktionen zugrunde gelegt. An ihnen lassen sich die grundsätzlichen Beziehungen am einfachsten ableiten.

Periodendauer – Lage der Spektrallinien

Im Abschn. 4.2.1 ist die Impulsfolgefrequenz durch $f_0 = \dfrac{1}{T_0}$ beschrieben worden. Daraus ergibt sich, dass nur die diskreten Frequenzen $n f_0$ im Spektrum vertreten sind. f_0 ist also gleichzeitig der Abstand zwischen zwei Spektrallinien.

Impulsbreite – Grenzfrequenz

Die Grenzfrequenz f_g lässt sich entsprechend der Definition 4.2.1 ermitteln.

Aus $\mathrm{sp}\left(n\,\pi\,\dfrac{\tau}{T_0}\right) = 0$ folgt $n\,\dfrac{\tau}{T_0} = 1$ und daraus

$$f_g = \frac{n}{T_0} = \frac{1}{\tau}\,.$$

Das bedeutet, dass *sehr schmale Impulse eine hohe Grenzfrequenz haben* und demzufolge eine *sehr große Bandbreite zu ihrer Übertragung erfordern*. Diese Erkenntnis ist bei der Auswahl von Übertragungskanälen von fundamentaler Bedeutung.

Einschwingdauer

Entsprechend dem KÜPFMÜLLERschen Gesetz beträgt die Einschwingdauer t_E, das ist die Zeit, die in erster Näherung erforderlich ist, damit ein Impuls seinen vollen Amplitudenwert erreicht,

$$t_E = \frac{1}{2\,f_g} \quad \text{oder, falls } f_g = B,\ \ t_E = \frac{1}{2\,B}\,.$$

4.2.4 Abtasttheorem für frequenzbegrenzte Signale

Im vorhergehenden Abschnitt haben wir kennengelernt, dass es möglich ist, eine periodische Zeitfunktion im Zeit- und Frequenzbereich darzustellen. Beide Darstellungen beschreiben eindeutig den gleichen Vorgang.

In diesem Abschnitt werden wir die Beschreibung einer Zeitfunktion durch diskrete **Probenwerte** (PW) kennenlernen. Die Zeitfunktion wird durch Funktionswerte an bestimmten vorgegebenen Zeitpunkten beschrieben. Das Abtasttheorem [sampling theorem] liefert dafür die theoretische Grundlage. Wegen der Vertauschbarkeit von Zeit und Frequenz ist es möglich, ein Abtasttheorem für Spektren und eins für Zeitfunktionen anzugeben [HÖH 75]. Wir werden uns hier auf das Abtasttheorem für Zeitfunktionen beschränken. Dieses ist eine wichtige theoretische Grundlage für die gesamte moderne Nachrichtenübertragung. Es besagt:

> Eine Zeitfunktion, deren Spektrum nur Spektralkomponenten im Bereich von 0 bis f_g enthält, ist vollständig bestimmt, wenn die Funktionswerte zu diskreten Zeitpunkten bekannt sind.
> Der Abstand dieser Zeitpunkte muss der Bedingung genügen:
>
> $$t_A \leq \frac{1}{2\,f_g}\,. \tag{4.1}$$

Beweis:

Es seien

$$f(t) = \frac{1}{2\,\pi} \int\limits_{-\omega_g}^{+\omega_g} f(\omega)\, e^{j\omega t}\, \mathrm{d}\omega\,,$$

$$f(\omega) = \int\limits_{-\infty}^{+\infty} f(t)\, e^{-j\omega t}\, \mathrm{d}t\,.$$

$f(\omega)$ werde jetzt im gesamten Frequenzbereich periodisch fortgesetzt und ist damit durch die Fourierreihenentwicklung darstellbar:

$$f(\omega) = \sum_{n=-\infty}^{+\infty} k_n\, e^{-j\,n\,\frac{\omega}{2\,f_g}}\,, \quad \text{damit}$$

$$f(t) = \frac{1}{2\,\pi} \sum_{n=-\infty}^{+\infty} k_n \int\limits_{-\omega_g}^{+\omega_g} e^{j\omega(t-\frac{n}{2\,f_g})}\, \mathrm{d}\omega\,,$$

$$\frac{1}{2\,\pi} \int\limits_{-\omega_g}^{+\omega_g} e^{j\omega(t-\frac{n}{2\,f_g})}\, \mathrm{d}\omega = 2\,f_g\, \mathrm{sp}\left(2\,\pi\,f_g\left(t-\frac{n}{2\,f_g}\right)\right)\,,$$

$$t_A = \frac{1}{2\,f_g}\,,$$

$$f(t) = 2 f_g \sum_{n=-\infty}^{+\infty} k_n \operatorname{sp}\left(\pi \, \frac{t - n \, t_A}{t_A} \right),$$

$$f(t) = \sum_{n=-\infty}^{+\infty} f(n \, t_A) \operatorname{sp}\left(\pi \, \frac{t - n \, t_A}{t_A} \right). \tag{4.2}$$

$\square$

Aus Gl. (4.2) ist zu erkennen, dass die Funktion $f(t)$ durch die bekannte und für alle Zeitfunktionen gleiche Funktion $f(x) = \operatorname{sp}(x)$ und, was zu beweisen war, die Abtastwerte $f(n \, t_A)$ eindeutig beschrieben wird. Die Rückgewinnung eines Signals aus den Abtastwerten erfolgt durch das Anstoßen eines idealen Tiefpasses (s. Abschn. 4.3), dessen Grenzfrequenz f_g ist, mit den jeweiligen Abtastimpulsen, deren Amplituden den Abtastwerten $f(n \, t_A)$ entsprechen. Das Ausgangssignal des Tiefpasses ist das kontinuierliche Signal. Für die Übertragung ist diese Aussage von fundamentaler Bedeutung:
Es ist nicht erforderlich, das gesamte kontinuierliche Signal zu übertragen. Es genügen nur die Abtastwerte, aus denen der Empfänger das gesamte Signal regeneriert. Dadurch können in den Zwischenräumen eines Signals nun die Abtastwerte anderer Signale übertragen werden. Damit ist in der Anwendung ein Zeitmultiplexsystem entstanden. Es gestattet die Mehrfachnutzung eines Übertragungsweges (s. a. Abschn. 7).

4.3 Beschreibung der Kanäle aus der Sicht der Signalübertragung

Unter einem **Kanal** verstehen wir die Verbindung zwischen dem Sender (Quelle und Kodierer) der Information und ihrem Empfänger (Dekodierer und Senke). Das bedeutet, dass Einrichtungen zur Signalwandlung (Modulatoren, Demodulatoren, (Signal-)Detektoren) Bestandteil des Kanals sind. In diesem Abschnitt sollen wesentliche Kenngrößen von Übertragungskanälen übersichtsmäßig aufgeführt und erläutert werden, die dem besseren Verständnis der folgenden Abschnitte dienen: Dämpfung, Grenzfrequenz, Bandbreite, Störungen.

Dämpfung

Jeder Übertragungskanal, der keine aktiven Elemente (Verstärker, Repeater) enthält, hat die Eigenschaft, das übertragene Signal zu schwächen. Diese Schwächung hängt von der Beschaffenheit des Übertragungsweges ab und ist um so größer, je länger der Übertragungsweg ist. Das Maß dieser Schwächung wird als Dämpfung bezeichnet. Der dem Kanal typische Dämpfungswert bezogen auf eine bestimmte Länge heißt **Dämpfungskonstante**. Durch sie kann ermittelt werden, ob und wie oft ein Signal bei der Übertragung wieder verstärkt bzw. regeneriert werden muss.

Grenzfrequenz

Eine weitere Eigenschaft der Übertragungskanäle besteht darin, nur Signale mit bestimmten Frequenzen zu übertragen. Das rührt daher, dass die Dämpfung frequenzabhängig ist. Die Frequenzen des Signals, die gerade noch den Kanal passieren können (oberhalb bzw. unterhalb dieser Frequenzen steigt die Dämpfung stark an) werden als **Grenzfrequenzen** bezeichnet. Es gibt eine untere Grenzfrequenz f_{g_u} und eine obere Grenzfrequenz f_{g_o}. Ein Kanal, für den $f_{g_u} = 0\,Hz$ gilt, wird als **Tiefpass** bezeichnet.

Bandbreite

Definition 4.3.1 *Die Bandbreite eines Übertragungskanals ist die Differenz beider Grenzfrequenzen*
$$B = f_{g_o} - f_{g_u}.$$

Durch die Bandbreite des Übertragungskanals wird die maximale Übertragungsgeschwindigkeit [speed of transmission] der Signale bestimmt. Das Signalspektrum darf die Bandbreite des Kanals nicht überschreiten. Daraus leiten sich sehr einfache Regeln ab:

- hohe Übertragungsgeschwindigkeiten erfordern große Bandbreiten,
- schmale Impulse erfordern ebenfalls große Bandbreiten.

Die Ursachen sind bereits benannt und sollen in diesem Zusammenhang wiederholt werden: Die Impulsfolgefrequenz bestimmt den Abstand der Spektrallinien. Die Impulsdauer geht explizit in die Definitionsgleichung für die Grenzfrequenz des Signals ein.

Störungen

Auf jedem realen Übertragungskanal treten Störungen auf, die die Informationsübertragung beeinflussen. Dies können sein:

- eingekoppelte Signale anderer Übertragungskanäle,
- Störungen durch Betriebsmittel (z. B. Unterbrechungen durch Vermittlungseinrichtungen),
- Störungen aus dem Umfeld (z. B. Beeinflussungen durch Starkstromleitungen),
- thermisches Rauschen der Bauelemente des Übertragungskanals.

4.4 Beschreibung der Kanäle aus der Sicht der Informationsübertragung

In diesem und den folgenden Abschnitten wird von der physikalischen Beschaffenheit der Übertragungskanäle abstrahiert. Es bleibt dabei ein statistisches Kanalmodell übrig, das zur Beschreibung der informationstheoretischen Aspekte der Informationsübertragung geeignet ist.

4.4.1 Reale Kanäle

Diskrete und kontinuierliche Informationsquellen wurden bereits im Abschn. 2 behandelt. Die Informationen dieser Quellen können durch Signale sowohl in diskreter als auch in kontinuierlicher Form übertragen werden. Wir sprechen dann von

- Informationsübertragung mittels diskreter Signale (kurz: diskrete Informationsübertragung).
  Bei dieser Übertragung wird auf dem Übertragungskanal nur eine endliche Anzahl diskreter Signalzustände unterschieden (z. B. bei binärer Übertragung zwei Signalzustände, die den Zeichen „0" und „1" des binären Alphabetes zugeordnet werden). Diese Kanäle werden als **diskrete Kanäle** bezeichnet.

- Informationsübertragung mittels kontinuierlicher Signale (kurz: kontinuierliche oder analoge Informationsübertragung).
  Über diese Kanäle können in einem vorgegebenen Bereich beliebige Zustände übertragen werden. Entsprechend verwenden wir dafür die Bezeichnung **analoge Kanäle**.

Auf beide Arten der Informationsübertragung wirken die im Abschn. 4.3 erwähnten Störungen mit der Folge ein, dass nur ein Teil der von der Quelle erzeugten Information die Senke erreicht, wenn nicht Maßnahmen ergriffen werden, die den Einfluss der Störungen beseitigen. Die Lösung dieses Problems ist Aufgabe der Störerkennung und der Kanalkodierung.

4.4.2 Kanalmodell

Die Verhältnisse bei der Informationsübertragung lassen sich schematisch an einem Kanalmodell (dem BERGERschen Entropiemodell) übersichtlich darstellen. Der Kanal verbindet die Quelle mit der Senke. Die Quelle X hat ein

Alphabet von N Zeichen $x_i \in X = \{x_0, x_1, ..., x_{N-1}\}$ [1]. Für die Senke (z. B. Betrachter) stellt sich der Kanalausgang als eine Quelle Y mit M Zeichen $y_j \in Y = \{y_0, y_1, ..., y_{M-1}\}$ dar.

Damit kann das Modell „Quelle-Kanal-Senke" im Fall der diskreten Übertragung als Verbundquelle (s. Abschn. 2) aufgefasst werden. Die Quellen X und Y sind durch den Übertragungskanal verbunden und dadurch nicht unabhängig voneinander. Während bei den Betrachtungen zu den Verbundquellen die Verbundentropie eine wesentliche Rolle spielte, wird jetzt dem Anteil der Entropie besondere Aufmerksamkeit gewidmet, der beiden Quellen gemeinsam ist. Für die Berechnung der einzelnen Entropien werden die bekannten Beziehungen verwendet. Der Unterschied besteht allein in der Tatsache, dass sie hier sinnvollerweise andere Bezeichnungen bekommen.

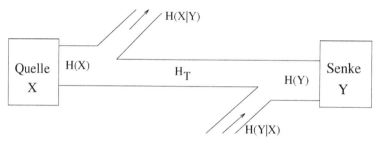

$H(X)$ Entropie am Kanaleingang

$H(Y)$ Entropie am Kanalausgang

H_T Transinformation

$H(X|Y)$ Äquivokation (Rückschlussentropie)

$H(Y|X)$ Irrelevanz (Störentropie)

Bild 4.4.1 *BERGERsches Entropiemodell des Übertragungskanals*[2]

Im Idealfall, d. h., der Kanal ist ungestört, gilt

$$H(X) = H(Y) = H_T. \tag{4.3}$$

---

[1] Die Indizierung der Elemente beginnt bei „0", weil dadurch eine plausible Zuordnung der Signalzustände mit den Elementen einer Binärquelle 0 und 1 möglich ist.

[2] Beachte: Die Quelle X in diesem Bild beschreibt den Kanaleingang und ist nicht identisch mit der Quelle in den Bildern 1.1.1 und 5.2.1 (entsprechendes gilt für die Senke Y)!

> **Definition 4.4.1** *Die Transinformation H_T [mutual information] ist die Informationsmenge, die im Mittel durch ein Kanalzeichen vom Sender zum Empfänger übertragen werden kann.*

Durch Störungen auf dem Kanal verändern sich die Verhältnisse. Ein Teil der Information geht verloren. Dieser Anteil ist durch die Entropie $H(X|Y)$ gekennzeichnet und wird als Äquivokation bezeichnet. Sie bestimmt die verbleibende Unbestimmtheit über die gesendete Information bei Kenntnis der empfangenen Information. Das bedeutet, dass nur ein Teil der Information am Kanaleingang den Kanalausgang erreicht. Quantitativ lässt sich der Anteil bestimmen als

$$H_T = H(X) - H(X|Y). \tag{4.4}$$

Die Transinformation H_T ist demzufolge die *übertragbare Nutzinformation*. Sie ist im Fall von Störungen nur ein Teil der Entropie am Kanalausgang.

Dieser Sachverhalt lässt sich auch auf eine andere Art interpretieren. Die Entropie am Kanalausgang enthält neben der Transinformation einen weiteren Anteil, der durch die Störungen auf dem Kanal entsteht, und als Irrelevanz oder Störentropie bezeichnet wird. Die Entropie am Kanalausgang ist daher

$$H(Y) = H_T + H(Y|X) \tag{4.5}$$

und damit

$$H_T = H(Y) - H(Y|X). \tag{4.6}$$

Die Maßeinheit für die Transinformation ist *bit/Kanalzeichen (bit/KZ)*.

Es ist wichtig festzustellen (und aus Gl. (4.4) zu erkennen), dass die *Transinformation nicht nur vom Kanal, sondern auch von der Quelle (vom Kanaleingang) abhängt*. Bei der Behandlung der Kanalkapazität wird darauf noch eingegangen.

Für die analoge Übertragung gelten die gleichen Betrachtungen. Nur bezieht sich die Transinformation hier nicht auf das Kanalzeichen sondern auf den Probenwert.

5 Diskrete Kanäle

5.1 Darstellung gestörter diskreter Kanäle

Im BERGERschen Entropiemodell sind die Beziehungen der Entropien zwischen Kanaleingang und -ausgang anschaulich dargestellt. Es konnte auch die Transinformation definiert werden. In diesem Abschnitt wollen wir nun die Transinformation in Abhängigkeit von den Kenngrößen der Quelle und des Kanals berechnen. Dazu verwenden wir ein wahrscheinlichkeitstheoretisches Modell, das uns bereits durch die Verbundquellen bekannt ist. Anschaulich lassen sich die Zusammenhänge zwischen Kanaleingang und -ausgang dem Bild 5.1.1 entnehmen. Aus Gründen der Übersichtlichkeit sind nur einige der möglichen Übergangswahrscheinlichkeiten in diesem Bild dargestellt.

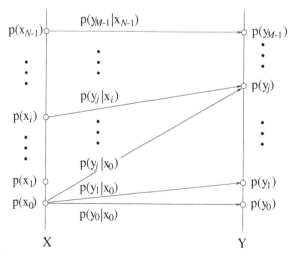

Bild 5.1.1 *Wahrscheinlichkeitstheoretisches Modell eines diskreten Kanals*

Bedeutung der einzelnen Elemente in der Darstellung:

$p(x_i)$ Wahrscheinlichkeit für das Auftreten des Zeichens x_i am Kanaleingang

$p(y_j)$ Wahrscheinlichkeit für das Auftreten des Zeichens y_j am Kanalausgang

$p(y_j|x_i)$ bedingte Wahrscheinlichkeit, dass anstelle des gesendeten Zeichens
x_i das Zeichen y_j empfangen wird.

Das bedeutet:

- $p(y_j|x_i)$ mit $i = j$ gibt an, mit welcher Wahrscheinlichkeit das gesendete
Zeichen x_i unverfälscht übertragen wird,

- $p(y_j|x_i)$ mit $i \neq j$ gibt die Wahrscheinlichkeit an, mit der das gesendete
Zeichen x_i in das empfangene Zeichen y_j verfälscht wird.

Die beiden Aussagen führen zu dem Ergebnis, dass bei einer *fehlerfreien* Übertragung

$$p(y_j|x_i) = 1 \;\; \text{für} \;\; i = j \quad \text{und}$$

$$p(y_j|x_i) = 0 \;\; \text{für} \;\; i \neq j$$

sein muss.

Die Übergangswahrscheinlichkeiten $p(y_j|x_i)$ repräsentieren die Auswirkungen
der Störungen des realen Kanals im statistischen Kanalmodell. Sie können auf
verschiedene Weise erhalten werden:

- Auf dem zur Übertragung vorgesehenen Kanal werden statistische Untersuchungen durchgeführt. Aus den Untersuchungen können dann durch Bestimmung der relativen Häufigkeiten mit einer vorgegebenen Genauigkeit die
jeweiligen Übergangswahrscheinlichkeiten bestimmt werden. Es lassen sich
aber auch Erkenntnisse über weitere statistische Parameter gewinnen, die
in unseren Betrachtungen keine Rolle spielen. Im Abschnitt Kanalkodierung
wird gezeigt, dass gerade die Umsetzung dieser Kenntnisse die Wirksamkeit
von Kanalkodes in ihrem Einsatz entscheidend bestimmt.

- Bestimmte Gruppen physischer Übertragungswege (z. B. Kabelverbindun-
gen, Funkverbindungen) weisen jeweils typische Fehlerstrukturen auf. Liegen
darüber Kenntnisse vor, können diese für den konkreten Übertragungsweg
übernommen werden. Zur Ergänzung müssen dann lediglich einfache Messungen von Signal- und Störleistungen durchgeführt werden.

- Es werden Annahmen über die Struktur der Störungen, die dem Signal additiv überlagert sind, gemacht und durch statistische Funktionen beschrieben
(z. B. eine Normalverteilung der Störamplitude bei „weißem Rauschen"[1] oder
eine Gleichverteilung). .

---

[1] Hier spricht man vom AWGN[additive white Gaussian noise]-Kanal, ein Kanal mit additiv
überlagertem weißen Rauschen mit Normalverteilung der Störamplituden.

In den weiteren Ausführungen werden wir voraussetzen, dass die Übergangs-wahrscheinlichkeiten $p(y_j|x_i)$ bekannt sind, ganz gleich auf welche Weise sie ermittelt wurden.

Beschreiben lassen sich die Komponenten dieses Übertragungssystems durch die Vektoren der Zeichenwahrscheinlichkeiten $p(x_i)$ bzw. $p(y_j)$ und die Matrizen der Übergangswahrscheinlichkeiten $p(y_j|x_i)$ und $p(x_i|y_j)$:

$$(p(x_i)) = (p(x_0),\ p(x_1), ..., p(x_{N-1})),$$

$$(p(y_j)) = (p(y_0),\ p(y_1), ..., p(y_{M-1})),$$

$$\big(p(y_j|x_i)\big) = \begin{pmatrix} p(y_0|x_0) & p(y_1|x_0) & \cdots & p(y_{M-1}|x_0) \\ p(y_0|x_1) & p(y_1|x_1) & \cdots & p(y_{M-1}|x_1) \\ \cdots\cdots\cdots\cdots\cdots\cdots\cdots\cdots\cdots\cdots\cdots\cdots \\ p(y_0|x_{N-1}) & p(y_1|x_{N-1}) & \cdots & p(y_{M-1}|x_{N-1}) \end{pmatrix},$$

$$\big(p(x_i|y_j)\big) = \begin{pmatrix} p(x_0|y_0) & p(x_0|y_1) & \cdots & p(x_0|y_{M-1}) \\ p(x_1|y_0) & p(x_1|y_1) & \cdots & p(x_1|y_{M-1}) \\ \cdots\cdots\cdots\cdots\cdots\cdots\cdots\cdots\cdots\cdots\cdots\cdots \\ p(x_{N-1}|y_0) & p(x_{N-1}|y_1) & \cdots & p(x_{N-1}|y_{M-1}) \end{pmatrix}.$$

Mit diesen Werten lässt sich die Transinformation entsprechend den Gln. (4.4) und (4.6) leicht berechnen. Es sind

$$H(X) = -\sum_i p(x_i)\,\mathrm{ld}\,p(x_i) \quad \text{bzw.} \quad H(Y) = -\sum_j p(y_j)\,\mathrm{ld}\,p(y_j)$$

und

$$H(Y|X) = -\sum_i p(x_i) \sum_j p(y_j|x_i)\,\mathrm{ld}\,p(y_j|x_i) \quad \text{bzw.}$$

$$H(X|Y) = -\sum_j p(y_j) \sum_i p(x_i|y_j)\,\mathrm{ld}\,p(x_i|y_j).$$

Beispiel 5.1.1

Gegeben seien eine Quelle $X = \{x_0, x_1, x_2\}$ mit $(p(x_i)) = (0,1\ \ 0,3\ \ 0,6)$ und eine Senke $Y = \{y_0, y_1, y_2\}$. Der diskrete Kanal wird durch die Matrix seiner Übergangswahrscheinlichkeiten $(p(y_j|x_i))$ beschrieben:

$$\big(p(y_j|x_i)\big) = \begin{pmatrix} 0,70 & 0,20 & 0,10 \\ 0,05 & 0,80 & 0,15 \\ 0,10 & 0,10 & 0,80 \end{pmatrix}.$$

Die Transinformation ist zu bestimmen.

Lösung:

Da die Wahrscheinlichkeiten $(p(x_i))$ und $(p(y_j|x_i))$ gegeben sind, empfiehlt es sich, die Gl. (4.6) zu verwenden.

Zunächst müssen wir nach dem Satz von der vollständigen Wahrscheinlichkeit (s. a. Gl. (2.10)) die $p(y_j)$ zur Berechnung von $H(Y)$ bestimmen:

$$p(y_0) = p(y_0|x_0)\,p(x_0) + p(y_0|x_1)\,p(x_1) + p(y_0|x_2)\,p(x_2)$$
$$p(y_1) = p(y_1|x_0)\,p(x_0) + p(y_1|x_1)\,p(x_1) + p(y_1|x_2)\,p(x_2)$$
$$p(y_2) = p(y_2|x_0)\,p(x_0) + p(y_2|x_1)\,p(x_1) + p(y_2|x_2)\,p(x_2)\,,$$

einfacher ausgedrückt: $(p(y_j)) = (p(x_i))\,(p(y_j|x_i)) = (0,145 \quad 0,320 \quad 0,535)$.

Es folgen die Berechnung von $H(Y)$, $H(Y|X)$ und H_T nach den bekannten Beziehungen:

$$H(Y) = -\sum_{j=0}^{2} p(y_j)\,\mathrm{ld}\,p(y_j) = 1,413\ bit/KZ,$$

$$H(Y|X) = -\sum_{i=0}^{2} p(x_i) \sum_{j=0}^{2} p(y_j|x_i)\,\mathrm{ld}\,p(y_j|x_i) = 0,934\ bit/KZ,$$

$$H_T = H(Y) - H(Y|X) = \underline{0,479\ bit/KZ}. \qquad \square$$

5.2 Kanalkapazität diskreter Kanäle

Im Abschn. 4.4 wurde die Transinformation als die übertragbare Information pro Kanalzeichen berechnet.

Für praktische Belange interessiert jedoch nicht nur diese Aussage, sondern auch die in der Zeiteinheit zu übertragende Information. Schließlich ist es wichtig zu wissen, welche Zeit zur Übertragung einer bestimmten Informationsmenge über einen vorgegebenen Kanal benötigt wird oder wie der Kanal zu dimensionieren ist, wenn die Zeit vorgegeben ist. Deshalb wollen wir nun in unsere Betrachtungen die zeitlichen Vorgänge einbeziehen.[2] Für uns ist es daher nötig, einige Begriffe, wie Informationsfluss [information flow], Symbolfrequenz, Schrittgeschwindigkeit und Übertragungsgeschwindigkeit, zu erläutern. Dazu dient Bild 5.2.1.

---

[2] In der Literatur wird bei einigen Autoren darauf verzichtet, zeitliche Vorgänge einzubeziehen. Sie betrachten den Kanal nur als statistisches Modell. So werden Sie dort z. B. eine andere Definition der sehr wichtigen Kenngröße Kanalkapazität finden.

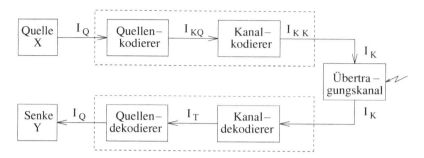

I_Q Quelleninformationsfluss

I_{KQ} Quellenkodeinformationsfluss

I_{KK} Kanalkodeinformationsfluss

I_K Kanalinformationsfluss   (= Übertragungsgeschwindigkeit $v_{\ddot{u}}$)

I_T Transinformationsfluss

Bild 5.2.1 *Blockschema der Informationsübertragung*

Die Quelle X hat entsprechend ihrer Beschreibung eine Entropie $H(X)$ bzw. H_Q (Entropie der Quelle). Sie liefert in einer bestimmten Folge Zeichen (Quellenzeichen), die zur Senke zu übertragen sind. Die pro Sekunde abgegebene Anzahl von Quellenzeichen (QZ) wird als **Quellensymbolfrequenz** f_Q in QZ/s bezeichnet. Das Produkt aus H_Q und f_Q wird **Quelleninformationsfluss** I_Q in bit/s genannt:

$$I_Q = f_Q\, H_Q. \tag{5.1}$$

Der Quellenkodierer passt die Quelle an den Kanal an und wandelt die Quellenzeichen in eine Folge (entsprechend der verwendeten Kodierung) von Kanalzeichen um. Dabei darf keine Information verlorengehen. Die Anzahl der Kanalzeichen, die zur Darstellung eines Quellenzeichens benötigt wird, werden wir mit l in KZ/QZ bezeichnen. Sie kann bei Kenntnis von H_K und H_Q als

$$l \geq \frac{H_Q}{H_K}$$

bestimmt werden, wobei $H_K = \mathrm{ld}\, Z$ in bit/KZ (maximaler Informationsgehalt eines Kanalzeichens) ist und Z die Anzahl unterscheidbarer Kanalzeichen (Zustände) darstellt.

Der Informationsfluss, der den Quellenkodierer verlässt (**Quellenkodeinformationsfluss**), berechnet sich mit

$$I_{KQ} = f_Q\, l\, H_K. \tag{5.2}$$

Wir wissen bereits aus Abschn. 3, dass eine redundanzfreie Kodierung nur in speziellen Fällen möglich ist. Im allgemeinen Fall wird immer eine redundante

Kodierung vorliegen. Also muss zwangsläufig gelten:

$$I_{KQ} \geq I_Q.$$

Nehmen wir eine gleichmäßige Kodierung an, werden die Verhältnisse etwas übersichtlicher und leichter verständlich. Die Anzahl der erforderlichen Kanalzeichen beträgt dann

$$l = \left\lceil \frac{H_0}{H_K} \right\rceil,$$

wobei $H_0 = \operatorname{ld} N$ und N die Anzahl der Elemente der Quelle ist.

Der redundanzfreie Fall ($R_K = 0$) und damit $I_{KQ} = I_Q$ ist nur möglich, wenn $\dfrac{H_0}{H_K}$ ganzzahlig ist.

$I_{KQ} > I_Q$ gilt immer dann, wenn $\dfrac{H_0}{H_K}$ nicht ganzzahlig ist.

Beispiel 5.2.1

Eine Quelle mit einer Entropie $H_0 = 7{,}5 \ bit/QZ$ kann in einem Binärkanal durch $l = \left\lceil \dfrac{H_0}{H_K} \right\rceil = 8 \ KZ/QZ$ dargestellt werden, da für den Binärkanal $Z = 2$ und damit $H_K = 1 \ bit/KZ$ ist (hier gilt auch $KZ = Bit$).

Ein Kanal mit $Z = 4$ unterscheidbaren Zuständen benötigt wegen

$$H_K = \operatorname{ld} 4 = 2 \ bit/KZ \ \text{nur} \ l = \left\lceil \frac{H_0}{H_K} \right\rceil = 4 \ KZ/QZ. \qquad \square$$

Schauen wir nun wieder auf das Bild 5.2.1, dann finden wir eine Funktionseinheit, die mit „Kanalkodierer" bezeichnet wurde. Eingangsgröße ist der Informationsfluss I_{KQ} und Ausgangsgröße der **Kanalkodeinformationsfluss** I_{KK}. Dieser Kanalkodierer hat die Aufgabe, durch die sogenannte Kanalkodierung die Information, die den Quellenkodierer verlässt, während der Übertragung zu schützen (gesicherte Übertragung). Zielstellung sollte dabei sein, keinen Informationsverlust bei der Übertragung über den gestörten Kanal zuzulassen. Inwieweit diese Zielstellung erfüllt werden kann und wie das erfolgt, wird in den Abschnitten zur Kanalkodierung ausführlich behandelt. Als Fakt, der später begründet wird, nehmen wir hier zur Kenntnis, dass der Kanalkodierer den Quellenkodewörtern zusätzliche Kanalzeichen (Redundanz) hinzufügen muss, damit eine gesicherte Übertragung möglich wird:

$$n = l + \Delta l, \text{ das bedeutet } I_{KK} > I_{KQ} \text{ und}$$

$$I_{KK} = f_Q \, n \, H_K. \tag{5.3}$$

Der **Kanalinformationsfluss** I_K ist je nach Anwendung ungesicherter oder gesicherter Übertragung gleich dem Quellen- oder Kanalkodeinformationsfluss.

Bei gesicherter Übertragung soll der Kanaldekodierer unter Einbeziehung der Redundanz die Störanteile aus der empfangenen Information eliminieren. Den Kanaldekodierer verlässt der **Transinformationsfluss** I_T (Nutzinformationsanteil des Kanalinformationsflusses).

Nachdem wir uns mit den Begriffen von I_K und I_T und den Aufgaben von Kanalkodierer und Kanaldekodierer vertraut gemacht haben, wollen wir uns jetzt direkt dem Kanal zuwenden. In Analogie zur Quellensymbolfrequenz können wir von einer **Kanalsymbolfrequenz** f_K in KZ/s sprechen. Ein Begriff für f_K, der aus der Übertragungstechnik stammt, ist die **Schrittgeschwindigkeit** v_s in *Schritt/s* oder in der geläufigeren Einheit *Baud*. Die maximal mögliche Schrittgeschwindigkeit wird durch die Bandbreite des Kanals begrenzt.

Eine weitere wichtige Kenngröße des Kanals ist die **Übertragungsgeschwindigkeit** $v_{\ddot{u}}$ in *bit/s*.

Übertragungsgeschwindigkeit $v_{\ddot{u}}$ und Kanalinformationsfluss I_K sind ein und dieselbe Größe. Das bedeutet aber auch: $v_{\ddot{u}}$ *ist ein Informationsfluss, im Gegensatz zu* v_s! Zwischen diesen beiden Kanalgrößen besteht ein einfacher Zusammenhang:

$$v_{\ddot{u}} = I_K = v_s \, H_K \quad \text{in} \quad \frac{bit}{s} \; . \tag{5.4}$$

Um den Unterschied zwischen Übertragungs- und Schrittgeschwindigkeit zu verdeutlichen, soll ein Beispiel betrachtet werden.

Beispiel 5.2.2

Für die Datenübertragung über Fernsprechkanäle wird oft mit einer Schrittgeschwindigkeit $v_s = 1200 \, KZ/s$ gearbeitet. Je nach Anforderung werden dabei Zweiphasen- oder Vierphasenmodulationsverfahren benutzt. Das bedeutet, bei der Zweiphasenmodulation besitzt ein Kanalzeichen $Z = 2$ Kennzustände, d. h., es erfolgt eine binäre Übertragung. Damit werden

$H_K = \text{ld}\, 2 = 1 \, \frac{bit}{KZ}$,

$v_{\ddot{u}} = v_s \, H_K = 1200 \, \frac{KZ}{s} \cdot 1 \, \frac{bit}{KZ} = 1200 \, \frac{bit}{s}$.

Bei binärer Übertragung sind Übertragungs- und Schrittgeschwindigkeit zahlenmäßig gleich groß, doch der gravierende Unterschied besteht darin, dass es sich einmal um einen Informationsfluss $v_{\ddot{u}}$ und zum anderen um die übertragungstechnische Größe v_s handelt.

Die folgende Rechnung für die Vierphasenmodulation veranschaulicht das sehr deutlich. Hier besitzt ein Kanalzeichen $Z = 4$ Kennzustände:

$H_K = \text{ld}\, 4 = 2 \, \frac{bit}{KZ}$,

$$v_{\ddot{u}} = 1200 \,\tfrac{KZ}{s} \cdot 2 \,\tfrac{bit}{KZ} = 2400 \,\tfrac{bit}{s} \;.$$

Das bedeutet, bei gleicher Schrittgeschwindigkeit auf dem Kanal verdoppelt sich die Übertragungsgeschwindigkeit. Andere Probleme, die mit dem Übergang von binärer zu mehrvalenter Übertragung entstehen, sind übertragungstechnischer Natur und werden hier nicht weiter verfolgt. □

Entsprechend unserer Feststellung, dass Transinformation die pro Kanalzeichen übertragene Information ist, lässt sich für den Transinformationsfluss ein ähnlicher Zusammenhang beschreiben:

$$I_T = v_s \, H_T \quad \text{in } \frac{bit}{s} \;. \tag{5.5}$$

Wir werden jetzt **zwei Fälle der Informationsübertragung** unterscheiden.[3]

Fall 1: **Ungesicherte Übertragung**

In diesem Fall entfällt der Kanalkodierer. Das bedeutet, der Kanalinformationsfluss I_K $(v_{\ddot{u}})$ und der Quellenkodeinformationsfluss I_{KQ} sind identisch. Zwangsläufig folgt daraus:

$$v_s = \frac{I_{KQ}}{H_K} = f_Q \, l \tag{5.6}$$

und

$$I_{K_{[unges]}} = I_{KQ} = f_Q \, l \, H_K \;. \tag{5.7}$$

Dabei ist $I_T \leq I_{KQ}$, wobei $I_T = I_{KQ}$ für den ungestörten und $I_T < I_{KQ}$ für den gestörten Kanal gilt.

Fall 2: **Gesicherte Übertragung**

Die Zielstellung der Kanalkodierung ist es, den Informationsverlust auf dem gestörten Kanal zu beseitigen. Es soll daher $I_T = I_{KQ}$ gelten. Mit den Gln. (5.5) und (5.2) erhält man

$$v_s = f_Q \, l \, \frac{H_K}{H_T} = f_Q \, n \;. \tag{5.8}$$

Mit diesem Wert gilt für den Kanalinformationsfluss

$$I_{K_{[ges]}} = I_{KK} = f_Q \left(l \, \frac{H_K}{H_T} \right) H_K = f_Q \, n \, H_K \;. \tag{5.9}$$

---

[3] Die folgenden Darstellungen gehen von der erforderlichen, also der unteren Schranke, und nicht von einer vorgegebenen Schrittgeschwindigkeit auf dem Kanal aus!

Vergleicht man nun die Ergebnisse dieser Betrachtungen, kommt man für die Verhältnisse auf dem Übertragungskanal zu folgendem Resultat:

Der Kanalinformationsfluss $I_{K_{[ges]}}$ vergrößert sich durch die Kanalkodierung gegenüber dem bei ungesicherter Übertragung $I_{K_{[unges]}}$, denn es gilt

$$I_{K_{[ges]}} = \frac{H_K}{H_T} I_{K_{[unges]}} .$$

Da bei gleicher Schrittgeschwindigkeit $I_T = v_s H_T < I_{KQ} = v_s H_K$ gilt, folgt

$$\frac{H_K}{H_T} > 1 .$$

Die Ursache ist die, dass zum Schutz der Information durch den Kanalkodierer das Kodewort auf n Kanalzeichen vergrößert wurde. Der Kanalkodierer fügt den l Kanalzeichen weitere Δl Kanalzeichen hinzu:

$$n = l + \Delta l = l + \left(\frac{H_K}{H_T} - 1 \right) l .$$

Bei der Behandlung spezieller Kanalkodes (s. Abschn. 8) wird Δl durch die konkreten Werte k (Anzahl der Kontrollstellen) bestimmt ($k \geq \lceil \Delta l \rceil$!).

An dieser Stelle können wir jetzt die fundamentale Aussage treffen:

> Der Transinformationsfluss I_T auf gestörten Kanälen ist immer kleiner als die Übertragungsgeschwindigkeit $v_{\ddot{u}}$.

Das bedeutet, dass man bei der Nutzung von Übertragungskanälen mit einer vorgegebenen Übertragungsgeschwindigkeit $v_{\ddot{u}}$ immer mit einem Quellenkode-informationsfluss $I_{KQ} < v_{\ddot{u}}$ rechnen muss. Wird das nicht beachtet, ist Informationsverlust die zwangsläufige Folge. Das bisher Erarbeitete soll an einem Beispiel deutlich gemacht werden.

Beispiel 5.2.3

Gegeben sind eine diskrete Quelle mit $N = 120 \ QZ$, $f_Q = 100 \ QZ/s$ und ein gestörter Kanal mit $p(x_1) = p(x_0)$ und $p(y_1|x_0) = p(y_0|x_1) = 10^{-2}$.

Gesucht werden Informationsflüsse, Übertragungs- und Schrittgeschwindigkeit für die Fälle:

a) nur Quellenkodierung (ungesicherte Übertragung),

b) Quellenkodierung und Kanalkodierung (gesicherte Übertragung).

Lösung:

a) Ungesicherte Übertragung

$$I_Q = f_Q \, H_Q = 100 \, \tfrac{QZ}{s} \cdot \mathrm{ld}\, 120 \, \tfrac{bit}{QZ} = 100 \, \tfrac{QZ}{s} \cdot 6,9 \, \tfrac{bit}{QZ} = \underline{690 \, \tfrac{bit}{s}} ,$$

$$I_K = I_{KQ} = f_Q \, l \, H_K = 100 \, \tfrac{QZ}{s} \cdot 7 \, \tfrac{KZ}{QZ} \cdot 1 \, \tfrac{bit}{KZ} = \underline{700 \, \tfrac{bit}{s}} ,$$

$$v_s = \frac{I_K}{H_K} = 700 \, \frac{KZ}{s} \, .$$

Nach Gl. (4.6) wird zunächst die Transinformation $H_T = 0{,}92 \, \frac{bit}{KZ}$ berechnet (s. Abschn 5.1). Damit wird

$$I_T = v_s \, H_T = 700 \, \frac{KZ}{s} \cdot 0{,}92 \, \frac{bit}{KZ} = 644 \, \frac{bit}{s} < I_{KQ} \, .$$

b) Gesicherte Übertragung   – I_Q und I_{KQ} siehe a) –

Annahme: $I_T = I_{KQ}$.

$$v_s = \frac{f_Q \, l \, H_K}{H_T} = \frac{I_{KQ}}{H_T} = \frac{700 \, \frac{bit}{s}}{0{,}92 \, \frac{bit}{KZ}} = 761 \, \frac{KZ}{s} \, ,$$

$$I_K = v_{\ddot{u}} = v_s \, H_K = 761 \, \frac{KZ}{s} \cdot 1 \, \frac{bit}{KZ} = 761 \, \frac{bit}{s} \, ,$$

$$v_s = f_Q \, n \;\rightarrow\; n = \frac{v_s}{f_Q} = 7{,}61 \, \frac{KZ}{QZ} = l + \Delta l \, , \; \Delta l = 0{,}61 \, \frac{KZ}{QZ} \, , \; k \geq 1 \, \frac{KZ}{QZ} \, . \quad \square$$

In den bisherigen Betrachtungen wurden keine Ausführungen darüber gemacht, dass reale Kanäle der pro Zeiteinheit übertragbaren Information Grenzen setzen. Ursachen sind:

- die Schrittgeschwindigkeit auf realen Kanälen ist begrenzt,
- die Transinformation H_T ist von der Fehlerstatistik des Kanals und von der Verteilung der Zeichen am Kanaleingang abhängig.

Die Frage nach der maximal übertragbaren Information führt zum Begriff der **Kanalkapazität** [channel capacity].

Definition 5.2.1 *Die Kanalkapazität C ist der Maximalwert des Transinformationsflusses:*

$$C = max\{I_T\} = max\{v_s \, H_T\} \, . \tag{5.10}$$

Wenn v_s und H_T unabhängig voneinander sind, dann ist

$$max\{v_s \, H_T\} = v_{s_{max}} \, H_{T_{max}}.$$

Der Maximalwert von v_s ist durch die Bandbreite des Kanals (s. Abschn. 4.3) bestimmt:

$$v_{s_{max}} = 2 \, B \, . \tag{5.11}$$

$H_{T_{max}}$ ist nicht so einfach angebbar, da H_T sowohl von der Quelle als auch vom Kanal abhängt (s. o.). Für einen vorgegebenen Kanal muss die Quelle an den Kanal angepasst sein, um $H_{T_{max}}$ zu erreichen. Das bedeutet

$$p(x_i) = f(p(y_j|x_i)) \quad (i \leq N \,,\; j \leq M) \,.$$

Mit der Gl. (5.11) erhält man für die Kanalkapazität die Beziehung:

$$C = 2\, B\, H_{T_{max}} \,. \tag{5.12}$$

Bei Anwendung der Gln. (5.11) und (5.12) kann es bei formalem Einsetzen zu „Problemen" mit den Maßeinheiten kommen. Denken Sie bitte daran, wie sie entstanden sind. Die Maßeinheit für die Entropie ist entsprechend der Definition *bit/Zeichen*. Der Bezug auf ein Quellenzeichen oder Kanalzeichen wurde sinnvollerweise hinzugefügt. Ähnliches finden wir auch in anderen Anwendungen, z. B. wird die Maßeinheit für die Frequenz s^{-1} in Bezeichnungen wie *Schwingung/s, Impuls/s, Zeichen/s* oft ergänzt. Diesem Umstand wollen wir dadurch begegnen, dass wir jetzt noch die zugeschnittenen Größengleichungen angeben:

$$C \Big/ \frac{bit}{s} = v_{s_{max}} \Big/ \frac{KZ}{s} \cdot H_{T_{max}} \Big/ \frac{bit}{KZ} \,,$$

$$C \Big/ \frac{bit}{s} = 2B \Big/ s^{-1} \cdot H_{T_{max}} \Big/ \frac{bit}{KZ} \,.$$

5.3 Binärkanal

Der Binärkanal [binary channel] wird wegen seiner großen praktischen Bedeutung in diesem Abschnitt ausführlich behandelt. Unter einem Binärkanal verstehen wir einen diskreten Kanal, der nur zwei Zustände übertragen kann (z. B. 1 und 0). Deshalb müssen die Zeichen einer Quelle vor der Übertragung durch den Quellenkodierer in einem Binärkode dargestellt werden. Im Abschn. 3 wurde das ausführlich behandelt.

5.3.1 Gestörter Binärkanal

Das Kanalmodell entsprechend Bild 5.1.1 modifizieren wir für den Binärkanal in der Weise, dass als Ergebnis das Bild 5.3.1 entsteht.

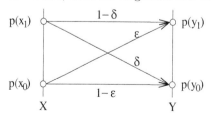

Bild 5.3.1 *Kanalmodell des gestörten Binärkanals*

In der Darstellung bedeuten:

x_0 Binärelement 0 am Kanaleingang,

x_1 Binärelement 1 am Kanaleingang,

y_0 Binärelement 0 am Kanalausgang,

y_1 Binärelement 1 am Kanalausgang,

ε Schrittfehlerwahrscheinlichkeit: statt des gesendeten Elements x_0 wird das Element y_1 empfangen,

δ Schrittfehlerwahrscheinlichkeit: statt des gesendeten Elements x_1 wird das Element y_0 empfangen.

Die Binärelemente am Kanaleingang (Ausgang des Kodierers) haben die Wahrscheinlichkeiten

$$(p(x_i)) = (p(x_0), p(x_1)),$$

und der Kanal wird durch die Matrix seiner Übergangswahrscheinlichkeiten

$$(p(y_j|x_i)) = \begin{pmatrix} 1 - \varepsilon & \varepsilon \\ \delta & 1 - \delta \end{pmatrix}$$

beschrieben. Mit der folgenden Rechnung wird die Transinformation H_T dieses Binärkanals ermittelt.

Nach Gl. (4.5) gilt $H_T = H(Y) - H(Y|X)$.

1. Schritt: Ermittlung der $p(y_j)$

$$p(y_0) = (1 - \varepsilon)\, p(x_0) + \delta\, p(x_1),$$

$$p(y_1) = \varepsilon\, p(x_0) + (1 - \delta)\, p(x_1).$$

2. Schritt: Ermittlung von $H(Y)$

$$H(Y) = - \sum_j p(y_j)\, \mathrm{ld}\, p(y_j)$$
$$= -\left((1 - \varepsilon)\, p(x_0) + \delta\, p(x_1)\right)\, \mathrm{ld}\left((1 - \varepsilon)\, p(x_0) + \delta\, p(x_1)\right)$$
$$- \left((1 - \delta)\, p(x_1) + \varepsilon\, p(x_0)\right)\, \mathrm{ld}\left((1 - \delta)\, p(x_1) + \varepsilon\, p(x_0)\right).$$

3. Schritt: Berechnung von $H(Y|X)$

$$H(Y|X) = - \sum_i p(x_i) \sum_j p(y_j|x_i)\, \mathrm{ld}\, p(y_j|x_i)$$
$$= - p(x_0)\left((1 - \varepsilon)\, \mathrm{ld}\,(1 - \varepsilon) + \varepsilon\, \mathrm{ld}\, \varepsilon\right)$$
$$- p(x_1)\left((1 - \delta)\, \mathrm{ld}\,(1 - \delta) + \delta\, \mathrm{ld}\, \delta\right).$$

4. Schritt: Berechnung der Transinformation

$$H_T = H(Y) - H(Y|X)$$

$$H_T = p(x_0) \left((1-\varepsilon) \operatorname{ld} \frac{1-\varepsilon}{(1-\varepsilon)\,p(x_0) + \delta\,p(x_1)} \right.$$
$$\left. + \varepsilon \operatorname{ld} \frac{\varepsilon}{(1-\delta)\,p(x_1) + \varepsilon\,p(x_0)} \right)$$
$$+ p(x_1) \left((1-\delta) \operatorname{ld} \frac{1-\delta}{(1-\delta)\,p(x_1) + \varepsilon\,p(x_0)} \right.$$
$$\left. + \delta \operatorname{ld} \frac{\delta}{(1-\varepsilon)\,p(x_0) + \delta\,p(x_1)} \right). \tag{5.13}$$

Die Gl. (5.13) zeigt deutlich die Abhängigkeit der Transinformation von den Kanalgrößen und der Verteilung der Zeichen am Kanaleingang.

Beispiel 5.3.1

Für das Modell eines gestörten Binärkanals mit den Wahrscheinlichkeiten $p(x_0) = 0,2$ und $p(x_1) = 0,8$ ist die Transinformation zu bestimmen, wenn mit den gegebenen Schrittfehlerwahrscheinlichkeiten $\delta = 10^{-1}$ und $\varepsilon = 10^{-3}$ gerechnet wird.

Lösung:

1. Schritt:

$p(y_0) = 0,999 \cdot 0,2 + 0,1 \cdot 0,8 = 0,280$,
$p(y_1) = 0,001 \cdot 0,2 + 0,9 \cdot 0,8 = 0,720$.

2. Schritt:

$H(Y) = -0,28 \operatorname{ld} 0,28 - 0,72 \operatorname{ld} 0,72 = 0,855 \; bit/KZ$.

3. Schritt:

$$H(Y|X) = -0,2\,(0,999 \operatorname{ld} 0,999 + 0,001 \operatorname{ld} 0,001)$$
$$-0,8\,(0,9 \operatorname{ld} 0,9 + 0,1 \operatorname{ld} 0,1)$$
$$= 0,377 \; bit/KZ\,.$$

4. Schritt: Berechnung der Transinformation

$H_T = H(Y) - H(Y|X) = \underline{0,478 \; bit/KZ}$.　　　　　$\square$

5.3.2 Spezialfälle des gestörten Binärkanals

Symmetrisch gestörter Binärkanal

Für diesen Fall gilt die Bedingung $\varepsilon = \delta = p_s$ (p_s Schrittfehlerwahrscheinlichkeit).

Einsetzen von p_s für ε und δ in die Gl. (5.13) und einfache Umformung ergibt für die Transinformation des symmetrisch gestörten Binärkanals

$$H_T = H(Y) + (1 - p_s) \operatorname{ld}(1 - p_s) + p_s \operatorname{ld} p_s . \tag{5.14}$$

Ist $p(x_0) = p(x_1) = \frac{1}{2}$, wird $p(y_0) = p(y_1)$ und damit

$$H_{T_{max}} = 1 + (1 - p_s) \operatorname{ld}(1 - p_s) + p_s \operatorname{ld} p_s . \tag{5.15}$$

$H_{T_{max}}$ ist die maximale Transinformation des symmetrisch gestörten Binärkanals.

Eine Vereinfachung von Gl. (5.14) lässt sich unter den in vielen Fällen sinnvollen Annahmen

$$p(x_0) \gg |p_s \cdot (p(x_1) - p(x_0))|$$

und

$$p(x_1) \gg |p_s \cdot (p(x_1) - p(x_0))|$$

erreichen. Unter diesen Annahmen werden

$$H(Y) \approx H(X) \quad \text{und} \quad H_T \approx H(X) + (1 - p_s) \operatorname{ld}(1 - p_s) + p_s \operatorname{ld} p_s .$$

Einseitig gestörter Binärkanal

Annahme:

$$\varepsilon = p_s \text{ und } \delta = 0 .$$

Die Transinformation dieses Kanals ist entspr. Gl. (5.13)

$$H_T = H(Y) + p(x_0) \left((1 - p_s) \operatorname{ld}(1 - p_s) + p_s \operatorname{ld} p_s \right) .$$

Unter der speziellen Bedingung $p(x_0) = p(x_1) = \frac{1}{2}$ vereinfacht sich die Lösung:

$$H_T = 1 - \frac{1}{2} \left((1 + p_s) \operatorname{ld}(1 + p_s) - p_s \operatorname{ld} p_s \right) . \tag{5.16}$$

Binärkanal mit Störerkennung

Unsere bisherigen Betrachtungen gingen immer davon aus, dass der Binärkanal auch am Ausgang wieder nur Binärzeichen ausgibt. Im Folgenden wollen wir ein modifiziertes Kanalmodell entwerfen, das als Grundlage für spätere Betrachtungen zur Fehlererkennung und -korrektur genutzt werden kann. Dazu gehen wir noch einmal in die Signalebene und schauen uns die Verhältnisse auf dem Übertragungsweg an.

Nehmen wir an, die Binärelemente 0 und 1 werden durch unipolare Rechteckimpulse (s. Bild 5.3.2) dargestellt, die am Kanaleingang anliegen. Diese zwei Signalzustände werden auf dem Übertragungsweg in Impulse mit endlicher Flankensteilheit verändert. Wenn die Bandbreite genügend groß gewählt wurde, ist immer gewährleistet, dass zu den Zeitpunkten der Auswertung des Signals am Kanalausgang die zwei gesendeten Signalzustände wieder unterschieden werden können. *Beim gestörten Kanal sind diese Signalzustände nicht mehr nur durch zwei diskrete Werte, sondern durch zwei Wertebereiche beschreibbar.* In einem Wertebereich sind alle Signalwerte möglich, die dann einem diskreten Wert zugeordnet werden. In Bild 5.3.3 ist ein möglicher Signalverlauf für die uni- und bipolare Übertragung gezeigt. Auf der Empfangsseite muss ein Detektor nun entscheiden, welches Binärelement am Kanalausgang ausgegeben wird. Zu diesem Zweck wird ein Schwellwert (bei bipolaren Signalen zweckmäßigerweise der Wert Null) für das Signal festgelegt.

Der Detektor entscheidet: Ist das Signal zum Abtastzeitpunkt größer als der Schwellwert wird das Element 0 ausgegeben, beim Unterschreiten das Element 1. So entsteht die Binärfolge in Bild 5.3.4. Natürlich sind auch weitere Entscheidungsverfahren möglich, die aber Gegenstand der Übertragungstechnik sind.

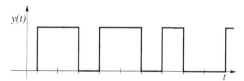

Bild 5.3.2 *Binärfolge am Kanaleingang (Sendefolge)*

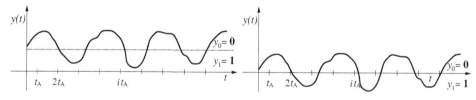

Bild 5.3.3 *Empfangssignal mit einer Entscheiderschwelle und Abtastzeitpunkten, uni- und bipolar*

Bild 5.3.4 *Binärfolge am Kanalausgang (Empfangsfolge)*

Die Signalauswertung kann verfeinert werden. Dazu werden Wertebereiche für das Ausgangssignal festgelegt (Bild 5.3.5), die diskreten Werten am Kanalausgang zugeordnet werden. Der Detektor gibt natürlich auch wieder die gesendeten Binärelemente 0 oder 1 aus, wenn die jeweiligen Schwellwerte über- bzw. unterschritten werden. Liegt das Signal jedoch in anderen Wertebereichen, werden die ihnen zugeordneten Elemente y_j ausgegeben. Für den Empfänger erscheint nun im Modell der Kanal als Quelle Y mit M Elementen.

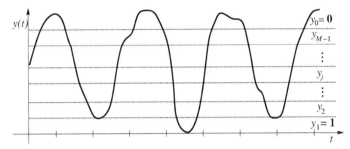

Bild 5.3.5 *Empfangssignal mit mehreren Entscheiderschwellen*

Damit haben wir ein Kanalmodell mit Störerkennung (erkennbar am Auftreten von y_j ($j = 2, 3, ..., M-1$)) erhalten (Bild 5.3.6) (vergleichbar mit Quantisierung des Signalbereiches).

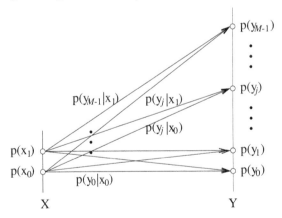

Bild 5.3.6 *Kanalmodell mit Entscheiderschwellen (Störerkennung)*

In diesem Modell repräsentieren wieder die Sendezeichen x_0 und x_1 sowie die Empfangszeichen y_0 und y_1 die Binärelemente 0 und 1. Die Empfangszeichen y_j ($j = 2, 3, ..., M-1$) stellen die Störzustände dar. Sie widerspiegeln die Abweichung zu den Binärelementen 0 und 1. Dieses Ausgangsverhalten nutzt man wirkungsvoll zur Fehlererkennung und -korrektur (s. Abschn. 8.5.5.3, 8.6.3, 8.7.2).

Das Übertragungssystem lässt sich anhand dieses Modells wie folgt beschreiben:

Quelle X: $X = \{x_0, x_1\}$ mit $(p(x_i)) = (p(x_0), p(x_1))$,

Quelle Y: $Y = \{y_0, y_1, ..., y_{M-1}\}$ mit $(p(y_j)) = (p(y_0), p(y_1), ..., p(y_{M-1}))$,

Kanal mit den Übergangswahrscheinlichkeiten:

$$(p(y_j|x_i)) = \begin{pmatrix} p(y_0|x_0) & p(y_1|x_0) & \cdots & p(y_{M-1}|x_0) \\ p(y_0|x_1) & p(y_1|x_1) & \cdots & p(y_{M-1}|x_1) \end{pmatrix}.$$

Die Transinformation ist $H_T = H(Y) - H(Y|X)$ mit

$$H(Y) = \sum_{j=0}^{M-1} p(y_j) \operatorname{ld} \frac{1}{p(y_j)} \quad \text{und} \quad (p(y_j)) = (p(x_i))\,(p(y_j|x_i))$$

$$H(Y|X) = p(x_0) \sum_{j=0}^{M-1} p(y_j|x_0) \operatorname{ld} \frac{1}{p(y_j|x_0)} + p(x_1) \sum_{j=0}^{M-1} p(y_j|x_1) \operatorname{ld} \frac{1}{p(y_j|x_1)}.$$

Ein Beispiel dieses Kanalmodells ist der **gestörte Binärkanal mit Auslöschung**.

Gegeben sind:

Quelle X: $X = \{x_0, x_1\}$ mit $(p(x_i)) = (p(x_0), p(x_1))$,

Quelle Y: $Y = \{y_0, y_1, y_2\}$ mit $(p(y_j)) = (p(y_0), p(y_1), p(y_2))$,

Kanal mit den Übergangswahrscheinlichkeiten:

$$(p(y_j|x_i)) = \begin{pmatrix} p(y_0|x_0) & p(y_1|x_0) & p(y_2|x_0) \\ p(y_0|x_1) & p(y_1|x_1) & p(y_2|x_1) \end{pmatrix} = \begin{pmatrix} 1-\varepsilon-\lambda & \varepsilon & \lambda \\ \delta & 1-\delta-\lambda & \lambda \end{pmatrix}$$

λ – Auslöschungswahrscheinlichkeit

y_2 – Auslöschungszeichen.

Die Übergangswahrscheinlichkeiten $(1-\varepsilon-\lambda)$ und $(1-\delta-\lambda)$ geben an, mit welcher Wahrscheinlichkeit die gesendeten Binärelemente richtig empfangen wurden, während ε und δ die Wahrscheinlichkeiten für einen Übertragungsfehler angeben. Das Ausgabezeichen y_2 zeigt an, dass das gesendete Binärelement mit der Wahrscheinlichkeit λ gestört und gelöscht ist. Diese Aussage kann bei einer nachfolgenden Fehlerkorrektur genutzt werden.

An einem *Zahlenbeispiel* soll gezeigt werden, wie sich die Transinformation durch die Einführung des Auslöschungszeichens ändert. Es werden drei Kanäle zum Vergleich beschrieben, bei denen die *Wahrscheinlichkeit, ein gesendetes*

Zeichen unverfälscht zu empfangen, gleich ist:

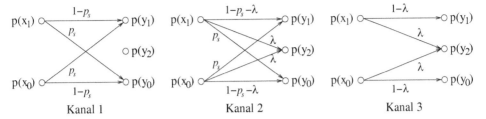

Kanal 1: symmetrisch gestörter Binärkanal, d. h. $\varepsilon = \delta = p_s$, $\lambda = 0$

Kanal 2: symmetrisch gestörter Binärkanal mit Auslöschung, d. h. $\varepsilon = \delta = p_s$, $\lambda > 0$

Kanal 3: Binärkanal mit Auslöschung, d. h. $\varepsilon = \delta = 0$, $\lambda > 0$.

Für alle Kanäle soll gelten: $p(x_0) = p(x_1) = \frac{1}{2}$.

- Berechnung von $(p(y_j))$

$$(p(y_j)) = (0,5 \quad 0,5) \begin{pmatrix} 1 - p_s - \lambda & p_s & \lambda \\ p_s & 1 - p_s - \lambda & \lambda \end{pmatrix}$$

$$= (0,5\,(1 - \lambda) \quad 0,5\,(1 - \lambda) \quad \lambda).$$

- Berechnung von $H(Y)$

$$H(Y) = (1 - \lambda)\,\mathrm{ld}\,\frac{2}{1 - \lambda} + \lambda\,\mathrm{ld}\,\frac{1}{\lambda}.$$

- Berechnung von $H(Y|X)$

$$H(Y|X) = p_s\,\mathrm{ld}\,\frac{1}{p_s} + \lambda\,\mathrm{ld}\,\frac{1}{\lambda} + (1 - p_s - \lambda)\,\mathrm{ld}\,\frac{1}{1 - p_s - \lambda}.$$

- Berechnung von H_T

  Kanal 1:

  s. Gl. (5.15),

  Kanal 2:

$$H_T = (1 - \lambda) - p_s\,\mathrm{ld}\,\frac{1}{p_s} + (1 - \lambda)\,\mathrm{ld}\,\frac{1}{1 - \lambda} - (1 - p_s - \lambda)\,\mathrm{ld}\,\frac{1}{1 - p_s - \lambda},$$

  Kanal 3:

$$H_T = (1 - \lambda).$$

Die Kanäle unterscheiden sich in den *gegebenen* Übergangswahrscheinlichkeiten $(p(y_j|x_i))$:

Kanal 1: $\begin{pmatrix} 0,98 & 0,02 & 0 \\ 0,02 & 0,98 & 0 \end{pmatrix}$, Kanal 2: $\begin{pmatrix} 0,98 & 0,01 & 0,01 \\ 0,01 & 0,98 & 0,01 \end{pmatrix}$,

Kanal 3: $\begin{pmatrix} 0,98 & 0 & 0,02 \\ 0 & 0,98 & 0,02 \end{pmatrix}$.

Die eingesetzten Zahlenwerte liefern folgendes Ergebnis:

	Kanal 1	Kanal 2	Kanal 3
$p(y_0)$	$0,5$	$0,495$	$0,49$
$p(y_1)$	$0,5$	$0,495$	$0,49$
$p(y_2)$	0	$0,01$	$0,02$
$H(Y)$	$1,000\,bit/KZ$	$1,071\,bit/KZ$	$1,121\,bit/KZ$
$H(Y|X)$	$0,141\,bit/KZ$	$0,161\,bit/KZ$	$0,141\,bit/KZ$
H_T	$0,859\,bit/KZ$	$0,909\,bit/KZ$	$0,980\,bit/KZ$

Das Ergebnis zeigt, dass die Transinformation von Kanal 1 bis Kanal 3 steigt, obwohl die Wahrscheinlichkeit, ein Binärelement korrekt zu empfangen, gleich war. Was hat sich also geändert? Beim Kanal 2 wird eine Übertragungsstörung mit der Wahrscheinlichkeit von $0,01$ durch Auftreten von y_2 erkannt, beim Kanal 3 ist diese Wahrscheinlichkeit doppelt so hoch! Das sind zusätzliche Informationen, die zum Empfänger gelangen. Die Transinformation muss also steigen.

5.3.3 Kanalkapazität des Binärkanals

Für den ungestörten Fall und unter der Bedingung $p(x_0) = p(x_1)$ erhält man den Maximalwert für die Transinformation:

$$H_{T_{max}} = 1\,bit/KZ.$$

Für diesen Fall wird die Kanalkapazität für den Binärkanal maximal und beträgt

$$C_{max} \Big/ \frac{bit}{s} = 2\,B\,/s^{-1}.$$

Die Kanalkapazität eines symmetrisch gestörten Binärkanals mit gleichverteilten Eingangselementen (entsprechend Gln. (5.12) und (5.15)) ist

$$C = 2\,B\,(1 + (1 - p_s)\,\mathrm{ld}\,(1 - p_s) + p_s\,\mathrm{ld}\,p_s).$$

Beispiel 5.3.2

Für die Übertragung von $100\,QZ/s$ steht ein symmetrisch gestörter Binärkanal ($p_s = 2 \cdot 10^{-2}$) zur Verfügung. Die diskrete Quelle Q enthält $N = 64$ gleichwahrscheinliche alphanumerische Zeichen.

Zu bestimmen sind

a) die erforderliche Schritt- und Übertragungsgeschwindigkeit bei gesicherter Übertragung,

b) der Transinformationsfluss,

c) die Kapazitätsauslastung A des Kanals, wenn dessen Bandbreite $B = 2\,kHz$ beträgt.

Lösung:

a) $I_T = I_{KQ}$,

$$v_s\, H_T = f_Q\, l\, H_K\,,$$

$$v_s = f_Q\, l\, \frac{H_K}{H_T}\,,$$

$$l = \lceil \operatorname{ld} N \rceil = \operatorname{ld} 64 = 6\,KZ/QZ\,,$$

$$f_Q = 100\,QZ/s\,.$$

Da die Quellenzeichen gleichwahrscheinlich auftreten und alle Binärkombinationen Kodewörter sind, folgt in diesem Fall auch eine Gleichverteilung für die Kanalzeichen, d. h. $p(x_0) = p(x_1)$.

$$H_T = H_{T_{max}} = 1 + (1 - p_s)\,\operatorname{ld}(1 - p_s) + p_s\,\operatorname{ld} p_s = 0,859\,bit/KZ\,.$$

$$v_s = 100\,\tfrac{QZ}{s} \cdot 6\,\tfrac{KZ}{QZ} \cdot \frac{1\,\frac{bit}{KZ}}{0,859\,\frac{bit}{KZ}} = \underline{698\,KZ/s}\,,$$

$$v_{\ddot{u}} = v_s\, H_K = \underline{698\,bit/s}\,.$$

b) $I_T = I_{KQ} = 100\,\tfrac{QZ}{s} \cdot 6\,\tfrac{KZ}{QZ} \cdot 1\,\tfrac{bit}{KZ} = \underline{600\,bit/s}$.

c) $A = \dfrac{I_T}{C} \cdot 100\,\%$,

$$A = \frac{v_s\, H_T}{2\,B\,H_{T_{max}}} \cdot 100\,\%\,.$$

Da in unserem Fall $H_T = H_{T\,max}$ ist, wird

$$A = \frac{v_s}{2\,B} \cdot 100\,\% = \underline{17,5\,\%}\,. \qquad \square$$

5.4   Aufgaben

1. Gegeben sei ein symmetrisch gestörter Binärkanal mit der Schrittfehlerwahrscheinlichkeit $p_s = 0,1$.

   Bestimmen Sie die Transinformation dieses Kanals bei folgenden Wahrscheinlichkeiten am Kanaleingang:

   a) $p(x_0) = 0,5$ und

   b) $p(x_0) = 0,2$.

2. Für einen symmetrisch gestörten Binärkanal mit gleichverteilten Eingangszeichen ist der Einfluss der Schrittfehlerwahrscheinlichkeit auf die Störinformation und Transinformation zu bestimmen.

   Stellen Sie die Funktionen $H(Y|X) = f(p_s)$ und $H_T = f(p_s)$ in einem Diagramm dar und diskutieren Sie speziell das Ergebnis für $p_s = 0,5$!

3. Das Übertragungsverhalten eines Binärkanals mit den Kennzuständen „A" und „B" sei durch folgende Übergangswahrscheinlichkeiten bestimmt:

   $p(A|A) = 0,5$ und $p(B|B) = 1$.

   Es ist die Transinformation für folgende Zustandswahrscheinlichkeiten am Kanaleingang zu berechnen:

   a) $p(B) = 0,5$,

   b) $p(B) = 0,2$,

   c) $p(B) = 0,8$.

   Vergleichen Sie die Werte mit der Entropie am Kanaleingang!

4. Gegeben sei folgende Matrix der Übergangswahrscheinlichkeiten eines Binärkanals:

   $$(p(y_j|x_i)) = \begin{pmatrix} 0,8 & 0,2 \\ 0 & 1 \end{pmatrix}.$$

   Zu bestimmen sind:

   a) Zustandswahrscheinlichkeiten $p(x_i)$ am Kanaleingang bei maximaler Empfangsentropie $H(Y)$,

   b) Transinformation entsprechend a),

   c) Transinformation für $p(x_0) = p(x_1)$.

5. Ein unsymmetrisch gestörter Binärkanal mit

   $$(p(y_j|x_i)) = \begin{pmatrix} 0,9 & 0,1 \\ 0,001 & 0,999 \end{pmatrix}$$

   soll durch ein symmetrisches Kanalmodell mit $p_s = 0,05$ ersetzt werden.

   Für den Fall $p(x_0) = p(x_1)$ ist die Abweichung der Transinformation zu bestimmen, die durch näherungsweise Berechnung mit dem Ersatzmodell entsteht.

6. Ein Sender soll über ein Alphabet von fünf Zuständen $x_1, x_2, ..., x_5$ verfügen, während der Empfänger nur die vier Zustände $y_1, ..., y_4$ kennt. Bekannt sind die Verbundwahrscheinlichkeiten:

$$(p(x_i, y_j)) = \begin{pmatrix} 0,25 & 0 & 0,05 & 0 \\ 0 & 0 & 0,10 & 0 \\ 0 & 0 & 0,10 & 0 \\ 0,15 & 0,20 & 0 & 0 \\ 0 & 0 & 0 & 0,15 \end{pmatrix}.$$

Berechnen Sie die Transinformation!

7. Ein diskreter Übertragungskanal mit N unterscheidbaren Zuständen ist durch folgende Übergangsmatrix beschrieben:

$$(p(y_j|x_i)) = \begin{pmatrix} 1-p_F & q & \ldots & \ldots & \ldots & \ldots & q \\ \ldots\ldots\ldots\ldots\ldots\ldots\ldots\ldots\ldots\ldots\ldots \\ q & \ldots & q & 1-p_F & q & \ldots & q \\ \ldots\ldots\ldots\ldots\ldots\ldots\ldots\ldots\ldots\ldots\ldots \\ q & \ldots & \ldots & \ldots & \ldots & q & 1-p_F \end{pmatrix} \quad \text{mit} \quad q = \frac{p_F}{N-1}.$$

Die Eingangswahrscheinlichkeiten $p(x_i)$ $(i = 1, 2, ..., N)$ seien gleich.

Zu bestimmen sind:

a) die Transinformation und

b) die maximale und minimale Transinformation mit den zugehörigen Werten für p_F.

8. Für die Informationsübertragung steht ein symmetrisch gestörter Binärkanal mit $p_s = 2 \cdot 10^{-2}$ und $v_{ü} = 2400 \; bit/s$ zur Verfügung. Die Entropie der Quelle sei $H_Q = 8 \; bit/QZ$ (Quellenzeichen gleichverteilt!).

Zu bestimmen sind die maximal möglichen Quellensymbolfrequenzen bei gesicherter und ungesicherter Übertragung.

6 Analoge Kanäle

In Abschn. 2 wurden diskrete und kontinuierliche (analoge) Quellen behandelt. Der Übertragung von Informationen diskreter Quellen über diskrete Kanäle war der vorangegangene Abschnitt gewidmet.

Als Träger der Information kontinuierlicher Quellen werden kontinuierliche Signale benutzt. Zur Übertragung benötigt man analoge Kanäle, wenn keine Maßnahmen zur Umwandlung der kontinuierlichen in diskrete Signale angewendet werden. Das Problem der Umwandlung wird im Abschn. 7 ausführlich dargestellt. In diesem Abschnitt geht es uns um die Betrachtung der analogen Kanäle aus informationstheoretischer Sicht. Dabei werden wir uns auf ein Minimum beschränken, das zum Verständnis der Betrachtungen im Abschn. 7 benötigt wird, da die Informationsübertragung über diskrete Kanäle überwiegt und immer mehr an Bedeutung gewinnt.

6.1 Transinformation analoger Kanäle

Aus Sicht der Übertragung gelten für die Betrachtungen folgende Voraussetzungen:

- das Übertragungssystem enthält nur lineare Komponenten. Das bedeutet, dass

  - Signale und Störungen sich überlagern und damit am Kanalausgang als Summe beider vorhanden sind und

  - keine Störanteile entstehen, die vom Nutzsignal abhängen.

- Nutz- und Störsignal sind unkorreliert, d. h., die Leistung des Empfangssignals ist gleich der Summe aus Nutz- und Störsignalleistung (Bild 6.1.1).

- Nutz- und Störsignal sind bandbegrenzt.

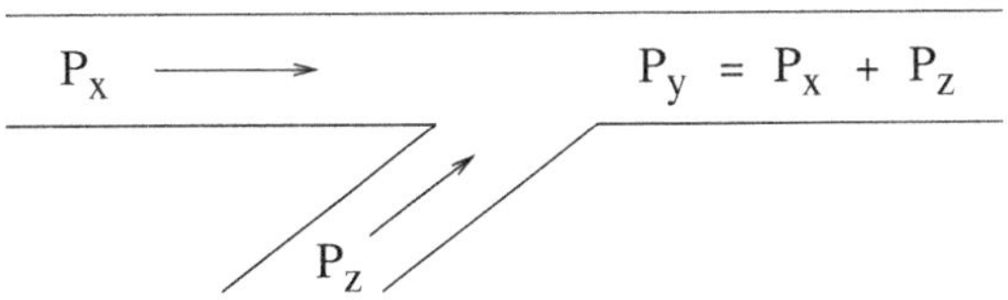

Bild 6.1.1 *Leistungsverhältnisse am Kanalausgang*

Für die Signale (Nutz- und Störsignal) wird angenommen, dass die Amplitudenwerte normalverteilt sind:

$$f(x) = \frac{1}{\sqrt{2 \pi P}} \, e^{-\frac{x^2}{2P}},$$

$f(x)$ Wahrscheinlichkeitsdichtefunktion

x normierter Amplitudenwert

P normierte mittlere Leistung.

Bei dieser Verteilung ergeben sich:

– für die Entropie der Quelle (s. Abschn. 2.3)

$$H(X) = \frac{1}{2} \, \text{ld} \, (2 \, \pi \, e \, P_x) \qquad (P_x \text{ mittlere Leistung des Nutzsignals}),$$

– für die Störentropie

$$H(Y|X) = \frac{1}{2} \, \text{ld} \, (2 \, \pi \, e \, P_z) \qquad (P_z \text{ mittlere Leistung des Störsignals}),$$

– für die Entropie am Kanalausgang

$$H(Y) = \frac{1}{2} \, \text{ld} \, (2 \, \pi \, e \, (P_x + P_z)).$$

Durch Anwenden von Gl. (4.6) erhalten wir für die Transinformation

$$H_T = H(Y) - H(Y|X) = \frac{1}{2} \, \text{ld} \, (2 \, \pi \, e \, (P_x + P_z)) - \frac{1}{2} \, \text{ld} \, (2 \, \pi \, e \, P_z)$$

$$H_T = \frac{1}{2} \, \text{ld} \, \left(1 + \frac{P_x}{P_z}\right), \tag{6.1}$$

$$H_T \approx \frac{1}{2} \, \text{ld} \, \frac{P_x}{P_z} \text{ unter der Bedingung } \frac{P_x}{P_z} \gg 1.$$

$\frac{P_x}{P_z}$ wird Signal-Störverhältnis [signal-to-noise ratio] oder **Rauschabstand** genannt. Dieses spielt in der Übertragungstechnik eine große Rolle. Zweckmäßigerweise wurde dafür das logarithmische Maß r eingeführt. Bei Verwendung des BRIGGschen Logarithmus (Basis 10) lautet es

$$r = 10 \, \text{lg} \, \frac{P_x}{P_z} \quad \text{in } dB \text{ (Dezibel)}. \tag{6.2}$$

Unter Einbeziehung dieses logarithmischen Maßes und der Voraussetzung

$$\frac{P_x}{P_z} \gg 1$$

vereinfacht sich die Berechnung der Transinformation:

$$H_T \approx \frac{1}{2}\, 0{,}332\, r = 0{,}166\, r\,. \tag{6.3}$$

Nachdem wir die Transinformation des analogen Kanals unter der Annahme normalverteilter Signale berechnet haben, bleibt die Frage, was man darunter versteht. Bei den diskreten Kanälen hatten wir festgestellt, dass die Transinformation die pro Kanalzeichen übertragene Information ist. Für die analogen Kanäle liegen die Verhältnisse anders, da hier das Signal zu jedem Zeitpunkt jeden Wert innerhalb vorgegebener Schranken annehmen kann. Es ist daher sinnvoll, einen Betrachtungszeitpunkt zu wählen und die Transinformation auf einen solchen „Probenwert" (PW) zu beziehen. Wir werden daher H_T in bit/PW angeben.

6.2   Kanalkapazität analoger Kanäle

Auch in analogen Kanälen hängt der Informationsfluss von der Bandbreite des Kanals ab. Sie begrenzt die Änderungsgeschwindigkeit des Signals auf dem Kanal. Die Kanalkapazität des analogen Kanals ist[1] (entspr. Gl. (5.12))

$$C = 2\, B\, \frac{1}{2}\, \text{ld}\left(1 + \frac{P_x}{P_z}\right)\quad\text{oder}$$

$$C \bigg/ \frac{bit}{s} = B/s^{-1}\, \text{ld}\left(1 + \frac{P_x}{P_z}\right)\,. \tag{6.4}$$

Mit der Bedingung $\dfrac{P_x}{P_z} \gg 1$ und Gl. (6.2) erhält man

$$C \approx 0{,}332\, B\, r\,. \tag{6.5}$$

Die Gl. (6.5) lässt folgende Interpretation zu: Rauschabstand r und Bandbreite B sind gewissermaßen „austauschbare" Größen bezüglich der Kanalkapazität. Soll ein vorgegebener Informationsfluss realisiert werden, dann kann das sowohl über schwach gestörte Kanäle mit geringerer Bandbreite geschehen als auch bei stark gestörten Kanälen, bei denen dafür eine größere Bandbreite erforderlich

---

[1] Dabei wird angenommen, dass Gl. (6.1) die maximale Transinformation ergibt.

wird. Ebenso könnte man bei Betrachtung von Gl. (6.4) bei formalem Herangehen zu dem Schluss gelangen, dass durch Vergrößerung der Bandbreite jede gewünschte Kanalkapazität realisierbar ist. Unter der realistischen Annahme, dass die Störleistung P_z frequenzabhängig ist, soll eine obere Grenze für die Kanalkapazität bestimmt werden.

Annahme: $P_z = f(B) = P_{zo}\,B$ (P_{zo} spektrale Störleistungsdichte).

$$C = B\,\mathrm{ld}\left(1 + \frac{P_x}{P_{zo}\,B}\right)$$

$$\lim_{B\to\infty} B\,\mathrm{ld}\left(1 + \frac{P_x}{P_{zo}\,B}\right) = \mathrm{ld}\,e\,\frac{P_x}{P_{zo}}.$$

Die Kanalkapazität bleibt also selbst bei unbegrenzter Bandbreite endlich (s. Bild 6.2.1)!

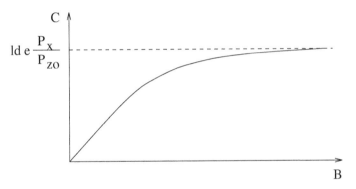

Bild 6.2.1 *Darstellung der Funktion $C = f(B)$*

Zwangsläufig entsteht nun auch die Frage, ob $\dfrac{P_x}{P_z} \ll 1$ die Kanalkapazität $C = 0$ zur Folge hat, wie man es bei erster Näherung aus der Gl. (6.4) erwarten könnte. Unter der angegebenen Bedingung wird

$$C = B\,\mathrm{ld}\,e\left(\frac{P_x}{P_z} - \frac{1}{2}\left(\frac{P_x}{P_z}\right)^2 + \frac{1}{3}\left(\frac{P_x}{P_z}\right)^3 - \ldots + \ldots\right),$$

$$C \approx B\,\mathrm{ld}\,e\,\frac{P_x}{P_z}.$$

Das bedeutet, dass auch über sehr stark gestörte Kanäle Information übertragen werden kann, da $C > 0$. Diese Feststellung ist für die Informationsübertragung sehr wesentlich. Auf die technische Realisierung entsprechender Übertragungsverfahren werden wir in diesem Buch nicht eingehen.

Beispiel 6.2.1

Eine Messstelle liefert analoge Signalwerte im Bereich $0 \ldots 10\,V$. Diese werden in Abständen von $0,5\,ms$ abgefragt und über einen analogen Kanal ($B = 2\,kHz$, $r = 30\,dB$) übertragen.
Welche Messgenauigkeit wird gewählt, damit der Empfänger die maximal mögliche Information erhält?

Lösung:

$$I_Q \leq C\,,$$

$$f_Q\, H_Q \leq 0,332\, B\, r\,,$$

$$\frac{1}{t_A}\,\mathrm{ld}\,m \leq 0,332\, B\, r \quad (m\ \text{Anzahl der Messwerte}),$$

$$\mathrm{ld}\,m \leq 0,332\, r \approx 10\,.$$

Daraus folgt, dass $m = 2^{10}$ und daher die Messgenauigkeit

$$\underline{\Delta U \approx 10\,mV}$$

beträgt. $\square$

Zum Schluss dieses Abschnitts soll ein Vergleich der maximalen Kanalkapazitäten eines Binärkanals mit der Bandbreite B und eines Analogkanals gleicher Bandbreite mit einem Rauschabstand $r = 30\ dB$ erfolgen:

$$C_{bin} = 2\,B\,, \quad C_{an} \approx 10\,B\,, \quad \frac{C_{an}}{C_{bin}} = 5\,.$$

Da der Binärkanal nur zwei Zustände unterscheidet, der Analogkanal bei diesem Rauschabstand jedoch eine größere Anzahl von Signalzuständen unterscheiden kann, ist die Kanalkapazität des analogen Kanals um den Faktor 5 größer.

6.3   Aufgaben

1. Für einen analogen Übertragungskanal mit
   a) $r = 0\ dB$ und
   b) $r = 30\ dB$
   ist die Erhöhung der Kanalkapazität zu bestimmen, wenn die Nutzsignalleistung jeweils verdoppelt wird!
2. Für die Informationsübertragung steht ein analoger Kanal mit $B = 3\ kHz$ und $r = 30\ dB$ zur Verfügung.
   a) Wie groß ist die Kanalkapazität?
   b) Auf welchen Wert müsste der Rauschabstand erhöht werden, um die gleiche Kanalkapazität bei einer auf $2\ kHz$ eingeschränkten Bandbreite zu erhalten?

c) Welche Zeit wird zur Übertragung einer Informationsmenge von 10^6 bit über diesen Kanal benötigt?

d) Die Übertragung der gleichen Informationsmenge erfolgt über einen ungestörten Binärkanal mit einer Bandbreite $B = 3\ kHz$. Vergleichen Sie das Ergebnis mit dem aus dem Aufgabenteil c)! Diskutieren Sie das Ergebnis!

3. Bestimmen Sie die erforderliche Bandbreite eines analogen Bildkanals unter folgenden Bedingungen:

   $5,2 \cdot 10^5$ Bildpunkte je Bild,

   40 unterscheidbare Helligkeitsstufen,

   25 Bilder je Sekunde und

   $r = 40\ dB$.

4. Gegeben sei ein Magnetbandgerät mit folgenden Daten:

   Bandgeschwindigkeit $v_B = 19\ cm/s$,

   Grenzfrequenz $\quad\quad f_g = 150\ kHz$,

   Rauschabstand $\quad\quad r = 40\ dB$.

   a) Wie groß kann die Speicherdichte s_D (in bit/cm) auf dem Band maximal sein?

   b) Welche Kapazität müsste ein angeschlossener Kanal haben, über den die Information vom Gerät zur Verarbeitungseinheit übertragen wird?

7 Quantisierung analoger Signale

Quantisierung [quantization] analoger Signale als Träger von Informationen ist die Grundlage für ihre diskrete Übertragung und Verarbeitung. Da sehr oft Informationen von kontinuierlichen Quellen erzeugt werden (wie z. B. die Messung physikalischer Größen, das Sprechen von Personen), deren Verarbeitung und Übertragung in informationstechnischen Systemen jedoch in sehr großem Umfang diskret erfolgt, liegt es nahe, sich mit dem Problem aus informationstheoretischer Sicht genauer zu befassen. Im Alltag nehmen wir oft gar nicht mehr bewusst wahr, dass wir quantisieren. Längenangaben machen wir eben in Metern oder auch Kilometern. Selbst wenn wir in den Nanometerbereich gehen, bleibt diese Angabe diskret. Längenänderungen, z. B. die Ausdehnung durch Temperaturerhöhungen, geben wir in der gleichen Weise an, auch wenn sie mittels Dehnungsmesser bestimmt wurden, der zunächst ein kontinuierliches Signal erzeugt. Oder: Temperaturangaben erfolgen in Grad Celsius oder Kelvin. Wir lesen diese vom Thermometer ab und nehmen sie in diskreter Form zur Kenntnis oder übermitteln sie weiter, obwohl die Ausdehnung der Thermometerflüssigkeit kontinuierlich erfolgt. Ein weiterer Aspekt soll an dem simplen Beispiel der Temperaturmessung betrachtet werden. Wenn wir für unseren täglichen Gebrauch die Außentemperatur messen, reicht es vollkommen aus, diese Angabe in ganzen Graden zu bekommen. Eine genauere Messung ist für uns völlig unwichtig. Schließlich wollen wir aus dieser Information ja nur ableiten, ob wir einen Mantel anziehen müssen oder nicht. Anders verhält es sich bei der Fiebermessung. Dort benötigen wir schon die Zehntel Grad. Dagegen sind Bereiche unter 30°C oder über 50°C bei diesen Messungen völlig uninteressant. Was machen wir bei dieser Quantisierung aus informationstheoretischer Sicht? Wir übertragen bzw. verarbeiten nur einen Teil der Information des kontinuierlichen Signals. Wir reduzieren also vernünftigerweise die Quelleninformation. Eine weitere Reduzierung erfolgt dadurch, dass wir die Messwerte nur zu uns sinnvoll erscheinenden Zeitpunkten abfragen, obwohl zwischenzeitlich durchaus auch z. B. Temperaturschwankungen auftreten können.

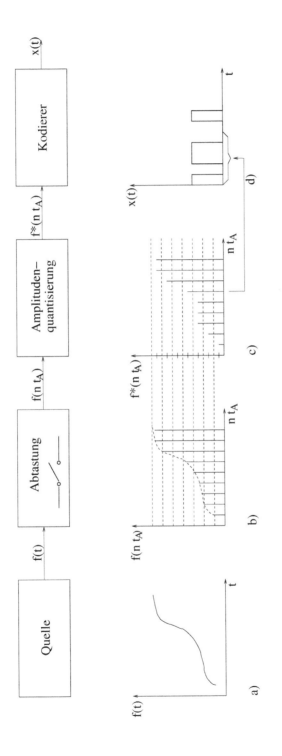

Bild 7.0.1 *Zeit- und Amplitudenquantisierung analoger Signale*

Diesen beiden Aspekten, Informationen kontinuierlicher Quellen nur als zeitliche Probenwerte mit diskreten Zuständen zu erfassen, werden wir uns in diesem Abschnitt speziell widmen.

Betrachtet werden daher die Zeit- und die Amplitudenquantisierung. Bild 7.0.1 zeigt die einzelnen Stufen der Quantisierung, die zur Erläuterung in Folge dargestellt sind, jedoch in der praktischen Realisierung oft nicht so abgegrenzt ablaufen.

Das Bild 7.0.1a) zeigt die Zeitfunktion des analogen Signals $f(t)$, das die Quelle erzeugt. Von diesem kontinuierlichen Signal werden *Probenwerte (PW) zu diskreten Zeitpunkten* $n\,t_A$ entnommen (das Signal wird abgetastet). Dargestellt ist das im Bild 7.0.1b). Bei der sich anschließenden Amplitudenquantisierung [amplitude quantization], im Bild 7.0.1c) dargestellt, werden *alle Probenwerte, die in einen vorgegebenen Amplitudenbereich fallen, einem diskreten Amplitudenwert (AW) zugeordnet.* Teilt man den gesamten Amplitudenbereich in m Stufen ein, können nach der Amplitudenquantisierung nur noch m diskrete Amplitudenwerte unterschieden werden. Aus der kontinuierlichen Quelle ist eine diskrete Quelle mit m Elementen geworden. Die Amplitudenwerte können nun so kodiert werden, dass eine Übertragung über diskrete Kanäle erfolgen kann.

Steht für die Übertragung ein Binärkanal zur Verfügung, wie es in der überwiegenden Zahl der Fälle sein wird, erfolgt die Darstellung in einem Binärkode und die Übertragung durch ein Binärsignal (Bild 7.0.1d)).

7.1   Zeitquantisierung

Bereits im Abschn. 4.2.4 wurden die theoretischen Grundlagen behandelt. Nehmen wir an, das Signal $f(t)$ sei bandbegrenzt, habe eine Grenzfrequenz f_g und wir wählen eine Abtastfrequenz

$$f_A \geq 2\,f_g \quad \text{in} \quad \frac{PW}{s} = \frac{AW}{s} \,,$$

dann erhält man für den Abstand der Abtastwerte

$$t_A \leq \frac{1}{2\,f_g} \,. \tag{7.1}$$

Mit dieser Bedingung, die wir auch bei allen Betrachtungen dieses Abschnitts voraussetzen, können wir feststellen, dass durch die Zeitquantisierung [time quantization] kein Informationsverlust entsteht. Verstößt man gegen diese Bedingung, bedeutet das immer Informationsverlust. Dieser kann sicher in speziellen Fällen sinnvoll sein, wenn der Empfänger zur weiteren Verarbeitung nicht die gesamte Information der Quelle benötigt (s. Beispiele am Anfang des Abschnitts).

Eine andere Anwendung soll hier kurz erwähnt werden. Beim Fernsprechen werden Sprachsignale in einem Frequenzband von $300\,Hz$ bis $3,4\,kHz$ übertragen. Bei einer zeitmultiplexen Übertragung müssen diese Signale quantisiert werden. Aus praktischen Gründen wird die untere Grenzfrequenz $f_{g_u} = 300\,Hz$ nicht beachtet. Das bedeutet, dass $f_{g_o} = B = 3,4\,kHz$ ist. Das Signal ist daher mit einer Frequenz $f_A \geq 6,8 \cdot 10^3\,AW/s$ abzutasten. Gewählt wurde eine Abtastfrequenz $f_A = 8 \cdot 10^3\,AW/s$. Diese reicht aus, um eine gute Sprachverständlichkeit zu erreichen, obwohl das Sprachsignal Frequenzanteile $> 3,4\,kHz$, ja selbst $> 4\,kHz$ besitzt.

7.2   Amplitudenquantisierung

7.2.1   Allgemeines

Kontinuierliche in diskrete Signale umzuwandeln (zu quantisieren), ist zum einen eine sinnvolle und zum anderen eine notwendige Maßnahme. Sinnvoll ist sie dort, wo der große Informationsgehalt vom Empfänger nicht benötigt wird oder auch nicht verarbeitet werden kann. Ein anderer Aspekt liegt in der Quelle selbst. Die Entropie einer kontinuierlichen Quelle berechnet sich entsprechend Gl. (2.20) zu

$$H = -\int f(x)\,\mathrm{ld}\,f(x)\,\mathrm{d}x - \mathrm{ld}\,\Delta x \ ,$$

$$H = H_{rel} - \mathrm{ld}\,\Delta x \ .$$

Δx ist ein Unschärfebereich, in dem keine Amplitudenwerte mehr unterscheidbar sind. Damit ist auch die Entropie jeder kontinuierlichen Quelle endlich (s. Abschn. 2.3). Will man nun den Informationsgehalt für den Empfänger bewusst reduzieren, wählt man die Quantisierungsintervalle Δx größer, als es der Natur der Quelle entspricht.

Notwendig ist die Quantisierung aus dem Grund, dass die Quelle in ein diskretes Übertragungs- und Verarbeitungssystem integriert werden soll. Erfolgt die Kodierung der nach der Quantisierung vorliegenden diskreten Amplitudenwerte in einem Binärkode, so ist damit die Voraussetzung erfüllt, alle Informationen in einem integrierten System zu verarbeiten, zu speichern und zu übertragen, unabhängig von der Art der Informationen (Sprache, Bilder, Daten, Messwerte) und ihren Quellen.

7.2.2   Quantisierungskennlinien

Wichtig für die Quantisierung ist es, eine Zuordnungsvorschrift für die einzelnen Probenwerte (Signalwerte) zu den diskreten Zuständen festzulegen. Diese kann man anschaulich als Quantisierungskennlinie beschreiben. Bild 7.2.1 zeigt eine lineare Quantisierungskennlinie. Das bedeutet, dass gleich große Signalbereiche diskreten Zuständen zugeordnet werden. So ordnet diese Kennlinie z. B. allen Signalwerten von $x_2 - \delta_{21} \leq x < x_2 + \delta_{22}$ den Zustand 2 zu. Diesem entspricht der diskrete Signalwert (Amplitudenwert) x_2. Im allgemeinen Fall wird man keine lineare Quantisierungskennlinie wählen. Für die Wahl der Kennlinie gibt es unterschiedliche Kriterien. Das können z. B. sein:

- maximale Entropie des quantisierten Signals bei maschineller Verarbeitung der Information (wird erreicht, wenn die Auftrittswahrscheinlichkeiten für das Signal in allen Quantisierungsintervallen gleich sind),

- optimale Silbenverständlichkeit bei der Sprachübertragung (wird erreicht, wenn das Signal-Störverhältnis in allen Quantisierungsstufen gleich ist).

Wir werden die Optimierung so durchführen, dass bei einer vorgegebenen Zahl von Zuständen die Entropie H_q des quantisierten Signals $f^*(n\,t_A)$ maximal wird. Die Wahrscheinlichkeitsdichtefunktion der Probenwerte ist also die Grundlage für die Festlegung der **Quantisierungskennlinie**.

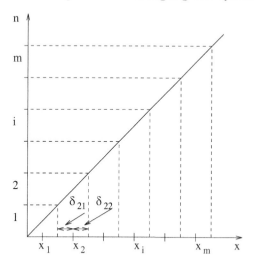

Bild 7.2.1 *Quantisierung mit linearer Kennlinie*

Die Größe der Quantisierungsintervalle δ_i beträgt $\delta_i = \delta_{i1} + \delta_{i2}$. Der Abstand der diskreten Signalwerte berechnet sich zu $x_{i+1} - x_i = \delta_{(i+1)1} + \delta_{i2}$.
Die nächste Frage, die zu beantworten ist, ist die nach der mittleren qua-

dratischen Abweichung des Signals entsprechend einer vorgegebenen Wahrscheinlichkeitsdichtefunktion $f(x)$. Die Auftrittswahrscheinlichkeit des Signals im Bereich einer Quantisierungsstufe beträgt

$$p((x_i - \delta_{i1}) \leq x < (x_i + \delta_{i2})) = \int\limits_{x_i - \delta_{i1}}^{x_i + \delta_{i2}} f(x)\, dx \; . \tag{7.2}$$

Sind die Quantisierungsintervalle $\delta_i \ll x_{max}$, d. h., der Wertebereich des Signals ist in eine genügende Anzahl von Stufen eingeteilt, kann die Wahrscheinlichkeitsdichte innerhalb eines Bereiches als konstant angenommen werden:

$$f(x) \approx f(x_i).$$

Die Wahrscheinlichkeit entsprechend Gl. (7.2) ist damit

$$\int\limits_{x_i - \delta_{i1}}^{x_i + \delta_{i2}} f(x)\, dx = f(x_i)\, (\delta_{i1} + \delta_{i2}) = f(x_i)\, \delta_i = p(x_i) \; . \tag{7.3}$$

Die mittlere quadratische Abweichung des Signalwertes in einer Stufe beträgt

$$M(\delta_i^2) = f(x_i) \int\limits_{x_i - \delta_{i1}}^{x_i + \delta_{i2}} (x - x_i)^2\, dx = \frac{1}{3}\, f(x_i)\, (\delta_{i2}^3 + \delta_{i1}^3),$$

$$M(\delta_i^2) = \frac{1}{3}\, \frac{p(x_i)}{\delta_{i1} + \delta_{i2}}\, (\delta_{i2}^3 + \delta_{i1}^3) \; .$$

Gesucht wird jetzt der Minimalwert für die quadratische Abweichung:

$$\frac{d\,(M(\delta_i^2))}{d\,\delta_{i1}} = \frac{1}{3}\, \frac{p(x_i)}{\delta_i}\, (3\,\delta_{i1}^2 - 3\,(\delta_i - \delta_{i1})^2),$$

$$\frac{d\,(M(\delta_i^2))}{d\,\delta_{i1}} = 0 \quad \text{liefert als Ergebnis}$$

$$\delta_{i1} = \delta_{i2} = \frac{\delta_i}{2}$$

und damit wird

$$M(\delta_i^2) = \frac{1}{12}\, p(x_i)\, \delta_i^2. \tag{7.4}$$

Die mittlere quadratische Abweichung für das gesamte Signal ist damit

$$\sum_{i=1}^{m} M(\delta_i^2) = \frac{1}{12} \sum_{i} p(x_i)\, \delta_i^2 \; . \tag{7.5}$$

Die Bestimmung der optimalen Werte für die δ_i wird Gegenstand des folgenden Abschnitts sein.

7.2.3 Darstellung der Information quantisierter Signale

Durch die Amplitudenquantisierung entsteht ein Signal, das m unterschiedliche Amplitudenwerte (Anzahl der Quantisierungsstufen) aufweist. Die kontinuierliche Quelle wurde durch eine diskrete Quelle mit m unterschiedlichen Elementen ersetzt und besitzt eine Entropie

$$H_q = - \sum_{i=1}^{m} p(x_i) \operatorname{ld} p(x_i) \quad \text{in} \quad \frac{bit}{AW} \, . \tag{7.6}$$

Wir hatten bereits darauf hingewiesen, dass die Entropie einer Quelle maximal ist, wenn alle $p(x_i)$ gleich sind. Natürlich gilt das auch für die Entropie des quantisierten Signals. In diesem Fall sprechen wir von einer optimalen Quantisierungskennlinie. Die Entropie beträgt in diesem Fall

$$H_q = \operatorname{ld} m \, . \tag{7.7}$$

Die Gl. (7.7) können wir nun dazu benutzen, die optimale Größe der Quantisierungsintervalle δ_i und damit die optimale Quantisierungskennlinie zu bestimmen:

$$p(x_i) = \int_{x_i - \delta_{i1}}^{x_i + \delta_{i2}} f(x) \, \mathrm{d}x \approx f(x_i) \, \delta_i = \frac{1}{m} \, , \quad \text{d. h.}$$

$$\delta_i = \frac{1}{m \, f(x_i)} \, . \tag{7.8}$$

Beispiel 7.2.1
Ein analoges Signal sei gleichverteilt und soll in m Amplitudenstufen quantisiert werden.

Lösung:

$$\int_{0}^{x_{max}} f(x) \, \mathrm{d}x = 1 \, .$$

Gleichverteilung bedeutet $f(x) = c$, d. h. $f(x_1) = f(x_2) = \ldots = f(x_m)$ und damit $\delta_1 = \delta_2 = \ldots = \delta_m = \dfrac{1}{m \, c}$. □

Beispiel 7.2.2

Ein analoges Signal soll in m Amplitudenstufen quantisiert werden. Die Wahrscheinlichkeitsdichtefunktion ist $f(x) = \dfrac{a - |x|}{a^2}$, $-a \leq x \leq a$.

Zu bestimmen sind die Quantisierungskennlinie und die Entropie für den Fall von $m = 32$ Amplitudenstufen.

Lösung:

$$\int\limits_{-a}^{a} f(x)\,\mathrm{d}x = 1.$$

Bei einer optimalen Quantisierungskennlinie sind die Auftrittswahrscheinlichkeiten der Signale in den einzelnen Intervallen gleich. D. h.

$$p(x_i) = \frac{1}{m},$$

$$p(x_i) = \frac{1}{a^2} \int\limits_{x_i - \frac{\delta_i}{2}}^{x_i + \frac{\delta_i}{2}} (a - |x|)\,\mathrm{d}x = \frac{1}{m},$$

$$\underbrace{\delta_i(a - |x_i|)} = \frac{a^2}{m}.$$

Aus dieser Beziehung lassen sich die Werte für x_i und δ_i bestimmen:

$$i = \frac{m}{2}: \qquad x_{\frac{m}{2}} = a - \frac{1}{2}\delta_{\frac{m}{2}} \longrightarrow \delta_{\frac{m}{2}} = a\sqrt{\frac{2}{m}},$$

$$i = \frac{m}{2} - 1: \quad x_{\frac{m}{2}-1} = a - \delta_{\frac{m}{2}} - \frac{1}{2}\delta_{\frac{m}{2}-1} \longrightarrow \delta_{\frac{m}{2}-1} \approx a\sqrt{\frac{2}{m}}\left(\sqrt{2} - 1\right),$$

$$i = \frac{m}{2} - k: \quad x_{\frac{m}{2}-k} = a - \sum_{i=\frac{m}{2}-k+1}^{\frac{m}{2}} \delta_i - \frac{1}{2}\delta_{\frac{m}{2}-k} \longrightarrow$$

$$\delta_{\frac{m}{2}-k} \approx a\sqrt{\frac{2}{m}}\left(\sqrt{k+1} - \sqrt{k}\right),$$

allgemein:

$$|x_i| = a\left(1 - \sqrt{1 - \frac{2\,i}{m}}\right) - \frac{\delta_i}{2},$$

$$\delta_i = a\left(\sqrt{1 - \frac{2\,(i-1)}{m}} - \sqrt{1 - \frac{2\,i}{m}}\right).$$

Damit erhält man die im Bild 7.2.2 dargestellte Quantisierungskennlinie.

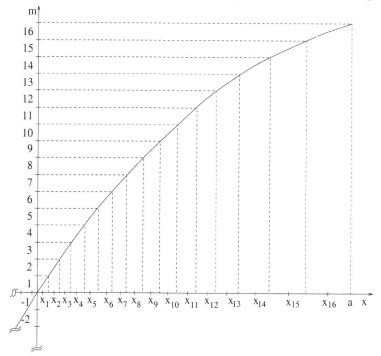

Bild 7.2.2 *Quantisierung mit nichtlinearer Kennlinie*

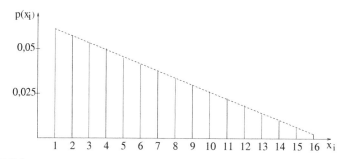

Bild 7.2.3 *Zustandswahrscheinlichkeiten bei linearer Kennlinie*

Für die Entropie ergibt sich der Wert

$$H_q = \operatorname{ld} m = \operatorname{ld} 32 = \underline{5\ bit/AW}\,.$$

Im Vergleich dazu beträgt die Entropie des mittels linearer Kennlinie quantisierten Signals (mit den Zustandswahrscheinlichkeiten entsprechend Bild 7.2.3)

$$H_{q_{lin}} = 2 \sum_{i=1}^{16} p(x_i) = \underline{4,73\ bit/AW}\,. \qquad\qquad \square$$

7.2.4 Signal-Rauschabstand in quantisierten Signalen

Bisher haben wir festgestellt, dass die Amplitudenquantisierung einen Informationsverlust für das quantisierte Signal bringt. Wir haben weiterhin kennengelernt, dass die Wahl der Quantisierungskennlinie bei einer vorgegebenen Zahl von Zuständen Einfluss auf die Größe dieses Verlustes hat. In diesem Abschnitt soll uns ein weiteres Problem beschäftigen:

Wie wirkt sich dieser Informationsverlust aus, wenn aus dem quantisierten Signal wieder das kontinuierliche Signal regeneriert wird?

Diese Frage stellt sich immer dort, wo diskrete Kanäle zur Übertragung kontinuierlicher Signale benutzt werden und letztendlich der Empfänger wieder kontinuierliche Signale benötigt. Das betrifft besonders die Sprach-, Musikund Bildübertragung.

Die Antwort lautet: *Das Signal ist durch eine Störung überlagert.*

Wir wollen nun untersuchen:

• wie groß ist das Störgeräusch und

• welche Möglichkeiten bestehen, das Signal-Störverhältnis zu beeinflussen?

Wir nehmen zunächst an, dass die Zustände gleichverteilt seien. Diese Annahme ist vernünftig, da sie zum geringsten Informationsverlust führt (s. Abschn. 7.2.2). Aus Gl. (7.5) können wir sofort die Störleistung bestimmen. Sie beträgt

$$P_{qz} = \frac{k}{12} \sum_{i=1}^{m} p(x_i) \, \delta_i^2 \quad (k \text{ Konstante}),$$

$$P_{qz} = \frac{k}{12 \, m} \sum_{i=1}^{m} \delta_i^2.$$

Die Leistung des quantisierten Signals beträgt

$$P_{qx} = k \sum_{i=1}^{m} p(x_i) \, x_i^2,$$

$$P_{qx} = \frac{k}{m} \sum_{i=1}^{m} x_i^2.$$

Das Signal-Störverhältnis ist

$$\frac{P_{qx}}{P_{qz}} = 12 \, \frac{\sum\limits_{i=1}^{m} x_i^2}{\sum\limits_{i=1}^{m} \delta_i^2} \,. \tag{7.9}$$

Um den grundsätzlichen Zusammenhang zwischen der Anzahl der Quantisierungsstufen und dem Rauschabstand zu ermitteln, gehen wir von der zusätzlichen Annahme aus, dass die Quantisierungsstufen gleich groß seien (s. Bild 7.2.1):

$$P_{qz} = \frac{k}{12}\,\delta^2,$$

mit $x_i = (2i - 1)\,\dfrac{\delta}{2}$ wird

$$P_{qx} = \frac{k\,\delta^2}{4\,m}\left(1 + 3^2 + 5^2 + \dots + (2\,i - 1)^2 + \dots + (2m - 1)^2\right)$$

$$= \frac{k\,\delta^2}{4\,m}\;\frac{m\,(4\,m^2 - 1)}{3}$$

$$P_{qx} = \frac{k\,\delta^2}{12}\left(4\,m^2 - 1\right).$$

Die Information war im Abschn. 1 als beseitigte Unbestimmtheit beschrieben worden. Nach dieser Interpretation liefert der Gleichanteil im Signal bei der Abtastung keine Information (s. auch Gln. (7.6) und (7.7)). Er beträgt

$$P_{qx-} = \frac{k\,m^2}{4}\,\delta^2$$

und kann aus der Gesamtleistung P_{qx} eliminiert werden:

$$P_{qx\sim} = P_{qx} - P_{qx-}$$

$$= \frac{k\,\delta^2}{12}\left((4\,m^2 - 1) - 3\,m^2\right)$$

$$P_{qx\sim} = \frac{k\,\delta^2}{12}(m^2 - 1).$$

Das Signal-Störverhältnis bzw. der Rauschabstand des quantisierten Signals ist damit

$$\frac{P_{qx\sim}}{P_{qz}} = m^2 - 1 \tag{7.10}$$

oder

$$r = 10\,\lg\,(m^2 - 1) \approx 20\,\lg\,m\,. \tag{7.11}$$

Die Gln. (7.10) und (7.11) zeigen sehr deutlich:

- Die Quantisierung liefert immer ein Störgeräusch im zurückgewonnenen kontinuierlichen Signal.

- Das Signal-Störverhältnis kann durch die Anzahl der Amplitudenstufen beliebig groß gewählt werden.

Für die diskrete Übertragung kontinuierlicher Signale sind diese Erkenntnisse enorm wichtig. Beim Systementwurf kann man selbst über den zulässigen Rauschabstand entscheiden. Auf dem diskreten Kanal (hier in seiner abstrakten Form) ist es möglich, die Information durch Anwendung der Kanalkodierung so zu schützen, dass praktisch keine weiteren Störungen zum Signal hinzukommen, wie es bei der Übertragung über analoge Kanäle der Fall ist. Dort bestimmen die Störungen auf dem Kanal den Rauschabstand im empfangenen Signal und liegen weitgehend außerhalb der Einflussmöglichkeiten der Nutzer des Übertragungsmediums.

Beispiel 7.2.2 (Fortsetzung)

Für das Signal-Störverhältnis ergeben sich im kontinuierlichen Signal (nach der Rekonstruktion aus dem diskreten Signal) folgende Werte (x_i, δ_i und $p(x_i)$ sind im ersten Teil der Aufgabe bereits errechnet worden):

– bei einer optimalen Kennlinie (bzgl. der Entropie)

$$P_{qx} = 2 \cdot \frac{k}{m} \sum_{i=1}^{\frac{m}{2}} x_i^2 \,,$$

$$P_{qz} = 2 \cdot \frac{k}{12\,m} \sum_{i=1}^{\frac{m}{2}} \delta_i^2 \,,$$

$$\frac{P_{qx}}{P_{qz}} = 311 \,, \text{ d. h. } r = \underline{25\,dB}\,;$$

– bei der linearen Kennlinie

$$P_{qx} = 2 \cdot k \sum_{i=1}^{\frac{m}{2}} p(x_i)\, x_i^2 \,,$$

$$P_{qz} = 2 \cdot \frac{k}{12} \delta_i^2 \sum_{i=1}^{\frac{m}{2}} p(x_i) \,,$$

$$\frac{P_{qx}}{P_{qz}} = 513 \,, \text{ d. h. } r = \underline{27\,dB}\,.$$

Ein Vergleich der beiden Werte liefert das zunächst überraschende Ergebnis, dass die Quantisierung mit der linearen Kennlinie einen günstigeren Störabstand hat. Das Kriterium für die Wahl der Kennlinie war in unserem Beispiel

die maximale Entropie und nicht die Optimierung des Signal-Störverhältnisses.
Anmerkung:
Andere Wahrscheinlichkeitsdichtefunktionen im Signal können durchaus auch
bei Optimierung der Entropie eine Verbesserung des Signal-Störverhältnisses
bewirken (s. Aufgabe 7, Abschn. 7.3). □

7.2.5 Quantisierung eines gestörten Signals

Die bisherigen Betrachtungen sind davon ausgegangen, dass das Signal der
kontinuierlichen Quelle ungestört vorlag. Es wurde festgestellt, dass der Informationsverlust, der durch die Quantisierung entstanden ist, bei der Rücktrans-
formation des diskreten Signals in ein kontinuierliches als Störung des Signals
interpretiert werden konnte. Jetzt wird die umgekehrte Frage gestellt: *Welche
Anzahl von Quantisierungsstufen ist sinnvoll, um die Information eines gestörten analogen Signals vollständig zu erfassen?* Auch bei dieser Betrachtung
werden wir voraussetzen, dass Signal und Störung nicht korreliert sind. Zur
Erklärung nehmen wir ein *einfaches Modell* für solch eine Quelle an:

Es existiere eine kontinuierliche Quelle Q, die einen Informationsfluss I_Q erzeugt. Dieser Fluss werde über einen analogen Kanal mit der Kanalkapazität
$C_{an} = B \operatorname{ld} \left(1 + \frac{P_x}{P_z}\right)$ übertragen. Dabei sei weiterhin angenommen, dass die
Bandbreite B des Kanals und die Grenzfrequenz f_g des kontinuierlichen Signals
übereinstimmen. $\frac{P_x}{P_z}$ entspreche dem Signal-Störverhältnis des zu betrachten-
den gestörten Signals.

Quelle Q und Analogkanal betrachten wir als Ersatzquelle Q^*, die den Informationsfluss $I_{Q^*} = C_{an}$ erzeugt (s. Bild 7.2.4).

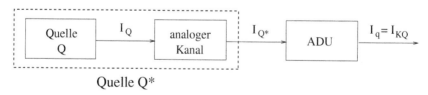

Quelle Q*

Bild 7.2.4 *Darstellung der kontinuierlichen Ersatzquelle Q^**

Unter der Voraussetzung, dass die Quantisierung keinen weiteren, als durch
die Störung verursachten, Informationsverlust bringt, muss für den Informationsfluss nach der Quantisierung gelten:

$$I_q = C_{an} \tag{7.12}$$

$$2 f_g \operatorname{ld} m = f_g \operatorname{ld} \left(1 + \frac{P_x}{P_z}\right).$$

Unter der Bedingung $P_z \ll P_x$ ist

$$2\,f_g\,\mathrm{ld}\,m = f_g\,\mathrm{ld}\,\frac{P_x}{P_z}\,.$$

Daraus erhält man die Anzahl m der Quantisierungsstufen:

$$m = \sqrt{\frac{P_x}{P_z}}\,, \tag{7.13}$$

oder

$$m = 10^{\frac{r}{20}}\,. \tag{7.14}$$

Der Informationsfluss I_{KQ} am Ausgang des ADU (quantisiert und kodiert) beträgt

$$I_{KQ} = 2\,f_g\,l\,H_K = f_A\,l\,H_K \quad \text{mit} \quad l = \lceil \mathrm{ld}\,m \rceil\,. \tag{7.15}$$

I_q ist I_{KQ}, wenn $l = \mathrm{ld}\,m$.

Anmerkung:
I_{KQ} ist identisch mit dem Quellenkodeinformationsfluss im Bild 5.2.1. Das bedeutet, dass die Betrachtungen des Abschn. 5 auch für die Übertragung der quantisierten Information gelten (z. B. gesicherte oder ungesicherte Übertragung, erforderliche Kanalkapazität, Bandbreite des diskreten Kanals). □

Der in den Gln. (7.13) oder (7.14) ermittelte Wert für die Anzahl der Quantisierungsstufen m stellt eine Grenze dar. Wird m bei der Quantisierung größer gewählt, erzielt man keinen weiteren Informationsgewinn, da eine Vergrößerung von m kleinere Quantisierungsintervalle Δx zur Folge hätte. Durch die vorhandene Störung können diese jedoch nicht mehr unterschieden werden. Die Wahl einer kleineren Anzahl von Quantisierungsstufen, als durch die Gln. (7.13) oder (7.14) ermittelt, führt immer zu Informationsverlust.

Beispiel 7.2.3
Das Signal einer kontinuierlichen Quelle ($B = 1\,kHz$, $r = 40\,dB$) wird quantisiert (ohne Informationsverlust) und über einen symmetrischen Binärkanal ($p_s = 5 \cdot 10^{-3}$) übertragen. Welche Bandbreite muss der Binärkanal

a) bei ungesicherter Übertragung
b) bei gesicherter Übertragung   haben?

Lösung:
$m = 10^{\frac{r}{20}} = 10^2$, daraus folgt $l = 7\,\frac{KZ}{AW}$,
$f_A = 2B = 2 \cdot 10^3\,\frac{AW}{s}$ (entsprechend dem Abtasttheorem),
$I_{KQ} = f_A\,l\,H_K = 1,4 \cdot 10^4\,\frac{bit}{s}$.

a) $I_K = I_{KQ} = v_s\, H_K$, $B = \frac{v_s}{2} = \underline{7\,kHz}$.

b) $I_T = v_s\, H_T = I_{KQ}$: $H_T = 0,955\,\frac{bit}{KZ}$ (nach Gl. (5.15)), $B = \underline{7,33\,kHz}$. $\square$

7.2.6   Kenngrößen der Analog-Digital-Umwandlung

Das technische Verbindungsglied zwischen einer kontinuierlichen Quelle und einem binären Übertragungskanal bildet der Analog-Digital-Umsetzer [analog-digital-converter] (ADU). Wir werden uns hier nicht mit den Verfahren der Analog-Digitalwandlung befassen, sondern es werden die aus der Sicht der Informationsübertragung resultierenden charakteristischen Größen aufgeführt. Das kontinuierliche Signal hat zwei Kenngrößen, die den Informationsfluss bestimmen:

- Grenzfrequenz f_g und

- Rauschabstand r.

Wichtige Kenngrößen des ADU sind:

- Umsetzzeit t_u und

- Kodewortlänge $l = \mathrm{ld}\, m$.

  Da durch den ADU das quantisierte Signal in einem gleichmäßigen Kode dargestellt wird, werden nur Stufenanzahlen von $m = 2^l$ ($l = 1, 2, ...$) realisiert.

Wenn durch die Umsetzung im ADU kein Informationsverlust entstehen soll, müssen folgende Bedingungen erfüllt sein:

- In der Zeit t_u ist das Signal abzutasten und der Abtastwert in einem Binärkode darzustellen:

$$t_u \leq \frac{1}{2\, f_g} \qquad \text{(s. Gl. (4.1))}. \tag{7.16}$$

- Die erforderliche Kodewortlänge wird durch den Rauschabstand vorgegeben und ergibt sich entspr. Gl (7.14):

  $l = \lceil \mathrm{ld}\, m \rceil \geq 0,17\, r$ mit l in KZ/AW und r in dB.

Der dem ADU nachgeschaltete Binärkanal muss eine Kanalkapazität

   $C \geq 2\, f_g\, l\, H_K$

haben, damit über ihn eine Übertragung ohne Informationsverlust möglich ist.

Praktische Gesichtspunkte:

Nicht immer wird es notwendig sein, den von der Quelle bereitgestellten Informationsfluss zur Senke zu übertragen. Denken wir dabei z. B. an die Messwerterfassung. Oft wird es genügen, nur zu bestimmten Zeitpunkten diese Werte zur Auswertung zu erfassen. Es sollte daher im realen Fall geprüft werden, ob

- die Anzahl der Amplitudenwerte pro Zeiteinheit verringert werden kann, d. h. die Abtastfrequenz $f_A < 2\,f_g$ gewählt werden kann;
- der nachfolgende Verarbeitungsprozess die Genauigkeit benötigt, die der analoge Wert hat. Die Anzahl der Quantisierungsstufen sollte entsprechend dieser Notwendigkeit gewählt werden.

Diese Überlegungen führen dazu, dass die Anforderungen an die Leistungsfähigkeit des ADU reduziert werden können und auch die erforderliche Kanalkapazität auf ein vernünftiges Maß beschränkt wird. (Es ist z. B. für die Sprachübertragung in Fernsprechkanälen ausreichend, mit einer Kodewortlänge $l = 8\,KZ/AW$ zu arbeiten. Eine höhere Auflösung würde die Verständlichkeit nur unwesentlich verbessern, jedoch bzgl. der Übertragungskanäle eine unzumutbare Vergrößerung der Bandbreite zur Folge haben.)

7.3 Aufgaben

1. Berechnen Sie die Entropie der kontinuierlichen Signale, die durch Anwendung der im Beispiel 7.2.2 angegebenen Quantisierungen entstanden sind!
   Hinweis: Ermitteln Sie zunächst die Verteilungsfunktionen für beide Signale!
2. Der Informationsgehalt einer Bildvorlage soll über einen Binärkanal mit der Kanalkapazität von $50\,k\,bit/s$ übertragen werden. Dabei wird das Bild durch Abtastung in 10^5 Bildpunkte zerlegt.
   a) Wieviel Helligkeitswerte N können bei jedem Bildpunkt höchstens unterschieden werden, wenn eine Übertragungszeit für das Bild von $t_\ddot{u} = 10\,s$ gefordert wird?
   b) Welche Übertragungszeit ergäbe sich, wenn N im Vergleich zu a) verdoppelt würde?
   c) Nehmen Sie an, für die N Helligkeitsstufen (entsprechend Aufgabenteil a)) gelte folgende Verteilung:
   $p(H_1) = \frac{1}{2}$, $p(H_2) = \frac{1}{4}$, $p(H_3) = \frac{1}{8}$, ..., $p(H_{N-1}) = p(H_N)$.
   Vor der Übertragung erfolge eine Optimalkodierung. Welche Übertragungszeit wäre in diesem Falle erforderlich?
3. Eine Quantisierungseinrichtung (ADU) soll $m = 256$ Amplitudenstufen unterscheiden können und einen maximalen Fluss $I_{KQ} = 10^5\,bit/s$ abgeben können.
   Zu bestimmen sind:

a) die maximal zulässige Grenzfrequenz f_g des analogen Eingangssignals,

b) die maximal zulässige Umsetzzeit des ADU,

c) die erforderlichen Bandbreiten der diskreten Kanäle bei

c1) binärer Übertragung und

c2) Übertragung über einen Kanal mit vier Kennzuständen.

4. Ein analoges Signal mit $f_g = 1\,kHz$ soll in $m = 128$ Amplitudenstufen quantisiert und anschließend über einen symmetrisch gestörten Binärkanal ($p_s = 2 \cdot 10^{-2}$) übertragen werden. Für die gesicherte und ungesicherte Übertragung sind zu bestimmen:

a) die erforderlichen Schrittgeschwindigkeiten,

b) die erforderlichen Bandbreiten,

c) die Transinformationsflüsse.

5. Ein Rechner wird zur Steuerung eines kontinuierlichen Prozesses eingesetzt, wobei die Signale ($f_g = 100\,Hz$, $r = 40\,dB$) von 10 Messstellen in einem Abstand von $0,1\,s$ abgefragt werden. Die Werte werden quantisiert und anschließend bitparallel zum Rechner übertragen.

a) Wieviel Kanäle sind für die bitparallele Übertragung der Messwerte erforderlich?

b) Wieviel Prozent der Gesamtinformation werden für die Steuerung erfasst?

c) Nachdem für einen Prozess 10 Messwerte verarbeitet wurden, erfolgt für ihn die Ausgabe eines Steuersignals. Welche Informationsmenge wird zwischen zwei Ausgaben für einen Prozess vom Rechner insgesamt verarbeitet?

6. Ein analoges, amplitudenbegrenztes Signal ($0 \leq U \leq 1\,V$, $\;0 \leq f \leq 100\,Hz$) wird quantisiert und über einen Binärkanal übertragen.

a) Welche minimale Stufenbreite ΔU ist bei der Quantisierung möglich, wenn mit $C = 1200\,bit/s$ übertragen wird?

b) Wie groß müsste C mindestens sein, wenn $\Delta U = 5\,mV$ gefordert wird?

7. Ein Sprachsignal mit exponentieller Wahrscheinlichkeitsdichte der Amplituden

$$f(x) = \frac{1}{\sigma\sqrt{2}}\, e^{-\frac{\sqrt{2}}{\sigma}|x|}, \quad -1 \leq x \leq 1$$

soll nach einer stückweise linearen Kennlinie quantisiert werden. Der normierte Bereich wird dazu durch fortlaufende Halbierung ($1, \frac{1}{2}, \frac{1}{4}, ..., \frac{1}{64}, 0$) in 7 Intervalle (gilt auch entsprechend für die negativen Werte von x) zerlegt. Jedes Intervall enthält 16 Stufen, für die Gleichverteilung angenommen wird. Der Aussteuerungsfaktor beträgt $\frac{1}{\sigma} = 3$.

a) Berechnen Sie die Auftrittswahrscheinlichkeiten der Amplituden in den einzelnen Intervallen!

b) Zum Vergleich berechnen Sie die Auftrittswahrscheinlichkeiten bei Verwendung einer linearen Quantisierungskennlinie!

c) Für beide Fälle ist die Entropie des abgetasteten Signals zu berechnen!

8 Kanalkodierung

8.1 Einführung

Kanalkodierung [channel coding] ist, allgemein gesagt, eine eineindeutige Zuordnung der Zeichen, die die Quelle ausgibt, zu Zeichen, die der Kanal überträgt. Diese Zuordnung soll möglichst effektiv und – unter Berücksichtigung der Störungen auf dem Kanal – möglichst zuverlässig sein. Für die Lösung dieses Problems hat es sich als zweckmäßig erwiesen, zwischen Quellenkodierung und Kanalkodierung zu unterscheiden.[1] Durch die Quellenkodierung soll eine möglichst redundanzarme Darstellung der Quellenzeichen in eine für die Übertragung oder Verarbeitung geeignete Form erfolgen. Die Kanalkodierung hat die Aufgabe, den zu übertragenden Zeichen Redundanz hinzuzufügen, um die durch Kanalstörungen verfälschten Zeichen erkennen und korrigieren zu können.

Im Folgenden werden zunächst das zweite Kodierungstheorem, Prinzipien der Fehlerkorrektur und allgemeine Kenngrößen von Kanalkodes behandelt. Anschließend werden Kanalkodes hinsichtlich ihrer Kodierung und Dekodierung sowie ihrer Leistungsfähigkeit und Anwendung betrachtet. Zur Erhöhung der Leistungsfähigkeit treten in vielen Anwendungen Kanalkodes in Kodeverkettung auf. Vorteile und Weiterentwicklungen auf dem Gebiet der Kodeverkettung sind ebenfalls Bestandteil der folgenden Ausführungen.

8.1.1 Zweites SHANNONsches Kodierungstheorem

Bei der Übertragung über einen gestörten Kanal wird die zu übertragende Information mit einer bestimmten Wahrscheinlichkeit verfälscht. Durch die störungsgeschützte Kodierung können die dabei entstandenen Fehler weitgehend aber nicht restlos beseitigt werden, so dass die Information nach Verlassen der

---

[1] Die Trennung setzt konstante Übertragungskanäle voraus. Untersuchungen zeigen, dass dies nicht bei zeitvarianten, schlechten Kanälen gilt. Ein Beispiel hierfür liefert die Sprachübertragung über Funknetze, die Sprach- und Kanalkodierung vereinigt.

Dekodierungseinrichtung noch mit einer gewissen Restfehlerwahrscheinlichkeit [residual error probability] behaftet ist.

SHANNON hat in seinem zweiten Kodierungstheorem[2] nachgewiesen, dass theoretisch immer ein Kanalkode existiert, mit dem die Restfehlerwahrscheinlichkeit bei der Informationsübertragung von der Quelle zur Senke infolge von Störungen auf dem Kanal beliebig klein gehalten werden kann, solange der Quellenkodeinformationsfluss I_{KQ} nicht größer als der Transinformationsfluss I_T eines gegebenen Übertragungskanals ist (s. a. Abschn. 8.1.3, S. 137).

Im Abschn. 6.2 wurde gezeigt, dass selbst bei sehr kleinem Signal-Störverhältnis noch Kanalkapazität und damit Transinformationsfluss möglich ist. SHANNON konnte bereits 1948 eine Grenze für das Signal-Störverhältnis, bekannt als SHANNON-Grenze, in Abhängigkeit von zugefügter Redundanz und erreichbarer Restfehlerwahrscheinlichkeit angeben. Eine Herausforderung ist es nach wie vor, mittels geeigneter Kodierungs- und Dekodierungsvorschriften bis zu dieser Grenze quasi fehlerfrei übertragen und speichern zu können.

Die Ergebnisse der SHANNONschen Arbeiten sind von großem theoretischen Wert. Sie enthalten jedoch weder eine Konstruktionsvorschrift für Kanalkodes noch einen Hinweis für die praktische Realisierung der Fehlerkorrektur. So sind nach der Veröffentlichung von SHANNONs Kodierungstheoremen eine Vielzahl von Arbeiten erschienen, die sich mit theoretischen Grundlagen (insbesondere Schranken spezieller Kodeparameter), algebraischen Kodekonstruktionen und Dekodierungsmethoden beschäftigten. Handelte es sich lange Zeit vorwiegend um die Anwendung von hard-decision Dekodierung, so werden seit den 90er Jahren soft-decision Dekodierungsverfahren favorisiert.

Ein Durchbruch in Richtung SHANNON-Grenze wurde 1993 mit der Vorstellung des sogenannten *Turbo Codes* erreicht. Das Besondere ist vor allem das zugrunde liegende „Turbo"-Dekodierungsprinzip, eine *iterative soft-decision Dekodierung*. Das Erreichen der SHANNON-Grenze scheint mit der Weiterentwicklung von Turbo- und turboähnlichen Kodes gelöst. Probleme stellen noch vorhandene Kodierungs- und/oder Dekodierungsverzögerungen bei notwendig großen Blocklängen dar.

8.1.2 Prinzipien der Fehlerkorrektur

Die Redundanz, die den zu übertragenden quellenkodierten Zeichen bei der störungsgeschützten Kodierung hinzugefügt wird, ist Voraussetzung für die Korrektur von Fehlern, die durch Störungen auf dem Kanal entstehen. Bild 8.1.1 zeigt verschiedene Prinzipien der Fehlerkorrektur, welche in der Realisierung unterschiedlich viel Redundanz fordern.

---

[2] Das erste SHANNONsche Kodierungstheorem ist im Abschn. 3.3 beschrieben.

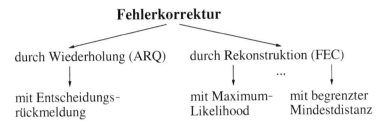

Bild 8.1.1 *Prinzipien der Fehlerkorrektur*

Fehlerkorrektur setzt zunächst immer eine **Fehlererkennung** voraus. Die den quellenkodierten Zeichen zugefügten redundanten Stellen (Kontrollstellen) ermöglichen es dem Kanaldekodierer überhaupt erst festzustellen, ob die empfangenen Folgen fehlerhaft sind oder nicht. Das Feststellen fehlerfreier Übertragung schließt jedoch das Vorhandensein von Fehlern nicht aus. Fehlermuster können auch so gestaltet sein, dass sie durch Überlagerung mit einem (Kanal-)Kodewort wieder auf ein definiertes Kodewort führen. Diese Fehler sind nicht erkennbar.

Bei der **Fehlerkorrektur durch Wiederholung** mit Entscheidungsrückmeldung wird das Ergebnis der Prüfung dem Sender übermittelt, der im Fehlerfall eine nochmalige Übertragung von Kodewörtern veranlasst:

- Wiederholung einer festen Anzahl von Kodewörtern   oder
- selektive Wiederholung einzelner, fehlerhafter Kodewörter.
  Der Vorteil liegt in der Einsparung an Übertragungszeit, bedingt aber eine Erhöhung des datenorganisatorischen Aufwandes (z. B. Wiederherstellung der Reihenfolge der übertragenen Kodewörter).

„Man wartet" beim ARQ[automatic repeat request]-Übertragungsverfahren bis Fehler entstehen und korrigiert sie dann mit wiederholter Übertragung. Dieses Verfahren hat besonders bei Kanälen mit geringem Störverhalten Vorteile. Die Redundanz dieses Verfahrens ergibt sich aus

- den zugefügten Kontrollstellen,
- den im Fehlerfall bei erster Herangehensweise nicht verfälschten Kodewörtern, die zusammen mit den fehlerhaften Wörtern wiederholt übertragen werden, sowie
- der Kanalkapazität des Rückkanals.

Die weiteren Betrachtungen beziehen sich nur auf den Teil der Redundanz, der durch die Kontrollstellen verursacht und als *(Kode-)Redundanz* bezeichnet wird.

Bei der **Fehlerkorrektur durch Rekonstruktion** dient die dem Quellenkodewort hinzugefügte Redundanz sowohl der Fehlererkennung als auch der Lokalisierung der Fehlerposition. Aus der Kenntnis der Fehlerposition heraus ist es dem Kanaldekodierer möglich, den Fehler durch Rekonstruktion zu beseitigen. Die Redundanz ist bei diesem Verfahren ausschließlich in den Kontrollstellen enthalten, die auf der Grundlage eines fehlerkorrigierenden Kodes aus den quellenkodierten Zeichen abgeleitet werden. Diese Koderedundanz ist, bezogen auf die gleiche Anzahl zu korrigierender Fehler, in jedem Fall größer als bei nur fehlererkennenden Kodes.

Der Einsatz erfolgt mit dem FEC[forward error correction]-Übertragungsverfahren. Man sagt, die Korrektur wird, unabhängig vom Störverhalten, durch Übertragung der Kontrollstellen „im Voraus" ausgeführt.[3]

Drei Ergebnisse der Rekonstruktion sind möglich:

- Korrekte Rekonstruktion
  Die ermittelte Fehlerposition führt zur Rekonstruktion der Empfangsfolge in das gesendete Kodewort.

- Falsche Rekonstruktion
  Die ermittelte Fehlerposition führt zur Rekonstruktion in ein anderes, aber definiertes Kodewort o d e r die Empfangsfolge ist ein Kodewort und damit als Fehler nicht erkenn- und korrigierbar.

- Versagen der Rekonstruktion
  Der Kanaldekodierer findet keine Lösung, d. h., der Fehler ist erkenn-, aber nicht korrigierbar.

Prinzipiell wird bei der Fehlerkorrektur durch Rekonstruktion vorausgesetzt, dass die Wahrscheinlichkeit für das Auftreten von Einfachfehlern größer ist als das Auftreten von Zweifachfehlern, usw. Damit wird eine fehlerhafte Folge immer dem am nächsten gelegenen Kodewort zugeordnet. Dafür existieren unterschiedliche Dekodierungsprinzipien. Im Bild 8.1.1 sind mit Maximum-Likelihood und begrenzte Mindestdistanz die zwei Prinzipien aufgezeigt, welche jeweils die Grenze maximal und minimal erreichbarer Rekonstruierbarkeit von Kanalkodes umsetzen. Zwischen beiden existiert beispielsweise mit der iterativen soft-decision Dekodierung ein Näherungsverfahren zur Erreichung von Maximum-Likelihood Verhalten.

Bei der Rekonstruktion mit **Maximum-Likelihood** (auch als Ähnlichkeitsdekodierung bezeichnet) wird eine empfangene, nicht in einem Kodealphabet definierte Folge in das Kodewort überführt, welches diesem am nächsten liegt, d. h. am ähnlichsten ist. Weisen mehrere Kodewörter gleiche Abstände auf, wird entweder zufällig entschieden oder ein sogenannter Anführer [coset lea-

---

[3] Bei zeitvarianten Kanälen können schlechte Kanalabschnitte die Korrekturfähigkeit eines gewählten Kodes übersteigen. Eine Möglichkeit wäre eine adaptive Anwendung von ARQ und FEC, kurz als adaptives Übertragungsverfahren bezeichnet: selbsttätiges Anpassen der Korrekturfähigkeit an momentanen Störungen, in dem man ARQ- und FEC-Verfahren kombiniert (in [MAN 74] und [CAC 79] erstmals vorgeschlagen).

der] aus der Gruppe dieser Kodewörter gesetzt. Ein im Ergebnis vergleichbares Verfahren ist die Minimum-Distance Dekodierung. Dieses Dekodierungsprinzip überführt die Empfangsfolge in das Kodewort mit kleinstem Abstand. Rekonstruktionsversagen tritt bei diesen Prinzipien nicht auf. Die Rekonstruktion erfolgt mit minimaler Restfehlerwahrscheinlichkeit, allerdings ist bei Blockkodes großer Länge der Berechnungsaufwand sehr hoch. Mit der iterativen soft-decision Dekodierung sind jetzt sehr gute Näherungsverfahren vorhanden. Für blockfreie Kodes existieren dagegen sehr effiziente Realisierungen.

Bei der Rekonstruktion mit **begrenzter Mindestdistanz** [bounded minimum distance] findet eine Korrektur nur statt, wenn sich die Empfangsfolge innerhalb einer sogenannten Korrekturkugel befindet. Alle Rekonstruktionsergebnisse sind möglich.

Für die **Auswahl eines Fehlerkorrekturverfahrens** gelten folgende Kriterien (s. a. Abschn. 9.1):

1. Es ist zu gewährleisten, dass eine vorgegebene **Restfehlerwahrscheinlichkeit** für das Gesamtsystem unter den Bedingungen des verwendeten Kanals nicht überschritten wird. Diese Forderung kann bei sehr kleinen Restfehlerwahrscheinlichkeiten und Fehlerkorrektur durch Rekonstruktion zu Grenzen in der Anwendung führen. Die Fehlerkorrektur durch Wiederholung ermöglicht eine beliebige Reduzierung der Restfehlerwahrscheinlichkeit, belastet dafür aber übermäßig die Übertragungskanäle.

2. Ein weiteres wichtiges Kriterium ist die **Zeit**, die für eine Fehlerkorrektur erforderlich ist. Bei der Rekonstruktion fehlerhafter Empfangsfolgen ist diese zu vernachlässigen. Bei der Wiederholung einer fehlerhaften Folge setzt sich der Zeitbedarf aus der Zeit für die Übertragung der Rückmeldung und der wiederholten Übertragung von Kodewörtern zusammen und kann so groß sein, dass ein solches System nicht eingesetzt werden kann (z. B. bei der Satellitenübertragung oder bei hohen Echtzeitanforderungen).

3. Ein drittes Kriterium ist der **Aufwand**, der für die Realisierung eines Fehlerkorrekturverfahrens benötigt wird. Einem hohen Aufwand für die Dekodierschaltung eines fehlerkorrigierenden Kodes bei Rekonstruktion steht die Bereitstellung eines Rückkanals bei Wiederholung gegenüber.

8.1.3 Allgemeine Kenngrößen von Kanalkodes

In diesem Abschnitt werden Begriffe eingeführt und erläutert, die für die Charakterisierung von Kanalkodes notwendig sind. Sie beziehen sich in den meisten Fällen auf (binäre) Blockkodes, lassen sich aber sinngemäß auch auf blockfreie Kodes anwenden.

Betrachten wir noch einmal das Modell eines Übertragungssystems (Bild 8.1.2).

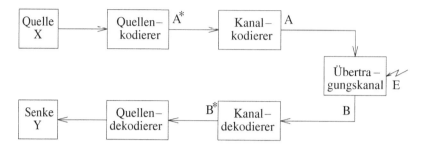

Bild 8.1.2 *Modell des diskreten Übertragungssystems mit Alphabetangabe*

Der Quellenkodierer transformiert die Zeichen, die die Quelle erzeugt, in Zeichen des Alphabets A^*. Letztere sind l-stellige Quellenkodewörter aus Elementen des Kanalalphabets U:

$$A^* = \{a_1^*, a_2^*, ..., a_L^*\} \tag{8.1}$$

mit

$$a_i^* = (u_{i1}\, u_{i2} ... u_{il}) \quad (i = 1, 2, ..., L(= |U|^l))$$

und

$$u_{ij} \in U.$$

Im Falle des Binärkanals besteht das Alphabet $A^* = U^l = \{0, 1\}^l$ aus $L = 2^l$ l-stelligen Binärfolgen (s. dazu Abschn. 3, Kodierung diskreter Quellen).

Der Kanalkodierer fügt den l-stelligen Quellenkodewörtern durch Transformation in n-stellige Kanalkodewörter jeweils $k = n - l$ redundante Stellen hinzu. Die Elemente der Kanalkodewörter sind ebenfalls Elemente in U:

$$A = \{a_1, a_2, ..., a_L\} \tag{8.2}$$

mit

$$a_i = (u_{i1}\, u_{i2} ... u_{in}) \quad (i = 1, 2, ..., L)$$

und

$$u_{ij} \in U.$$

Die Anzahl der Kanalkodewörter am Ausgang des Kanalkodierers ist gleich der Anzahl der Quellenkodewörter an dessen Eingang. Bei einem Binärkanal sind dies also $L = 2^l$ n-stellige Binärfolgen, d. h. $A \subset \{0, 1\}^n$.

Die Kanalkodewörter des Alphabets A werden bei der Übertragung über den Kanal durch Störungen, repräsentiert durch n-stellige Wörter (Fehlermuster [error pattern]) aus dem Alphabet E, in Wörter des Alphabets B verändert. Das Alphabet E enthält $|U|^n$ verschiedene Fehlermuster (unter der Voraussetzung des Binärkanals 2^n Fehlermuster), die, mit Ausnahme des Nullwortes, das keine Veränderungen im übertragenden Kanalkodewort verursacht, zu einer Verfälschung des gesendeten Kanalkodeworts führen:

$$E = \{e_1, e_2, ..., e_N\} \tag{8.3}$$

mit

$$e_i = (u_{i1}\, u_{i2} \dots u_{in}) \quad (i = 1, 2, ..., N(= |U|^n))$$

und

$$u_{ij} \in U.$$

Das mit einem Fehlermuster überlagerte Kanalkodewort ist Element des Alphabets B:

$$B = \{b_1, b_2, ..., b_N\} \tag{8.4}$$

mit

$$b_i = (u_{i1}\, u_{i2} \dots u_{in}) \quad (i = 1, 2, ..., N)$$

und

$$u_{ij} \in U.$$

Die Menge der Elemente des Alphabets B beträgt beim Binärkanal $N = 2^l\, 2^k = 2^n$, da auch die k redundanten Stellen in der Empfangsfolge gestört sein können. Der Kanaldekodierer prüft, ob die Empfangsfolge ein Kanalkodewort aus dem Alphabet A ist. Ist dies der Fall, bildet er daraus ein Wort des Alphabets B^*. Im Fehlerfall wird zunächst eine Fehlerkorrektur ausgeführt. Die Alphabete A^* und B^* stimmen überein. Mögliche Falschkorrekturen verändern allerdings das Auftrittsverhalten ($p(b_i^*)$) im Vergleich zu ($p(a_i^*)$) = ($p(x_i)$) ($i = 1, 2, ..., L$).

Beispiel 8.1.1

Ein Quellenkodierer hat das Alphabet A^* mit den Quellenkodewörtern

$a_1^* = (0\,0)$, $a_2^* = (0\,1)$, $a_3^* = (1\,0)$, $a_4^* = (1\,1)$.

Der Kanalkodierer transformiert die Quellenkodewörter der Länge[4] $l = 2$ in Kanalkodewörter der Länge $n = 3$:

$a_1 = (0\,1\,0)$, $a_2 = (1\,0\,1)$, $a_3 = (1\,0\,0)$, $a_4 = (0\,1\,1)$.

---

[4] In den bisherigen Betrachtungen wurden die Kodekenngrößen (-parameter) n, l und k mit der Einheit KZ/QZ angegeben. Im Folgenden wird auf diese Angabe verzichtet. Sie ist notwendig, wenn Kodekenngrößen mit Kanalkenngrößen in Beziehung gesetzt werden.

Damit ist das Alphabet A durch folgende Elemente bestimmt:
$$A = \{(0\,1\,0), (1\,0\,1), (1\,0\,0), (0\,1\,1)\}.$$

Empfängt der Kanaldekodierer die Binärfolge $b = (1\,0\,1)$ aus dem Alphabet B, so erkennt er, dass diese ein Element des Kodealphabets A ist und transformiert sie in das Element $b^* = (0\,1)$ des Alphabets B^*. Empfängt er dagegen die Binärfolge $b = (0\,0\,1)$, so erkennt er, dass dies kein Kanalkodewort aus A ist und leitet gegebenenfalls eine Korrekturmaßnahme ein. □

Bei der Überlagerung eines Kanalkodeworts mit einem Fehlerwort (ungleich dem Nullwort) aus dem Alphabet E kann es geschehen, dass dabei wieder ein Kanalkodewort aus dem Alphabet A entsteht, das aber nicht mit dem gesendeten identisch ist.

Beispiel 8.1.2
Wir betrachten das gleiche Kodealphabet A wie im Beispiel 8.1.1. Wurde $a_1 = (0\,1\,0)$ gesendet und in die Binärfolge $b = (0\,1\,1)$ verfälscht, dann ist diese Binärfolge aus B auch Kanalkodewort aus A.
Solche Fehler erkennt der Kanaldekodierer nicht. □

Das Ziel der Kanalkodierung besteht darin, möglichst viele verfälschte Kanalkodewörter als fehlerhaft zu erkennen. Es muss also angestrebt werden, dass sich die Kanalkodewörter ausreichend voneinander unterscheiden, so dass Verfälschungen in der Mehrzahl zu Binärfolgen des Alphabets B führen, die nicht Elemente des Alphabets A sind. Eine wichtige Kenngröße eines Kanalkodes ist deshalb der Abstand zweier Kanalkodewörter.

Definition 8.1.1 *Die Anzahl der Stellen, in denen sich zwei Kodewörter $a_i = (u_{i1}\,u_{i2}\,...\,u_{in})$ und $a_j = (u_{j1}\,u_{j2}\,...\,u_{jn})$ unterscheiden, bezeichnet man als HAMMING-Distanz d_{ij} (auch HAMMING-Abstand) zwischen a_i und a_j:*
$$d_{ij} = d(a_i, a_j) = |\{g \in \mathbb{Z}_n \,|\, u_{ig} \neq u_{jg}\}| \;\; \text{mit } g \in \mathbb{Z}_n = \{1, 2, ..., n\}.$$

Für einen Binärkode lässt sich die HAMMING-Distanz durch die Summe der bitweisen Modulo-2-Addition der Kanalkodewörter a_i und a_j beschreiben:

$$d(a_i, a_j) = \sum_{g=1}^{n} (u_{ig} \oplus u_{jg}). \tag{8.5}$$

Beispiel 8.1.3
Der HAMMING-Abstand der Kanalkodewörter $a_1 = (0\,1\,0)$ und $a_3 = (1\,0\,0)$ aus Beispiel 8.1.1 ist $d(a_1, a_3) = 2$. □

In den meisten Fällen sind die Abstände zwischen den einzelnen Kanalkodewörtern unterschiedlich. Bezüglich der Erkennbarkeit bzw. Korrigierbarkeit von Fehlern interessiert insbesondere die **minimale HAMMING-Distanz** d_{min} [minimum distance] (auch Mindestdistanz, Minimalabstand) eines Kanalkodes.

Eine anschauliche geometrische Deutung ist im Bild 8.1.3 gegeben. Die Punkte zwischen den Kanalkodewörtern a_i und a_j entsprechen der Anzahl der Stellen, um die sich diese Kanalkodewörter unterscheiden.

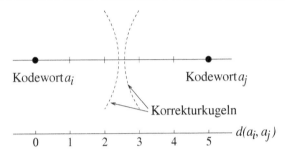

Bild 8.1.3 *Geometrische Deutung der HAMMING-Distanz*

Hat ein Fehlerwort kleiner als d_{min} (im Bild 8.1.3 sei $d_{min} = d(a_i, a_j) = 5$) von Null verschiedene Stellen, ist eine Verfälschung mit Sicherheit erkennbar. Ein Fehler ist mit Sicherheit korrekt rekonstruierbar, wenn das Ergebnis der Überlagerung in der Korrekturkugel des gesendeten Kodeworts bleibt. Enthält das Fehlerwort d_{min} oder mehr Fehlerstellen, dann kann bei der Überlagerung von beispielsweise a_i durch e eine Binärfolge b entstehen, die gerade einem Kanalkodewort entspricht, z. B. $b = a_j \in A$. Solche Verfälschungen sind nicht erkennbar und damit auch nicht korrigierbar.

Ein Kode, der mit Sicherheit alle Verfälschungen $\leq f_e$ erkennen kann, muss also eine minimale HAMMING-Distanz von

$$d_{min} = f_e + 1 \tag{8.6}$$

besitzen. Mit f_e wird im Folgenden der Grad der Fehlererkennung bezeichnet.

Die Rekonstruktion wird korrekt ausgeführt, wenn die Anzahl f_k der verfälschten Stellen in der empfangenen Binärfolge kleiner als $\frac{d_{min}}{2}$ ist, d. h., wenn

$$d_{min} = 2 f_k + 1 \tag{8.7}$$

ist. f_k beschreibt in diesem Fall den Grad der Fehlerkorrektur. Der Term $2 f_k$ steht für Fehlererkennung und Fehlerkorrektur, denn Fehlerkorrektur setzt immer auch Erkennung voraus:

$$d_{min} = f_e + f_k + 1 \, . \tag{8.8}$$

Sind in einem Kanalkodewort mehr als f_k Stellen verfälscht, dann entfernt sich beispielsweise die Binärfolge b aus der Korrekturkugel des Kanalkodeworts a_i in die Korrekturkugel von a_j und wird mit Sicherheit falsch korrigiert. D. h., solange

$$d(a_i, b = a_i \oplus e) < d(a_j, b = a_i \oplus e),$$

wird b auf a_i abgebildet, sonst auf a_j. Dieser Zusammenhang lässt sich auch mit dem **HAMMING-Gewicht** w eines Kanalkodeworts herstellen. Bei einem Binärkode ergibt sich das Gewicht aus der Anzahl der mit „1" belegten Stellen im Kanalkodewort:

$$w(a_i) = \sum_{j=1}^{n} u_{ij}, \tag{8.9}$$

d. h., solange

$$d(a_i, b) = w(a_i \oplus b) = w(e) \le f_k,$$

erfolgt die Korrektur in das Kanalkodewort a_i.

Ist die HAMMING-Distanz d_{min} *geradzahlig*, gibt es immer Binärfolgen außerhalb der Korrekturkugeln. In diesen Fällen erfolgt keine Zuordnung zu einem Kodewort. Man spricht von Rekonstruktionsversagen. Betreffende Binärfolgen ($w(e) = \frac{d_{min}}{2}$) werden lediglich erkannt. Für eine korrekte Rekonstruktion lässt sich damit nur eine begrenzte Mindestdistanz von $d = 2f_k + 1 < d_{min}$ nutzen. Für beliebiges d_{min} (gerade, ungerade) gilt aus Sicht der Rekonstruktion demnach:

$$f_e = \left\lfloor \frac{d_{min}}{2} \right\rfloor \quad \text{und} \quad f_k = \left\lfloor \frac{d_{min} - 1}{2} \right\rfloor. \tag{8.10}$$

Beispiel 8.1.4

Bei *Fehlerkorrektur durch Rekonstruktion* sichert $d_{min} = 16$ die Erkennung von $f_e = 8$ und die Korrektur von $f_k = 7$ Fehlerstellen, für $d_{min} = 13$ ist $f_e = f_k = 6$. □

Offensichtlich hängt die minimale HAMMING-Distanz d_{min} eines Kanalkodes von der Anzahl k der redundanten Stellen ab. Bei $k = 0$, wenn die Kanalkodewörter überhaupt keine redundanten Stellen enthalten und damit $A = A^*$ ist, ist $d_{min} = 1$. Maximal kann der Minimalabstand den Wert der Kodewortlänge n annehmen, d. h. $k = n - 1$. Kodes mit dieser Eigenschaft heißen Wiederholungskodes (s. a. Abschn. 8.2).

Für den Fall der Fehlerkorrektur durch Rekonstruktion lässt sich für einen vorgegebenen Wert von d_{min} und bei Kenntnis der Länge n der Kanalkodewörter die Mindestzahl k der redundanten Stellen bei einem Binärkode errechnen. Im Alphabet $B = \{0,1\}^n$ kann es infolge von Übertragungsstörungen 2^n Binärfolgen, davon $\binom{n}{1}$ Binärfolgen vom Gewicht 1, $\binom{n}{2}$ Binärfolgen vom Gewicht 2, usw., geben, wobei

$$\binom{n}{i} = \frac{n!}{i!(n-i)!} = \frac{n(n-1)\dots(n-i+1)}{i(i-1)\dots1}$$

gilt. Dabei sind nur 2^l Binärfolgen mit einem Gewicht $\geq d_{min}$ Kanalkodewörter. Um entsprechend d_{min} alle Fehlerstellen $\leq f_k$ erkennen und korrigieren zu können, müssen in den 2^l Korrekturkugeln alle Binärfolgen mit einem Abstand $\leq f_k$ zum jeweiligen Kanalkodewort enthalten sein:

$$2^n \geq 2^l \underbrace{\left(1 + \binom{n}{1} + \binom{n}{2} + \dots + \binom{n}{f_k}\right)}_{\text{in Korrekturkugel enthaltene Binärfolgen}} . \tag{8.11}$$

Mit $n = l + k$ ist k berechenbar.

Beispiel 8.1.5

Für einen Kanalkode mit $n = 7$ und $d_{min} = 3$ sind Quellenkodelänge l und Anzahl redundanter Stellen k zu berechnen.

Lösung:

Mit $f_k = 1$ und Anwendung von Gl. (8.11) ist

$$2^7 \geq 2^l \left(1 + \binom{7}{1}\right) = 2^{l+3}$$

$$l \leq 4 .$$

Für $\underline{l = 4}$ gilt: $k = n - l = 3$, $L = 2^l = 16$ mögliche Quellenkodewörter. $\quad\square$

Bei Kenntnis von l und d_{min} lässt sich die Berechnung von k durch Umstellung von Gl. (8.11) vereinfachen:

$$2^n = 2^l\, 2^k \geq 2^l \left(1 + \binom{n}{1} + \binom{n}{2} + \dots + \binom{n}{f_k}\right)$$

$$2^k \geq \sum_{i=0}^{f_k} \binom{n}{i}$$

$$k \geq \operatorname{ld} \sum_{i=0}^{f_k} \binom{n}{i} . \tag{8.12}$$

Gl. (8.12) ist eine notwendige Bedingung für die minimale Anzahl redundanter Stellen k (*untere Schranke*) und damit zur Gewährleistung der richtigen Korrektur von $\leq f_k$ Fehlern. Sie wird (wie auch Gl. (8.11)) als **HAMMING-Schranke** bezeichnet und stellt für die Berechnung der Anzahl Quellenkodewörter L eine *obere Schranke* dar (s. Beispiel 8.1.5). Das Gleichheitszeichen gilt nur für bestimmte Tripel von d_{min}, k und l. Entsprechende Kodes heißen **dichtgepackt** oder **perfekt**. Sie sind dadurch gekennzeichnet, dass sich keine Binärfolgen zwischen den Korrekturkugeln (s. Bild 8.1.3) befinden. Jede Binärfolge b lässt sich genau einem Kanalkodewort a zuordnen: $d(a,b) \leq \frac{d_{min}-1}{2} = f_k$, was eine ungerade minimale HAMMING-Distanz voraussetzt. Für nicht dichtgepackte Kodes ist die linke Seite der Ungleichung (8.12) größer als die rechte, d. h., die Redundanz des Kanalkodes wird nicht voll ausgenutzt.

Beispiel 8.1.6

Ein Kanalkodierer soll 20stellige Quellenkodewörter in einen Kanalkode mit $d_{min} = 3$ transformieren. Wie groß muss k sein?

Lösung:

Mit Gl. (8.12) ist

$$k \geq \text{ld} \sum_{i=0}^{1} \binom{n}{i} = \text{ld}\,(1+n) = \text{ld}\,(1+20+k) \text{ und somit } k = 5\,.$$

Die Kanalkodewörter haben damit eine Kodewortlänge von $n = l + k = 25$. Der Kode ist nicht perfekt. $\qquad\square$

Neben der HAMMING-Schranke (1950) gibt es weitere Schranken zur Abschätzung von Kodekenngrößen. Die SINGLETON-Schranke (1964) stellt ebenfalls eine untere Schranke für die Anzahl redundanter Stellen und eine obere Schranke für die Anzahl der Quellenkodewörter dar. REED-SOLOMON-(RS-)Kodes erfüllen diese Schranke mit Gleichheit (s. Abschn. 8.5.4).

Die Anzahl k der redundanten Stellen in einem Kanalkodewort der Länge n führt zu einer weiteren charakteristischen Größe, die wir als **relative Redundanz** r_k bezeichnen:

$$r_k = \frac{n-l}{n} = \frac{k}{n}\,. \tag{8.13}$$

Die Effektivität eines Kanalkodes ist um so größer, je kleiner seine relative Redundanz – bei vorgegebener HAMMING-Distanz d_{min} – ist.

Die **Koderate** [code rate] R (auch Informationsrate) beschreibt dagegen das Verhältnis der Informationsstellen l zur Gesamtkodewortlänge n mit

$$R = \frac{l}{n}\,. \tag{8.14}$$

Sie stellt eine wichtige Kenngröße zur Bewertung von Kanalkodes dar und beeinflusst direkt die Umsetzung des zweiten SHANNONschen Kodierungstheorems. Entsprechend diesem Theorem kann die Restfehlerwahrscheinlichkeit beliebig klein gehalten werden, solange der Quellenkodeinformationsfluss I_{KQ} nicht größer als der durch einen gegebenen Übertragungskanal mögliche Transinformationsfluss I_T ist:

$$I_{KQ} \leq I_T \leq C$$
$$f_Q \, l \, H_K \leq f_Q \, (l+k) \, H_{T_{max}}$$
$$\frac{l}{n} \leq \frac{H_{T_{max}}}{H_K} \, . \tag{8.15}$$

Für Binärkanäle ist $H_K = 1 \, bit/KZ$.

Damit kann das SHANNONsche Theorem auch folgendermaßen ausgedrückt werden: *Die Restfehlerwahrscheinlichkeit kann beliebig klein gehalten werden, solange die Koderate den Wert der maximalen Transinformation nicht überschreitet.*

Bei Betrachtung klassischer Kanalkodes wird jedoch deutlich, dass kleine Restfehlerwahrscheinlichkeiten auf eine Koderate mit $R \ll H_{T_{max}}$ führen. Die Restfehlerwahrscheinlichkeit wird also zulasten hoher Redundanz erzielt. Aufgabe der Kodierungstheorie ist es, Prinzipien zu entwickeln und Verfahren zur Verfügung zu stellen, um nahezu fehlerfrei ($p_R \to 0$) mit einer Koderate nahe der Transinformation zu übertragen. Mit der *iterativen soft-decision Dekodierung* scheint diese Aufgabe realisierbar (s. Abschn. 8.7.2).

Im Folgenden notieren wir einen Kanalkode als (n, l)Kode. Sind für eine Kodeklasse Kanalkodes unterschiedlicher Leistungsfähigkeit möglich, ist die Angabe als (n, l, d_{min})Kode sinnvoll.

8.1.4 Aufgaben

Abschn. 8.1.3: Allgemeine Kenngrößen von Kanalkodes

1. Durch einen Kanalkode mit Kodewörtern der Länge $n = 15$ sollen alle Fehlermuster e_i mit einem Gewicht $w(e_i) \leq 3$ korrigierbar sein. Wieviel Kontrollstellen muss der Kanalkode enthalten?

2. Wie groß sind relative Redundanz und Koderate eines Kanalkodes mit $n = 63$ und $d_{min} = 3$?

3. Es ist ein Quellenkode der Länge $l = 10 \, KZ/QZ$ in einen Kanalkode zu transformieren. Die Übertragung erfolgt über einen symmetrisch gestörten Binärkanal mit $p_s = 0,05$.
   Bestimmen Sie die Kenngrößen des Kanalkodes! Welche Fehlererkennungs- und Fehlerkorrektureigenschaften besitzt der Kanalkode?

8.2   Kurzbeschreibung von Kanalkodes

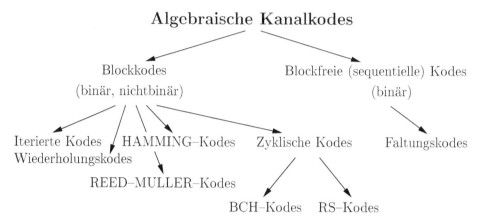

Bild 8.2.1 *Klassifizierung von Kanalkodes*

Algebraische Kanalkodes besitzen Eigenschaften einer algebraischen Struktur (s. a. Abschn. Algebraische Strukturen und Vektorräume). Diese Eigenschaften ermöglichen, wie im Folgenden gezeigt wird, ein „verkürztes" Abspeichern des Kanalkodealphabets. Die verkürzte Beschreibung (z. B. Generatormatrix, Generatorpolynom) und die Anwendung der Verknüpfungsoperation(en) der jeweiligen algebraischen Struktur vereinfachen die Kodierung eines Quellenkodeworts in das Kanalkodewort und die Dekodierung der Empfangsfolge. Im Folgenden werden diese Kanalkodes, aufgrund ihres Entstehens in den 50er, 60er Jahren häufig als klassische Kanalkodes bezeichnet, mit Verweis auf weiterführende Abschnitte kurz vorgestellt.

Zur Verbesserung der Rekonstruktionseigenschaften fanden und finden auch weiterhin die klassischen Kanalkodes stärker in der **Kodeverkettung** Anwendung. Bis in die 90er Jahren wurden verkettete REED-SOLOMON-(RS-) und Faltungskodes als perfekt passend betrachtet (s. Abschn 8.7.1). Mit der Verkettung von Faltungskodes und der Anwendung iterativer soft-decision Dekodierung Anfang der 90er Jahre begann der Durchbruch Richtung SHANNON-Grenze (s. Abschn 8.7.2). Es wurde zum einen mit Verkettungen und zum anderen auch nur mit (Kontroll-)Matrizen experimentiert. Jetzt geht es darum, die damit entstandenen Kodierungs- und Dekodierungsvorschriften praktikabler zu machen. Das Anwendungsfeld dafür ist groß (Satelliten-, Mobilkommunikation, Speichersysteme, Zuverlässigkeit von Daten, ...).

Als Gegensatz seien die **Zuordnungskodes** erwähnt. Bei diesen Kodes erfolgt die Zuordnung eines Zeichens zu einem Kodewort durch eine Zuordnungstabelle, für die keine Systematik erforderlich ist. Der Nachteil liegt in der ständigen

Präsenz des Kodealphabets. Eine Empfangsfolge muss immer mit allen Kodewörtern verglichen werden, um zum einen eine fehlerhafte Folge erkennen und
zum anderen in das Kodewort mit kleinstem Abstand korrigieren zu können.
Man stelle sich den Aufwand bei sehr großer Anzahl Kanalkodewörter vor.

8.2.1 Blockkodes

Wenn die Kanalkodewörter des Alphabets A eine feste Länge haben, bezeichnet
man den Kode als Blockkode (s. Abschn. 8.3).

8.2.1.1 Wiederholungskodes [repetition codes]

Der $(n, 1, n)$Wiederholungskode besitzt $L = 2^l = 2$ Kanalkodewörter der Länge
n, das Nullwort und das Einswort. Der Minimalabstand $d_{min} = n$ ermöglicht
die Rekonstruktion von bis zu $f_k = \left\lfloor \frac{n-1}{2} \right\rfloor$ Einzelfehlern.

Mit ausreichender Länge n wäre damit auch eine quasi fehlerfreie Übertragung bei nur geringer Restfehlerwahrscheinlichkeit möglich, allerdings bei einer Koderate von $R = \frac{1}{n} \to 0$. Das Kodierungsproblem wäre gelöst, jedoch auf
Kosten hoher Kodierungs- und Dekodierungsverzögerungen.

8.2.1.2 Iterierte Kodes

Zu den einfachen iterierten Kanalkodes gehören die binären **Paritätskodes**
[parity check codes], die z. B. für die interne Datenübertragung in Rechnern
verwendet werden. Jedes l-stellige Quellenkodewort $a_i^* = (u_{i1}\, u_{i2} \dots u_{il})$ wird
durch ein Paritätselement [parity element] $u_{i,l+1}$ auf geradzahliges Gewicht
[even parity check] ergänzt:

$$u_{i,l+1} = \sum_{j=1}^{l} u_{ij} \bmod 2.$$

Das Kanalkodewort lautet $a_i = (u_{i1}\, u_{i2} \dots u_{il}\, u_{i,l+1})$, die minimale HAMMING-
Distanz beträgt $d_{min} = 2$, d. h., es liegt ein $(n, n-1, 2)$Paritätskode vor.

Zur Fehlererkennung wird ein Syndromwert über $b = (u_1\, u_2 \dots u_l\, u_{l+1})$ mit

$$s_0 = \sum_{j=1}^{n=l+1} u_j \bmod 2$$

berechnet. Ist das Ergebnis der Prüfung $s_0 = 0$, liegt keine oder eine nicht erkennbare Verfälschung vor (alle Fehlermuster geradzahligen Gewichts bleiben
unerkannt), $b^* = (u_1\, u_2 \dots u_l)$. Bei $s_0 = 1$ werden nicht nur mit Sicherheit alle
Einfachfehler ($f_e = 1$), sondern alle ungeradzahligen Fehler erkannt.

Eine Verbesserung der minimalen HAMMING-Distanz erreicht man bereits, wenn spaltenweise jeweils m l-stellige Quellenkodewörter aus A^* zu einem Block zusammengefasst werden. In einem zweidimensionalen Schema erhält jede Zeile und jede Spalte durch die Kanalkodierung ein Paritätselement (*Kreuzsicherungsverfahren*; einfachstes Beispiel einer seriellen Kodeverkettung, auch Produktkode genannt, s. Abschn. 8.7.1), s. Bild 8.2.2.

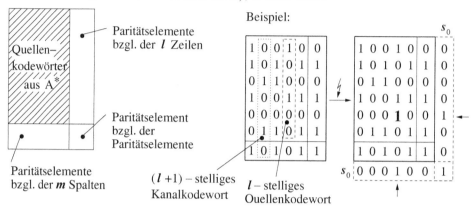

Bild 8.2.2 *Zweidimensionaler iterierter Kanalkode*

Die minimale HAMMING-Distanz erhöht sich auf $d_{min} = 4$. Die einen Einfachfehler anzeigenden Syndromwerte $s_0 = 1$ in Zeile und Spalte kreuzen sich im gestörten Element, welches durch Negation korrigiert wird. Dreifachfehler werden mit Sicherheit erkannt. Die Koderate beträgt $R = \dfrac{m\,l}{(m+1)(l+1)}$.

8.2.1.3 HAMMING-Kodes

HAMMING-Kodes dienen der Einfachfehlerkorrektur. Ein verkürzter HAMMING-Kode beeinflusst die Leistungsfähigkeit nicht. Er reduziert durch die nicht notwendigen Informationsstellen die Gesamtkodewortlänge und verbessert damit das Übertragungsverhalten, allerdings nicht die Koderate. Ein erweiterter HAMMING-Kode erkennt darüber hinaus alle geradzahligen Fehler, bei vernachlässigbarem Koderatenverlust (s. Abschn. 8.4).

8.2.1.4 REED-MULLER-(RM-)Kodes

Der duale Kode[5] eines erweiterten HAMMING-Kodes ist ein RM-Kode erster Ordnung. RM-Kodes sind jedoch nicht auf diese Ordnung beschränkt. Im

---

[5] Die Generatormatrix eines Kodes kann als Kontrollmatrix eines anderen Kodes betrachtet werden und umgekehrt (zu Generator- und Kontrollmatrix s. Abschn. 8.3.4).

Gegensatz zu HAMMING-Kodes sind hier Mehrfachfehler korrigierbar. Für kleine Kodeparameter von RM-Kodes lassen sich vergleichbare BCH-Kodes erzeugen. Sie verfügen bei unterschiedlichen Dekodierungsmethoden über gleiche Korrektureigenschaften. Die Wahl der Kodeparameter ist allerdings bei RM-Kodes stark eingeschränkt.

8.2.1.5 Zyklische Kodes

Die für praktische Anwendungsfälle wichtigen Kanalkodes sind die zyklischen Kodes [cyclic codes]. Neben der Erkennung und Korrektur von Einzelfehlern haben diese Kodes vor allem Vorteile bei der Erkennung (BCH-Kodes) und Korrektur (RS-Kodes) von Bündelfehlern [burst error] (s. Abschn. 8.5). Das Anwendungsfeld liegt vor allem in der Kodeverkettung (s. Abschn. 8.7).

8.2.2 Blockfreie Kodes

Bei den blockfreien Kodes, die als Faltungskodes [convolutional codes] bezeichnet werden, wird die Redundanz kontinuierlich durch Faltung der Information, die der Quellenkodierer ausgibt, eingefügt. Für diese Kodes existiert ein sehr effizienter Algorithmus zur Realisierung von Maximum-Likelihood, sowohl für hard-decision als auch für soft-decision Dekodierung. *Turbo Codes*, parallel verkettete Faltungskodes, wenden die soft-decision Dekodierung iterativ an.
Faltungskodes haben Vorteile bei der Korrektur von zufällig verteilten Einzelfehlern (s. Abschn. 8.6). Ihr großes Anwendungsfeld liegt wie gesagt in der Kodeverkettung (s. Abschn. 8.7).

8.2.3 Aufgaben

Abschn. 8.2.1.2: Iterierte Kodes

1. Berechnen Sie die Paritätselemente eines Paritätskodes für die 5stelligen Quellenkodewörter aus A^*:
   $a_1^* = (1\,0\,1\,1\,0)$ $a_2^* = (0\,0\,1\,1\,0)$ $a_3^* = (0\,1\,0\,1\,1)$!
   Wie groß ist die relative Redundanz des Kanalkodes?

2. Auf einem Magnetband wird die gespeicherte Information durch einen zweidimensionalen iterierten Kanalkode gegen Störungen geschützt. Dazu sind jeweils $m = 4$ Quellenkodewörter aus A^* zu einem Block zusammengefasst. Die 5stelligen Quellenkodewörter seien
   $a_1^* = (1\,0\,1\,0\,1)$ $a_2^* = (0\,1\,1\,0\,0)$ $a_3^* = (0\,1\,1\,1\,1)$ $a_4^* = (1\,0\,0\,0\,0)$.
   a) Berechnen Sie die Paritätselemente!
   b) Wie groß ist die relative Redundanz des Kanalkodes?
   c) Zeigen Sie, dass die Empfangsfolge $b_3 = (0\,1\,1\,0\,1\,0)$ fehlerhaft ist und korrigieren Sie!

8.3   Lineare Blockkodes

8.3.1   Begriffsbestimmung

Definition 8.3.1 *Ein Kode heißt* **linearer Blockkode***, oder kurz Linear-kode, wenn der Kanalkodierer für die Transformation von Quellenkodewör-tern der Länge l aus dem Alphabet A* (Quellenkode) in Kanalkodewörter der Länge n des Alphabets A (Kanalkode) nur Operationen verwendet, die in der algebraischen Struktur einer Gruppe definiert sind.*

Die lineare Verknüpfung von Kanalkodewörtern führt dann wieder zu einem Kanalkodewort. Das Nullwort ist immer auch Kanalkodewort.

Ein Linearkode der Länge $n = l + k$ mit $L = 2^l$ Kanalkodewörtern und einer minimalen HAMMING-Distanz d_{min} ist ein (n, l, d_{min})Kanalkode $A \subset \{0, 1\}^n$.

Bei der Fehlerkorrektur durch Wiederholung sind mit Sicherheit $f_e = d_{min} - 1$ Fehlerstellen erkennbar und durch Rekonstruktion $f_k = \lfloor \frac{d_{min}-1}{2} \rfloor$ Fehlerstellen korrigierbar. Bei mehr als f_k erkannten Fehlern findet entweder eine Falsch-korrektur statt oder es kommt zu Rekonstruktionsversagen.

8.3.2   Darstellung von Linearkodes als Gruppen

Betrachten wir die Kanalkodewörter aus A als **Elemente einer Gruppe** und nehmen wir für die Verknüpfungsoperation die mit $\oplus$ bezeichnete stellenwei-se Modulo-2-Addition, so gelten für diese die bekannten Gruppenaxiome (s. Abschn. Algebraische Strukturen und Vektorräume). Zusätzlich erfüllen die Kanalkodewörter das Kommutativgesetz

$$a_i \oplus a_j = a_j \oplus a_i \text{ mit } a_i, a_j \in A$$

und bilden damit eine **abelsche Gruppe**.

Beispiel 8.3.1

Das Kodealphabet A bestehe aus den Kanalkodewörtern

$a_0 = (0\,0\,0\,0\,0)$ $a_1 = (1\,0\,0\,1\,0)$ $a_2 = (0\,1\,0\,1\,1)$ $a_3 = (0\,0\,1\,0\,1)$
$a_4 = (1\,1\,0\,0\,1)$ $a_5 = (1\,0\,1\,1\,1)$ $a_6 = (0\,1\,1\,1\,0)$ $a_7 = (1\,1\,1\,0\,0)$.

Es ist zu zeigen, dass dieser Kode die Gruppenaxiome erfüllt.

Lösung:

Axiom G1: Abgeschlossenheit

$a_1 \oplus a_2 = a_4,$

$a_1 \oplus a_3 = a_5,$

$a_2 \oplus a_3 = a_6,$

$a_2 \oplus a_5 = a_7,$

$a_5 \oplus a_6 = a_4$ usw.;

Axiom G2: Assoziatives Gesetz

$(a_1 \oplus a_2) \oplus a_3 = a_1 \oplus (a_2 \oplus a_3),$

$(a_4 \oplus a_5) \oplus a_3 = a_4 \oplus (a_5 \oplus a_3)$ usw.;

Axiom G3: Neutrales Element

$a_1 \oplus a_0 = a_1,$

$a_2 \oplus a_0 = a_2$ usw.;

Axiom G4: Inverses Element

$a_1 \oplus (-a_1) = a_1 \oplus a_1 = a_0,$

$a_2 \oplus a_2 = a_0$ usw.;

Ferner gilt das Kommutativgesetz:

$a_1 \oplus a_2 = a_2 \oplus a_1,$

$a_1 \oplus a_3 = a_3 \oplus a_1$ usw. .

Wegen dieser Eigenschaften bezeichnet man Linearkodes auch als **Gruppenkodes**. $\qquad\qquad\qquad\qquad\qquad\qquad\qquad\qquad\qquad\qquad\qquad\square$

8.3.3 Darstellung von Linearkodes durch Vektorräume

Ausgangspunkt für die Beschreibung eines Linearkodes durch einen Vektorraum ist die Interpretation eines n-stelligen Kanalkodeworts als Vektor. Die Menge aller n-stelligen Vektoren $v_i = (u_{i1}\, u_{i2} \dots u_{in})$, die aus den Elementen eines Körpers K gebildet werden, stellt unter bestimmten Bedingungen, die in der Algebra definiert sind, einen **Vektorraum** $V = \{v_i\}$ über dem Körper K dar.

Für den binären Fall ist $K = GF(2)$ und besteht aus den (Körper-)Elementen 0 und 1. Für den Vektorraum V gilt

Axiom V1: Abelsche Gruppe bzgl. der Addition.

Die Vektoren v_i bilden eine abelsche Gruppe bezüglich der stellenweisen Addition modulo 2. Nach Abschn. 8.3.2 gilt z. B. für das Gruppenaxiom G1

$\quad v_i \oplus v_j = v_k$ mit $v_i, v_j, v_k \in V,$

wobei

$\quad v_i = (u_{i1}\, u_{i2} \dots u_{in})$ und $v_j = (u_{j1}\, u_{j2} \dots u_{jn})$

$\quad v_k = (u_{i1} \oplus u_{j1}\, u_{i2} \oplus u_{j2} \dots u_{in} \oplus u_{jn})$ $\qquad\qquad$ ergibt.

Weitere Axiome beziehen sich auf die Multiplikation modulo 2 von Vektoren aus V mit Körperelementen aus K und sind für $K = GF(2)$ trivial.

Aus den Axiomen V1 und G1 folgt, dass jede Linearkombination von Vektoren aus V wieder einen Vektor aus V ergibt. Daher genügt es, zur vollständigen Beschreibung eines Vektorraums seine **Basisvektoren** anzugeben. Bei gegebenem Körper bestimmt die Anzahl der Basisvektoren die Anzahl der Vektoren des Vektorraums V. Man sagt, n Basisvektoren spannen einen Vektorraum der **Dimension** n auf.

Die Basisvektoren eines n-dimensionalen Vektorraums, dessen Vektoren aus allen 2^n möglichen Kombinationen der Körperelemente 0 und 1 aus $K = GF(2)$ bestehen, können offensichtlich durch die n Einheitsvektoren

$$(1\,0\,0\ldots0\,0),$$
$$(0\,1\,0\ldots0\,0),$$
$$\vdots$$
$$(0\,0\,0\ldots0\,1)$$

dargestellt werden, aber auch durch jede beliebige Menge von n Basisvektoren, die *linear unabhängig* sind.

Beispiel 8.3.2

Mögliche Basisvektoren eines Vektorraums der Dimension $n = 4$ sind:

$v_1 = (1\,0\,0\,0)$	$v_2 = (0\,1\,0\,0)$	$v_3 = (0\,0\,1\,0)$	$v_4 = (0\,0\,0\,1)$ oder
$v_1 = (1\,1\,1\,0)$	$v_2 = (1\,0\,1\,1)$	$v_3 = (0\,1\,0\,0)$	$v_4 = (0\,0\,1\,1)$ oder
$v_1 = (1\,1\,0\,0)$	$v_2 = (0\,1\,1\,0)$	$v_3 = (0\,1\,0\,0)$	$v_4 = (1\,1\,0\,1)$. □

Eine Teilmenge der Vektoren des Vektorraums V bildet einen **Unterraum** A, wenn darin ebenfalls die Axiome eines Vektorraums erfüllt sind. Der Unterraum A hat die Dimension l, wenn es in ihm l (linear unabhängige) Basisvektoren gibt.

Im Zusammenhang mit der Darstellung eines Kodealphabets A als Vektorraum bedeutet dies, dass die n-stelligen Kanalkodewörter eine Teilmenge aller n-stelligen Vektoren aus dem Vektorraum V sind und einen Unterraum von V darstellen. Bestehen die Vektoren von V aus Binärelementen, dann gibt es 2^n Vektoren in V, von denen 2^l Vektoren zu A gehören. Alle in A enthaltenen Vektoren werden durch die l Basisvektoren und sämtliche Linearkombinationen aus diesen gebildet.

Beispiel 8.3.3

Ein Kodealphabet mit 7stelligen Kanalkodewörtern wird durch folgende Basisvektoren beschrieben:

$$a_1 = (1\,0\,0\,1\,1\,0\,1) \qquad a_2 = (0\,1\,0\,1\,0\,1\,0) \qquad a_3 = (0\,0\,1\,0\,0\,1\,0).$$

Von den $N = 2^7$ möglichen 7stelligen Binärkombinationen (Vektoren aus V) gehören neben den Basisvektoren die folgenden Vektoren zu A:

$a_4 = a_1 \oplus a_2 = (1\,1\,0\,0\,1\,1\,1)$,

$a_5 = a_1 \oplus a_3 = (1\,0\,1\,1\,1\,1\,1)$,

$a_6 = a_2 \oplus a_3 = (0\,1\,1\,1\,0\,0\,0)$,

$a_7 = a_1 \oplus a_2 \oplus a_3 = (1\,1\,0\,1\,0\,1)$,

$a_0 = (0\,0\,0\,0\,0\,0\,0)$.

Die übrigen $(2^7 - 2^3) = 120$ Vektoren, z. B. $(1\,1\,0\,0\,0\,1\,1)$ oder $(0\,0\,0\,1\,1\,0\,1)$, gehören zu V, aber nicht zu A. $\square$

8.3.4 Darstellung von Linearkodes durch Matrizen

8.3.4.1 Generatormatrix

> Ein Linearkode A mit $L = 2^l$ Kanalkodewörtern ist durch seine **Generatormatrix** G der Dimension l mit l linear unabhängigen Kanalkodewörtern eindeutig beschrieben.

Im Abschn. 8.3.3 wurde gezeigt, dass es durch die Darstellung eines Linearkodes als Vektorraum möglich ist, ein Kodealphabet A durch eine Menge von l linear unabhängigen Kanalkodewörtern dieses Alphabets, den Basisvektoren des Vektorraums, vollständig zu beschreiben. Alle weiteren Kanalkodewörter lassen sich durch Linearkombinationen der Basiswörter aus diesen ableiten.

Im Vergleich zur Auflistung aller Kanalkodewörter eines Kodealphabets bringt die Betrachtungsweise eines Linearkodes als Vektorraum eine wesentliche Verkürzung für die Notation der Kanalkodewörter mit sich. Noch effektiver ist die Darstellung von Linearkodes durch Matrizen.

Für die Matrixdarstellung werden die l (n-stelligen) Basisvektoren des Vektorraums A zu einer **Erzeuger-** oder **Generatormatrix** G zusammengefasst:

$$G_{l \times n} = \begin{pmatrix} u_{11} & u_{12} & \dots & u_{1n} \\ u_{21} & u_{22} & \dots & u_{2n} \\ \vdots & \vdots & \ddots & \vdots \\ u_{l1} & u_{l2} & \dots & u_{ln} \end{pmatrix} = \begin{pmatrix} g_{11} & g_{12} & \dots & g_{1n} \\ g_{21} & g_{22} & \dots & g_{2n} \\ \vdots & \vdots & \ddots & \vdots \\ g_{l1} & g_{l2} & \dots & g_{ln} \end{pmatrix}. \tag{8.16}$$

Der Zeilenraum von G erzeugt damit einen Linearkode A. Jede Zeile der Matrix entspricht einem Kanalkodewort. Die weiteren Kanalkodewörter von A berechnen sich aus den möglichen Linearkombinationen der l Zeilen der Generatormatrix. Dabei ist es gleichgültig, welche Kanalkodewörter als Basisvektoren in die Generatormatrix eingehen, wenn nur die Forderung nach ihrer linearen Unabhängigkeit erfüllt ist.

Beispiel 8.3.4

Der im Beispiel 8.3.3 angegebene $(7,3)$Linearkode kann durch folgende Generatormatrizen beschrieben werden:

$$G_1 = \begin{pmatrix} 1\,0\,0\,1\,1\,0\,1 \\ 0\,1\,0\,1\,0\,1\,0 \\ 0\,0\,1\,0\,0\,1\,0 \end{pmatrix}, \quad G_2 = \begin{pmatrix} 1\,0\,0\,1\,1\,0\,1 \\ 1\,1\,0\,0\,1\,1\,1 \\ 1\,1\,1\,0\,1\,0\,1 \end{pmatrix}. \qquad \Box$$

Wie können nun Basisvektoren gefunden werden, die linear unabhängig sind? Eine Möglichkeit besteht im systematischen Probieren. Dies ist aber sehr aufwendig. Wählt man dagegen die Basisvektoren so aus, dass die ersten l Spalten der Generatormatrix eine Einheitsmatrix bilden, dann sind die Zeilen der Generatormatrix mit Sicherheit linear unabhängig. Die im Beispiel 8.3.4 angegebene Matrix G_1 entspricht dieser Darstellung.

Allgemein gilt:

$$G_{l \times n} = \begin{pmatrix} 1\,0\,0\,\ldots\,0\ g_{1,l+1}\ g_{1,l+2}\ \cdots\ g_{1n} \\ 0\,1\,0\,\ldots\,0\ g_{2,l+1}\ g_{2,l+2}\ \cdots\ g_{2n} \\ \cdots\cdots\cdots\cdots\cdots\cdots\cdots \\ 0\,0\,0\,\ldots\,1\ g_{l,l+1}\ g_{l,l+2}\ \cdots\ g_{ln} \end{pmatrix}$$

$$= \begin{pmatrix} 1\,0\,0\,\ldots\,0\ c_{11}\ c_{12}\ \ldots\ c_{1k} \\ 0\,1\,0\,\ldots\,0\ c_{21}\ c_{22}\ \ldots\ c_{2k} \\ \cdots\cdots\cdots\cdots\cdots\cdots\cdots \\ 0\,0\,0\,\ldots\,1\ c_{l1}\ c_{l2}\ \ldots\ c_{lk} \end{pmatrix} = [I_l\ C]. \qquad (8.17)$$

Die $l \times n$ Generatormatrix G lässt sich damit als Konkatenation einer $l \times l$ Einheitsmatrix I_l (Matrix über den Informationsstellen) und einer $l \times k$ Matrix C (Matrix über den Kontrollstellen) darstellen. Diese Form einer Matrix bezeichnet man als **kanonische** oder **reduzierte Staffelform**. Durch geeignetes Vertauschen und Addieren der Zeilen lässt sich jede Matrix mit l linear unabhängigen Zeilen in diese Form bringen.

Erinnern wir uns jetzt daran, dass das Ziel der Kanalkodierung die Transformation l-stelliger Quellenkodewörter des Alphabets A^* in n-stellige Kanalkodewörter des Alphabets A ist (vgl. Abschn. 8.1.3). Die Zuordnung der Quellenkodewörter zu den Kanalkodewörtern ist prinzipiell frei wählbar. Eine der möglichen Zuordnungen besteht darin, dass die l-stellige Binärfolge der Quellenkodewörter unverändert bleibt und als Kanalkodewort um $n - l = k$ Kontrollstellen ergänzt wird. Man spricht in diesem Fall von einem systematischen Kode.

Definition 8.3.2 *Ein Linearkode heißt* **systematischer Kode***, wenn aus einem Kanalkodewort $a_i \in A$ durch Streichen der Kontrollstellen das Quellenkodewort $a_i^* \in A^*$ unmittelbar entnommen werden kann.*

Die in Gl. (8.17) gegebene Darstellung der Generatormatrix eines Linearkodes gestattet es, in einfacher Weise die ergänzenden Kontrollstellen zu bestimmen. Dazu sind die *Zeilen (Basisvektoren) von G modulo 2 zu verknüpfen, für die die zugehörigen Elemente in dem zu kodierenden Quellenkodewort mit einer „1" belegt sind.*

Beispiel 8.3.5

Für das Quellenkodewort $a_i^* = (1\,1\,0) \in A^*$ ist das Kanalkodewort $a_i \in A$ auf der Grundlage der Generatormatrix G_1, Beispiel 8.3.4, zu bestimmen.

Da die erste und zweite Stelle in a_i^* jeweils mit „1" besetzt ist, müssen die erste und zweite Zeile aus G addiert werden:

$$a_i = g_1 \oplus g_2 = (\underbrace{1\,1\,0}_{a_i^*}\,0\,1\,1\,1) \quad (g_1, g_2 - \text{Basisvektoren in } G_1),$$

d. h., es erfolgt eine lineare Verknüpfung von Basisvektoren in Abhängigkeit von a_i^*. Mit a_i wird auch nochmals deutlich, dass es sich entsprechend der Definition 8.3.2 um einen systematischen Kode handelt. $\square$

Daraus ergibt sich die folgende allgemeine Schreibweise für die Bestimmung der Kanalkodewörter:

Ein Kanalkodewort $a_i \in A$ ist mit

$$a_i = a_i^* \cdot G_{l \times n},$$

$$(u_{i1} u_{i2} \dots u_{in}) = (u_{i1} u_{i2} \dots u_{il}) \begin{pmatrix} 1\,0\,0\,\dots\,0\ c_{11}\ c_{12}\ \dots\ c_{1k} \\ 0\,1\,0\,\dots\,0\ c_{21}\ c_{22}\ \dots\ c_{2k} \\ \dots\dots\dots\dots\dots\dots\dots \\ 0\,0\,0\,\dots\,1\ c_{l1}\ c_{l2}\ \dots\ c_{lk} \end{pmatrix}, \qquad (8.18)$$

für $a_i^* \in A^*$ $(i = 1, 2, ..., 2^l)$ eindeutig bestimmt.

8.3.4.2 Kontrollmatrix

Die Kodierung eines l-stelligen Quellenkodeworts aus A^* in ein n-stelliges Kanalkodewort aus A in der beschriebenen Art und Weise ist jedoch dann sehr aufwendig, wenn die Stellenzahl l der zu kodierenden Quellenkodewörter und damit die Anzahl der Zeilen der Generatormatrix groß ist.

In diesem Falle ist es einfacher, die k redundanten Stellen eines Kanalkodeworts direkt aus den l Stellen des zu kodierenden Quellenkodeworts zu berechnen, die bei einem systematischen Kode unverändert bleiben. Dazu betrachten wir den Unterraum A' des Vektorraums V, der zu dem Unterraum A von V orthogonal ist. Ein zu A orthogonaler Unterraum A' ist dadurch gekennzeichnet, dass das Skalarprodukt eines beliebigen Vektors aus A mit jedem beliebigen Vektor aus A' Null ist.

Es sei

$$a_i = (u_{i1}\, u_{i2} \dots u_{in}) \text{ mit } a_i \in A \text{ und}$$
$$a'_j = (u_{j1}\, u_{j2} \dots u_{jn}) \text{ mit } a'_j \in A'\,.$$

Dann gilt

$$a_i \cdot a'_j = u_{i1} \cdot u_{j1} \oplus u_{i2} \cdot u_{j2} \oplus \dots \oplus u_{in} \cdot u_{jn} = 0 \text{ für alle } i, j\,. \tag{8.19}$$

Wie finden wir nun die Vektoren, die den Unterraum A' von V darstellen? Ausgangspunkt dafür ist die Generatormatrix G, durch die die Vektoren des Unterraums von A festgelegt sind. Liegt diese in kanonischer Staffelform vor (s. Gl. (8.17)), dann lässt sich der zu A orthogonale Unterraum A' durch die Matrix

$$H_{k \times n} = [C^T\ I_{n-l}] = [C^T\ I_k] = \begin{pmatrix} c_{11}\ c_{21}\ \dots\ c_{l1}\ 1\,0\,0\ \dots\ 0 \\ c_{12}\ c_{22}\ \dots\ c_{l2}\ 0\,1\,0\ \dots\ 0 \\ \dots\dots\dots\dots\dots\dots\dots\dots \\ c_{1k}\ c_{2k}\ \dots\ c_{lk}\ 0\,0\,0\ \dots\ 1 \end{pmatrix} \tag{8.20}$$

darstellen. C^T ist die zu C transponierte Matrix, I_k ist eine Einheitsmatrix.

Beispiel 8.3.6

Gegeben ist die Generatormatrix eines $(7,4)$Linearkodes:

$$G_{4 \times 7} = \begin{pmatrix} 1\,0\,0\,0\,1\,0\,1 \\ 0\,1\,0\,0\,0\,1\,1 \\ 0\,0\,1\,0\,1\,1\,0 \\ 0\,0\,0\,1\,1\,1\,1 \end{pmatrix} = [I_4\ C]\,.$$

Daraus ergibt sich die Kontrollmatrix $H_{3 \times 7} = [C^T\ I_3] = \begin{pmatrix} 1\,0\,1\,1\,1\,0\,0 \\ 0\,1\,1\,1\,0\,1\,0 \\ 1\,1\,0\,1\,0\,0\,1 \end{pmatrix}$. $\quad\square$

Wegen der Orthogonalitätsbedingung nach Gl. (8.19) gilt

$$G_{l \times n} \cdot H_{k \times n}^T = (H_{k \times n} \cdot G_{l \times n}^T)^T = \mathbf{0}\,, \tag{8.21}$$

d. h., das Skalarprodukt einer beliebigen Zeile aus G mit jeder Spalte aus H^T (d. h. jeder Zeile aus H) ist Null.

Die Matrix H wird als **Kontroll-** oder **Prüfmatrix** des durch die Generatormatrix G erzeugten Linearkodes bezeichnet. Diese liefert unmittelbar eine Vorschrift zur Bildung der Kontrollstellen der Kanalkodewörter. Um dies zu zeigen, betrachten wir noch einmal für das Produkt $a_i \cdot a_1'$ die Orthogonalitätsbedingung nach Gl. (8.19), aus der folgt, dass das Skalarprodukt jedes Vektors a_i aus A mit dem Vektor a_1' aus A', der der ersten Zeile der Kontrollmatrix entspricht, den Wert Null ergibt:

$$a_i \cdot a_1' = u_{i1} \cdot c_{11} \oplus u_{i2} \cdot c_{21} \oplus \ ... \ \oplus u_{il} \cdot c_{l1} \oplus u_{i,l+1} \cdot 1 \oplus u_{i,l+2} \cdot 0 \oplus \ ... \ \oplus u_{in} \cdot 0$$
$$= 0 \, .$$

Durch Umstellung dieser Gleichung lässt sich das erste Kontrollelement $u_{i,l+1}$ des Kanalkodeworts a_i bestimmen:

$$u_{i,l+1} = u_{i1} \cdot c_{11} \oplus u_{i2} \cdot c_{21} \oplus \ ... \ \oplus u_{il} \cdot c_{l1} \, .$$

Entsprechend können die übrigen Kontrollstellen von a_i berechnet werden, indem für die zweite Kontrollstelle die zweite Zeile von H, für die dritte Kontrollstelle die dritte Zeile von H usw. herangezogen wird.

Allgemein gilt für die Berechnung der k Kontrollstellen

$$u_{i,l+j} = u_{i1} \cdot c_{1j} \oplus u_{i2} \cdot c_{2j} \oplus \ ... \ \oplus u_{il} \cdot c_{lj} \quad (j = 1, 2, ..., k) \, . \tag{8.22}$$

Bei einem binären Linearkode ergibt sich damit die j-te Kontrollstelle als Summe der bitweisen Modulo-2-Addition aus denjenigen Stellen in dem zu kodierenden Quellenkodewort a_i^*, an deren Position in der j-ten Zeile der Kontrollmatrix H eine „1" steht. Das Ergebnis sind *Bestimmungsgleichungen für die k Kontrollstellen*.

Die Bestimmung der k Kontrollstellen ist mit der Berechnung von Paritätselementen (s. Abschn. 8.2.1.2) vergleichbar. Die Modulo-2-Verknüpfung von Informationsstellen führt zur Ergänzung auf geradzahlige Parität.

Beispiel 8.3.7

Aus Beispiel 8.3.6 ist die Matrix[6] $H_{3\times7} = \begin{pmatrix} \overset{n_1\ n_2\ n_3\ n_4\ n_5\ n_6\ n_7}{} \\[-2pt] 1 & 0 & 1 & 1 & 1 & 0 & 0 \\ 0 & 1 & 1 & 1 & 0 & 1 & 0 \\ 1 & 1 & 0 & 1 & 0 & 0 & 1 \\[-2pt] \underset{l_1\ l_2\ l_3\ l_4\ k_1\ k_2\ k_3}{} \end{pmatrix}$ bekannt.

Die Transformation eines beliebigen 4stelligen Quellenkodeworts $a_i^* = (l_1 l_2 l_3 l_4)$

---

[6] Zum besseren Verständnis sind den Spalten die Positionen der Informations- und Kontrollstellen zugeordnet. Diese ergeben sich aus dem Aufbau der Generatormatrix und deren Transformation in die Kontrollmatrix, s. Gln. (8.17) und (8.20). Die Anordnung der Informations- und Kontrollstellen muss sich natürlich auch im Kanalkodewort widerspiegeln.

in ein Kanalkodewort $a_i = (l_1\,l_2\,l_3\,l_4\,k_1\,k_2\,k_3)$ erfordert die Berechnung der Kontrollelemente k_1, k_2, k_3 aus den Elementen l_1, l_2, l_3, l_4.[7] Gemäß Gl. (8.22) lassen sich dafür unmittelbar aus H die Bestimmungsgleichungen für k_j $(j = 1, 2, 3)$ ablesen:

1-te Zeile: $k_1 = l_1 \oplus l_3 \oplus l_4$,
2-te Zeile: $k_2 = l_2 \oplus l_3 \oplus l_4$,
3-te Zeile: $k_3 = l_1 \oplus l_2 \oplus l_4$.

Für ein gegebenes $a_i^* = (0\,1\,0\,1)$ ist damit $a_i = (0\,1\,0\,1\,1\,0\,0)$.

Entsprechend Gl. (8.18) lässt sich a_i gleichermaßen auf der Basis von G berechnen mit:

$$a_i = (l_1\,l_2\,l_3\,l_4) \begin{pmatrix} 1\,0\,0\,0\,1\,0\,1 \\ 0\,1\,0\,0\,0\,1\,1 \\ 0\,0\,1\,0\,1\,1\,0 \\ 0\,0\,0\,1\,1\,1\,1 \end{pmatrix}$$

$$= (\underbrace{l_1\,l_2\,l_3\,l_4}_{a_i^*}\ \underbrace{l_1 \oplus l_3 \oplus l_4}_{k_1}\ \underbrace{l_2 \oplus l_3 \oplus l_4}_{k_2}\ \underbrace{l_1 \oplus l_2 \oplus l_4}_{k_3}).$$

Der Berechnungsaufwand auf der Basis der Bestimmungsgleichungen ist in jedem Fall geringer. □

8.3.4.3 Minimale HAMMING-Distanz und Matrix

Für den *Aufbau einer Generatormatrix* werden zunächst ausgehend von der minimalen HAMMING-Distanz d_{min} (vgl. Abschn. 8.1.3) die Anzahl k der erforderlichen Kontrollstellen nach Gl. (8.12) bestimmt. Eine Einheitsmatrix I_l über die Anzahl Informationsstellen gemäß Gl. (8.17) sichert die notwendige lineare Unabhängigkeit der Basisvektoren.

Aus den Zeilen der Generatormatrix, den Basisvektoren, lassen sich durch Linearkombination alle Kanalkodewörter von A darstellen. Definitionsgemäß ist in jedem Linearkode das Nullwort $(0\,0 \dots 0) = \mathbf{0}$ ebenfalls ein Kanalkodewort. Daraus leitet sich folgender Zusammenhang ab.

> Bei einem Linearkode ist die minimale HAMMING-Distanz gleich dem minimalen Gewicht der Kodewörter (außer dem Nullwort).

Dieser Zusammenhang lässt sich bzgl. d_{min} leicht nachweisen:
Der Abstand zweier Kanalkodewörter ist gleich dem Gewicht des sich aus der Verknüpfung beider Kanalkodewörter ergebenden Kanalkodeworts. Ist

$$a_k \neq \mathbf{0} \text{ und } d(a_k, \mathbf{0}) = w(a_k) \geq d_{min},$$

---

[7] Zur Vereinfachung wurde auch in a_i^* und a_i die Bezeichnung der Elemente $u_{i1}, u_{i2}, \dots$ durch $l_1, l_2, \dots$ und $u_{i,l+1}, u_{i,l+2}, \dots$ durch $k_1, k_2, \dots$ ersetzt.

so muss auch

$$d(a_i, a_j) = w(a_k = a_i \oplus a_j) \geq d_{min}$$

sein, sonst läge ein Widerspruch vor.

Diese Eigenschaft nutzt man bei der Konstruktion der Generatormatrix. Damit der Abstand zum Nullwort $\geq d_{min}$ ist, müssen alle Basisvektoren das Gewicht $w \geq d_{min}$ haben. Ferner muss jede Modulo-2-Summe aus i (verschiedenen) Basisvektoren ($i = 1, 2, ..., l$) mindestens d_{min} Einsen aufweisen.

Der Nachweis für d_{min} kann auch mit der zu G orthogonalen Kontrollmatrix geführt werden.

> Es darf keine lineare Abhängigkeit zwischen $(d_{min} - 1)$ oder weniger Spalten in der Kontrollmatrix bestehen.

Beispiel 8.3.8

Der in den Beispielen 8.3.6 und 8.3.7 betrachtete $(7, 4)$ *Linearkode* ist hinsichtlich der minimalen HAMMING-Distanz zu *analysieren*.

Auf der Basis der Generatormatrix:
Das minimale Gewicht von Basisvektoren und den Modulo-2-Verknüpfungen von Basisvektoren ist $w_{min} = 3$ und damit $d_{min} = 3$.

Auf der Basis der Kontrollmatrix:
Eine lineare Abhängigkeit liegt erst bei Betrachtung von 3 Spalten vor. So führt z. B. die Modulo-2-Addition der Spalten n_1 und n_2 auf Spalte n_3.
Diesen Zusammenhang etwas anders zum Ausdruck gebracht: $d_{min} = 3$ Spalten in H bilden in der Addition den Nullvektor, wie z. B. $n_1 \oplus n_2 \oplus n_3 = \mathbf{0}$.

Der vorliegende $(7, 4, 3)$ Linearkode kann also bei Anwendung der Fehlerkorrektur durch Wiederholung mit Sicherheit $f_e = 2$ Fehler erkennen und durch Rekonstruktion mit Sicherheit $f_k = 1$ Fehler korrigieren. $\square$

8.3.5 Fehlererkennung und -korrektur von Linearkodes

Die Empfangsfolge $b \in B$ entsteht durch Überlagerung des gesendeten Kanalkodeworts $a \in A$ mit einem Fehlerwort e aus dem Alphabet E der Fehlermuster. Beide Wörter sind durch eine stellenweise Modulo-2-Addition verknüpft. Bei einem Linearkode entsteht dann und nur dann eine nichterkennbare Verfälschung, wenn e selbst ein Kanalkodewort ist (Axiom G1: Abgeschlossenheit). Daraus folgt, dass *alle Fehlermuster, deren Gewicht $w(e) < d_{min}$ ist, mit Sicherheit erkennbar* sind.

Um nun festzustellen, ob eine Empfangsfolge ein Kanalkodewort ist oder nicht, d. h. ob eine (erkennbare) Verfälschung vorliegt oder nicht, benutzen wir die

Orthogonalitätsbeziehung Gl. (8.21). Nur wenn das Ergebnis der Gleichung

$$s = H_{k \times n} \cdot b^T \qquad (8.23)$$

den Nullvektor ergibt, ist die Empfangsfolge ein Kanalkodewort (b^T ist die als Spaltenvektor geschriebene Empfangsfolge b).

Beispiel 8.3.9

Es ist zu prüfen, ob die Empfangsfolgen $b_1 = (0\,1\,1\,0\,1\,0\,1)$ und $b_2 = (1\,0\,1\,1\,0\,1\,0)$ Kanalkodewörter des $(7, 4, 3)$Linearkodes sind (Kontrollmatrix s. Beispiel 8.3.7). Für b_1 gilt

$$s = H_{3 \times 7} \cdot b_1^T = \begin{pmatrix} 1\,0\,1\,1\,1\,0\,0 \\ 0\,1\,1\,1\,0\,1\,0 \\ 1\,1\,0\,1\,0\,0\,1 \end{pmatrix} \begin{pmatrix} 0 \\ 1 \\ 1 \\ 0 \\ 1 \\ 0 \\ 1 \end{pmatrix} = \begin{pmatrix} 0 \\ 0 \\ 0 \end{pmatrix}.$$

Damit ist b_1 ein Kanalkodewort.
Für b_2 ist

$$s = H_{3 \times 7} \cdot b_2^T = \begin{pmatrix} 1\,0\,1\,1\,1\,0\,0 \\ 0\,1\,1\,1\,0\,1\,0 \\ 1\,1\,0\,1\,0\,0\,1 \end{pmatrix} \begin{pmatrix} 1 \\ 0 \\ 1 \\ 1 \\ 0 \\ 1 \\ 0 \end{pmatrix} = \begin{pmatrix} 1 \\ 1 \\ 0 \end{pmatrix}.$$

Wegen $s \neq \mathbf{0}$ ist b_2 kein Kanalkodewort, d. h., die empfangene Binärfolge b_2 ist während der Übertragung verfälscht worden. □

Auch hier kann die Berechnung wesentlich effizienter erfolgen, wenn aus H die *Kontrollgleichungen* s_j $(j = 1, 2, ..., k)$ ausgelesen werden. Diese ergeben sich auch aus den Bestimmungsgleichungen für k_j $(j = 1, 2, ..., k)$ mit Einbeziehung der redundanten Stellen.

Beispiel 8.3.10

Gegeben ist die Matrix $H_{3 \times 7} = \begin{matrix} n_1\,n_2\,n_3\,n_4\,n_5\,n_6\,n_7 \\ \begin{pmatrix} 1 & 0 & 1 & 1 & 1 & 0 & 0 \\ 0 & 1 & 1 & 1 & 0 & 1 & 0 \\ 1 & 1 & 0 & 1 & 0 & 0 & 1 \end{pmatrix} \\ l_1\ l_2\ l_3\ l_4\ k_1\ k_2\ k_3 \end{matrix}$ aus Beispiel 8.3.7.

Kontrollgleichungen für s_j $(j = 1, 2, 3)$:

1-te Zeile: $s_1 = l_1 \oplus l_3 \oplus l_4 \oplus k_1 = n_1 \oplus n_3 \oplus n_4 \oplus n_5$,
2-te Zeile: $s_2 = l_2 \oplus l_3 \oplus l_4 \oplus k_2 = n_2 \oplus n_3 \oplus n_4 \oplus n_6$,
3-te Zeile: $s_3 = l_1 \oplus l_2 \oplus l_4 \oplus k_3 = n_1 \oplus n_2 \oplus n_4 \oplus n_7$.

Die Überprüfung mit obigen Empfangsfolgen sei dem Leser überlassen. □

Der Vektor s wird als **Fehlersyndrom** [error syndrome] (auch Prüfvektor) bezeichnet. Mit Erkennung der Verfälschung kann das Syndrom dazu verwendet werden, die Position der verfälschten Elemente in b festzustellen. Bei einem Binärkode werden diese Elemente dann einfach negiert.

Offensichtlich ist eine Rekonstruktion nur dann möglich, wenn jedem Fehlersyndrom maximal ein Fehlermuster zugeordnet ist. Die Anzahl der unterschiedlichen Syndrome bestimmt damit die Anzahl der korrigierbaren Fehlermuster. Da die Syndrome gemäß Gl. (8.23) k-stellige Vektoren sind, können also $(2^k - 1)$ verschiedene Fehlermuster korrigiert werden (bei $s = 0$ ist die Empfangsfolge ein Kanalkodewort).

Ein Fehlermuster kann aus einem oder mehreren verfälschten Binärelementen bestehen. Sollen in einer Empfangsfolge alle Fehlermuster korrigierbar sein, deren Gewicht $w(e) \leq f_k$ ist, dann lässt sich nach Gl. (8.7) der Minimalabstand d_{min} und damit nach Gl. (8.12) die Anzahl k der erforderlichen Kontrollelemente berechnen (s. a. Beispiel 8.1.6).

Um ein Fehlersyndrom bestimmten fehlerhaften Elementen in einer Empfangsfolge zuzuordnen, ist *nur* die Untersuchung des Fehlermusters selbst erforderlich. Dies ist durch Gl. (8.23) begründet. Die Empfangsfolge b ergibt sich als Überlagerung (d. h. als stellenweise Modulo-2-Addition) eines Kanalkodeworts a_i mit einem Fehlerwort e:

$$b = a_i \oplus e.$$

Damit gilt für Gl. (8.23)

$$s = H \cdot b^T = H \cdot (a_i \oplus e)^T = H \cdot a_i^T \oplus H \cdot e^T = H \cdot e^T, \tag{8.24}$$

weil $H \cdot a_i^T = 0$ ist. Diese Gleichung liefert die Zuordnung der (k-stelligen) Fehlersyndrome zu den (n-stelligen) Fehlermustern, gespeichert in Tabellen[8]. Zur Fehlerkorrektur werden Empfangsfolge und Fehlermuster addiert.

Bei Betrachtung von Linearkodes mit $f_k = 1$ ist kein Speichern von Tabellen für die Zuordnung von Fehlersyndrom zu Fehlermuster notwendig. Jedem (von Null verschiedenen) Syndrom ist ein bestimmtes Element in einer Empfangsfolge zugeordnet. In den Kanalkodewörtern sind die Kontrollelemente so festgelegt worden, dass die Modulo-2-Summe aller derjenigen Elemente eines Kodeworts, die durch jeweils eine Zeile der Kontrollmatrix H berücksichtigt werden, den Wert Null ergeben. Daraus folgt, dass bei Verfälschung eines Elements in einer Empfangsfolge genau diejenigen Zeilensummen modulo 2 der

---

[8] Die Größe einer solchen Tabelle wächst mit f_k und den Kodeparametern. Man verzichtet in der praktischen Anwendung darauf und setzt $f_k > 1$ mit anderen, leistungsfähigeren Kodierungs- und Dekodierungsalgorithmen um. Eine bekannte Ausnahme bildet die Dekodierung von GOLAY-Kodes, s. a. S. 203.

Kontrollmatrix den Wert „1" annehmen, in die das fehlerhafte Element eingeht. Bei denjenigen Zeilen von H, in denen das verfälschte Element nicht berücksichtigt wird, ist die Modulo-2-Summe unverändert Null. Die Zeilensummen modulo 2 sind aber die k Elemente des Syndroms. Somit ist das Syndrom exakt die Spalte von H, die der Position des fehlerhaften Elements in der Empfangsfolge entspricht.

Beispiel 8.3.11

Die Matrix $H_{3 \times 7} = \begin{pmatrix} 1\,1\,0\,1\,1\,0\,0 \\ 1\,0\,1\,1\,0\,1\,0 \\ 0\,1\,1\,1\,0\,0\,1 \end{pmatrix}$ eines $(7, 4, 3)$Linearkodes ist gegeben.

Eine Verfälschung von $a_i = (1100011)$ in die Empfangsfolge $b = (0100011)$, verursacht durch das Fehlerwort $e = (1000000)$, führt nach Gl. (8.23) (auch mit den Kontrollgleichungen s_j $(j = 1, 2, 3)$) zum Syndrom

$$s = \begin{pmatrix} s_1 \\ s_2 \\ s_3 \end{pmatrix} = \begin{pmatrix} 1 \\ 1 \\ 0 \end{pmatrix},$$

das der ersten Spalte von H entspricht. Es erfolgt eine korrekte Rekonstruktion in $b_{korr} = a$.

Ist das Fehlerwort $e = (1001000)$ dem Kodewort a_i überlagert und damit $b = (0101011)$, erhält man das Syndrom

$$s = \begin{pmatrix} 0 \\ 0 \\ 1 \end{pmatrix},$$

das der 7. Spalte von H entspricht. Es wird eine Einfachfehlerkorrektur ausgeführt. Die korrigierte Folge $b_{korr} = (0101010)$ ist eine Kanalkodefolge, aber nicht die gesendete. □

Fehlerwörter mit $w(e) > f_k$ werden in einem dichtgepackten Kode immer in ein Kanalkodewort korrigiert, jedoch nicht in das gesendete. Die Rekonstruktion wird immer falsch ausgeführt.

8.3.6   Aufgaben

Abschn. 8.3.2: Darstellung von Linearkodes als Gruppen

1. Gegeben ist ein Kodealphabet A mit den Kanalkodewörtern

$a_1 = (0\,0\,0\,0\,1)$ $a_2 = (0\,1\,1\,1\,0)$ $a_3 = (0\,0\,1\,1\,1)$ $a_4 = (1\,1\,0\,0\,1)$
$a_5 = (1\,0\,0\,1\,0)$ $a_6 = (1\,1\,1\,1\,1)$ $a_7 = (0\,0\,1\,0\,0)$ $a_8 = (1\,0\,1\,0\,1)$.

a) Prüfen Sie, ob dieser Kanalkode die Eigenschaften eines Linearkodes hat!
b) Bestimmen Sie den Minimalabstand d_{min} des Kodes!

2. Ein linearer Gruppenkode A wird durch die folgenden $l = 3$ linear unabhängigen Kanalkodewörter vollständig beschrieben:

   $a_1 = (1\,0\,0\,1\,0\,1\,1)$ $a_2 = (1\,1\,0\,0\,1\,0\,1)$ $a_3 = (0\,0\,1\,0\,1\,1\,1)$.

   a) Geben Sie alle Kanalkodewörter von A an!

   b) Zeigen Sie, dass die 2^l Kanalkodewörter eine Gruppe bilden!

Abschn. 8.3.3: Darstellung von Linearkodes durch Vektorräume

1. Welche Dimension hat der Vektorraum, der durch die Vektoren

   $v_1 = (1\,0\,1\,1\,0\,0\,1)$ $v_2 = (1\,0\,0\,0\,0\,0\,0)$ $v_3 = (0\,0\,1\,1\,0\,0\,0)$
   $v_4 = (0\,0\,0\,0\,0\,0\,1)$ $v_5 = (1\,0\,1\,1\,0\,0\,0)$

   beschrieben wird?

2. Prüfen Sie, ob die Basisvektoren

   $v_1 = (1\,0\,0\,1)$ $v_2 = (0\,1\,0\,0)$ $v_3 = (0\,0\,1\,0)$ und
   $v_1 = (0\,1\,1\,0)$ $v_2 = (1\,1\,0\,1)$ $v_3 = (1\,0\,1\,0)$

   den gleichen Vektorraum aufspannen!

Abschn. 8.3.4: Darstellung von Linearkodes durch Matrizen

1. Die Generatormatrix eines $(7,4)$Linearkodes sei

   $$G_{4\times7} = \begin{pmatrix} 1\,0\,0\,0\,1\,1\,0 \\ 0\,1\,0\,0\,0\,1\,1 \\ 0\,0\,1\,0\,1\,0\,1 \\ 0\,0\,0\,1\,1\,1\,1 \end{pmatrix}.$$

   a) Konstruieren Sie die Kontrollmatrix dieses Kanalkodes!

   b) Wie groß ist die minimale HAMMING-Distanz?

2. Gegeben ist die Generatormatrix eines linearen $(7,3)$Kanalkodes:

   $$G_{3\times7} = \begin{pmatrix} 1\,0\,0\,0\,1\,1\,1 \\ 0\,1\,0\,1\,1\,0\,1 \\ 0\,0\,1\,1\,1\,1\,0 \end{pmatrix}.$$

   Prüfen Sie, ob die empfangenen Binärfolgen

   $b_1 = (0\,1\,1\,1\,1\,1\,0)$ $b_2 = (1\,1\,1\,1\,1\,0\,1)$ $b_3 = (0\,1\,1\,0\,0\,1\,1)$

   Kanalkodewörter des durch G beschriebenen Kanalkodes sind, indem Sie

   a) alle Kanalkodewörter bestimmen und diese mit den Binärfolgen vergleichen,

   b) die Binärfolgen mit der Kontrollmatrix multiplizieren!

3. Die Wörter eines Quellenkodes A^* haben die Länge $l = 5$. Sie sollen über einen gestörten Kanal übertragen werden.

   a) Wie viele Kontrollstellen sind jedem Quellenkodewort aus A^* hinzuzufügen, wenn Einfachfehler korrigiert werden sollen?

   b) Wie groß ist die entsprechende Anzahl der Kontrollstellen, wenn $l = 7$, $l = 11$ und $l = 17$ ist?

   c) Welcher Kanalkode ist dichtgepackt?

8.4   Fehlerkorrigierende HAMMING-Kodes

8.4.1   Korrekturschema

> **Definition 8.4.1** *Der fehlerkorrigierende HAMMING-Kode ist ein speziel-*
> *ler linearer Gruppenkode und bzgl. der HAMMING-Schranke ein dichtgepack-*
> *ter Kode. Er hat eine minimale HAMMING-Distanz von $d_{min} = 3$ und eine*
> *Kodewortlänge von $n = 2^k - 1$.*

Der damit *einfehlerkorrigierende* HAMMING-Kode (1950) kann einfache Fehler in einer Empfangsfolge b (d. h. Fehlermuster mit dem Gewicht $w(e) = 1$)
in einfacher Weise lokalisieren und (durch Negation des verfälschten Binärele-
ments) korrigieren. Ausgangspunkt für die Beschreibung ist die Kontrollmatrix H, deren $n = 2^k - 1$ Spalten sämtliche $(2^k - 1)$ von Null verschiedenen
k-stelligen Binärfolgen darstellen. Ist in einem Kanalkodewort genau ein Element verfälscht, dann gibt das mit Gl. (8.23) berechnete Syndrom die betreffende Spalte in H und damit die Position des fehlerhaften Elements an.

> HAMMING hat durch geschickte Vertauschung der Spalten von H erreicht,
> dass die i-te Spalte von H der Dualdarstellung von i entspricht. Das Fehler-
> syndrom s liefert dann unmittelbar die dual dargestellte Position des fehler-
> haften Elements in b.

Beispiel 8.4.1

Die Kontrollmatrix eines $(7,4)$HAMMING-Kodes hat die Form

$$H_{3\times7} = \begin{matrix} n_7\ n_6\ n_5\ n_4\ n_3\ n_2\ n_1 \\ \begin{pmatrix} 1 & 1 & 1 & 1 & 0 & 0 & 0 \\ 1 & 1 & 0 & 0 & 1 & 1 & 0 \\ 1 & 0 & 1 & 0 & 1 & 0 & 1 \end{pmatrix} \end{matrix},$$

wenn die Elemente in abfallender Reihenfolge nummeriert werden.[9]

Die Empfangsfolge $b = (0\,0\,1\,0\,0\,1\,0)$ führt mit Gl. (8.23) zu $s = \begin{pmatrix} 1 \\ 1 \\ 1 \end{pmatrix}$,

d. h. zu der dualen Darstellung der „7", und zeigt damit die Verfälschung des
Elements n_7 an (vgl. mit Beispiel 8.3.11).   □

Die Festlegung, welche der n Elemente in einem Kanalkodewort die l Elemente

---

[9] Wie im Beispiel 8.3.7 verwenden wir hier die verkürzte Schreibweise für die Elemente des
Kanalkodeworts a_i mit $u_{in} = n_n, u_{i,n-1} = n_{n-1}, ..., u_{i1} = n_1$.

des Quellenkodeworts aus dem Alphabet A^* und welche die k Kontrollelemente sind, ist im Prinzip willkürlich. Um eine einfache Kodierung zu ermöglichen, ist es jedoch zweckmäßig, diejenigen Elemente als Kontrollelemente zu verwenden, deren Spalten nur eine „1" enthalten, weil dann nur jeweils eine der durch H definierten Bestimmungsgleichungen für die Berechnung eines Kontrollelements erforderlich ist. (Anderenfalls müsste ein Gleichungssystem mit bis zu k Gleichungen gelöst werden.) Die Kontrollelemente k_{i+1} sind demnach an den Positionen n_{2^i} ($i = 0, 1, 2, ...$) angeordnet. An den Positionen $n_3, n_5, n_6, ...$ befinden sich die Elemente $l_1, l_2, l_3, ...$ des Quellenkodeworts aus A^*.

Das Kanalkodewort übernimmt entsprechend den Aufbau der Kontrollmatrix:

$$a_i = ([...] \, n_7 \, n_6 \, n_5 \, n_4 \, n_3 \, n_2 \, n_1) = ([...] \, l_4 \, l_3 \, l_2 \, k_3 \, l_1 \, k_2 \, k_1) \, .$$

Wir sehen, auch dieser *Kode ist systematisch*, die Positionen der Informations- und Kontrollelemente sind bekannt.

Kodierung und Dekodierung erfolgen auf der Basis von H. Weniger rechenintensiv ist dabei die Anwendung der sich aus H ableitenden Bestimmungs- und Kontrollgleichungen.

Beispiel 8.4.2
Die Bestimmungsgleichungen k_j ($j = 3, 2, 1$) für den HAMMING-Kode aus Beispiel 8.4.1 sind:

1-te Zeile: $k_3 = n_{2^2} = n_7 \oplus n_6 \oplus n_5 = l_4 \oplus l_3 \oplus l_2$,
2-te Zeile: $k_2 = n_{2^1} = n_7 \oplus n_6 \oplus n_3 = l_4 \oplus l_3 \oplus l_1$,
3-te Zeile: $k_1 = n_{2^0} = n_7 \oplus n_5 \oplus n_3 = l_4 \oplus l_2 \oplus l_1$.

Das Quellenkodewort $a_i^* = (1\,0\,1\,1)$ ist zu kodieren.
Mit $a_i^* = (l_4 \, l_3 \, l_2 \, l_1)$ ist $a_i = (1\,0\,1\,k_3\,1\,k_2\,k_1)$. Die Bestimmungsgleichungen berechnen $a_i = (1\,0\,1\,0\,1\,0\,1)$.

Die Kontrollgleichungen s_j ($j = 3, 2, 1$) ergeben sich wie folgt:
1-te Zeile: $s_3 = n_7 \oplus n_6 \oplus n_5 \oplus n_4 = l_4 \oplus l_3 \oplus l_2 \oplus k_3$,
2-te Zeile: $s_2 = n_7 \oplus n_6 \oplus n_3 \oplus n_2 = l_4 \oplus l_3 \oplus l_1 \oplus k_2$,
3-te Zeile: $s_1 = n_7 \oplus n_5 \oplus n_3 \oplus n_1 = l_4 \oplus l_2 \oplus l_1 \oplus k_1$.

Im Falle eines Fehlers wird dieser durch das Fehlersyndrom $s = (s_k, ..., s_2, s_1)^T$ lokalisiert und die n_i-te Stelle mit $i = \sum_{j=1}^{k} s_j \, 2^{j-1}$ korrigiert.

Die Empfangsfolgen $b_1 = (1\,1\,0\,1\,0\,1\,1)$ und $b_2 = (1\,1\,0\,0\,1\,1\,0)$ sind zu prüfen und gegebenenfalls zu korrigieren.

Die Anwendung der Kontrollgleichungen ergibt für b_1 das Syndrom $s = (1\,1\,0)^T$, d. h., durch Korrektur des Elements $n_6 = l_3$ wird $b_{1,korr} = (1\,0\,0\,1\,0\,1\,1)$ ein Kanalkodewort. Für die Binärfolge b_2 ist das Syndrom $s = \mathbf{0}$, b_2 ist damit ein Kanalkodewort. $\qquad\square$

8.4.2 Verkürzte HAMMING-Kodes

Das Korrekturschema eines einfehlerkorrigierenden HAMMING-Kodes lässt sich auch dann anwenden, wenn $n < 2^k - 1$ und damit der Kode nicht dichtgepackt ist. In diesem Fall werden weniger Informationsstellen verwendet als möglich. Die Kodewortlänge ist $n = l + k$ und die n Spalten der Kontrollmatrix H sind die dualen Darstellungen von $n, n - 1, ..., 1$.

Beispiel 8.4.3

Es ist die Kontrollmatrix eines einfehlerkorrigierenden HAMMING-Kodes anzugeben, mit dem 5stellige Quellenkodewörter aus A^* kodiert werden können.

1. Schritt: Berechnung von k

Nach Gl. (8.12) ist

$$k \geq \mathrm{ld} \sum_{i=0}^{1} \binom{5+k}{i} = \mathrm{ld}\left(\binom{5+k}{0} + \binom{5+k}{1}\right) = \mathrm{ld}\,(1 + 5 + k).$$

Die Ungleichung ist für den kleinstmöglichen Wert $k = 4$ erfüllt.

2. Schritt: Bestimmung von n

Mit $k = 4$ ist $n = 5 + 4 = 9$, d. h., es wird ein verkürzter, einfehlerkorrigierender (9,5)HAMMING-Kode erzeugt. (Mit $k = 4$ wäre eine Kodewortlänge von $n = 15$ möglich.)

3. Schritt: Konstruktion der Kontrollmatrix H

$$H_{4\times 9} = \begin{matrix} n_9\ n_8\ n_7\ n_6\ n_5\ n_4\ n_3\ n_2\ n_1 \\ \begin{pmatrix} 1 & 1 & 0 & 0 & 0 & 0 & 0 & 0 & 0 \\ 0 & 0 & 1 & 1 & 1 & 1 & 0 & 0 & 0 \\ 0 & 0 & 1 & 1 & 0 & 0 & 1 & 1 & 0 \\ 1 & 0 & 1 & 0 & 1 & 0 & 1 & 0 & 1 \end{pmatrix} \\ l_5\ k_4\ l_4\ l_3\ l_2\ k_3\ l_1\ k_2\ k_1 \end{matrix}$$

Bestimmungsgleichungen:

$k_4 = l_5$

$k_3 = l_4 \oplus l_3 \oplus l_2$

$k_2 = l_4 \oplus l_3 \oplus l_1$

$k_1 = l_5 \oplus l_4 \oplus l_2 \oplus l_1$

Kontrollgleichungen:

$s_4 = n_9 \oplus n_8$

$s_3 = n_7 \oplus n_6 \oplus n_5 \oplus n_4$

$s_2 = n_7 \oplus n_6 \oplus n_3 \oplus n_2$

$s_1 = n_9 \oplus n_7 \oplus n_5 \oplus n_3 \oplus n_1$ $\qquad\qquad\square$

Da die im Kode enthaltene Redundanz nicht voll ausgeschöpft wird, gibt es Syndrome, die nicht in H enthalten sind. Bei Prüfung von Empfangsfolgen lassen diese nicht in H definierten Syndrombelegungen auf Mehrfachfehler schließen. Es kommt zu Rekonstruktionsversagen. Führen Mehrfachfehler auf Korrektorspalten von H, wie bei dichtgepackten Kodes überhaupt, erfolgt prinzipiell eine Einfachfehler- und damit Falschkorrektur. Bei verkürzten Kodes sind demzufolge alle Rekonstruktionsergebnisse möglich.

8.4.3 Erweiterte HAMMING-Kodes

Eine Erhöhung des Minimalabstandes auf $d_{min} = 4$ wird erreicht, wenn jedem Kanalkodewort ein weiteres Kontrollelement k_0 (Paritätselement, s. Abschn. 8.2.1.2) hinzugefügt wird. Diese Erweiterung erzeugt einen *Kanalkode mit Kanalkodewörtern geradzahligen Gewichts*. Die Anzahl der Kontrollelemente beträgt damit $k+1$, die Anzahl der Informationselemente l bleibt unverändert.[10]

Beispiel 8.4.4

Es ist die Kontrollmatrix H für einen erweiterten HAMMING-Kode zu bestimmen, wenn $l = 4$ ist.

1. Schritt: Berechnung von k für $d_{min} = 3$

Gemäß Gl. (8.12) ist

$$k \geq \mathrm{ld} \sum_{i=0}^{1} \binom{4+k}{i} = \mathrm{ld}\left(\binom{4+k}{0} + \binom{4+k}{1}\right) = \mathrm{ld}\,(1 + 4 + k).$$

Diese Ungleichung ist für $k = 3$ mit Gleichheit erfüllt.

2. Schritt: Bestimmung von n für $d_{min} = 3$

$n = 4 + 3 = 7 = 2^3 - 1$, d. h., es wird ein dichtgepackter Kanalkode erzeugt.

3. Schritt: Konstruktion der Kontrollmatrix H für $d_{min} = 3$

$$H_{3 \times 7} = \begin{matrix} n_7\ n_6\ n_5\ n_4\ n_3\ n_2\ n_1 \\ \begin{pmatrix} 1 & 1 & 1 & 1 & 0 & 0 & 0 \\ 1 & 1 & 0 & 0 & 1 & 1 & 0 \\ 1 & 0 & 1 & 0 & 1 & 0 & 1 \end{pmatrix} \\ l_4\ l_3\ l_2\ k_3\ l_1\ k_2\ k_1 \end{matrix} \qquad \longrightarrow \quad (7,4,3)\text{HAMMING-Kode}$$

4. Schritt: Aufstellen der Kontrollmatrix H für $d_{min} = 4$ durch Hinzufügen einer zusätzlichen Bestimmungsgleichung für die Paritätskontrolle

$$H_{4 \times 8} = \begin{matrix} n_7\ n_6\ n_5\ n_4\ n_3\ n_2\ n_1\ n_0 \\ \begin{pmatrix} 1 & 1 & 1 & 1 & 0 & 0 & 0 & 0 \\ 1 & 1 & 0 & 0 & 1 & 1 & 0 & 0 \\ 1 & 0 & 1 & 0 & 1 & 0 & 1 & 0 \\ 1 & 1 & 1 & 1 & 1 & 1 & 1 & 1 \end{pmatrix} \\ l_4\ l_3\ l_2\ k_3\ l_1\ k_2\ k_1\ k_0 \end{matrix} \qquad \longrightarrow \quad (8,4,4)\text{HAMMING-Kode}$$

Bestimmungsgleichungen:

$n_4 = k_3 = l_4 \oplus l_3 \oplus l_2$

$n_2 = k_2 = l_4 \oplus l_3 \oplus l_1$

$n_1 = k_1 = l_4 \oplus l_2 \oplus l_1$

$n_0 = k_0 = l_4 \oplus l_3 \oplus l_2 \oplus k_3 \oplus$
$\qquad \oplus l_1 \oplus k_2 \oplus k_1$

Kontrollgleichungen:

$s_3 = n_7 \oplus n_6 \oplus n_5 \oplus n_4$

$s_2 = n_7 \oplus n_6 \oplus n_3 \oplus n_2$

$s_1 = n_7 \oplus n_5 \oplus n_3 \oplus n_1$

$s_0 = n_7 \oplus n_6 \oplus n_5 \oplus n_4 \oplus$
$\qquad \oplus n_3 \oplus n_2 \oplus n_1 \oplus n_0$

$\square$

---

[10]Diese Ausführungen gelten uneingeschränkt auch für die Erweiterung von verkürzten HAMMING-Kodes.

Entsprechend den Ausführungen zu Gl. (8.10) ist $f_e = 2$ und $f_k = 1$ für $d_{min} = 4$. Der erweiterte HAMMING-Kode ist also in der Lage, mit Sicherheit alle zweifachen Fehler zu erkennen *und* alle einfachen Fehler richtig zu korrigieren. Empfangene Binärfolgen, die drei oder mehr fehlerhafte Elemente enthalten, werden entweder nicht mit Sicherheit erkannt oder in ein anderes als das gesendete Kanalkodewort korrigiert.

Der Kanaldekodierer wertet dazu folgende Zusammenhänge aus, wobei s auf der Grundlage der Kontrollmatrix H für $d_{min} = 3$ gebildet wird und s_0 das Ergebnis der Prüfung der zusätzlichen Paritätskontrolle ist:

1. $s = \mathbf{0}$, $s_0 = 0$

Die Empfangsfolge ist ein Kanalkodewort (oder das Fehlermuster hat die Struktur eines Kanalkodeworts).

2. $s = \mathbf{0}$, $s_0 = 1$

Die Empfangsfolge ist im Paritätselement fehlerhaft.

3. $s \neq \mathbf{0}$, $s_0 = 0$

Die Empfangsfolge enthält eine gerade Anzahl fehlerhafter Elemente, die aber nicht lokalisierbar sind. Es kommt zu Rekonstruktionsversagen.

4. $s \neq \mathbf{0}$, $s_0 = 1$

Die Empfangsfolge enthält eine ungerade Anzahl von fehlerhaften Elementen. Es erfolgt die Korrektur desjenigen Elements, das durch das Fehlersyndrom s in dualer Form angegeben ist. Das Rekonstruktionsergebnis ist nur für Einfachfehler korrekt.

Beispiel 8.4.5

Ein Dekodierer, der mit einem Kanalkode gemäß Beispiel 8.4.4 arbeitet, empfängt die Binärfolgen

a) $b_1 = (1\,0\,1\,0\,0\,1\,0\,1)$,   c) $b_3 = (1\,1\,0\,0\,0\,1\,0\,1)$,

b) $b_2 = (0\,1\,1\,1\,1\,0\,1\,0)$,   d) $b_4 = (1\,0\,1\,0\,1\,0\,1\,1)$.

Es ist zu prüfen, ob diese Folgen Kanalkodewörter sind. Gegebenenfalls sind Korrekturen durchzuführen.

Lösung:

a) Für b_1 ergeben die Kontrollgleichungen s_3, s_2, s_1, siehe Beispiel 8.4.4, das Syndrom $s = \mathbf{0}$. Die zusätzliche Kontrollgleichung liefert das Ergebnis $s_0 = 0$. Damit ist b_1 ein Kanalkodewort und $b_1^* = (1\,0\,1\,0)$.

b) Für die Empfangsfolge b_2 ist das Fehlersyndrom $s = (1\,0\,1)^T$. Da die zusätzliche Kontrollgleichung $s_0 = 1$ ergibt, liegt ein korrigierbarer Fehler vor. Die Empfangsfolge b_2 wird durch Korrektur des Elements n_5 zum Kanalkodewort $b_{2,korr} = (0\,1\,0\,1\,1\,0\,1\,0)$ und damit $b_2^* = (0\,1\,0\,1)$.

Das Rekonstruktionsergebnis kann sowohl korrekt als auch falsch sein. Dieser Kode sollte daher nur Anwendung finden, wenn überwiegend Ein- und Zweifachfehler auftreten.

c) Bei der Binärfolge b_3 ist das Fehlersyndrom $s = (0\,1\,1)^T$ und $s_0 = 0$, d. h., es liegt ein erkennbarer, geradzahliger Fehler in b_3 vor. Dieser kann jedoch nicht durch Rekonstruktion beseitigt werden. Man erkennt demnach einen Zweifachfehler mit Sicherheit.

d) Die Syndrombelegungen für b_4 sind $s = \mathbf{0}$ und $s_0 = 1$, d. h., der Fehler liegt im Paritätselement. Aus der Kanalkodefolge $b_{4,korr} = (1\,0\,1\,0\,1\,0\,1\,0)$ entnimmt man die Quellenkodefolge $b_4^* = (1\,0\,1\,1)$. $\square$

Die erweiterten HAMMING-Kodes finden aufgrund der einfachen Kombination von Fehlererkennung ($f_e = 2$) *und* Fehlerkorrektur ($f_k = 1$) in vielen Arbeitsspeichertechnologien Anwendung. Auftretende Zweifachfehler (genauer: geradzahlige Fehler) führen nicht zu Fehlinterpretationen.

8.4.4 Aufgaben

Abschn. 8.4: Fehlerkorrigierende HAMMING-Kodes

1. Die Quellenkodewörter des Alphabets A^*, die die Länge $l = 4$ haben, sollen durch einen einfehlerkorrigierenden HAMMING-Kode gesichert werden.

   a) Wie viele Kontrollstellen sind erforderlich?

   b) Geben Sie an, wie die Kontrollelemente aus den l Elementen der Quellenkodewörter aus A^* abgeleitet werden!

   c) Prüfen Sie die Empfangsfolgen $b_1 = (1\,0\,1\,0\,1\,0\,1)$, $b_2 = (0\,0\,1\,0\,1\,1\,0)$, $b_3 = (1\,0\,0\,0\,1\,0\,1)$ und korrigieren Sie diese, falls erforderlich!

2. Konstruieren Sie einen erweiterten HAMMING-Kode für $l = 7$.

   a) Wie berechnen Sie die Kontrollelemente?

   b) Geben Sie für $a^* = (1\,0\,1\,0\,1\,0\,0)$ das Kanalkodewort a an.

   c) Sind die Empfangsfolgen $b_1 = (1\,0\,1\,1\,0\,1\,0\,1\,0\,0\,0\,0)$, $b_2 = (1\,0\,1\,0\,0\,1\,0\,1\,0\,1\,1\,0)$, $b_3 = (1\,1\,1\,0\,0\,1\,0\,0\,0\,0\,0\,1)$ korrigierbar und damit auch dekodierbar?

3. Für das Erreichen einer gesicherten Übertragung ist ein einfehlerkorrigierender HAMMING-Kode anzuwenden. Das Quellenalphabet umfasst 200 Zeichen.

   a) Berechnen Sie die Parameter (n, l, d_{min}) des Kodes. Wieviel Kanalkodewörter sind im Kodealphabet A maximal definiert?

   b) Überprüfen Sie das Empfangswort b, in Polynomschreibweise $b(x) = x^7 + x^3 + x$, und geben Sie, wenn möglich, das dekodierte, binäre Quellenkodewort b^* an! Welche Rückschlüsse liefert das Ergebnis hinsichtlich des Fehlermusters?

   c) Wie viele Fehlermuster e führen auf ein Empfangswort mit $b = a \oplus e \in A$?

8.5 Zyklische Kodes

Definition 8.5.1 *Ein Kode heißt* **zyklisch**, *wenn durch zyklische Verschiebung eines Kanalkodeworts um z Stellen wieder ein Kanalkodewort entsteht:*

$$a_j(x) = a_i(x)\,x^z\,mod\,(x^n + 1)\,.^{11} \tag{8.25}$$

Ein zyklischer Kode ist ein spezieller Linearkode, der Körperaxiome und damit auch Gruppen- und Ringaxiome erfüllt.

Die Beschreibung zyklischer Kodes soll anhand der Klasse der BCH-Kodes (Elemente in $GF(2)$) und der RS-Kodes (Elemente in $GF(2^{k_1})$) erfolgen. Das heißt jedoch nicht, dass die Gültigkeit der folgenden Ausführungen auf diese Kodeklassen und dessen GF-Beschränkung begrenzt ist.

Im Gegensatz zu den Kodeklassen, mit denen wir uns bisher beschäftigt haben, lassen sich die nach <u>BO</u>SE, <u>C</u>HAUDHURI (1960) und <u>HO</u>QUENGHEM (1959) benannten BCH-Kodes und die nach <u>REED</u> und <u>S</u>OLOMON (1960) benannten RS-Kodes für einen beliebig vorgebbaren Entwurfsabstand d_E, bestimmt von der Vorgabe eines beliebigen Grades der Fehlererkennung (f_e, Gl. (8.6)) oder der Fehlerkorrektur (f_k, Gl. (8.7)), konstruieren.

Für alle zyklischen Kodes ist das sogenannte **Generatorpolynom** von fundamentaler Bedeutung.

Das Generatorpolynom $g(x)$ ist i. Allg. ein Produkt von irreduziblen Minimalpolynomen $m_i(x)$. Es beschreibt den zyklischen Kode, d. h., die Menge seiner Kodewörter vollständig.

Für die Beschreibung zyklischer Kodes sind verschiedene Begriffe der Algebra, wie Erweiterungskörper, Minimalpolynome usw. notwendig. Diese werden im Abschn. 8.5.1 erklärt. Im Abschn. 8.5.2 folgen Verfahren zur Bildung des Kanalkodealphabets (Kodierung) und das Prinzip der Fehlererkennung, wobei zunächst die Kenntnis eines Generatorpolynoms vorausgesetzt wird. Diese Zusammenhänge gelten für alle zyklischen Kodes. In den Abschn. 8.5.3 und 8.5.4 werden dann für beliebig vorgebbare Leistungsfähigkeit die Konstruktionsprinzipien für Generatorpolynome von BCH- und RS-Kodes dargestellt. Abschn. 8.5.5 beschäftigt sich im Weiteren mit unterschiedlichen Verfahren der Fehlerkorrektur von zyklischen Kodes.

---

[11]Die Restbildung ersetzt die durch Multiplikation mit x^z berechneten Exponenten $r \geq n$ durch $r\,mod\,n$.

8.5.1 Ausgewählte algebraische Grundlagen

8.5.1.1 Eigenschaften eines Modularpolynoms

Grundlage für die Bildung des Generatorpolynoms ist ein Modularpolynom $M(x)$ über dem Körper $K = GF(2)$ (s. a. Abschn. 8.3.3). An dieses Modularpolynom werden folgende Eigenschaften geknüpft.

1. Das Modularpolynom muss irreduzibel sein.

> **Definition 8.5.2** *Ein Polynom ist* **irreduzibel**, *wenn es nicht in ein Produkt von Polynomen zerlegbar ist.*

Das Modularpolynom $M(x)$ vom Grad $k_1 = \operatorname{grad} M(x)$ bestimmt den Kodeparameter n, d. h., das irreduzible Polynom legt die Kodewortlänge der Kanalkodewörter im Alphabet A fest. Es gilt der folgende Zusammenhang:

$$n \leq 2^{k_1} - 1. \tag{8.26}$$

Der tatsächliche Wert von n lässt sich aus dem Zyklus der Polynomreste über $GF(2)$ mit $x^i \bmod M(x)$ $(i = 0, 1, ..., p(= n))$ berechnen. Für einen gewissen Wert p wiederholen sich die Polynomreste, d. h. $x^i = x^{i+p} \bmod M(x)$. Dabei kann p maximal den Wert $(2^{k_1} - 1)$ annehmen.

2. Liefert der Zyklus der Polynomreste eine maximale Periode, dann besitzt das irreduzible Polynom $M(x)$ auch die Eigenschaft, primitiv zu sein.

> **Definition 8.5.3** *Ein* **primitives** *Polynom vom Grad k_1 ist irreduzibel und erzeugt im Zyklus der Polynomreste eine maximale Periode $p_{max} = 2^{k_1} - 1$.*

Beispiel 8.5.1

Es ist die mögliche Kodewortlänge n zu bestimmen, wenn das Modularpolynom mit $M(x) = x^3 + x^2 + 1$ gegeben ist.

Es gilt: $k_1 = \operatorname{grad} M(x) = 3 \longrightarrow n \leq 2^{k_1} - 1 = 7$.

Zyklus der Polynomreste:

x^i	$x^i \bmod (x^3 + x^2 + 1)$	x^i	$x^i \bmod (x^3 + x^2 + 1)$
x^0	1	x^4	$x^2 + x + 1$
x^1	x	x^5	$x + 1$
x^2	x^2	x^6	$x^2 + x$
x^3	$x^2 + 1$	x^7	1

$\longrightarrow n = p_{max} = 7$ □

Mit zunehmendem Grad eines irreduziblen Polynoms wird die Bestimmung der Kodewortlänge immer aufwendiger. Eine schnelle Lösung bietet die Zerlegung von $p_{max} = 2^{k_1} - 1$ in Primfaktoren mit $p_{max} = \prod_i p_i$, $p_i \in \mathbb{P}$. $x^{p_{max}} \bmod M(x)$ liefert bei irreduziblen Polynomen immer den Rest 1. *Die Kodewortlänge kann immer nur gleich dem Wert eines Primfaktors oder ein Produkt von Primfaktoren sein, damit gilt auch immer: $n \mid p_{max}$.* Es ist daher ausreichend, die Polynomreste nur für diese Exponenten zu berechnen. Ergibt sich für einen Polynomrest der Wert 1, ist n durch den Wert des Exponenten bestimmt. $M(x)$ ist primitiv, wenn *nur* für $x^{p_{max}}$ der Polynomrest 1 ist und damit $n = p_{max}$ gilt. Ist p_{max} eine Primzahl, dann ist das irreduzible Polynom immer auch primitiv.

Beispiel 8.5.2

Für $M(x) = x^6 + x^4 + x^2 + x + 1$ ist der Kodeparameter n zu bestimmen.

Lösung:

$p_{max} = 2^6 - 1 = 63$, $p_{max} \notin \mathbb{P} \longrightarrow p_{max} = 3 \cdot 3 \cdot 7$
Polynomreste:

$x^3 \bmod M(x) = x^3$

$x^7 \bmod M(x) = x^5 + x^3 + x^2 + x$

$x^{3 \cdot 3} \bmod M(x) = x^4 + x^2 + x$

$x^{3 \cdot 7} \bmod M(x) = 1 \qquad \longrightarrow \qquad \underline{n = p = 21}$, $M(x)$ ist nicht primitiv. $\qquad \Box$

8.5.1.2 Erweiterungskörper und Minimalpolynome

Bei zyklischen Kodes leitet sich der Minimalabstand d_{min} aus der Anzahl aufeinanderfolgender Nullstellen des Generatorpolynoms $g(x)$ ab.

Die Bestimmung einer Nullstelle erscheint zunächst als sehr einfach. Ein Polynom $P(x)$ über dem Körper $GF(2)$ muss nur bzgl. der Elemente $x \in GF(2)$ untersucht werden. Im folgenden Beispiel wird dabei ein Problem sichtbar.

Beispiel 8.5.3

Es sind die Nullstellen für das Polynom $P(x) = x^4 + x + 1$ in $GF(2)$ zu bestimmen.

Es gilt: $P(x = 1) = 1$ und $P(x = 0) = 1$.

Das Polynom $P(x)$ hat in $GF(2)$ keine Nullstelle. $P(x)$ ist nicht in Linearfaktoren zerlegbar und damit über $GF(2)$ irreduzibel. $\qquad \Box$

Ein irreduzibles Polynom über einem Grundkörper $GF(2)$, $grad\,P(x) > 1$ vorausgesetzt, hat auf jeden Fall keine Nullstelle in $GF(2)$.[12]

---

[12]Allerdings ist die Nullstellenberechnung für den Nachweis, ob ein Polynom irreduzibel ist oder nicht, nur eine notwendige Bedingung. Ein Produkt aus irreduziblen Polynomen ($grad\,P_i(x) > 1$) hat in $GF(2)$ auch keine Nullstelle.

Der Fundamentalsatz der Algebra sagt aber, dass jedes Polynom mindestens eine Nullstelle hat, gegebenenfalls in einem anderen Körper, und dass jedes Polynom r-ten Grades sich in genau r Teilpolynome ersten Grades, d. h. in r Linearfaktoren, zerlegen lässt, i. Allg. unter Zuhilfenahme von Erweiterungselementen α_j:

$$P(x) = u_r x^r + u_{r-1} x^{r-1} + \ldots + u_1 x + u_0 = (x - \alpha_1)(x - \alpha_2) \ldots (x - \alpha_r) \quad (8.27)$$

mit r Grad des Polynoms,

   α_j Nullstellen des Polynoms in einem Erweiterungskörper unter Einbeziehung der Vielfachheiten von Nullstellen.

Ein neues Element α wird als Nullstelle eines irreduziblen Polynoms über $GF(2)$ hinzugefügt, welches einem Erweiterungskörper angehört.

Für unsere Betrachtungen heißt das: Auf der Grundlage eines irreduziblen Modularpolynoms $M(x)$ vom Grad $k_1 = \operatorname{grad} M(x)$ über $GF(2)$ entsteht durch Hinzunahme einer Nullstelle α ein endlicher Erweiterungskörper $GF(2^{k_1})$, d. h., α ist Nullstelle von $M(x)$ und (Erweiterungs-)Element in $GF(2^{k_1})$. Zum Erweiterungskörper $GF(2^{k_1})$ gehören dann neben dem Nullelement die Elemente α^i $(i = 0, 1, ..., (2^{k_1} - 2))$. Für α_j $(j = 1, 2, ..., r)$ in Gl. (8.27) stehen die (zueinander konjugierten) Elemente des Erweiterungskörpers.

Beispiel 8.5.4

Für das irreduzible Modularpolynom $M(x) = x^3 + x^2 + 1$ ist der Erweiterungskörper $GF(2^3)$ wie folgt bestimmt.

Elemente des $GF(2^3)$	Polynomreste $\alpha^i \bmod M(x = \alpha)$	Koeffizienten der Polynomreste
Nullelement	0	0 0 0
α^0	1	0 0 1
α^1	α	0 1 0
α^2	α^2	1 0 0
α^3	$\alpha^2 + 1$	1 0 1
α^4	$\alpha^2 + \alpha + 1$	1 1 1
α^5	$\alpha + 1$	0 1 1
α^6	$\alpha^2 + \alpha$	1 1 0

Anmerkung:

Dieser Zusammenhang lässt sich auch mit den Beschreibungsmitteln der Restklassen-Algebra erklären: Jeder Polynomrest stellt dabei eine Restklasse bzw. einen Restklassen-Repräsentanten minimalen Grades ($< k_1$) im Restklassenring modulo $M(x)$ dar.   □

Dabei ist der Erweiterungskörper isomorph zum Zyklus der Polynomreste. Anstelle von x^i stehen die Elemente des Erweiterungskörpers mit $x^0 = \alpha^0$, $x^1 = \alpha^1$, $x^2 = \alpha^2, \dots$. Die Bestimmung der Periode p kann damit auch im Erweiterungskörper erfolgen. p wird als Ordnung des Elements α bezeichnet. Ist $M(x)$ primitiv, dann ist die Ordnung des Elements α maximal mit $p = p_{max} = 2^{k_1} - 1$. In diesem Zusammenhang bezeichnet man α als primitives Element des Erweiterungskörpers $GF(2^{k_1})$. Die Ordnung des Elements α bestimmt die Kodewortlänge n.

Mit dem Element α wurde nun eine Nullstelle für $M(x) = x^3 + x^2 + 1$ (aus Beispiel 8.5.4) mit $M(x = \alpha) = \alpha^3 + \alpha^2 + 1 = \alpha^2 + 1 + \alpha^2 + 1 = 0$ definiert.[13] Entsprechend dem Fundamentalsatz der Algebra (vgl. Gl. (8.27)) muss gelten:

$$M(x) = x^3 + x^2 + 1 = (x - \alpha_1)(x - \alpha_2)(x - \alpha_3),$$

d. h., $\alpha_1 = \alpha^1$, α_2 und α_3 sind Nullstellen im Erweiterungskörper $GF(2^3)$.

Die Zuordnung zu den Elementen von $GF(2^{k_1})$ ergibt sich wie folgt:

$$\alpha_j = \alpha^{2^{j-1} i \bmod p} \quad (j = 1, 2, \dots, k_1 (= \operatorname{grad} M(x))). \tag{8.28}$$

Die Nullstellen eines Polynoms stellen damit eine Aufeinanderfolge der Elemente $\alpha^{2^0 i}$, $\alpha^{2^1 i}$, $\dots$, $\alpha^{2^{k_1 - 1} i \bmod p}$ im Zyklus i ($i = 0, 1, 2, \dots, 2^{k_1} - 2$) dar, die zueinander konjugiert sind. Man sagt, *die konjugierten Elemente befinden sich in einem Zyklus und konjugierte Elemente liefern den gleichen Zyklus.*

Die Nullstellen von $M(x) = x^3 + x^2 + 1$ sind damit die im Zyklus $i = 1$ stehenden zu α^1 konjugierten Elemente $\alpha_2 = \alpha^2$ und $\alpha_3 = \alpha^4$ ($i = 2$ und $i = 4$ liefern demzufolge den gleichen Zyklus; z. B. $i = 2 : \alpha^2, \alpha^4, \alpha^{8 \bmod 7} = \alpha^1$).

Die Anzahl der Elemente in einem Zyklus wird durch $k_1 = \operatorname{grad} M(x)$ begrenzt und ist für $p = p_{max} \in \mathbb{P}$ für alle Zyklen gleich (ausgenommen: $i = 0$).

Die Berechnung von $M(x)$ über die Nullstellen führt zum gewünschten Ergebnis:

$$\begin{aligned}
M(x) &= (x - \alpha^1)(x - \alpha^2)(x - \alpha^4) \\
&= (x + \alpha^1)(x + \alpha^2)(x + \alpha^4) \quad \text{im } GF(2) \\
&= x^3 + x^2(\alpha + \alpha^2 + \alpha^4) + x(\alpha^3 + \alpha^5 + \alpha^6) + \alpha^7 \\
&= \underline{x^3 + x^2 + 1}.
\end{aligned}$$

---

[13]Berechnungsbeispiele für die Addition und Multiplikation im $GF(2^3)$, s. Beispiel 8.5.4:

$\alpha^i + \alpha^j = \alpha^i \bmod M(\alpha) + \alpha^j \bmod M(\alpha) = \alpha^k$; ist $i = j$ gilt $\alpha^i + \alpha^j = 0$.

Z. B. $\alpha^5 + \alpha^2 = \alpha + 1 + \alpha^2 = \alpha^4$ bzw. $\alpha^5 + \alpha^2 = (011) \oplus (100) = (111) = \alpha^4$

$\alpha^2 + \alpha^2 = (100) \oplus (100) = (000)$

$\alpha^i \cdot \alpha^j = \alpha^{(i+j) \bmod p}$.

Z. B. $\alpha^4 \cdot \alpha^5 = \alpha^{9 \bmod 7} = \alpha^2$

Jedem Element α^i aus dem durch $M(x)$ definierten Körper $GF(2^{k_1})$ ist im Weiteren ein **Minimalpolynom** $m_i(x)$ mit den folgenden Eigenschaften zugeordnet:

1. Das Minimalpolynom eines beliebigen Elements α^i ist irreduzibel und vom Grad $r \leq k_1$.

2. Zu jedem Element α^i existiert genau ein Minimalpolynom $m_i(x)$.

3. Das Minimalpolynom des Elements α^i ist gleichzeitig das Minimalpolynom der konjugierten Elemente $\alpha^{2^1 i},\, \alpha^{2^2 i},\, ...,\, \alpha^{2^{r-1} i \bmod p}$.

4. Ist α^i eine Nullstelle des Minimalpolynoms $m_i(x)$, dann sind die r Nullstellen $\alpha^i,\, \alpha^{2^1 i},\, \alpha^{2^2 i},\, ...,\, \alpha^{2^{r-1} i}$ sämtliche Nullstellen von $m_i(x)$:

$$m_i(x) = (x - \alpha^i)(x - \alpha^{2^1 i})(x - \alpha^{2^2 i}) \,...\, (x - \alpha^{2^{r-1} i}).$$

5. Hat das Element α^i die Ordnung p_i, dann ist das Minimalpolynom $m_i(x)$ ein Polynom mit der Periode p_i, dabei gilt: $p_i \mid (2^{k_1} - 1)$.
   Ein Minimalpolynom ist primitiv, wenn $p_i = 2^{k_1} - 1$ ist.
   Ist das Modularpolynom $M(x)$ primitiv, dann hat das Minimalpolynom $m_i(x)$ die Periode $p_i = \dfrac{2^{k_1} - 1}{\text{ggT}(2^{k_1} - 1,\, i)}$ bzw. das Element α^i die Ordnung p_i.

6. Das Modularpolynom $M(x)$ ist wegen $M(x = \alpha^1) = 0$ das Minimalpolynom $m_1(x)$ des Elements α^1.

Beispiel 8.5.5

Es sei der Erweiterungskörper $GF(2^3)$ aus Beispiel 8.5.4 gegeben. Die Ordnung des Elements α ist $p = 2^3 - 1 = 7$, d. h., $M(x)$ ist ein primitives Polynom. Für das Element α^3 ist das Minimalpolynom $m_3(x)$ zu bestimmen.

Lösung:

Zunächst sind entsprechend Gl. (8.28) sämtliche Nullstellen des Minimalpolynoms $m_3(x)$ zu ermitteln (genau k_1 Nullstellen, da $p \in \mathbb{P}$):

Zyklus für $i = 3:\ \alpha^3, \alpha^6, \alpha^{12 \bmod 7} = \alpha^5, \alpha^{10 \bmod 7} = \alpha^3, ...$, d. h., $m_3(x)$ hat die Nullstellen α^3, α^6 und α^5. Damit lässt sich $m_3(x)$ berechnen:

$$
\begin{aligned}
m_3(x) &= (x + \alpha^3)(x + \alpha^5)(x + \alpha^6) \quad \text{im } GF(2) \\
&= (x^2 + \alpha^5 x + \alpha^3 x + \alpha^8)(x + \alpha^6) \\
&= x^3 + x^2(\alpha^6 + \alpha^3 + \alpha^5) + x(\alpha^9 + \alpha^{11} + \alpha^8) + \alpha^{14} \\
&= \underline{x^3 + x + 1}\, .
\end{aligned}
$$

Das Minimalpolynom $m_3(x)$ des Elements α^3 ist primitiv und gleichzeitig Minimalpolynom der Elemente α^5 und α^6, d. h. $m_3(x) = m_5(x) = m_6(x)$. $\square$

Zur Vollständigkeit der Beschreibung sind abschließend nochmals alle (ungleichen) Zyklen des Erweiterungskörpers $GF(2^3)/M(x) = x^3 + x^2 + 1$ aufgeführt:

$$\begin{array}{ll} \alpha^0 & 0 \\ \alpha^1, \alpha^2, \alpha^4 \quad \text{, in Kurz- bzw. Exponentenschreibweise:} \quad 1,2,4 \; . \\ \alpha^3, \alpha^6, \alpha^5 & 3,6,5 \end{array}$$

Jedes Element des Erweiterungskörpers befindet sich in einem Zyklus. Entsprechend der Zyklenlängen sind im Erweiterungskörper zwei Minimalpolynome 3. Grades und ein Minimalpolynom 1. Grades definiert.

Fassen wir zusammen:

> Ein irreduzibles Polynom $M(x)$ vom Grad k_1 mit dem Element α als Nullstelle erzeugt einen Erweiterungskörper $GF(2^{k_1})$ mit 2^{k_1} Elementen (Nullelement und Potenzen von α). Der Zyklus der Polynomreste im $GF(2^{k_1})$ bestimmt die Ordnung p des Elements α und damit den Kodeparameter n. Jedem Element des Erweiterungskörpers ist ein Minimalpolynom zugeordnet. Das Minimalpolynom $m_i(x)$ in $GF(2^{k_1})$ ist durch das Element α^i und die konjugierten Elemente $\alpha^{2^1 i}, \alpha^{2^2 i}, ..., \alpha^{2^{r-1} i \bmod p}$ eindeutig definiert. Die Länge des Zyklus $(r \le k_1)$ bestimmt die Anzahl der Nullstellen und den Grad von $m_i(x)$.
> Es gilt: $m_i(x) = (x - \alpha^{2^0 i})(x - \alpha^{2^1 i}) ... (x - \alpha^{2^{r-1} i})$.

Ergänzend sei auf folgenden Zusammenhang hingewiesen. Alle Elemente eines Erweiterungskörpers $GF(2^{k_1})$ sind Nullstellen eines Hauptpolynoms $f(x)$ mit:

$$\begin{aligned} f(x) &= (x - 0)\,(x - \alpha^0)\,(x - \alpha^1) ... (x - \alpha^{p-1}) \\ &= (x + 0)\,(x + \alpha^0)(x + \alpha^1) ... (x + \alpha^{p-1}) \quad \text{im } GF(2) \, . \end{aligned}$$

Dieser Zusammenhang gilt allgemein für Erweiterungskörper $GF(q^{k_1})$ mit $q \in \mathbb{P}$ und wird als FERMAT-Theorem bezeichnet. Durch Ausmultiplizieren und Ersetzen der Potenzen von α durch die Polynomreste mod $M(\alpha)$ ergibt sich für das Hauptpolynom $f(x) = x^{p+1} + x = x^{n+1} + x$. Lässt man das Nullelement aus den Betrachtungen heraus, ist das Hauptpolynom mit $f(x) = x^n + 1$ definiert. n stellt dabei wieder die realisierbare Kodewortlänge eines durch ein Modularpolynom erzeugten zyklischen Kodes dar. Im Beispiel 8.5.4 ist $n = p_{max} = 7$, d. h., das Hauptpolynom $f(x)$ ist ein Polynom 7. Grades und lässt sich in genau 7 Teilpolynome ersten Grades zerlegen:

$$\begin{aligned} f(x) &= (x - \alpha^0)\,(x - \alpha^1)\,(x - \alpha^2)\,(x - \alpha^3)\,(x - \alpha^4)\,(x - \alpha^5)\,(x - \alpha^6) \\ &= (x + 1)\,(x + \alpha)\,(x + \alpha^2)\,(x + \alpha^3)\,(x + \alpha^4)\,(x + \alpha^5)\,(x + \alpha^6) \quad \text{im } GF(2). \end{aligned}$$

Sieht man sich $f(x)$ genauer an, erkennt man die im Erweiterungskörper bestimmten Minimalpolynome $m_0(x), m_1(x), m_3(x)$:

$$\begin{aligned} f(x) &= (x + 1)\,\underline{(x + \alpha)\,(x + \alpha^2)}\,\underline{\underline{(x + \alpha^3)}}\,\underline{(x + \alpha^4)}\,\underline{\underline{(x + \alpha^5)}}\,\underline{\underline{(x + \alpha^6)}} \\ &= (x + 1)(x^3 + x^2 + 1)(x^3 + x + 1) \; = \; x^7 + 1 \, . \end{aligned}$$

Diese können wieder nur Erweiterungskörper der Ordnung $p \leq 7$ aufspannen bzw. als Modularpolynom ein Kodealphabet der Länge $n \leq 7$ generieren.

Für jedes irreduzible Polynom $M(x)$ vom Grad k_1 lässt sich damit auch über das Hauptpolynom die realisierbare Kodewortlänge n ableiten. Es sind die Polynomreste $x^i \bmod M(x)$ $(i = k_1, (k_1+1), \ldots)$ zu berechnen und zwar solange, bis für eine Potenz i der Polynomrest 1 ist. Zu x^i wird dann die 1 addiert und man erhält $f(x) = x^i + 1 = x^n + 1$. (Vergleiche mit Abschn. 8.5.1.1.)

Beispiel 8.5.6

Wie groß sind die Kodewortlängen, die auf der Grundlage der Modularpolynome $M_1(x) = x^4 + x^3 + 1$ und $M_2(x) = x^4 + x^3 + x^2 + x + 1$ erzeugt werden?

Lösung:

i	$x^i \bmod M_1(x)$
4	$x^3 \qquad\qquad + 1$
5	$x^3 \qquad + x + 1$
6	$x^3 + x^2 + x + 1$
7	$x^2 + x + 1$
8	$x^3 + x^2 + x$
9	$x^2 \qquad + 1$

i	$x^i \bmod M_1(x)$
10	$x^3 \qquad + x$
11	$x^3 + x^2 \qquad + 1$
12	$x + 1$
13	$x^2 + x$
14	$x^3 + x^2$
15	1

$\longrightarrow f(x) = x^{15} + 1$, d. h., $M_1(x)$ ist ein primitives Polynom und ermöglicht eine Kodewortlänge von $n = 15$.

i	$x^i \bmod M_2(x)$
4	$x^3 + x^2 + x + 1$
5	1

$\longrightarrow f(x) = x^5 + 1$, d. h., die realisierbare Kodewortlänge beträgt nur $n = 5$. $\square$

8.5.2 Kodierung und Fehlererkennung

Auf der Grundlage eines Generatorpolynoms $g(x)$ mit

$$g(x) = x^k + u_{k-1}x^{k-1} + \ldots + u_0 x^0$$

wird der Kanalkode $A \subset \{0,1\}^n$ vollständig beschrieben. Dazu ist es zweckmäßig, die Elemente eines Kanalkodeworts $a = (u_{n-1} u_{n-2} \ldots u_0)$ als Koeffizienten eines Polynoms darzustellen mit

$$a(x) = u_{n-1}x^{n-1} + u_{n-2}x^{n-2} + \ldots + u_0 x^0.$$

Ein Kodepolynom $a(x)$ hat dementsprechend höchstens den Grad $(n-1)$. Da das Generatorpolynom den Grad k hat (abhängig von einer vorgebbaren Leistungsfähigkeit, s. Abschn. 8.5.3, 8.5.4), ist der Grad des zu kodierenden

Polynoms des Quellenkodeworts höchstens $(n - k - 1)$, d. h., das zu kodierende Quellenkodewort a^* besteht aus $l = n - k$ Elementen.

Bei der Kanalkodierung besteht die Aufgabe darin, jedem der 2^l möglichen l-stelligen Quellenkodewörter a^* aus A^* eineindeutig ein Kanalkodewort a aus A zuzuordnen. Für diese Zuordnung existieren, nachfolgend beschrieben, einfache Bildungsverfahren. Im Ergebnis ist jedes Kanalkodewort a in seiner Polynomdarstellung ein Vielfaches vom Generatorpolynom $g(x)$, die Notwendigkeit dafür zeigt Abschn. 8.5.2.4.

8.5.2.1 Generatormatrix und Kontrollmatrix

Eine uns schon bekannte Methode zur Bestimmung des Kanalkodeworts a basiert auf einer Generatormatrix G (s. Abschn. 8.3.4.1). Bei einem zyklischen Kode wird G auf der Grundlage des Generatorpolynoms $g(x)$ erzeugt. $g(x)$ ist in Koeffizientendarstellung der Länge n ein Kanalkodewort in A, damit auch jede zyklische Verschiebung (Definition 8.5.1).

Ein zyklischer Kode A der Länge n ist auf der Grundlage des Generatorpolynoms $g(x) = x^k + u_{k-1}x^{k-1} + ... + u_0 x^0$ in Koeffizientendarstellung durch die folgende $l \times n$ Generatormatrix

$$G_{l \times n} = \begin{pmatrix} 0 & 0 & ... & 0 & 1 & u_{k-1} ... u_1 \, u_0 \\ 0 & 0 & ... & 1 & u_{k-1} & u_{k-2} ... u_0 \; 0 \\ \multicolumn{4}{c}{.................................} \\ 1 & u_{k-1} & \multicolumn{3}{c}{.................} & 0 \; 0 \end{pmatrix}$$

vollständig beschrieben.

Das Kanalkodewort $a \in A$ entsteht aus der Multiplikation des zu kodierenden Quellenkodeworts $a^* \in A^*$ und der Generatormatrix G:

$$a = a^* \cdot G_{l \times n}.$$

Die Menge aller Linearkombinationen der l Basisvektoren (Generatorwörter) in G stellt die Gesamtheit aller Kanalkodewörter mit $L = 2^l$ im Kodealphabet A dar, deren Kodepolynome $a(x)$ immer ein Vielfaches von $g(x)$ sind.

Die Kontrollmatrix H für einen zyklischen Kode kann, wie im Abschn. 8.3.4.2 gezeigt, durch Umwandlung der Generatormatrix G in ihre kanonische Staffelform nach Gl. (8.17) und Anwendung der Gl. (8.20) gewonnen werden. Fehlererkennung und Einfachfehlerkorrektur erfolgen dann Abschn. 8.3.5 entsprechend.[14]

---

[14] Zyklische Kodes bieten weiterhin die Möglichkeit, über das Hauptpolynom $f(x) = x^n + 1$ (s. S. 168) ein Kontrollpolynom $h(x)$ mit $h(x) = \frac{f(x)}{g(x)}$ zu berechnen. Die zyklische Verschiebung von $h(x)$ in Koeffizientendarstellung der Länge n beschreibt eine Kontrollmatrix $H_{k \times n}$.

Die Bildung des Kodealphabets auf Basis der Generatormatrix zeigt, dass es sich bei den zyklischen Kodes um spezielle Linearkodes handelt, die aber für diese Kodes unnötig komplex ist. Der Vorteil zyklischer Kodes liegt gerade in der *vollständigen Beschreibung des Kanalkodes A nur durch das Generatorpolynom* $g(x)$, Grundlage der folgenden Bildungsverfahren.

8.5.2.2 Multiplikationsverfahren

> Ein zyklischer Kode A der Länge n ist durch ein Generatorpolynom $g(x)$ beschrieben. Das Kodepolynom $a(x)$ des Kanalkodeworts a entsteht aus der Multiplikation des zu kodierenden Polynoms $a^*(x)$ mit dem Generatorpolynom $g(x)$:
>
> $$a(x) = a^*(x)\, g(x).$$

Es ist offensichtlich, dass bei der Multiplikation eines Polynoms $a^*(x)$ vom Grad kleiner oder gleich $(l-1)$ mit dem Generatorpolynom $g(x)$ ein Kodepolynom $a(x)$ entsteht, das ein Vielfaches von $g(x)$ darstellt.

Beispiel 8.5.7

Ein zyklischer Kode sei durch das Generatorpolynom $g(x) = m_1(x) = x^3 + x + 1$, wobei $m_1(x) = M(x)$ primitiv ist, definiert. Die Kodeparameter sind damit $n = 2^3 - 1 = 7$, $k = \operatorname{grad} g(x) = 3$ und $l = n - k = 4$.

Um z. B. das Quellenkodewort $a^* = (0\,1\,1\,1)$ zu kodieren, wird aus a^* das Polynom $a^*(x) = 0 \cdot x^3 + 1 \cdot x^2 + 1 \cdot x^1 + 1 \cdot x^0 = x^2 + x + 1$ gebildet und dieses mit $g(x)$ multipliziert:

$$a(x) = a^*(x)\, g(x) = (x^2 + x + 1)(x^3 + x + 1) = \underline{x^5 + x^4 + 1}\,.$$

Das entspricht dem Kanalkodewort $a = (0\,1\,1\,0\,0\,0\,1)$.

Für die Menge aller 4stelligen Quellenkodewörter a_i^* aus A^* erhält man die folgenden Kanalkodewörter a_i:

i	a_i^*	a_i	i	a_i^*	a_i
0	0000	0000000	8	1000	1011000
1	0001	0001011	9	1001	1010011
2	0010	0010110	10	1010	1001110
3	0011	0011101	11	1011	1000101
4	0100	0101100	12	1100	1110100
5	0101	0100111	13	1101	1111111
6	0110	0111010	14	1110	1100010
7	0111	0110001	15	1111	1101001

$\square$

Aus dem Beispiel ist erkennbar, dass die Zuordnung der Quellenkodewörter aus A^* zu den Kanalkodewörtern aus A eineindeutig ist, dass aber die Elemente der Quellenkodewörter a_i^* nicht mehr explizit auf definierten Positionen in den Kanalkodewörtern a_i enthalten sind. Es handelt sich also um keinen systematischen Kode (s. a. Definition 8.3.2).

8.5.2.3 Divisionsverfahren

Ein zyklischer Kode A der Länge n ist durch ein Generatorpolynom $g(x)$ (vom Grad k) beschrieben. Das Kodepolynom $a(x)$ des Kodeworts a entsteht aus der Multiplikation des zu kodierenden Polynoms $a^*(x)$ mit x^k und der Subtraktion eines Restpolynoms $r(x)$:

$$a(x) = a^*(x)\,x^k - r(x)\,, \text{ wobei } r(x) = (a^*(x)\,x^k)\,\mathrm{mod}\,g(x)\,.$$

Bei diesem Verfahren wird $a^*(x)$ mit x^k multipliziert, d. h., das Polynom wird um die k redundanten Stellen nach links verschoben. Man erhält ein Polynom, dessen Grad kleiner oder gleich $(n-1)$ ist und dessen Koeffizienten $u_{k-1}, u_{k-2}, ..., u_1, u_0$ sämtlich Null sind. Dieses Polynom ist in der Regel nicht ohne Rest durch $g(x)$ teilbar, ist also kein Kodepolynom. Das Restpolynom $r(x)$ ist vom Grad kleiner als der Grad k von $g(x)$. Subtrahiert man dieses Restpolynom von $a^*(x)\,x^k$ (wegen der Modulo-2-Arithmetik entspricht dies einer Addition), so erhält man ein Kodepolynom, d. h., $a(x)$ ist wieder ein Vielfaches von $g(x)$:

$$a(x) = a^*(x)\,x^k + r(x) \quad \text{im } GF(2)\,.$$

Das Restpolynom $r(x)$ widerspiegelt die Belegung der Kontrollstellen im Kodepolynom $a(x)$.

Beispiel 8.5.8

Die Kanalkodewörter eines zyklischen Kodes mit $g(x) = x^3 + x + 1$ aus Beispiel 8.5.7 sollen nach dem Divisionsverfahren gebildet werden.
Für das zu kodierende Quellenkodewort $a^* = (0\,1\,1\,1)$, das dem Polynom $a^*(x) = x^2 + x + 1$ entspricht, gilt dann $a^*(x)\,x^k = (x^2 + x + 1)\,x^3 = x^5 + x^4 + x^3$.
Die Division durch $g(x)$ liefert:

$$
\begin{array}{l}
(x^5 + x^4 + x^3) : (x^3 + x + 1) = x^2 + x \\
\underline{x^5 \qquad\; + x^3 + x^2} \\
\quad\; x^4 \qquad\; + x^2 \\
\underline{\quad\; x^4 \qquad\; + x^2 + x} \\
\qquad\qquad\qquad\quad x = r(x)\,.
\end{array}
$$

Das Kodepolynom lautet damit: $a(x) = a^*(x)\,x^k + r(x) = \underline{x^5 + x^4 + x^3 + x}$.
Dies entspricht dem Kanalkodewort $a = (0\,1\,1\,1\,0\,1\,0) = [a^*\,0\,1\,0]$.
Für alle Quellenkodewörter $a_i^* \in A^*$ erhält man mit Anwendung des Divisionsverfahrens die folgende Zuordnung zu $a_i \in A$:

i	a_i^*	a_i
0	0 0 0 0	0 0 0 0 0 0 0
1	0 0 0 1	0 0 0 1 0 1 1
2	0 0 1 0	0 0 1 0 1 1 0
3	0 0 1 1	0 0 1 1 1 0 1
4	0 1 0 0	0 1 0 0 1 1 1
5	0 1 0 1	0 1 0 1 1 0 0
6	0 1 1 0	0 1 1 0 0 0 1
7	0 1 1 1	0 1 1 1 0 1 0

i	a_i^*	a_i
8	1 0 0 0	1 0 0 0 1 0 1
9	1 0 0 1	1 0 0 1 1 1 0
10	1 0 1 0	1 0 1 0 0 1 1
11	1 0 1 1	1 0 1 1 0 0 0
12	1 1 0 0	1 1 0 0 0 1 0
13	1 1 0 1	1 1 0 1 0 0 1
14	1 1 1 0	1 1 1 0 1 0 0
15	1 1 1 1	1 1 1 1 1 1 1

□

Das Beispiel 8.5.8 zeigt, dass die *Anwendung des Divisionsverfahrens einen systematischen Kanalkode erzeugt*, d. h., durch Wegstreichen der redundanten Stellen erhält man unmittelbar das Quellenkodewort a^*. Die Koeffizienten $u_{n-1}, u_{n-2}, ..., u_k$ des Polynoms sind mit dem zu kodierenden Quellenkodewort $a^* = (u_{l-1}\, u_{l-2} \dots u_1\, u_0)$ identisch.

Die Erzeugung eines systematischen Kanalkodes widerspiegelt die große praktische Bedeutung des Divisionsverfahrens.

Die Beispiele 8.5.7 und 8.5.8 beschreiben das gleiche Kodealphabet. Das kann auch gar nicht anders sein, denn definitionsgemäß sind die Kodepolynome, deren Koeffizienten die Kanalkodewörter repräsentieren, die Menge *aller* n-stelligen Polynome, die ohne Rest durch $g(x)$ teilbar sind. Die Zuordnung der 2^l Quellenkodewörter aus A^* zu den Kanalkodewörtern aus A ist jedoch bei der Kodierung durch Multiplikation anders als bei der Kodierung durch Division. Selbstverständlich ist diese Zuordnung in jedem Fall für sich eineindeutig.[15]

Die zyklische Eigenschaft lässt sich anhand der vollständigen Kodebeschreibung in Beispiel 8.5.8 leicht überprüfen. Bei zyklischer Verschiebung der Elemente eines beliebigen Kodeworts a_i entsteht mit a_j wieder ein Kodewort.

8.5.2.4 Fehlererkennung

Der Bildung des Kodealphabets wurde zugrundegelegt, dass jedes Kanalkodewort a in seiner Polynomdarstellung ein Vielfaches von $g(x)$ ist. Diese Eigenschaft nutzt man bei der Erkennung von Verfälschungen. Man berechnet ein sogenanntes **Fehlerpolynom** (auch Prüf- oder Restpolynom) mit

$$r(x) = b(x) \bmod g(x) \tag{8.29}$$

und prüft auf Rest Null. Ist $r(x) \neq 0$ ist $b \notin A$.

Ist eine gestörte Empfangsfolge $b = a \oplus e$ in seiner Polynomdarstellung jedoch

---

[15] Die Generatormatrix, erhalten durch zyklische Verschiebung der Koeffizienten des Generatorpolynoms, liefert noch eine andere Zuordnung der Quellenkodewörter zu den Kanalkodewörtern. Dagegen erzeugt die Generatormatrix mit $G = [I_l\, C]$ einen systematischen Kode, d. h., die Zuordnung entspricht der bei Anwendung des Divisionsverfahrens.

durch $g(x)$ ohne Rest teilbar, dann ist b, und damit e, in A definiert und es erfolgt eine eindeutige Zuordnung zu einem Quellenkodewort b^* aus B^*, wobei $b^* \neq a^*$. Diese Fehler sind nicht erkennbar (Axiom G1: Abgeschlossenheit). *Alle Fehlermuster mit einem Gewicht $w(e) < d_{min}$ sind mit Sicherheit erkennbar.*

> Zyklische Kodes zeichnen sich ferner dadurch aus, dass sie alle Fehlermuster mit Sicherheit erkennen, bei denen der Abstand zwischen dem ersten und dem letzten fehlerhaften Element (einschließlich dieser) kleiner oder gleich dem Grad k des Generatorpolynoms ist.

Fehlermuster dieser Art, die als **Bündelfehler** bezeichnet werden, lassen sich durch das Fehlerpolynom

$$e(x) = 0\,x^{n-1} + 0\,x^{n-2} + ... + \mathbf{1}\,x^{i-1} + ... + \mathbf{1}\,x^{i-f_b} + 0\,x^{i-f_b-1} + ... + 0\,x^0$$

$$= x^{i-f_b}(\mathbf{1}\,x^{f_b-1} + u_{f_b-2}x^{f_b-2} + ... + u_1x^1 + \mathbf{1})$$

mit $u_{f_b-1} = u_0 = \mathbf{1}$ und $u_j \in GF(2)$ $(j = 1, 2, ..., (f_b - 2))$ darstellen.

f_b beschreibt in diesem Fall den Grad der Bündelfehlererkennung. *Für $f_b \leq k$ ist $e(x)$ mit Sicherheit nicht ohne Rest durch $g(x)$ teilbar.* Somit ist auch $b \notin A$. Dies gilt unabhängig davon, ob einer der Koeffizienten $u_{f_b-2}, ..., u_2, u_1$ in $e(x)$ oder mehrere oder alle den Wert 1 haben.

Beispiel 8.5.9

Ein Kanalkode wurde mit dem Generatorpolynom $g(x) = x^3 + x + 1$ erzeugt. Anstelle der Sendefolge $a = (1\,0\,1\,1\,0\,0\,0)$ wurde die Folge $b = (1\,1\,1\,0\,0\,0\,0)$ empfangen. Ist dieser Fehler erkennbar?

$$b(x) : g(x) = (x^6 + x^5 + x^4) : (x^3 + x + 1) = x^3 + x^2$$
$$\underline{x^6 + x^4 + x^3}$$
$$x^5 + x^3$$
$$\underline{x^5 + x^3 + x^2}$$
$$x^2 = r(x)\,,$$

$r(x) \neq 0 \;\longrightarrow\; b \notin A\,.$

Begründung: $e = a \oplus b = (0\,1\,0\,1\,0\,0\,0)$, d. h. $f_b = 3 = k$ und damit erkennbar. Dieser Kanalkode hat auch ein $d_{min} = 3$ (s. Abschn. 8.5.3) und kann somit entsprechend Gl. (8.6) $f_e = 2$ Fehler mit Sicherheit erkennen. $\square$

Neben den bisher aufgezeigten mit Sicherheit erkennbaren Fehlern sind natürlich *alle Fehlermuster erkennbar, die nicht die Struktur eines Kanalkodeworts haben*, d. h., aus dem Verhältnis von nichterkennbaren Fehlermustern zu allen Fehlermustern

$$\frac{2^l}{2^n} = \frac{2^l}{2^{l+k}} = 2^{-k}$$

ergibt sich eine Fehlererkennungswahrscheinlichkeit von

$$p_{FE} = (1 - 2^{-k}) \cdot 100\,\% \,. \tag{8.30}$$

Bei $k = 3$ redundanten Stellen, wie im obigen Beispiel, liegt die Fehlererkennungswahrscheinlichkeit immerhin bei $p_{FE} = 87,5\,\%$, bei $k = 7$ redundanten Stellen sogar schon bei $p_{FE} = 99,2\,\%$!

Nach Fehlererkennung erfolgt im Weiteren je nach Anwendungsfall eine Aufforderung zur Wiederholung des Übertragungsvorgangs oder zur Rekonstruktion.

8.5.3   BCH-Kodes

> **Definition 8.5.4** *Bei einem binären BCH-Kode sind die Koeffizienten der Kodepolynome Elemente über $GF(2)$. Der Kode ist über einem Erweiterungskörper $GF(2^{k_1})$ definiert, der durch ein irreduzibles (primitives) Modularpolynom $M(x)$ über $GF(2)$ erzeugt wird.*

8.5.3.1 Primitive BCH-Kodes

Ein BCH-Kode wird durch sein Generatorpolynom $g(x)$ vollständig beschrieben. Die Erzeugung von $g(x)$ hängt in jedem Fall von einem Modularpolynom $M(x)$ und einem beliebig wählbaren Entwurfsabstand [design distance] d_E ab.

> Einem primitiven BCH-Kode liegt ein primitives Modularpolynom zugrunde.

Bei BCH-Kodes geht man von einem Entwurfsabstand aus, da bei der Konstruktion des Generatorpolynoms der tatsächliche Abstand [actual distance] der Kanalkodewörter auch größer sein kann, d. h. $d_{min} \geq d_E$. Der Entwurfsabstand widerspiegelt die geforderte Leistungsfähigkeit des aufzubauenden Kodes, der sich in einer notwendigen Aufeinanderfolge von Nullstellen darstellt.

Zunächst wird für die Bildung des Generatorpolynoms bereits Bekanntes vorausgesetzt (vergleiche mit Abschn. 8.5.1):

1. Auf der Grundlage des primitiven Modularpolynoms $M(x)$ vom Grad k_1 ist der Erweiterungskörper $GF(2^{k_1}) = \{0, 1, \alpha^1, \alpha^2, ..., \alpha^{2^{k_1}-2}\}$ definiert.

2. Ein Minimalpolynom $m_i(x)$ hat $\alpha^i, \alpha^{2i}, \alpha^{4i}, ...$ als Nullstellen. Damit sind die Minimalpolynome $m_i(x), m_{2i}(x), m_{4i}(x), ...$ gleich.

3. Das Generatorpolynom $g(x)$ hat die *Aufeinanderfolge von*
   $$\alpha^\mu, \alpha^{\mu+1}, \alpha^{\mu+2}, ..., \alpha^{\mu+d_E-2}$$
   als *Nullstellen*, so auch die Kanalkodewörter $a_i \in A$.

Damit ein BCH-Kode *die* aufeinanderfolgenden Elemente α^i ($i = \mu, \mu+1, ...,$ $\mu + d_E - 2$) als Nullstellen enthält, wird $g(x)$ i. Allg. ein Produkt von Minimalpolynomen sein:

$$g(x) = \text{kgV}\left\{m_\mu(x), m_{\mu+1}(x), m_{\mu+2}(x), ..., m_{\mu+d_E-2}(x)\right\}. \qquad (8.31)$$

Den zueinander konjugierten Elementen im Erweiterungskörper $GF(2^{k_1})$ ist das gleiche Minimalpolynom zugeordnet. Nach Gl. (8.31) gehen bei der Konstruktion von $g(x)$ nur die voneinander unabhängigen Minimalpolynome ein. μ ist dabei eine beliebige ganze Zahl. Dieser Parameter beeinflusst die Aufeinanderfolge der Nullstellen und damit auch den tatsächlichen Minimalabstand d_{min}. In vielen praktischen Anwendungsfällen ist $\mu = 0$ oder $\mu = 1$.
In unseren Betrachtungen gehen wir im Weiteren von einer Aufeinanderfolge der Nullstellen im Abstand Eins der Exponenten von α^i aus. Dieser kann auch größer sein. Entscheidend ist, dass dieser Abstand konstant ist.

Mit diesem Wissen lassen sich bereits die *Kodeparameter eines BCH-Kodes* angeben. Die realisierbare Kodewortlänge ergibt sich aus dem Grad des primitiven Modularpolynoms $M(x)$ mit $n = 2^{k_1} - 1$. Die Anzahl redundanter Stellen leitet sich aus dem Grad des Generatorpolynoms mit $k = \text{grad}\, g(x)$ [16] ab und die Anzahl der maximal möglichen Informationsstellen ist $l = n - k$.

Beispiel 8.5.10
Es ist ein geeigneter (n, l, d_{min})BCH-Kode mit einer Leistungsfähigkeit von $f_k = 2$ zu beschreiben. Das Modularpolynom $M(x) = x^4 + x + 1$ und der zugehörige Erweiterungskörper $GF(2^4)$ sind gegeben:

Elemente von $GF(2^4)$ als			Zugehörige
Potenzen von α	Polynom- reste	Polynom- koeffizienten	Minimalpolynome
0	0	0 0 0 0	
α^0	1	0 0 0 1	$m_0(x) = x + 1$
α^1	α	0 0 1 0	$m_1(x) = x^4 + x + 1$
α^2	α^2	0 1 0 0	$m_2(x) = x^4 + x + 1$
α^3	α^3	1 0 0 0	$m_3(x) = x^4 + x^3 + x^2 + x + 1$
α^4	$\alpha + 1$	0 0 1 1	$m_4(x) = x^4 + x + 1$
α^5	$\alpha^2 + \alpha$	0 1 1 0	$m_5(x) = x^2 + x + 1$
α^6	$\alpha^3 + \alpha^2$	1 1 0 0	$m_6(x) = x^4 + x^3 + x^2 + x + 1$

[16] Nur für $k_1 = 2$ ist die Anzahl der aufeinanderfolgenden Nullstellen gleich dem Grad des Generatorpolynoms. Für $k_1 > 2$ ist der Grad des Generatorpolynoms immer größer, bedingt durch das Vorhandensein von konjugierten Nullstellen in jedem Minimalpolynom.

	Elemente von $GF(2^4)$ als		Zugehörige
Potenzen von α	Polynom-reste	Polynom-koeffizienten	Minimalpolynome
α^7	$\alpha^3 + \alpha + 1$	1 0 1 1	$m_7(x) = x^4 + x^3 + 1$
α^8	$\alpha^2 + 1$	0 1 0 1	$m_8(x) = x^4 + x + 1$
α^9	$\alpha^3 + \alpha$	1 0 1 0	$m_9(x) = x^4 + x^3 + x^2 + x + 1$
α^{10}	$\alpha^2 + \alpha + 1$	0 1 1 1	$m_{10}(x) = x^2 + x + 1$
α^{11}	$\alpha^3 + \alpha^2 + \alpha$	1 1 1 0	$m_{11}(x) = x^4 + x^3 + 1$
α^{12}	$\alpha^3 + \alpha^2 + \alpha + 1$	1 1 1 1	$m_{12}(x) = x^4 + x^3 + x^2 + x + 1$
α^{13}	$\alpha^3 + \alpha^2 + 1$	1 1 0 1	$m_{13}(x) = x^4 + x^3 + 1$
α^{14}	$\alpha^3 + 1$	1 0 0 1	$m_{14}(x) = x^4 + x^3 + 1$

Lösung:

Der Zyklus der Polynomreste ist maximal und damit $n = 15$.
Die Elemente des Erweiterungskörpers bilden die folgenden Zyklen:

α^0

$\alpha^1, \alpha^2, \alpha^4, \alpha^8$

$\alpha^3, \alpha^6, \alpha^{12}, \alpha^9$

α^5, α^{10}

$\alpha^7, \alpha^{14}, \alpha^{13}, \alpha^{11}$.

Damit sind über $GF(2^4)$, wie auch in der Tabelle sichtbar, drei Minimalpolynome vom Grad 4 und jeweils ein Minimalpolynom vom Grad 1 und 2 definiert. Der Entwurfsabstand leitet sich aus der geforderten Leistungsfähigkeit ab, im Beispiel mit $d_E = 2\,f_k + 1 = 5$ (Gl. (8.7)) gegeben. Aus der mit d_E notwendigen Aufeinanderfolge der Nullstellen (α^i-Folge$_{soll}$) wird in Abhängigkeit von μ das Generatorpolynom (Gl. (8.31)) erzeugt. Über die in $g(x)$ einbezogenen Zyklen kann die tatsächliche Nullstellenfolge (α^i-Folge$_{ist}$) und damit der tatsächliche Abstand d_{min} ermittelt werden:

$$\mu + d_{min} - 2 = x \quad \text{mit} \quad x - \text{größter Exponent der Aufeinanderfolge.}$$

Einfacher ausgedrückt: *d_{min} ergibt sich aus der tatsächlichen Anzahl aufeinanderfolgender Nullstellen plus Eins.*

	$\mu = 0$	$\mu = 1$
α^i-Folge$_{(soll)}$	$\alpha^0, \alpha^1, \alpha^2, \alpha^3$	$\alpha^1, \alpha^2, \alpha^3, \alpha^4$
$g_\mu(x) =$	kgV$\{m_0(x), m_1(x), ..., m_3(x)\}$	kgV$\{m_1(x), m_2(x), ..., m_4(x)\}$
	$= m_0(x)\, m_1(x)\, m_3(x)$	$= m_1(x)\, m_3(x)$
α^i-Folge$_{(ist)}$	$\alpha^0, \alpha^1, \alpha^2, \alpha^3, \alpha^4$	$\alpha^1, \alpha^2, \alpha^3, \alpha^4$
$d_{min} =$	6	5

Die Minimalpolynome lassen sich auf der Basis der Zyklen berechnen:

$m_0(x) = x + \alpha^0 = x + 1$,

$m_1(x) = M(x) = x^4 + x + 1$,

$m_3(x) = (x + \alpha^3)(x + \alpha^6)(x + \alpha^9)(x + \alpha^{12}) = x^4 + x^3 + x^2 + x + 1$.

Die Generatorpolynome sind damit wie folgt bestimmt:

$$g_0(x) = (x + 1)\,(x^4 + x + 1)\,(x^4 + x^3 + x^2 + x + 1)$$
$$= \underline{x^9 + x^6 + x^5 + x^4 + x + 1}\,,$$
$$g_1(x) = (x^4 + x + 1)\,(x^4 + x^3 + x^2 + x + 1)$$
$$= \underline{x^8 + x^7 + x^6 + x^4 + 1}\,.$$

Betrachtet man $g_\mu(x)$ genauer, widerspiegelt das Generatorpolynom auch den tatsächlichen Minimalabstand mit $d_{min} = w(g_\mu)$. Es ist $d_{min} \geq d_E$.

Mit $g_\mu(x)$ ergeben sich jetzt folgende BCH-Kodes, die Leistung der Kodes unter dem Aspekt der Fehlerkorrektur durch Wiederholung *oder* durch Rekonstruktion betrachtet:

$g_0(x) \longrightarrow (15, 6, 6)$BCH-Kode mit $f_e = 5$ *oder* $f_e = 3$, $f_k = 2$ (s. a. S. 134),

$g_1(x) \longrightarrow (15, 7, 5)$BCH-Kode mit $f_e = 4$ *oder* $f_k = 2$.

Ein größerer Minimalabstand weist bessere Leistungseigenschaften auf, jedoch immer zulasten der Quellenkodelänge l und damit der Anzahl Quellenkodewörter $L = 2^l$. Es ist also notwendig, diese Parameter in Abhängigkeit vom jeweiligen Anwendungsfall „optimal" zu gestalten. $\qquad\qquad\qquad\square$

Obige Betrachtung geht von der Vorgabe eines primitiven Modularpolynoms und damit der Kenntnis des Kodeparameters n aus. Es ist genauso gut möglich, den Kodeparameter l, der das Wissen von der Informationsquelle widerspiegelt, vorzugeben. In diesem Fall muss ein geeigneter Grad k_1 des zugrunde liegenden Modularpolynoms $M(x)$ mit der Bedingung

$$n = 2^{k_1} - 1 \geq l + k \qquad\qquad\qquad (8.32)$$

gefunden werden. Das Modularpolynom vom Grad k_1 wird dann bekannten Tabellen (z. B. [PEW 91], [BOS 98]) entnommen.

Beispiel 8.5.11

Zur sicheren Übertragung soll für Quellenkodeblöcke der Länge $l = 25$ ein BCH-Kode konstruiert werden, welcher alle Fehlermuster mit einem Gewicht $w(e) \leq 4$ mit Sicherheit korrigiert.

Lösung:

Es sind Entwurfsabstand $d_E = 2 f_k + 1 = 9$ und damit Generatorpolynom $g(x) = \text{kgV}\{m_1(x), m_2(x), ..., m_8(x)\}$ ($\mu = 1$ gewählt) mit den notwendig aufeinanderfolgenden Nullstellen $\alpha^1, \alpha^2, ..., \alpha^8$ gegeben.

$k_1 = 5:$ $2^5 - 1 = 31 \geq 25 + k$ (Gl. (8.32), $k \leq 6$?

Zyklen: $\alpha^1, \alpha^2, \alpha^4, \alpha^8, \alpha^{16}$ $\operatorname{grad} m_1(x) = 5$

$\alpha^3, \alpha^6, \alpha^{12}, \alpha^{24}, \alpha^{48 \bmod 31} = \alpha^{17}$ $\operatorname{grad} m_3(x) = 5$

$\longrightarrow$ Abbruch, da beide Zyklen bereits mehr als 6 redundante Stellen erfordern.

$k_1 = 6:$ $2^6 - 1 = 63 \geq 25 + k$, $k \leq 38$?

Zyklen: $\underline{\alpha^1}, \underline{\alpha^2}, \underline{\alpha^4}, \underline{\alpha^8}, \alpha^{16}, \alpha^{32}$ $\operatorname{grad} m_1(x) = 6$

$\underline{\alpha^3}, \underline{\alpha^6}, \alpha^{12}, \alpha^{24}, \alpha^{48}, \alpha^{96 \bmod 63} = \alpha^{33}$ $\operatorname{grad} m_3(x) = 6$

$\underline{\alpha^5}, \alpha^{10}, \alpha^{20}, \alpha^{40}, \alpha^{17}, \alpha^{34}$ $\operatorname{grad} m_5(x) = 6$

$\underline{\alpha^7}, \alpha^{14}, \alpha^{28}, \alpha^{56}, \alpha^{49}, \alpha^{35}$ $\operatorname{grad} m_7(x) = 6$

$\longrightarrow$ Notwendige Aufeinanderfolge von Nullstellen in vier Zyklen, $d_{min} = 9$

$\longrightarrow$ $g(x) = m_1(x)\, m_3(x)\, m_5(x)\, m_7(x)$, $k = \operatorname{grad} g(x) = 24$

$\longrightarrow$ $(63, 39, 9)$BCH-Kode

Da die Quelle nur eine Quellenkodelänge von $l = 25$ erfordert, lässt sich dieser Kode verkürzen. D. h., anstelle des Auffüllens von Vornullen verkürzt man l auf die notwendige Anzahl und arbeitet mit einem verkürzten $(49, 25, 9)$BCH-Kode. $g(x)$ und d_{min} bleiben davon unbeeinflusst (s. a. Abschn. 8.5.3.3).   □

Die aufgezeigten Zusammenhänge für die Bildung eines Generatorpolynoms und damit Konstruktion eines BCH-Kodes sind auch von Interesse, wenn es um die *Analyse eines* $(n, l, d_{min} =?)BCH$-*Kodes* geht.

Beispiel 8.5.12

Es ist ein $(31, 25, ?)$BCH-Kode bekannt. Über welche Fehlererkennungseigenschaften verfügt dieser Kode?

Lösung:

Der Grad des primitiven Modularpolynoms ist $k_1 = 5$, weil $n = 2^5 - 1 = 31$ ist. Der Grad des Generatorpolynoms ist mit $k = n - l = \operatorname{grad} g(x) = 6$ bekannt. Welche Minimalpolynome sind Bestandteil von $g(x)$?

Zyklen: α^0 $\operatorname{grad} m_0(x) = 1$

$\alpha^1, \alpha^2, \alpha^4, \alpha^8, \alpha^{16}$ $\operatorname{grad} m_1(x) = 5$

$\alpha^3, \alpha^6, \alpha^{12}, \alpha^{17}$ $\operatorname{grad} m_3(x) = 5$

...

$k = 6$ ergibt sich nur für $g(x) = m_0(x)\, m_1(x)$.[17]

Damit sind $\alpha^0, \alpha^1, \alpha^2$ die aufeinanderfolgenden Nullstellen in $g(x)$ und somit $d_{min} = 4$.

Mit diesem $(31, 25, 4)$BCH-Kode sind alle Fehlermuster mit einem Gewicht von $w(e) \leq 3$ und alle Bündelfehler mit $f_b \leq 6$ mit Sicherheit erkennbar.   □

---

[17]Wie für die Konstruktion wird auch bei der Analyse von BCH-Kodes vorausgesetzt, dass nur mit aufeinanderfolgenden Minimalpolynomen der Minimalabstand d_{min} maximal ist.

8.5.3.2 Nichtprimitive BCH-Kodes

Einem nichtprimitiven BCH-Kode liegt ein irreduzibles, nicht primitives Modularpolynom zugrunde.

Für die Bildung des Generatorpolynoms gelten die Ausführungen entsprechend Abschn. 8.5.3.1. Die Kodewortlänge eines nur irreduziblen Modularpolynoms ist $n < 2^{k_1} - 1$ und $n \mid (2^{k_1} - 1)$. Die Nullstellenzyklen mit den zueinander konjugierten Elementen zeigen nicht mehr die bekannte Regelmäßigkeit.

Es stellen sich zwei Fragen:
1. Wie findet man Kodewortlängen nur irreduzibler Polynome?
2. Muss man für jedes irreduzible (auch primitive) Polynom einen neuen Erweiterungskörper aufstellen?

Zunächst zur Beantwortung der ersten Frage:
Man geht vom Grad k_1 aus. Ist $(2^{k_1} - 1)$ eine Primzahl, dann sind alle Minimalpolynome auch primitiv. Wenn nicht, zerlegt man $(2^{k_1} - 1)$ in seine Primfaktoren. Die Primfaktoren selbst oder ein Produkt von Primfaktoren ergeben dann mögliche Kodewortlängen $n \mid (2^{k_1} - 1)$.

Beispiel 8.5.13

k_1	$2^{k_1} - 1$	Primfaktoren	$n \mid (2^{k_1} - 1)$
2	3	3	3
3	7	7	7
4	15	$3 \cdot 5$	5,15
5	31	31	31
6	63	$3 \cdot 3 \cdot 7$	7,9,21,63
7	127	127	127
8	255	$3 \cdot 5 \cdot 17$	15,17,51,85,255
9	511	$7 \cdot 73$	73,511
10	1023	$3 \cdot 11 \cdot 31$	11,31,33,93,341,1023
11	2047	$23 \cdot 89$	23,89,2047
12	4095	$3^2 \cdot 5 \cdot 7 \cdot 13$	13,15,21,35,39,45,63,65,91,105,117,195,...,4095
13	8191	8191	8191
14	16383	$3 \cdot 43 \cdot 127$	43,127,129,381,5461,16838

Es existiert beispielsweise ein nur irreduzibles Polynom vom Grad $k_1 = 8$ mit einer realisierbaren Kodewortlänge von $n = p = 51$. □

Zur zweiten Frage:

Existieren verschiedene primitive Polynome gleichen Grades k_1, so ergeben sich damit äquivalente Erweiterungskörper, d. h., es genügt nur *einen* zu kennen.

In diesem Erweiterungskörper sind alle irreduziblen Polynome definiert. Nutzt man als Modularpolynom nicht das primitive Erzeugerpolynom des Erweiterungskörpers, dann lässt sich in diesem „rechnen". Über den Zusammenhang

$$p_i = \frac{2^{k_1} - 1}{\text{ggT}(2^{k_1} - 1, i)}$$

(s. a. 5. Eigenschaft von Minimalpolynomen, S. 167) findet man für das *i*-te Minimalpolynom die Periode $p_i \mid (2^{k_1} - 1)$. Eine iterative Suche findet darüber hinaus auch die Minimalpolynome, welche eine vorgegebene Periode erfüllen. *Der Index i des gewünschten Minimalpolynoms als Modularpolynom spielt beim Rechnen im gegebenen Erweiterungskörper eine Rolle.*

Beispiel 8.5.14

Das nur irreduzible Polynom $m_3(x)$ aus $GF(2^6)$ (erzeugt auf der Basis von $M(x) = x^6 + x + 1$) sei das Modularpolynom $M(x) = m_1^*(x)$ eines nichtprimitiven BCH-Kodes. Für den Entwurfsabstand $d_E = 5$ ist der Kode zu beschreiben.

Lösung:

Die Periode des $m_3(x)$-Polynoms ist $p_3 = \frac{2^6 - 1}{\text{ggT}(2^6 - 1, 3)} = 21$. Damit ist die Blocklänge des nichtprimitiven BCH-Kodes $n = p_3 = 21$.

Es sei β die Nullstelle von $m_1^*(x)$. Die Zyklen der Elemente über das Modularpolynom $m_1^*(x)$ sind dann:

$\beta^1, \beta^2, \beta^4, \beta^8, \beta^{16}, \beta^{32 \bmod 21} = \beta^{11}$
$\overline{\beta^3}, \overline{\beta^6}, \overline{\beta^{12}}$
$\overline{\beta^5}, \beta^{10}, \beta^{20}, \beta^{19}, \beta^{17}, \beta^{13}$
β^7, β^{14}
$\beta^9, \beta^{18}, \beta^{15}$ sowie β^0.

Das Generatorpolynom ergibt sich für $\mu = 1$ aus:

$g(x) = \text{kgV}\{m_1^*(x), m_2^*(x), m_3^*(x), m_4^*(x)\} = m_1^*(x) \, m_3^*(x)$.

Die Zuordnung der Polynome $m_i^*(x)$ zu $m_i(x)$ in $GF(2^6)$ erfolgt nun über den Zusammenhang $\beta^i = (\alpha^3)^i$, weil α^3 Nullstelle von $m_3(x)$ ist:

$m_1^*(x) \longrightarrow \beta^1 = (\alpha^3)^1 \longrightarrow m_3(x) = x^6 + x^4 + x^2 + x + 1$
$m_3^*(x) \longrightarrow \beta^3 = (\alpha^3)^3 \longrightarrow m_9(x) = x^3 + x^2 + 1$

$m_i(x)$ wird Tabellen, z. B. in [PEW 91] oder [BOS 98], entnommen.

Damit beschreibt das Generatorpolynom $g(x) = m_3(x) \, m_9(x)$ einen nichtprimitiven und wegen $n = p_3$ auch einen zyklischen $(21, 12, 5)$BCH-Kode.

Zum Vergleich: Auf der Basis des primitiven Modularpolynoms $M(x) = x^6 + x + 1$ erhält man für die geforderte Leistungsfähigkeit ein Generatorpolynom $g(x) = m_1(x) \, m_3(x)$ und damit einen primitiven $(63, 51, 5)$BCH-Kode. Für

$l = 12$ Informationsstellen ergibt sich ein verkürzter $(24, 12, 5)$BCH-Kode. Bei gleicher Leistungsfähigkeit weist dieser Kode eine schlechtere Koderate auf. Auch mit einem primitiven Modularpolynom vom Grad $k_1 = 5$ lässt sich „nur" ein verkürzter $(22, 12, 5)$BCH-Kode konstruieren. $\square$

Die Beispiele zeigen: nichtprimitive BCH-Kodes besitzen teilweise bessere Eigenschaften (weniger redundante Stellen) als verkürzte primitive BCH-Kodes.

Der bekannteste nichtprimitive BCH-Kode ist der **GOLAY-Kode**. Das Modularpolynom ist das nichtprimitive Polynom $m_1^*(x) = m_{89}(x)$ im $GF(2^{11})$. Mit $p_{89} = \frac{2047}{\text{ggT}(2047, 89)} = 23$ ergibt sich die Kodewortlänge von $n = p_{89} = 23$. Das Generatorpolynom ist das Modularpolynom mit $g(x) = m_1^*(x) = m_{89}(x) = x^{11} + x^9 + x^7 + x^6 + x^5 + x + 1$. Nach Aufstellen der β^1-Folge erhält man einen vermeintlichen Minimalabstand von $d_{min} = 5$. Die Untersuchung der Gewichtsverteilung des Kodes ($w(g)$ lässt schon darauf schließen) zeigt einen tatsächlichen Abstand von $d_{min} = 7$. Es liegt ein $(23{,}12{,}7)$GOLAY-Kode vor. Auch das Polynom $m_{445}(x)$ im $GF(2^{11})$ erfüllt die beschriebenen Zusammenhänge. $m_{445} = (110001110101)$ ist die bitrückwärts [bit-reversed] gelesene Koeffizientenfolge von $m_{89} = (101011100011)$.[18]

Es sei an dieser Stelle auch erwähnt, dass neben den HAMMING-Kodes und Wiederholungskodes ungerader Länge nur noch der GOLAY-Kode die Eigenschaft besitzt, auch dichtgepackt zu sein (s. Abschn. 8.1.3).

8.5.3.3 Verkürzte und erweiterte BCH-Kodes

> Ein Kanalkode heißt **verkürzt**, wenn die Kodewortlänge n kleiner als die Ordnung p des Elements α des Erweiterungskörpers ist. Dieser Kode verliert seine zyklische Eigenschaft. Seine Eigenschaften bzgl. der Fehlererkennung und Korrektur bleiben jedoch erhalten.

Eine Verkürzung ist nur in den Informationsstellen möglich. Eine Reduzierung der redundanten Stellen würde die Fehlererkennungs- und Korrektureigenschaften verändern. Anwendungen finden sich in den Beispielen 8.5.11 und 8.5.14.

> Ein Kanalkode heißt **erweitert**, wenn entweder dem Generatorpolynom das Minimalpolynom $m_0(x)$ oder dem Kode eine zusätzliche Paritätsstelle hinzugefügt wird. Die Fehlererkennungseigenschaft verbessert sich.

Die Besonderheit von $m_0(x)$ soll zunächst folgendes Beispiel deutlich machen.

---

[18]Bit-reversed Polynome haben die gleiche Eigenschaft. Hat das Polynom $m_i(x)$ die Nullstellen $\alpha^{2^{j-1}i \bmod (2^{k_1}-1)}$ $(j = 1, 2, ..., k_1(= \text{grad } M(x)))$ (vergleiche mit Gl. (8.28)), so hat das bitrückwärts gelesene Polynom die Nullstellen $\alpha^{-(2^{j-1}i) \bmod (2^{k_1}-1)}$ $(j = 1, 2, ..., k_1)$.

Beispiel 8.5.15

Für $l = 4$ und $g(x) = m_0(x) = x + 1$ ist das Kodealphabet A zu beschreiben.

Lösung:

Mit $k = \operatorname{grad} g(x) = 1$ ist die Gesamtkodewortlänge $n = 5$. Die Anwendung des Multiplikationsverfahrens (s. Abschn. 8.5.2.2) führt auf das folgende Kodealphabet A:

i	a_i^*	a_i
0	0 0 0 0	0 0 0 0 0
1	0 0 0 1	0 0 0 1 1
2	0 0 1 0	0 0 1 1 0
3	0 0 1 1	0 0 1 0 1
4	0 1 0 0	0 1 1 0 0
5	0 1 0 1	0 1 1 1 1
6	0 1 1 0	0 1 0 1 0
7	0 1 1 1	0 1 0 0 1

i	a_i^*	a_i
8	1 0 0 0	1 1 0 0 0
9	1 0 0 1	1 1 0 1 1
10	1 0 1 0	1 1 1 1 0
11	1 0 1 1	1 1 1 0 1
12	1 1 0 0	1 0 1 0 0
13	1 1 0 1	1 0 1 1 1
14	1 1 1 0	1 0 0 1 0
15	1 1 1 1	1 0 0 0 1

Anhand der Gewichtsverteilung in A ist $d_{min} = 2$. Alle Kanalkodewörter haben geradzahliges Gewicht. Das Ergebnis ist ein $(5, 4, 2)$Kode.   □

Mit $m_0(x)$ in $g(x)$ werden immer Kanalkodewörter mit geradzahligem Gewicht gebildet. Alle ungeradzahligen Fehler sind somit erkennbar.

Ist $m_0(x)$ nicht Bestandteil von $g(x)$, werden die Parameter eines bestehenden Kodes mit „Erweiterung" um $m_0(x)$ wie folgt beeinflusst: $(n, l - 1, d_{min} + 1)$. Die Verbesserung der Erkennbarkeit wird durch den Verlust einer Informationsstelle erkauft. Für einen verkürzten Kode mit $n < p$ ändert sich die Gesamtkodewortlänge und damit die Beschreibung in $(n + 1, l, d_{min} + 1)$. Die zyklische Eigenschaft bleibt erhalten, solange $n = p$ gilt.

Eine andere Möglichkeit ist die Erweiterung um eine Paritätsstelle (s. Abschn. 8.4.3) über die $n = p$ Kodewortstellen, natürlich vorausgesetzt, dass $m_0(x)$ nicht Bestandteil von $g(x)$ ist. Es entsteht ein erweiterter $(n + 1, l, d_{min} + 1)$ BCH-Kode. Die Rekonstruktion erfolgt zunächst unabhängig von der erweiterten Paritätsstelle. Anschließend wird über die Paritätssummen s_0, gebildet über die $(n + 1)$-Empfangsfolge, und s_1, gebildet über die rekonstruierte n-Folge, auf Korrektur oder Rekonstruktionsversagen entschieden. Ein typischer Vertreter ist auch der erweiterte $(24, 12, 8)$GOLAY-Kode[19].

---

[19]Bei einem geradzahligen Fehler ist $s_0 = 0$. Bei einem Vierfachfehler in der um die Paritätsstelle verkürzten Empfangsfolge ändert der Korrekturalgorithmus (s. S. 203) drei zusätzliche Bits, um das nächste Kodewort zu erhalten, welches einen Abstand von insgesamt sieben zum Originalkodewort hat. Das heißt aber, insgesamt wurden sieben Bits verändert und damit ist $s_1 = 1$. Die Auswertung der Paritätssummen ($s_0 = 0$, $s_1 = 1$) verhindert eine Falschkorrektur und entscheidet auf Rekonstruktionsversagen.
Ein Vierfachfehler mit einem der Fehler im Paritätsbit wird dagegen korrekt dekodiert ($s_0 = 0$, $s_1 = 0$).

8.5.3.4 Anwendungen

Für die Auswahl eines Kanalkodes ist es erforderlich, die Fehlerstruktur auf den Kanälen zu kennen, z. B.:

- Fernsprechkanäle werden oft in Leitungsbündeln geführt. Dadurch beeinflussen diese sich gegenseitig. Durch Nebensprechen werden Störsignale in den Kanal eingekoppelt. Das kann auch passieren, wenn diese Leitungen Fremdfeldern von Hochspannungsanlagen ausgesetzt sind.
- Funkkanäle sind sehr stark durch Interferenzen und Fremdfelder gestört (nicht entstörte KFZ, Radarimpulse, Blitzentladungen u. Ä.).
- Auf BUS-Systemen kann es zu Kollisionen durch Mehrfachzugriffe kommen.
- Das Lesen von Informationen von Datenträgern (CD, DVD, MP3, usw.) kann durch Staubpartikel, Erschütterungen oder Beschädigungen zu Fehlern führen.

Allen diesen Fehlerstrukturen ist gemeinsam, dass nicht nur Einzelfehler entstehen, sondern immer auch Bündelfehler und Abschnitte mit geringer Störung.

BCH-Kodes haben die Fähigkeit, neben Einzelfehlern auch Bündelfehler der Länge $f_b \leq k$ mit Sicherheit zu erkennen. Darüber hinaus sind alle Fehlermuster erkennbar, die nicht die Struktur eines Kanalkodeworts haben. In der Praxis werden diese nur fehlererkennenden Kodes als CRC[cyclic redundancy check]-Kodes (auch CRC-Verfahren) bezeichnet, kurz mit CRC-k angegeben. Die Anzahl redundanter Stellen k bestimmt die Fehlererkennungswahrscheinlichkeit (s. Abschn. 8.5.2.4). Sie finden vor allem bei Filetransfers Anwendung, wo eine hohe Zuverlässigkeit der Daten gesichert werden muss.

Typische CRC-Kodes sind spezielle BCH-Kodes, auch bekannt als zyklische HAMMING- und ABRAMSON-Kodes:

Für **zyklische HAMMING-Kodes** ist $g(x) = m_1(x)$ und damit $(n, l, d_{min}) = (2^{k_1} - 1, 2^{k_1} - 1 - k_1, 3)$.

Für **ABRAMSON-Kodes** gilt $g(x) = m_1(x)(x + 1)$ und damit $(n, l, d_{min}) = (2^{k_1} - 1, 2^{k_1} - 1 - (k_1 + 1), 4)$.

Anwendungen findet man beispielsweise im HDLC-Protokoll mit dem CRC-CCITT-16 oder bei ATM mit CRC-8, CRC-12, CRC-32, im Kodeverkettungsstandard beim Mobilfunk mit einem CRC-3-Kode oder den CRC-23-Kode im digitalen Teilnehmeranschluss von ISDN, xDSL.

Sollte die Möglichkeit einer Fehlerkorrektur durch Wiederholung unmöglich sein (bei der Satellitenkommunikation wegen der Laufzeiten oder in Speicheranwendungen, wenn einzelne Bereiche systematisch und unwiderruflich unbrauchbar sind), eignen sich die zyklischen Kodes, besonders die im Folgenden beschriebenen RS-Kodes, auch sehr gut zur Rekonstruktion.

8.5.4   REED-SOLOMON-Kodes

Definition 8.5.5 *Ein RS-Kode ist ein* **nichtbinärer** *zyklischer Kode, bei dem die Koeffizienten der Kodepolynome Elemente eines Grundkörpers $GF(q) = GF(2^{k_1})$ sind, der durch ein primitives Modularpolynom $M(x)$ über $GF(2)$ erzeugt wird.*

Für q kann eine Primzahl oder Primzahlpotenz stehen. Wegen der optimalen binären Darstellungsmöglichkeit benutzt man in der Praxis Körper zur Basis Zwei, d. h., jedes nichtbinäre Element α^i über $GF(2^{k_1})$ kann durch die k_1 binären Koeffizienten des Polynomrestes $\alpha^i \bmod M(x)$ dargestellt werden.

Das Generatorpolynom hängt von einem primitiven Modularpolynom $M(x)$ und einem beliebig wählbaren Minimalabstand d_{min} ab.

Für die Bildung des Generatorpolynoms werden folgende Zusammenhänge vorausgesetzt (s. a. Abschn. 8.5.1):

1. Auf der Grundlage des primitiven Modularpolynoms $M(x)$ vom Grad k_1 ist der Grundkörper $GF(2^{k_1}) = \{0, 1, \alpha^1, \alpha^2, ..., \alpha^{2^{k_1}-2}\}$ definiert.

2. Bei einem Grundkörper $GF(2^{k_1})$ hat ein Minimalpolynom $m_i(x)$ nur α^i als Nullstelle: $m_i(x) = (x + \alpha^i)$.

3. Das Generatorpolynom $g(x)$ hat die *Aufeinanderfolge von*
   $$\alpha^\mu, \alpha^{\mu+1}, \alpha^{\mu+2}, ..., \alpha^{\mu+d_{min}-2}$$
   als *Nullstellen*, so auch die Kanalkodewörter $a_i \in A$.

Damit ein RS-Kode *die* aufeinanderfolgenden Elemente α^i ($i = \mu, \mu + 1, ..., \mu + d_{min} - 2$) als Nullstellen enthält, ist $g(x)$ ein Produkt von Minimalpolynomen:

$$g(x) = \prod_{i=\mu}^{\mu+d_{min}-2} m_i(x) = \prod_{i=\mu}^{\mu+d_{min}-2} (x + \alpha^i) \, . \tag{8.33}$$

Da sowohl die Koeffizienten als auch die Nullstellen der Kodepolynome im Grundkörper $GF(2^{k_1})$ definiert sind, hat das Generatorpolynom auch nur diese geforderten Nullstellen. Es gibt keine konjugierten Zusammenhänge von α^i. Der wählbare Minimalabstand ist auch der tatsächliche Abstand (vergleiche mit dem Entwurfsabstand bei BCH-Kodes, Abschn. 8.5.3).

Vergleichbar mit BCH-Kodes ist μ eine beliebig wählbare ganze Zahl. Die Wahl von μ beeinflusst allerdings nicht den gewählten Minimalabstand. Auch der

Abstand der Exponenten von α^i der aufeinanderfolgenden Nullstellen ist beliebig wählbar, muss aber konstant sein. Beispiele findet man bei ATM mit $g(x) = \prod\limits_{i=120}^{123} (x + \alpha^i)$ oder im NASA-Standard mit $g(x) = \prod\limits_{i=112}^{143} (x + \alpha^{11\,i})$.
Im Weiteren sei für μ und für den Abstand der Exponenten jeweils Eins angenommen.

Die *Kodeparameter eines RS-Kodes* leiten sich aus bereits von BCH-Kodes bekannten Zusammenhängen ab. Das primitive Modularpolynom bestimmt die realisierbare Kodewortlänge mit $n = 2^{k_1} - 1$. In diesem Fall sind es n Elemente, darstellbar in $n \cdot k_1$ *Bit*. Die Anzahl der Kontrollelemente hängt vom Grad des Generatorpolynoms mit $k = \operatorname{grad} g(x)$ ab. Damit können maximal $l = n - k$ Informationselemente kanalkodiert werden.
Zur Abschätzung von Kodeparametern gibt es verschiedene Schranken. So wird neben der HAMMING-Schranke (s. Abschn. 8.1.3, S. 136) die SINGLETON-Schranke mit

$$k \geq d_{min} - 1 \,. \tag{8.34}$$

benutzt. Der RS-Kode ist neben trivialen binären Kodes[20] der einzige Kode, der diesen Zusammenhang mit Gleichheit erfüllt. Man bezeichnet diesen Kode deshalb auch als **MDS[maximum distance separable]-Kode**.

Damit lässt sich das Gewicht der Kanalkodewörter[21] auch wie folgt ausdrücken:

$$w(a_i) \geq k + 1 \ \text{ für alle } \ a_i \in A \setminus \{a_0\}.$$

Mit $d_{min} = 2f_k + 1$ und $k = d_{min} - 1$ hängt damit der Fehlerkorrekturgrad unmittelbar von k ab:

$$f_k = \frac{k}{2} \,. \tag{8.35}$$

Der RS-Kode ist damit in der Lage, mit Sicherheit $\frac{k}{2}$ Einzelfehler zu je k_1 Bit oder Bündelfehler der Länge $((\frac{k}{2} - 1)k_1 + 1)$ Bit zu korrigieren.
Folgendes Beispiel zeigt die Bildung eines RS-Kodes. Für das Rechnen mit nichtbinären Koeffizienten sei auch auf die Fußnote 13, S. 166 verwiesen.

---

[20]Es handelt sich dabei um die folgenden (n, l, d_{min})Kodes: $(n, 1, n)$Wiederholungskode, $(n, n-1, 2)$Paritätskode, $(n, n, 1)$Quellenkode.

[21]Erwähnenswert: Nur für wenige Kodes existiert ein Zusammenhang zur Berechnung der Gewichtsverteilung eines Kanalkodes (eine experimentelle Untersuchung bietet sich nur für kurze Kodes an). Für RS-Kodes kann die Anzahl w_i der Kodewörter mit dem Gewicht i wie folgt berechnet werden [PEW 91]:

$$w_i = \binom{n}{i} \sum_{j=0}^{i-1-k} (-1)^j \binom{i}{j} ((2^{k_1})^{i-j-k} - 1) \ (i = k+1, k+2, ..., n), \ w_0 = 1, \ w_{1,2,...,k} = 0 \,.$$

Beispiel 8.5.16

Es ist ein RS-Kode mit einem Minimalabstand von $d_{min} = 5$ auf der Basis des primitiven Modularpolynoms $M(x) = x^3 + x + 1$ über $GF(2^3)$ zu beschreiben ($g(x)$ und Kodeparameter).

Für das Quellenkodewort $a^* = (\alpha^2 \alpha^6 \alpha^5)$ ist das Kanalkodewort a zu bestimmen. Dabei ist das Divisionsverfahren anzuwenden (s. Abschn. 8.5.2.3).

Lösung:

$M(x)$ bestimmt $n = 2^3 - 1 = 7$. Aus d_{min} und Gl. (8.34), erfüllt mit Gleichheit, ist $k = 4$ und damit $l = 3$. Es ist somit ein $(7, 3, 5)$RS-Kode gegeben.

Die Kodierung des Quellenkodeworts erfordert zunächst die Bildung des Generatorpolynoms. Der Grundkörper $GF(2^3)$ für das Modularpolynom $M(x) = x^3 + x + 1$ ist bekannt:

Elemente von $GF(2^3)$ als		
Potenzen von α	Polynomreste	Polynomkoeffizienten
0	0	0 0 0
1	1	0 0 1
α^1	α	0 1 0
α^2	α^2	1 0 0
α^3	$\alpha + 1$	0 1 1
α^4	$\alpha^2 + \alpha$	1 1 0
α^5	$\alpha^2 + \alpha + 1$	1 1 1
α^6	$\alpha^2 \quad + 1$	1 0 1

Das Generatorpolynom ergibt sich nach Gl. (8.33):

$$g(x) = \prod_{i=1}^{1+5-2} (x + \alpha^i) = (x + \alpha)(x + \alpha^2)(x + \alpha^3)(x + \alpha^4)$$
$$= x^4 + \alpha^3 x^3 + x^2 + \alpha x + \alpha^3 .$$

Die Kodierung gestaltet sich dann wie folgt:

$$a^*(x)\, x^k = (\alpha^2 x^2 + \alpha^6 x + \alpha^5)\, x^4 = \alpha^2 x^6 + \alpha^6 x^5 + \alpha^5 x^4 .$$

Die Division durch $g(x)$ berechnet $r(x)$:

$$
\begin{array}{l}
(\alpha^2 x^6 + \alpha^6 x^5 + \alpha^5 x^4) : (x^4 + \alpha^3 x^3 + x^2 + \alpha x + \alpha^3) = \alpha^2 x^2 + \alpha x + \alpha^6 \\
\underline{\alpha^2 x^6 + \alpha^5 x^5 + \alpha^2 x^4 + \alpha^3 x^3 + \alpha^5 x^2} \\
\quad \alpha\, x^5 + \alpha^3 x^4 + \alpha^3 x^3 + \alpha^5 x^2 \\
\quad \underline{\alpha\, x^5 + \alpha^4 x^4 + \alpha\, x^3 + \alpha^2 x^2 + \alpha^4 x} \\
\qquad \alpha^6 x^4 + \quad x^3 + \alpha^3 x^2 + \alpha^4 x \\
\qquad \underline{\alpha^6 x^4 + \alpha^2 x^3 + \alpha^6 x^2 + \quad x + \alpha^2} \\
\qquad\qquad \alpha^6 x^3 + \alpha^4 x^2 + \alpha^5 x + \alpha^2 = r(x) .
\end{array}
$$

Das Kodepolynom ist

$$a(x) = a^*(x)\, x^k + r(x) = \alpha^2 x^6 + \alpha^6 x^5 + \alpha^5 x^4 + \alpha^6 x^3 + \alpha^4 x^2 + \alpha^5 x + \alpha^2\,.$$

Dies entspricht dem Kanalkodewort $a = (\alpha^2 \alpha^6 \alpha^5 \alpha^6 \alpha^4 \alpha^5 \alpha^2)$, in Binärdarstellung $a_{bin} = (100\,101\,111\,101\,110\,111\,100)$. $\qquad\Box$

Der Konstruktion eines RS-Kodes kann auch die Vorgabe einer notwendigen Anzahl l von Informationselementen zugrunde liegen.

Beispiel 8.5.17

Für $l = 15$ Informationselemente und einem Fehlerkorrekturgrad von $f_k = 5$ ist ein RS-Kode zu beschreiben.

Lösung:

Aus Gl. (8.35) folgt $k = 10$. Die Bedingung in Gl. (8.32), $n = 2^{k_1} - 1 \geq l + k$, erfordert einen Grad $k_1 = 5$ des Modularpolynoms, denn $n = 2^5 - 1 > 15 + 10$. Dies beschreibt einen $(31, 21, 11)$RS-Kode, entsprechend der Vorgabe von l wird dieser auf einen $(25, 15, 11)$RS-Kode verkürzt. Die Korrektureigenschaften bleiben erhalten, die zyklische Eigenschaft geht verloren. $\qquad\Box$

Auch die *Analyse eines* $(n, l, d_{min} =?)$*RS-Kodes* ist problemlos möglich.

Beispiel 8.5.18

Für die Satellitenkommunikation (NASA-Standard) wird ein $(255, 223, ?)$RS-Kode eingesetzt. Über welche Eigenschaften verfügt dieser Kode?

Lösung:

Für $k = n - l = 32$ folgt aus Gl. (8.35) ein Fehlerkorrekturgrad von $f_k = 16$. Es sind damit 16 Elemente zu je $k_1 = 8\, Bit$ oder Bündelfehler der Länge von $((16-1)\,8+1) = 121\, Bit$ mit Sicherheit rekonstruierbar. Maximal könnte sogar ein Bündelfehler von $16 \cdot 8 = 128\, Bit$ korrigiert werden, vorausgesetzt, es sind genau 16 Elemente gestört. $\qquad\Box$

Anwendungen

Zur Umsetzung der Bytestruktur verwendet man in der Praxis RS-Kodes über $GF(2^8)$. Die maximale Blockgröße von $2040\, Bit$ wird allerdings kaum genutzt. Es kommen meist *verkürzte* RS-Kodes zur Anwendung.

RS-Kodes werden bei der Fehlerkorrektur durch Rekonstruktion eingesetzt. Man findet sie u. a. in ATM-Netzen, in Übertragungsstandards (NASA, DVB, DAB, ...) oder in Speicheranwendungen wie Audio-CD's oder DVD's, meist jedoch in Kodeverkettung (s. Abschn. 8.7.1).

Die Vorzüge von RS-Kodes liegen weiter in der Korrektur von Auslöschungen. In diesem Fall sind die Fehlerstellen bekannt, nur der Fehlerinhalt ist wiederherzustellen (s. dazu Abschn. 8.5.5.3, auch Abschn. 8.7.1).

8.5.5   Fehlerkorrekturverfahren

Das Rekonstruktionsverfahren geht auf PETERSON (1960, für die Klasse binärer Kodes) und ZIERLER-GORENSTEIN (1961, für nichtbinäre BCH- und RS-Kodes) zurück und wird in der Literatur kurz als PZG-Verfahren bezeichnet. Die Anwendung ist nur für kleine Fehlerkorrekturgrade ($f_k \leq 6$) sinnvoll. Der Durchbruch für die praktische Anwendung von BCH- und RS-Kodes wurde mit den Verfahren nach BERLEKAMP-MASSEY (1969) und EUKLID (1975) erzielt.

Die Verfahren basieren auf dem Vorhandensein/Nichtvorhandensein der Aufeinanderfolge der Nullstellen im Empfangspolynom $b(x)$. Für jedes Kodepolynom $a(x)$ gilt: $a(x = \alpha^j) = 0$ $(j = 1, 2, ..., 2f_k)$, $\mu = 1$ vorausgesetzt. Die Überlagerung von $a(x)$ durch ein Fehlerpolynom $e(x)$, das nicht die Struktur eines Kodepolynoms besitzt, führt auf ein Empfangspolynom $b(x)$, welches die notwendige Nullstellenfolge nicht enthält.

Der **Korrekturalgorithmus** hat die folgenden Bearbeitungsschritte:

0. $r(x) = b(x) \bmod g(x) = 0$?   nein: $b \notin A \longrightarrow$ Fehlerkorrektur

1. Berechnung der Fehlersyndrome des Empfangspolynoms

2. Bestimmung des Lokator- bzw. Fehlerstellenpolynoms aus den Fehlersyndromen (PZG-, BERLEKAMP-MASSEY-(BM-) oder EUKLID-Verfahren)

3. Bestimmung der Fehlerstellen im Empfangspolynom aus dem Lokatorpolynom

4. *nur für RS-Kodes:* Berechnung des Fehlerwertes jeder Fehlerstelle.

Das folgende Bild stellt den Ablauf schematisch dar:

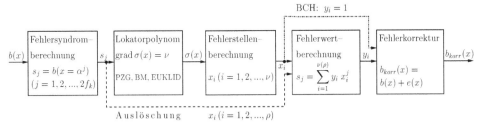

Im Abschn. 8.5.5.1 soll zunächst die Fehlerkorrektur von BCH-Kodes auf der Basis des PZG-Verfahrens gezeigt werden. Die Fehlerkorrektur von RS-Kodes baut auf den Beziehungen für BCH-Kodes auf. Darüber hinaus ist ein 4. Schritt zur Fehlerwertberechnung erforderlich (s. Abschn. 8.5.5.2). Abschn. 8.5.5.3 setzt sich dann mit der Auslöschungskorrektur auseinander. Im Abschn. 8.5.5.4 werden die Verfahren nach BERLEKAMP-MASSEY und EUKLID beschrieben.

8.5.5.1 Fehlerkorrektur von BCH-Kodes

Die Abarbeitung der Schritte 1. – 3. des Korrekturalgorithmus erfolgt nur, wenn das Empfangspolynom $b(x)$ kein Kodepolynom, d. h. $r(x) \neq 0$ ist.

1. Berechnung der Fehlersyndrome

Die Fehlersyndromberechnung untersucht das Vorhandensein der Nullstellenfolge im Empfangspolynom $b(x)$:

$$s_j = b(x = \alpha^j) \quad (j = 1, 2, ..., 2f_k) \, . \tag{8.36}$$

Mit $b(x) = a(x) + e(x)$ gilt auch: $s_j = a(x = \alpha^j) + e(x = \alpha^j)$. Da aber $a(x = \alpha^j) = 0$ ist, hängen die Fehlersyndrome nur vom Fehlerpolynom ab:

$$s_j = e(x = \alpha^j) \quad (j = 1, 2, ..., 2f_k) \, .$$

Die Fehlersyndrome zeigen das Vorhandensein von Fehlern an, widerspiegeln jedoch noch nicht die Struktur des Fehlerpolynoms.

Hinweis: Bei BCH-Kodes haben die zueinander konjugierten Elemente auch einen konjugierten Zusammenhang bei der Syndromberechnung: $s_{2j} = s_j^2$.

2. Bestimmung des Lokatorpolynoms $\sigma(x)$

Das Lokatorpolynom hat folgenden Aufbau:

$$\sigma(x) = x^\nu + \sigma_1 x^{\nu-1} + ... + \sigma_{\nu-1} x + \sigma_\nu = \prod_{i=1}^{\nu} (x + x_i) \, . \tag{8.37}$$

Die Nullstellen x_i ($x_i \in GF(2^{k_1})$, $i = 1, 2, ..., \nu$) liefern die Fehlerstellen $\exp(x_i)$ ($i = 1, 2, ..., \nu$) in $b(x)$ und damit die Struktur des Fehlerpolynoms $e(x)$. Für ν gilt immer $\nu \leq f_k$. ν ist die tatsächliche Fehleranzahl.

Die Kenntnis der Fehlerstruktur führt wieder auf die bereits bekannten Fehlersyndrome, d. h.

$$s_j = \sum_{i=1}^{\nu} y_i x_i^j = \sum_{i=1}^{\nu} x_i^j \quad (j = 1, 2, ..., 2f_k) \, , \ y_i = 1 \, . \tag{8.38}$$

Beweis:

$$\begin{aligned}
s_j &= e(x = \alpha^j) \\
&= u_{n-1}(\alpha^j)^{n-1} + u_{n-2}(\alpha^j)^{n-2} + ... + u_1(\alpha^j)^1 + u_0(\alpha^j)^0 \\
&= u_{n-1}(\alpha^{n-1})^j + u_{n-2}(\alpha^{n-2})^j + ... + u_1(\alpha^1)^j + u_0(\alpha^0)^j = \sum_{i=0}^{n-1} u_i x_i^j = \sum_{i=1}^{\nu} y_i x_i^j
\end{aligned}$$

$\square$

Von den u_i ($i = 0, 1, ..., n-1$) Koeffizienten sind y_i ($i = 1, 2, ..., \nu$) Koeffizienten Eins (BCH-Kodes!). y_i bezeichnet den Fehlerwert. Die Exponenten der

Nullstellen x_i (kurz: $\exp(x_i)$) sind die Fehlerstellen.

Man nutzt somit den Zusammenhang über die bereits bekannten Fehlersyndrome s_j zur Bestimmung der Koeffizienten σ_i und damit des Lokatorpolynoms $\sigma(x)$, um im nächsten Schritt die Null-/Fehlerstellen x_i zu berechnen.

Aus

$$\sigma(x = x_i) = x_i^\nu + \sigma_1 x_i^{\nu-1} + \dots + \sigma_{\nu-1} x_i + \sigma_\nu = 0$$

erhält man in Anlehnung an Gl. (8.38) durch Multiplikation mit x_i^j

$$x_i^{j+\nu} + \sigma_1 x_i^{j+\nu-1} + \dots + \sigma_{\nu-1} x_i^{j+1} + \sigma_\nu x_i^j = 0$$

und Summenbildung über $i = 1$ bis ν den folgenden Zusammenhang

$$s_{j+\nu} + \sigma_1 s_{j+\nu-1} + \dots + \sigma_{\nu-1} s_{j+1} + \sigma_\nu s_j = 0\,.$$

Nach Umstellung sind die zu lösenden Gleichungen:

$$\sigma_\nu s_j + \sigma_{\nu-1} s_{j+1} + \dots + \sigma_1 s_{j+\nu-1} = s_{j+\nu} \quad (j = 1, 2, \dots, \nu)\,;$$

in Matrizennotation:

$$\begin{pmatrix} s_1 & s_2 & \dots & s_\nu \\ s_2 & s_3 & \dots & s_{\nu+1} \\ \multicolumn{4}{c}{\dotfill} \\ s_\nu & s_{\nu+1} & \dots & s_{2\nu-1} \end{pmatrix} \begin{pmatrix} \sigma_\nu \\ \sigma_{\nu-1} \\ \vdots \\ \sigma_1 \end{pmatrix} = \begin{pmatrix} s_{\nu+1} \\ s_{\nu+2} \\ \vdots \\ s_{2\nu} \end{pmatrix}. \tag{8.39}$$

Das Gleichungssystem kann zum Beispiel mit dem GAUSSschen Eliminationsprinzip gelöst werden. Zu Beginn werden $\nu = f_k$ Gleichungen aufgebaut. Treten bei der Lösung Abhängigkeiten auf oder werden keine ν Nullstellen in $\sigma(x)$ gefunden (Schritt 3.), ist das Gleichungssystem entsprechend zu reduzieren, im ungünstigsten Fall $(f_k - 1)$ mal. Bei Reduzierung finden nicht alle Fehlersyndrome Berücksichtigung. Es lassen sich dann mehrere (≥ 2) Gleichungssysteme aufstellen, deren Ergebnisse bei ν Fehlern gleich sein müssen.

3. Bestimmung der Fehlerstellen

Die Fehlerstellen werden durch *systematisches Probieren* ermittelt. Es sind mit

$$\sigma(x = \alpha^j) = \begin{cases} 0 \longrightarrow x_i = \alpha^j\,, \ \exp(x_i) = j \\ \text{sonst} \end{cases} \quad (j = 0, 1, \dots, n-1) \tag{8.40}$$

die Nullstellen x_i $(i = 1, 2, \dots, \nu)$ von $\sigma(x)$ zu finden. Die Suche lässt sich beschleunigen, wenn nach dem Finden einer Nullstelle x_i das Lokatorpolynom um den Linearfaktor $(x + x_i)$ reduziert wird.

Eine andere Herangehensweise zeigt der CHIEN-Algorithmus (1964). Der iterativ arbeitende Algorithmus ist im Folgenden in Struktogrammnotation angegeben [DUD 93]. σ_k $(k = 1, 2, \dots, \nu)$ sind die Koeffizienten des Lokatorpolynoms

$\sigma(x)$. Die Kodewortlänge n bestimmt die Anzahl der Iterationsschritte. Von Vorteil ist die geringere Anzahl auszuführender Operationen.

```
Eingabe: σ_k (k = 1, 2, ..., ν) : n

i := 0

j = n(−1)1

    i < ν

        s := 1

            k = 1(1)ν

                σ_k := σ_k · α^k

                s := s + σ_k

            s = 0

                i := i + 1

                x_i := α^{j−1}

Ausgabe: x_i (i = 1, 2, ..., ν)
```

Die Kenntnis der Fehlerstellen $\exp(x_i)$ $(i = 1, 2, ..., \nu)$ führt unmittelbar zum Fehlerpolynom und damit zur *Korrektur des Empfangspolynoms*:

$$e(x) = x^{\exp(x_\nu)} + x^{\exp(x_{\nu-1})} + ... + x^{\exp(x_1)}$$

$$b_{korr}(x) = b(x) + e(x)\,.$$

An den Fehlerstellen erfolgt lediglich ein Kippen der Binärelemente.

Bei der Fehlerkorrektur kann auch Rekonstruktionsversagen auftreten. Zu diesem Ergebnis kann es im 2. Schritt, wenn das Lokatorpolynom nicht bestimmt werden kann (s. a. Abschn. 8.5.5.4), oder im 3. Schritt, wenn die Anzahl der Nullstellen nicht dem Grad des Lokatorpolynoms entsprechen, kommen, jedoch nur bei Fehlermustern mit einem Gewicht $w(e) > f_k$.

Mit Zunahme von Minimalabstand $(d_{min} > 7)$ und Grad des Modularpolynoms $(k_1 > 4)$ eines Kodes ist Rekonstruktionsversagen sogar bis zu 100 % möglich, davon entfallen weniger als 10% auf den 2. Bearbeitungsschritt. Falschkorrektur kann dann nahezu ausgeschlossen werden.

Beispiel 8.5.19

Gegeben ist ein primitiver $(15, 7, 5)$BCH-Kode mit dem Generatorpolynom $g(x) = x^8 + x^7 + x^6 + x^4 + 1$; $GF(2^4)/x^4 + x + 1$ $(GF(2^4)$ s. S. 176).

Es sind die Folgen $b_1 = (000101001101010)$ und $b_2 = (111110111100101)$ zu überprüfen und gegebenenfalls zu korrigieren.

Lösung:

$b_1 = (000101001101010)$

0. $b_1 \notin A$

1. Berechnung der $2f_k = 4$ Fehlersyndrome:

$s_1 = b_1(x = \alpha^1) = \alpha^{11} + \alpha^9 + \alpha^6 + \alpha^5 + \alpha^3 + \alpha = \alpha^2$,

$s_2 = s_1^2 = \alpha^4$,

$s_3 = b_1(x = \alpha^3) = \alpha^3 + \alpha^{12} + \alpha^3 + 1 + \alpha^9 + \alpha^3 = \alpha^6$,

$s_4 = s_2^2 = \alpha^8$.

2. Bestimmung des Lokatorpolynoms $\sigma(x)$:

$\boxed{\nu = f_k = 2}$

$\begin{array}{ll} s_1\sigma_2 + s_2\sigma_1 = s_3 & \alpha^2\sigma_2 + \alpha^4\sigma_1 = \alpha^6 \mid \cdot \alpha^2 \\ s_2\sigma_2 + s_3\sigma_1 = s_4 & \alpha^4\sigma_2 + \alpha^6\sigma_1 = \alpha^8 \end{array}$

$\longrightarrow$ Gleichungen sind linear abhängig

$\boxed{\nu = \nu - 1 = 1}$

$s_1\sigma_1 = s_2 \longrightarrow \sigma_1 = \frac{\alpha^4}{\alpha^2} = \alpha^2$

Im vorliegenden Fall lassen sich zwei weitere Gleichungen aufstellen:

$s_2\sigma_1 = s_3$ und $s_3\sigma_1 = s_4$.

Liegt nur eine Fehlerstelle vor, müssen alle Gleichungen für σ_1 das gleiche Ergebnis liefern. Das ist im vorliegenden Beispiel gegeben. Damit liegt ein korrigierbarer Einfachfehler vor.

Das Lokatorpolynom lautet dann:

$\sigma(x) = x + \sigma_1 = x + \alpha^2 = (x + x_1)$

3. Bestimmung der $\nu = 1$ Fehlerstellen:

$x_1 = \alpha^2$

$e(x) = x^2$

$b_{korr,1}(x) = b_1(x) + e(x) = \underline{x^{11} + x^9 + x^6 + x^5 + x^3 + x^2 + x}$.

$b_2 = (111110111100101)$

0. $b_2 \notin A$

1. $s_1 = b_2(x = \alpha^1) = \alpha^{14} + \alpha^{13} + \alpha^{12} + \alpha^{11} + \alpha^{10} + \alpha^8 + \alpha^7 + \alpha^6 + \alpha^5 + \alpha^2 + 1 = \alpha^4$,

$s_2 = s_1^2 = \alpha^8, s_3 = b_2(x = \alpha^3) = \alpha, s_4 = s_2^2 = \alpha$.

2. $\boxed{\nu = f_k = 2}$

$\alpha^4\sigma_2 + \alpha^8\sigma_1 = \alpha$

$\alpha^8\sigma_2 + \alpha\,\sigma_1 = \alpha \longrightarrow \sigma(x) = x^2 + \alpha^4 x + \alpha^9 = (x + x_1)(x + x_2)$

3. $x_1 = \alpha^{11}, x_2 = \alpha^{13}$

$e(x) = x^{13} + x^{11}$

$b_{korr,2}(x) = \underline{x^{14} + x^{12} + x^{10} + x^8 + x^7 + x^6 + x^5 + x^2 + 1}$. $\qquad \square$

8.5.5.2 Fehlerkorrektur von RS-Kodes

Die Fehlerkorrektur von RS-Kodes erfordert zunächst auch die Ausführung der Bearbeitungsschritte 1. - 3. (s. Abschn. 8.5.5.1). Die nichtbinäre Eigenschaft dieser Kodes führt zu einem weiteren Bearbeitungsschritt:

4. Berechnung des Fehlerwertes jeder Fehlerstelle

An den Fehlerstellen $\exp(x_i)$ im Fehlerpolynom $e(x)$ sind die Fehlerwerte y_i zu berechnen. Im binären Fall (BCH-Kodes) sind die Fehlerwerte $y_i = 1$. Für den nichtbinären Fall, wie bei den RS-Kodes, sind die Fehlerwerte y_i über den bereits bekannten Zusammenhang (Gl. (8.38), hier für $y_i \in GF(2^{k_1})$)

$$s_j = \sum_{i=1}^{\nu} y_i x_i^j \quad (j = 1, 2, ..., \nu \leq f_k) \tag{8.41}$$

zu bestimmen.

(Diese recht anschauliche Berechnung ist nur effizient und praktikabel für kleine Werte von f_k. Sie stellt eine Alternative zum FORNEY-Algorithmus dar, u. a. [BOS 98].)

Mit dem Fehlerpolynom

$$e(x) = y_\nu x^{\exp(x_\nu)} + y_{\nu-1} x^{\exp(x_{\nu-1})} + ... + y_1 x^{\exp(x_1)}$$

kann das Empfangspolynom mit $b_{korr}(x) = b(x) + e(x)$ korrigiert werden.

Beispiel 8.5.20

Gegeben sei ein RS-Kode über $GF(2^3)/x^3 + x + 1$ mit $d_{min} = 3$.
Das Kodepolynom $a(x) = \alpha^5 x^6 + \alpha^5 x^5 + \alpha^6 x^4 + \alpha^0 x^3 + \alpha^5 x^2 + \alpha^2 x + \alpha^5$ wird nach einer gestörten Übertragung als $b(x) = \alpha^5 x^6 + \alpha^3 x^5 + \alpha^6 x^4 + \alpha^0 x^3 + \alpha^5 x^2 + \alpha^2 x + \alpha^5$ empfangen. Dieses Empfangspolynom ist zu korrigieren.

Lösung:

0. $b \notin A$

1. $s_1 = b(x = \alpha^1) = \alpha^4 + \alpha + \alpha^3 + \alpha^3 + 1 + \alpha^3 + \alpha^5 = 1,$
$s_2 = b(x = \alpha^2) = \alpha^3 + \alpha^6 + 1 + \alpha^6 + \alpha^2 + \alpha^4 + \alpha^5 = \alpha^5.$

2. $s_1 \sigma_1 = s_2 \longrightarrow \sigma_1 = \frac{\alpha^5}{1} = \alpha^5$
$\sigma(x) = x + \sigma_1 = x + \alpha^5 = (x + x_1)$

3. $x_1 = \alpha^5$
$e(x) = y_1 x^5$

4. $s_1 = y_1 x_1 \longrightarrow y_1 = \frac{\alpha^0}{\alpha^5} = \alpha^2$
$e(x) = \alpha^2 x^5$
$b_{korr}(x) = b(x) + e(x) = \underline{a(x)}, \quad a = (\alpha^5 \alpha^5 \alpha^6 \alpha^0 \alpha^5 \alpha^2 \alpha^5).$ $\qquad \square$

8.5.5.3 Auslöschungskorrektur

In den bisherigen Betrachtungen wurden Empfangsfolgen ausgewertet, deren Koeffizienten am Ausgang der Übertragung immer hart entschieden wurden, mit $u_i \in GF(2)$ [hard-decision decoding]. Am Ausgang des Übertragungsweges liegen eigentlich kontinuierliche Signale an (s. Abschn. 5.3.2). Erst im Demodulator/Detektor werden die Signale Zuständen (binär, Quantisierungsstufen > 2 oder die tatsächlichen Signalwerte zum Abtastzeitpunkt) zugeordnet.

Der vorliegende Korrekturalgorithmus ist nun imstande, zusätzliche Information [soft-input] seitens der Übertragung auszuwerten [suboptimum form of soft-decision decoding] (zur weiteren Einordnung s. Abschn. 8.6.3). Der Demodulator/Detektor legt einen sogenannten Auslöschungsbereich fest, über den er entscheidet, ob ein empfangener Signalwert eine hart entschiedene 0 oder 1 ist oder besser ausgelöscht werden sollte.

Auslöschung [erasure] heißt in diesem Fall, es existiert ein (wahrscheinlich) fehlerhaftes Element in der Empfangsfolge, dessen **Fehlerstelle bekannt** ist. Der Kanaldekodierer erhält neben der Empfangsfolge b einen Auslöschungsvektor U mit den Elementen x_i, welche die Fehlerstellen kennzeichnen: $U = (x_1, x_2, ..., x_\rho)$.

Diese Zusammenhänge lassen sich im Übertragungsmodell[22] wie folgt aufzeigen:

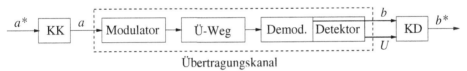

Übertragungskanal

Bild 8.5.1 *Übertragungsmodell für Auslöschungskorrektur*

Der Vorteil liegt darin, dass mit Kenntnis der Fehlerstellen im günstigsten Fall doppelt so viele Fehler(werte) korrigiert werden können. Im ersten Schritt des Korrekturalgorithmus werden $2f_k$ Fehlersyndrome berechnet. Die Schritte 2. und 3. (auch als „Flaschenhals" des Korrekturalgorithmus bezeichnet) entfallen, wenn nur Auslöschungsstellen behandelt werden. Damit lassen sich dann auch $2f_k$ Gleichungen zur Bestimmung der Fehlerwerte aufstellen (vgl. mit Gl. (8.38)):

$$s_j = \sum_{i=1}^{\rho} y_i x_i^j \quad (j = 1, 2, ..., \rho \le 2f_k). \tag{8.42}$$

---

[22]Ein mögliches Kanalmodell ist der symmetrisch gestörte Binärkanal mit Auslöschung (s. Abschn. 5.3.2). Ausgangsseitig wird neben dem Auftrittsverhalten von 0 und 1 auch die Wahrscheinlichkeit von fehlerhaften Stellen berechnet. Das sind Stellen, deren Werte weder der 0 noch der 1 zugeordnet werden können.

Beispiel 8.5.21

Gegeben sei ein RS-Kode über $GF(2^3)/x^3 + x + 1$ mit $f_k = 1$ (Grundkörper s. Beispiel 8.5.16). Der Kanaldekodierer empfängt die Folge[23] $b = (\alpha^5 \alpha^5 0 \alpha^0 \alpha^5 0 \alpha^5)$ mit dem Auslöschungsvektor $U = (x_1, x_2) = (\alpha^1, \alpha^4)$.

Lösung:

0. Prüfung entfällt, da U gegeben

1. $s_1 = 0$, $s_2 = \alpha^5$

4. $s_1 = y_1 x_1 + y_2 x_2 \qquad 0 = \alpha^1 y_1 + \alpha^4 y_2$
$\quad\ s_2 = y_1 x_1^2 + y_2 x_2^2 \qquad \alpha^5 = \alpha^2 y_1 + \alpha\ y_2$

$$\longrightarrow\ y_1 = \alpha^2,\, y_2 = \alpha^6$$

$e(x) = \alpha^6 x^4 + \alpha^2 x$ bzw. $e = (00\alpha^6 00\alpha^2 0)$

$b_{korr} = b + e = \underline{(\alpha^5 \alpha^5 \alpha^6 \alpha^0 \alpha^5 \alpha^2 \alpha^5)}$. $\qquad\qquad$ $\square$

Je nach Anwendungsfall kann sich die Berücksichtigung von *nur* Auslöschungsstellen auch nachteilig auf die Rekonstruktion auswirken. Untersuchungen zeigen, dass die Anzahl falscher Korrekturen mit der Anzahl von Auslöschungen wächst. Es sollte daher auch die Möglichkeit eingeräumt werden, bei weniger Auslöschungsstellen noch vorhandene (zufällige) Fehler zu korrigieren [error-and-erasure decoding]. Begrenzt wird diese Möglichkeit durch den Minimalabstand d_{min}. Wie bekannt, können $\rho \leq d_{min} - 1$ Auslöschungsstellen oder $\nu \leq \lfloor \frac{d_{min}-1}{2} \rfloor$ zufällige Fehler korrigiert werden. Für die Korrektur über Auslöschungsstellen hinaus heißt das für ν:

$$2\nu + \rho \leq d_{min} - 1 \qquad \longrightarrow \qquad \nu \leq \left\lfloor \frac{d_{min} - 1 - \rho}{2} \right\rfloor. \tag{8.43}$$

Eine Realisierung ermöglichen sowohl der BM- als auch der EUKLID-Algorithmus (s. Abschn. 8.5.5.4). Aus dem berechneten Lokatorpolynom werden im 3. Bearbeitungsschritt die Fehlerstellen der zufälligen Fehler ermittelt.

Das Problem der Auslöschung gewinnt mit den adaptiven Übertragungsverfahren weiter an Bedeutung. Noch nicht gesendete redundante Stellen (zur Erhöhung der Koderate) werden als Auslöschungsstellen betrachtet. Ist keine Fehlerkorrektur möglich, werden *nur* weitere, bisher fehlende, redundante Stellen übertragen. Die Fehlerkorrektur läuft wiederholt ab.

Die Vorteile der Kenntnis von Fehlerstellen werden auch bei der Anwendung durch Kodeverkettung genutzt (s. Beispiele in Abschn. 8.7.1). In parallelen Speichersystemen wie RAID-6 nutzt man diese Eigenschaft zur Wiederherstellung fehlender Bereiche.

---

[23]Die Auslöschungsstellen werden durch *ein* beliebiges Element aus dem Grundkörper ersetzt (RS-Kode: $GF(2^{k_1})$, BCH-Kode: $GF(2)$), gewöhnlich durch das Nullelement.

8.5.5.4 Lokatorpolynom nach BERLEKAMP-MASSEY und EUKLID

Das in Abschn. 8.5.5.1 beschriebene PZG-Verfahren zur Bestimmung des Lokatorpolynoms $\sigma(x)$ ist konzeptionell sehr einfach, eignet sich aber nur für einen kleinen Fehlerkorrekturgrad f_k.

Die Regelmäßigkeit des linearen Gleichungssystems beim PZG-Verfahren wurde als Schieberegisterproblem formuliert und bildet die Grundlage des BERLEKAMP-MASSEY-(BM-)Verfahrens. Der Algorithmus findet das kürzeste rückgekoppelte Schieberegister mit den Rückkopplungsfaktoren Λ_i, Koeffizienten des Lokatorpolynoms $\Lambda(x)_{BM}$:

$$\Lambda(x)_{BM} = 1 + \Lambda_1 x + \Lambda_2 x^2 + \dots + \Lambda_\nu x^\nu = \prod_{i=1}^{\nu} (1 + x_i\, x)\,. \tag{8.44}$$

Das Verfahren nach EUKLID zur Bestimmung des Lokatorpolynoms $\Lambda(x)_{EUKL}$ basiert auf dem erweiterten EUKLIDischen Algorithmus, bekannt u. a. in der Kryptographie, hier angewendet auf der Basis von Polynomen.

Im Folgenden werden beide Verfahren vorgestellt. Sie führen auf ein Lokatorpolynom mit $\Lambda(x)_{BM} = \Lambda(x)_{EUKL}$. Dieses Polynom wird anschließend in die Struktur des Lokatorpolynoms $\sigma(x)$ transformiert. Damit bestehen die bereits bekannten Ausführungen zum 3. Bearbeitungsschritt fort (s. Abschn. 8.5.5.1). Die Transformation von $\Lambda(x)_{BM/EUKL}$ in $\sigma(x)$ erfolgt am Ende dieses Abschnitts (S. 202).

Lokatorpolynom nach BERLEKAMP-MASSEY

Im Folgenden sei zunächst die Umsetzung der ν Gleichungen des PZG-Verfahrens (s. Abschn. 8.5.5.1) als rückgekoppeltes Schieberegister gezeigt:

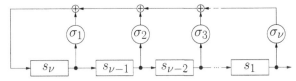

Die Verzögerungskette der Länge ν wird mit den Fehlersyndromen $s_\nu, s_{\nu-1}, \dots, s_1$ initialisiert. Die Lokatorkoeffizienten σ_i sind die Rückkopplungsfaktoren zur Berechnung der Syndrome $s_{\nu+1}, s_{\nu+2}, \dots, s_{2\nu}$. Mit jeder Taktfortschreibung ergeben sich dann:

$$s_{\nu+1} = \sigma_1 s_\nu + \sigma_2 s_{\nu-1} + \dots + \sigma_\nu s_1$$

$$s_{\nu+2} = \sigma_1 s_{\nu+1} + \sigma_2 s_\nu + \dots + \sigma_\nu s_2$$

$$\vdots$$

$$s_{2\nu} = \sigma_1 s_{2\nu-1} + \sigma_2 s_{2\nu-2} + \dots + \sigma_\nu s_\nu\,.$$

Diese Rekursionsgleichungen lassen sich wie folgt zusammenfassen:

$$s_i = \sum_{j=1}^{\nu} \sigma_j\, s_{i-j} \quad (i = \nu + 1, \nu + 2, ..., 2\nu)\,.$$

Beim BM-Algorithmus benutzt man diese Gleichungen zur iterativen Berechnung von $\Lambda(x)_{BM}$. Auf der Grundlage bereits vorhandener Koeffizienten Λ_j (bisher σ_j) wird das Fehlersyndrom s_i berechnet und mit dem Syndrom aus dem 1. Schritt des Korrekturalgorithmus verglichen (S. 190). Der Grad der Übereinstimmung drückt sich in der Diskrepanz Δ_i aus. Mit $\Delta_i = 0$ geht es zum nächsten Iterationsschritt (maximal $2\,f_k$ Schritte), ansonsten werden die Koeffizienten Λ_j *korrigiert*. Im Folgenden ist der BM-Algorithmus in Struktogrammnotation gegeben.

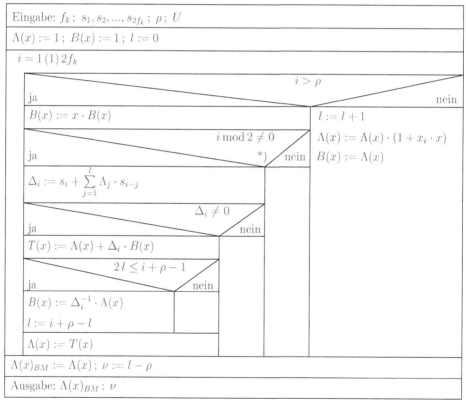

*) Diese bedingte Anweisung gilt nur für BCH-Kodes und $\rho = 0$:
Aufgrund des konjugierten Zusammenhangs der Fehlersyndrome mit $s_{2j} = s_j^2$ ist die Diskrepanz bei jeder geraden Iteration Null. Die Abarbeitung reduziert sich damit auf die ungeraden Schleifendurchgänge.

Rekonstruktionsversagen tritt auf, wenn Gl. (8.43) nicht erfüllt ist, s. a. S. 192.

Ist die Zahl der Auslöschungen $\rho > 0$, wird iterativ der Zusammenhang

$$\Lambda(x) = \prod_{i=1}^{\rho}(1 + x_i\,x) \quad (x_i - i\text{-te Fehlstelle im Auslöschungsvektor } U)$$

berechnet. Dem folgt dann, entsprechend Gl. (8.43), die Suche nach weiteren ν zufälligen Fehlern.

Wird die Möglichkeit der Auslöschung nicht genutzt, ist ρ bei der Eingabe mit Null zu belegen, der Auslöschungsvektor U ist entsprechend leer. In diesem Fall hat man die Möglichkeit, die Zahl der Iterationen zu vermindern. In der Initialisierung kann man dann

$$\Lambda(x) := 1\,;\; B(x) := 1\,;\; l := 0$$

durch

$$\Lambda(x) := 1 + s_1\,x\,;\; B(x) := \begin{cases} s_1^{-1} & s_1 \neq 0 \\ x & s_1 = 0 \end{cases};\; l := \operatorname{sign} s_1\,{}^{24}$$

ersetzen. Der Laufparameter i beginnt mit 2, d. h. $i = 2\,(1)\,2f_k$.

Für BCH-Kodes sieht die Modifizierung wie folgt aus:

$$\Lambda(x) := 1 + s_1\,x\,;\; B(x) := \begin{cases} s_1^{-1}x & s_1 \neq 0 \\ x^2 & s_1 = 0 \end{cases};\; l := \operatorname{sign} s_1\,.$$

Der Laufparameter i beginnt mit 3, d. h. $i = 3\,(1)\,2f_k$.

Beispiel 8.5.22
Es sei der RS-Kode aus Beispiel 8.5.16 gegeben. Nach einer gestörten Übertragung wird $b = (\alpha^5\alpha^6\alpha^4\alpha^5\alpha^3\alpha^2\alpha^6)$ empfangen. Es findet keine Auslöschung statt. Das Lokatorpolynom ist mit dem BM-Algorithmus zu berechnen.

Lösung:

0. $b \notin A$
1. $s_1 = 1, s_2 = \alpha^2, s_3 = \alpha^4, s_4 = \alpha^6$
2. Abarbeitungsprotokoll:

i	Δ_i	$\Lambda(x)$	l	$B(x)$	$T(x)$
		$1 + x$	1	1	
2	$\alpha^2 + 1 \cdot 1 = \alpha^6$	$1 + \alpha^2 x$		x	$1 + x + \alpha^6 x = 1 + \alpha^2 x$
3	$\alpha^4 + \alpha^2 \cdot \alpha^2 = 0$			x^2	
4	$\alpha^6 + \alpha^2 \cdot \alpha^4 = 0$			x^3	

$\longrightarrow$ Ausgabe: $\Lambda(x)_{BM} = 1 + \alpha^2 x\,;\; \nu = 1\,.$ $\qquad\square$

${}^{24}\operatorname{sign} x = \begin{cases} 1 & x > 0 \\ -1 & x < 0 \\ 0 & x = 0 \end{cases}$

Lokatorpolynom nach EUKLID

Grundlage dieser Berechnung bildet der EUKLIDische Algorithmus zur Bestimmung des größten gemeinsamen Teilers (ggT). Im Folgenden soll kurz die Entwicklung vom ggT zum Lokatorpolynom aufgezeigt werden. Zunächst die Berechnung des $\mathrm{ggT}(a, b)$ zweier natürlicher Zahlen a und b mit $a > b$:

Eingabe: a ; b
$r_{-1} := a$; $r_0 := b$; $i := 0$
$r_i \neq 0$
$\quad$ $i := i + 1$
$\quad$ $r_i := r_{i-2} \bmod r_{i-1}$
$\mathrm{ggT}(a, b) := r_{i-1}$
Ausgabe: $\mathrm{ggT}(a, b)$

Der Vorteil der fortgesetzten Restbildung liegt in der schnellen Konvergenz. Der unten stehende erweiterte EUKLIDische Algorithmus berechnet darüber hinaus einen Zusammenhang für jeden Rest r_i in Abhängigkeit von a und b mit $r_i = b \cdot w_i + a \cdot v_i$ und das multiplikativ Inverse $b^{-1} \bmod a$, vorausgesetzt, a und b sind teilerfremd. Das multiplikativ Inverse ist beispielsweise für die Schlüsselgenierung bei der Anwendung des RSA-Verfahrens (ein asymmetrisches Kryptoverfahren) von Bedeutung.

Eingabe: a ; b
$r_{-1} := a$; $r_0 := b$; $i := 0$
$w_{-1} := 0; w_0 := 1; v_{-1} := 1; v_0 := 0$
$r_i \neq 0$
$\quad$ $i := i + 1$
$\quad$ $r_i := r_{i-2} \bmod r_{i-1}$
$\quad$ $q := r_{i-2} \operatorname{div} r_{i-1}$
$\quad$ $w_i := w_{i-2} - q \cdot w_{i-1}$
$\quad$ $v_i := v_{i-2} - q \cdot v_{i-1}$
$\mathrm{ggT}(a, b) := r_{i-1}$ $(r_{i-1} := b \cdot w_{i-1} + a \cdot v_{i-1})$
$(b^{-1} := w_{i-1} \bmod a$, wenn $(a, b) = 1)$
Ausgabe: $\mathrm{ggT}(a, b)$

Hinweis: $a \bmod b$ stellt den Rest bei der Division von a durch b dar, $a \operatorname{div} b$ berechnet den ganzzahligen Teil der Division.

Für die Berechnung des Lokatorpolynoms $\Lambda(x)_{EUKL}$ findet eine reduzierte Form des Algorithmus auf der Basis von Polynomen Anwendung. Eingangsparameter sind der Minimalabstand d_{min} und ein Syndrompolynom $S(x)$. In $S(x)$ sind die Fehlersyndrome, berechnet im 1. Bearbeitungsschritt des Korrekturalgorithmus, die Koeffizienten des Polynoms:

$$S(x) = s_{2f_k}x^{2f_k-1} + s_{2f_k-1}x^{2f_k-2} + \ldots + s_2 x + s_1 = \sum_{i=1}^{2f_k} s_i\, x^{i-1}.$$

Der modifizierte EUKLID-Algorithmus für die Berechnung des Lokatorpolynoms $\Lambda(x)_{EUKL}$ auf der Basis von Polynomen sieht dann wie folgt aus:

Eingabe: d_{min}; f_k; $S(x)$
$r_{-1}(x) := x^{d_{min}-1}$; $r_0(x) := S(x)$; $i := 0$
$w_{-1}(x) := 0$; $w_0(x) := 1$
grad $r_i(x) \geq f_k$
$\quad i := i + 1$
$\quad r_i(x) := r_{i-2}(x) \bmod r_{i-1}(x)$
$\quad q(x) := r_{i-2}(x) \operatorname{div} r_{i-1}(x)$
$\quad w_i(x) := w_{i-2}(x) + q(x) \cdot w_{i-1}(x)$
$\Lambda(x)_{EUKL} := w_i(x) \cdot \frac{1}{w_{i,0}}$; $\nu := \operatorname{grad} w_i(x)$
Ausgabe: $\Lambda(x)_{EUKL}$; ν

Anmerkung:
$w_i(x) = w_{i,\nu}x^{\nu} + \ldots + w_{i,1}x + w_{i,0}$

Rekonstruktionsversagen tritt auf, wenn $w_{i,0} = \Lambda_0$ Null ist, s. a. S. 192.

Beispiel 8.5.23

Für das Beispiel 8.5.22 ist das Lokatorpolynom mit dem EUKLID-Algorithmus zu berechnen.

Lösung:

0. $b \notin A$
1. $s_1 = 1, s_2 = \alpha^2, s_3 = \alpha^4, s_4 = \alpha^6 \longrightarrow S(x) = \alpha^6 x^3 + \alpha^4 x^2 + \alpha^2 x + 1$
2. Abarbeitungsprotokoll: $(d_{min} = 5,\ f_k = 2)$

i	$r_i(x)$	$q(x)$	$w_i(x)$
-1	x^4		0
0	$\alpha^6 x^3 + \alpha^4 x^2 + \alpha^2 x + 1$		1
1	α^6	$\alpha x + \alpha^6$	$\alpha x + \alpha^6$

$\longrightarrow$ Ausgabe: $\Lambda(x)_{EUKL} = (\alpha x + \alpha^6)\alpha^{-6} = 1 + \alpha^2 x$; $\nu = 1$.   □

Unter Berücksichtigung von Auslöschung mit $\rho \geq 0$, d. h. ist Auslöschung vorhanden oder nicht, kann der Algorithmus auch wie folgt notiert werden:

Eingabe: d_{min}; f_k; $S(x)$; ρ; U	
$\rho = 0$	
ja nein	
$u(x) := 1$	$u(x) := \prod\limits_{i=1}^{\rho}(1 + x_i \cdot x)$
$r_{-1}(x) := x^{d_{min}-1}$; $r_0(x) := (S(x) \cdot u(x)) \bmod x^{d_{min}-1}$	
$w_{-1}(x) := 0$; $w_0(x) := u(x)$; $i := 0$	
$\operatorname{grad} r_i(x) \geq \lfloor \frac{2f_k+\rho}{2} \rfloor$	
$i := i + 1$	
$r_i(x) := r_{i-2}(x) \bmod r_{i-1}(x)$	
$q(x) := r_{i-2}(x) \operatorname{div} r_{i-1}(x)$	
$w_i(x) := w_{i-2}(x) + q(x) \cdot w_{i-1}(x)$	
$\Lambda(x)_{EUKL} := w_i(x) \cdot \frac{1}{w_{i,0}}$; $\nu := \operatorname{grad} w_i(x) - \rho$	
Ausgabe: $\Lambda(x)_{EUKL}$; ν	

Beispiel 8.5.24

BM- und EUKLID-Algorithmus ermöglichen bei Eingabe von Auslöschungsstellen auch die Suche nach weiteren zufällig aufgetretenen Fehlern.
Für einen $(7,3,5)$RS-Kode $(GF(2^3)\,/\,x^3 + x + 1)$ liegt eine Empfangsfolge
$b = (\alpha^2 0 \alpha^5 0 \alpha^4 0 \alpha^2)$ mit $U = (\alpha, \alpha^3)$ vor. Es ist zunächst das Lokatorpolynom
bei Anwendung des EUKLID-Algorithmus zu bestimmen.

Lösung:

0. Prüfung entfällt, da U gegeben
1. $s_1 = \alpha^5, s_2 = \alpha, s_3 = 1, s_4 = \alpha^6 \longrightarrow S(x) = \alpha^6 x^3 + x^2 + \alpha x + \alpha^5$
2. Abarbeitungsprotokoll:

i	$r_i(x)$	$q(x)$	$w_i(x)$	$u(x)$
				$\alpha^4 x^2 + x + 1$
-1	x^4		0	
0	$\alpha^3 x^3 + \alpha^5 x^2 + \alpha^6 x + \alpha^5$		$\alpha^4 x^2 + x + 1$	
1	$\alpha^6 x^2 + \alpha^3 x + \alpha^4$	$\alpha^4 x + \alpha^6$	$\alpha x^3 + \alpha^6 x^2 + \alpha^3 x + \alpha^6$	

$\longrightarrow$ Ausgabe: $\Lambda(x)_{EUKL} = (\alpha x^3 + \alpha^6 x^2 + \alpha^3 x + \alpha^6)\alpha^{-6} = 1 + \alpha^4 x + x^2 + \alpha^2 x^3$
$\nu = 3 - 2 = 1$.   □

Der Berechnung des Lokatorpolynoms folgt dann wieder die Nullstellensuche
(**3.** Schritt des Korrekturalgorithmus):
Dazu bietet es sich an, $\boldsymbol{\Lambda(x)_{BM/EUKL}} = 1 + \Lambda_1 x + \Lambda_2 x^2 + ... + \Lambda_\nu x^\nu$ **in die**
Struktur von $\boldsymbol{\sigma(x)} = x^\nu + \sigma_1 x^{\nu-1} + ... + \sigma_{\nu-1} x + \sigma_\nu$ **zu transformieren.**

Die Transformation erfolgt über die Koeffizientenfolge:

$$(1\,\Lambda_1\,\Lambda_2\,...\,\Lambda_\nu)_{BM/EUKL} = (1\,\sigma_1\,\sigma_2\,...\,\sigma_\nu) \tag{8.45}$$

(man „schiebe" die Koeffizientenfolge von der einen Struktur in die andere).

Für die Beispiele 8.5.22 und 8.5.23 ist die Koeffizientenfolge $(1\,\alpha^2)$ und damit $\sigma(x) = x + \alpha^2$.

Beispiel 8.5.25

Die Korrektur der Empfangsfolge b in Beispiel 8.5.24 ist mit obiger Transformation abzuschließen.

Lösung:

3. $\sigma(x) = x^3 + \alpha^4 x^2 + x + \alpha^2 = (x + x_1)(x + x_2)(x + x_3)$

   Aus U sind $x_1 = \alpha$ und $x_2 = \alpha^3$ bekannt.

   Die Division $\frac{\sigma(x)}{(x+x_1)(x+x_2)} = \frac{x^3+\alpha^4 x^2+x+\alpha^2}{x^2+x+\alpha^4} = x + \alpha^5$ liefert $x_3 = \alpha^5$.

   $e(x) = y_3 x^5 + y_2 x^3 + y_1 x$

4. $s_j = \sum\limits_{i=1}^{\rho+\nu} y_i\, x_i^j :$
   $\quad s_1 = y_1 x_1 + y_2 x_2 + y_3 x_3 \qquad\quad \alpha^5 = \alpha\, y_1 + \alpha^3 y_2 + \alpha^5 y_3$

   $\qquad\qquad s_2 = y_1 x_1^2 + y_2 x_2^2 + y_3 x_3^2 \qquad \alpha\ = \alpha^2 y_1 + \alpha^6 y_2 + \alpha^3 y_3$

   $\qquad\qquad s_3 = y_1 x_1^3 + y_2 x_2^3 + y_3 x_3^3 \qquad 1\ = \alpha^3 y_1 + \alpha^2 y_2 + \alpha\, y_3$

   $\qquad\qquad\qquad\qquad\qquad\qquad\qquad\qquad \longrightarrow\ y_1 = \alpha^5,\ y_2 = \alpha^6,\ y_3 = \alpha^6$

   $e(x) = \alpha^6 x^5 + \alpha^6 x^3 + \alpha^5 x \ \longrightarrow\ e = (0\alpha^6 0 \alpha^6 0 \alpha^5 0)$

   $b_{korr} = b + e = \underline{(\alpha^2 \alpha^6 \alpha^5 \alpha^6 \alpha^4 \alpha^5 \alpha^2)}\,.$ $\qquad\qquad\qquad\qquad\qquad\square$

Anmerkung

Die Anwendung der hier beschriebenen klassischen Korrekturalgorithmen ist auf primitive zyklische Kodes beschränkt.

Der bekannte nichtprimitive (23,12,7)GOLAY-Kode (s. a. S. 182) verwendet aufgrund der „kleinen" Kodeparameter entweder eine Tabelle, welche zu jedem Rest $r(x) = b(x)\bmod g(x) = e(x)\bmod g(x)$ (wegen $b(x) = a(x) + e(x)$ und $r(x) = a(x)\bmod g(x) = 0$) das zugehörige Fehlermuster $e(x)$ speichert, mit insgesamt $2^k - 1 = 2047$ Einträgen. Über $r(x)$ ist $b_{korr}(x) = b(x) + e(x)$.
Desweiteren findet ein systematischer Suchalgorithmus, die zyklische Eigenschaft des Kodes ausnutzend, das nächst liegende Kodewort (in Struktogrammnotation s. nächste Seite). Es wird zunächst in einem „ersten Teil" durch zyklische Verschiebung der Empfangsfolge um jeweils eine Stelle untersucht, ob das Gewicht $w(r) = w(b\bmod g) \leq f_k = 3$ ist. Wenn ja, wird durch Modulo-2-Addition von Polynomrest und Empfangsfolge sowie Rücknahme der Verschiebungen die Dekodierung abgeschlossen. Wenn nein, wird im „zweiten Teil" eine

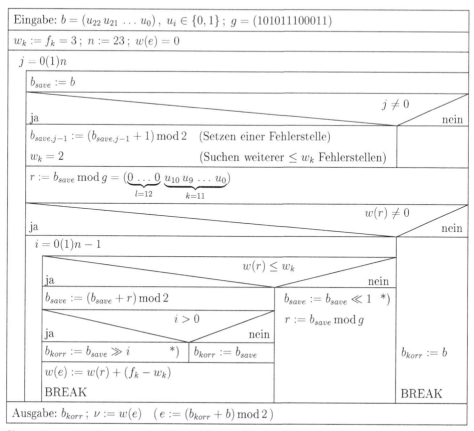

*) $\ll i$, $\gg i$: Operatoren für zyklische Links- bzw. Rechtsverschiebung um i
   Stellen.

Fehlerstelle gesetzt bzw. vordefiniert. Ist im Folgenden $w(r) \leq 2$, ist die Dekodierung durch Addition und Rückverschiebung abgeschlossen, ansonsten wan-
dert das Fehlerbit eine Stelle weiter und die Suche nach $w(r) \leq 2$ wird fortgesetzt.

Die Untersuchung über alle $(2^k - 1)$ Fehlermuster mit $w(e) \leq 3$ liefert:

In nur 37% der Fehlermuster muss eine Fehlerstelle voreingestellt sein (in 3%
dieser Fälle ist $w(e) = 2$, in 97% der Fälle $w(e) = 3$; in jedem Fall, wenn
der Abstand einschließlich erstem und letztem Fehler 12 und 13 ist), in den
anderen Fällen wird über $j = 0$ die Dekodierung erfolgreich abgeschlossen.

Im Falle von $w(e) > 3$ findet eine Falschkorrektur statt. Es kann kein Rekonstruktionsversagen auftreten! Die Begründung liegt im Vorliegen eines dichtgepackten Kodes.

Die vorgenannten einfachen Umsetzungen der Fehlerkorrektur, das gute Korrekturverhalten $\frac{f_k}{n}$ und auch die Möglichkeit der Kodeerweiterung sind Gründe für die Anwendungsbreite von GOLAY-Kodes (Radio-, Telefonkanal, fragile Wasserzeichen).

Der Suchalgorithmus beschränkt sich nicht auf die Korrektur eines GOLAY-Kodes, auch nicht auf nichtprimitive oder nur dichtgepackte Kodes. Die Leistungsfähigkeit ausgewählter Kodes sollte allerdings $f_k = 3$ nicht überschreiten. Darüber hinaus bedarf es weiterer Voreinstellungen von Bits. $\square$

8.5.6 Aufgaben

Abschn. 8.5.1: Modularpolynom, Erweiterungskörper, Minimalpolynome

1. Prüfen Sie, ob die Polynome

   $P_1(x) = x^4 + x^2 + 1$,
   $P_2(x) = x^4 + x^3 + x + 1$,
   $P_3(x) = x^4 + x^3 + 1$,
   $P_4(x) = x^4 + 1$,
   $P_5(x) = x^4 + x^3 + x^2 + x + 1$

   irreduzibel oder sogar primitiv sind!
2. Bestimmen Sie für $M(x) = x^8 + x^5 + x^4 + x^3 + 1$ mit Hilfe der Primfaktorenzerlegung die realisierbare Kodewortlänge n!
3. Stellen Sie für $M(x) = x^6 + x^3 + 1$ den Erweiterungskörper $GF(2^{k_1})$ auf und berechnen Sie die Minimalpolynome $m_1(x)$ und $m_3(x)$! Geben Sie das Hauptpolynom $f(x)$ als Produkt der Minimalpolynome an!

Abschn. 8.5.2: Kodierung und Fehlererkennung

1. Die 6stelligen Kanalkodewörter eines verkürzten Kodes werden durch das Generatorpolynom $g(x) = x^3 + x + 1$ erzeugt. Das Kanalkodewort $a = (0\,1\,1\,1\,0\,1)$ wird zyklisch verschoben. Ist die entstandene Binärfolge $(1\,0\,1\,1\,1\,0)$ ebenfalls ein Kanalkodewort? Wieviel Kanalkodewörter sind im Kode definiert?
2. Das Generatorpolynom eines zyklischen $(7,3)$Kanalkodes ist $g(x) = x^4 + x^2 + x + 1$. Bestimmen Sie die Kanalkodewörter dieses Kanalkodes

   a) durch Multiplikation,

   b) durch Division!

   Vergleichen Sie die Ergebnisse! Woran erkennt man die systematische Eigenschaft?
3. Die folgenden Kanalkodewörter wurden durch Multiplikation mit dem Generatorpolynom $g(x) = x^4 + x + 1$ gebildet. Geben Sie die dazugehörigen Quellenkodewörter aus A^* an!

   a) $a_1 = (1\,1\,0\,1\,0\,0\,0\,1\,0\,1\,0\,0\,1\,1\,1)$

   b) $a_2 = (0\,1\,0\,1\,0\,1\,0\,1\,1\,1\,1\,1\,0\,1\,1)$

   c) $a_3 = (1\,0\,0\,1\,0\,1\,1\,1\,0\,0\,0\,0\,0\,1\,1)$

4. Geben Sie die Kontrollmatrix $H_{k \times n}$ eines 7stelligen zyklischen Kodes mit dem Generatorpolynom $g(x) = x^3 + x + 1$ an!

5. Ein Kanalkodewort eines zyklischen Kodes, das durch das Generatorpolynom $g(x) = x^6 + x^5 + 1$ erzeugt wurde, wird bei der Übertragung über einen gestörten Kanal verfälscht. Das Fehlermuster entspricht dem Polynom $e(x) = x^{12} + x^{11} + x^9 + x^8$. Woran erkennen Sie sofort, dass der Fehler erkennbar ist?

6. Ein Kodierungssystem arbeitet mit einem zyklischen Kode, der durch das Generatorpolynom $g(x) = x^4 + x^3 + x^2 + 1$ erzeugt wird. Prüfen Sie, ob die Folgen

   a) $b_1 = (1100011)$,

   b) $b_2 = (0100101)$,

   c) $b_3 = (1010011)$,

   Kanalkodewörter sind! Welche Schlussfolgerungen sind mit $r(x) = 0$ möglich?

7. Gegeben ist ein Kanalkode mit Paritätselement. Zeigen Sie, dass dieser Kode als spezieller zyklischer Kode aufgefasst werden kann!

Abschn. 8.5.3: BCH-Kodes

1. In einem Übertragungssystem sollen jeweils Informationsblöcke der Länge $l = 400$ über einen symmetrisch gestörten Binärkanal übertragen werden. Es wird gefordert, dass ein Block mindestens dann mit Sicherheit als fehlerhaft erkannt wird, wenn ≤ 6 Binärelemente in ihm verfälscht worden sind.

   Entwerfen Sie einen geeigneten (n, l, d_{min})BCH-Kode!

2. Es ist das Generatorpolynom $g(x)$ für einen BCH-Kode zu konstruieren. Der Entwurfsabstand ist $d_E = 6$ und die Anzahl Informationsstellen sei $l = 20$.

   Konstruieren Sie $g(x)$

   a) auf der Basis eines primitiven Modularpolynoms,

   b) auf der Basis eines nur irreduziblen Modularpolynoms.

   Vergleichen Sie die Ergebnisse!

3. Analysieren Sie

   a) den primitiven $(63, 39)$BCH-Kode und

   b) den um eine Paritätsstelle erweiterten nichtprimitiven $(36, 11)$BCH-Kode

   bzgl. Minimalabstand und Fehlerkorrektureigenschaft!

   Das Generatorpolynom des nichtprimitiven $(35,11)$BCH-Kodes aus $GF(2^{12})$ ist $g(x) = m_1^*(x)\, m_3^*(x) = m_{117}(x)\, m_{351}(x)$. Ist $m_{351}(x)$ das bit-reversed Polynom von $m_{117}(x)$?

4. Das Quellenkodewort $a^* = (011001)$ soll über einen gestörten Kanal sicher (Fehlermuster mit einem Gewicht $w(e) \leq 4$ sollen erkennbar sein) übertragen werden.

   Bilden Sie einen geeigneten BCH-Kode! Leiten Sie das Generatorpolynom $g(x)$ auf der Basis von $\mu = 1$ und einem geeignet gewählten Grad eines primitiven Modularpolynoms $M(x)$ ab. Notieren Sie (n, l, d_{min})!

5. Gegeben sei ein gestörter Binärkanal, über den Information gesichert übertragen werden soll. Der Quellenkode besitzt 2^{10} Elemente. Die Störungen auf dem Kanal

verursachen vorwiegend Bündelfehler der Länge 12 und kleiner. Bestimmen Sie einen geeigneten Kanalkode, der außer diesen Bündelfehlern auch alle ein- bis fünffachen Fehler mit Sicherheit erkennt. Welche tatsächlichen Eigenschaften bzgl. der Fehlererkennung besitzt dieser Kanalkode?

Abschn. 8.5.4: RS-Kodes

1. Ein RS-Kode ist durch das Generatorpolynom $g(x) = x^4 + \alpha^3 x^3 + x^2 + \alpha x + \alpha^3$ beschrieben (s. Beispiel 8.5.16, S. 187).

   a) Für das Quellenkodewort $a^* = (\alpha^5 \alpha^6 \alpha^4)$ ist das Kanalkodewort a mittels Divisionsverfahren zu bestimmen.

   b) Prüfen Sie die zyklische Eigenschaft des Kodes durch zyklische Verschiebung von a um eine Position nach links.

   c) Untersuchen Sie, ob das empfangene Wort $b = (\alpha^3 \alpha \alpha^5 0 \alpha^4 \alpha^6 1)$ ein Element des gegebenen RS-Kodes ist.

Abschn. 8.5.5: Fehlerkorrektur

1. Zur Fehlerkorrektur ist ein primitiver $(15,5,7)$BCH-Kode vorgesehen. Das zugehörige Generatorpolynom $g(x) = x^{10} + x^8 + x^5 + x^4 + x^2 + x + 1$ wurde mit $M(x) = x^4 + x + 1$ erzeugt ($GF(2^4)$ s. S. 176).
   Das empfangene Wort $b = (111001001001111)$ ist auf Fehler zu prüfen und gegebenenfalls zu korrigieren.

2. Es kommt der $(15,5,7)$BCH-Kode (s. 1. Aufgabe) zur Anwendung. Am Eingang des Kanaldekodierers liegt mit Wissen von $U = (\alpha^3, \alpha^4, \alpha^5, \alpha^7, \alpha^{10}, \alpha^{13})$ eine Empfangsfolge $b = (100000001000010)$ vor.
   Führen Sie eine Auslöschungskorrektur (nur 1. und 4. Bearbeitungsschritt!) aus. Ersetzen Sie im Weiteren die Auslöschungsstellen durch das **1**-Element und vergleichen Sie die korrigierten Folgen.

3. Es sei von einem $(7,4,3)$RS-Kode ($GF(2^3)/x^3 + x + 1$) eine Kanalkodefolge $a = (\alpha^4 000 \alpha^0 \alpha^2 \alpha^2)$ gegeben.
   Nach zweimaliger Übertragung werden $b_1 = (\alpha^4 000000)$ und $b_2 = (\alpha^4 0000 \alpha^2 0)$ empfangen. Korrigieren Sie b_1 und b_2!
   Welche Schlussfolgerungen lassen sich ableiten?

4. Ein RS-Kode ($GF(2^4)/x^4 + x + 1$) hat eine Leistungsfähigkeit von $f_k = 3$. Die Empfangsfolge $b = (00000000000 \alpha^0 \alpha^0 \alpha^0 \alpha^0)$ ist fehlerbehaftet.
   Ist b korrigierbar?

5. Ein $(7,3,5)$RS-Kode ($GF(2^3)/x^3 + x + 1$) wird durch das Generatorpolynom $g(x) = x^4 + \alpha^3 x^3 + x^2 + \alpha x + \alpha^3$ erzeugt.

   a) Die Empfangsfolge $b = (\alpha^2 0 \alpha^5 \alpha^5 \alpha \alpha^6 0)$ ist mit Kenntnis von $U = (\alpha^0, \alpha^5)$ fehlerbehaftet. Sind darüber hinaus weitere Fehler in b enthalten? Korrigieren Sie diese Folge!

   b) Korrigieren Sie $b = (\alpha^3 \alpha^3 \alpha^4 \alpha^3 1 \alpha^4 \alpha^3)$.
      Wenden Sie die Verfahren von PZG, BERLEKAMP-MASSEY und EUKLID für die Berechnung des Lokatorpolynoms an.

8.6   Faltungskodes

> **Definition 8.6.1** *Faltungskodes sind binäre, blockfreie Kodes. Die Redundanz wird kontinuierlich durch Faltung der Information in die Kanalkodefolge eingefügt.*

Faltungskodes wurden erstmals von ELIAS (1955) vorgestellt. Sie sind mittels Faltungskodierer (Schieberegisteranordnungen mit linearen Verknüpfungselementen) oder Generatormatrizen (ein Faltungskodierer ist eine Realisierung der Generatormatrix) einfach beschreib- und erzeugbar. Probleme gibt es allerdings beim Finden geeigneter Matrizen. Optimale Generatormatrizen werden mit Hilfe von Suchverfahren rechentechnisch ermittelt.[25]

Für die Dekodierung existieren leistungsstarke Korrekturalgorithmen, die neben *harten* Eingangswerten mit $y_{h,i} \in \{0, 1\}$ auch weiche Eingangswerte [soft-input] mit entweder $y_i \in \mathbb{R}$ oder quantisiert mit $y_{q,i} \in Q$, wobei $|Q| > 2$, verarbeiten und auch weiche Ausgangs(Zuverlässigkeits-)werte [soft-output] berechnen können. Hatten wir es bisher nur mit hard-decision Dekodierung zu tun (abgesehen von der Auslöschungskorrektur, Abschn. 8.5.5.3), so fallen jetzt Begriffe wie soft-decision Dekodierung, soft-input/soft-output Dekodierung und iterative Dekodierung.

Faltungskodes haben Vorteile bei der Korrektur von zufällig verteilten Einzelfehlern, große Bündelfehler zerfallen in (Bündel-)Fehler kleinen Gewichts. Diese Vorteile nutzt man bei der Verkettung von Kodes, ob mit Blockkodes oder wieder einem Faltungskode (s. Abschn. 8.7).

Im Abschn. 8.6.1 werden zunächst die Beschreibungsmöglichkeiten von Faltungskodes aufgezeigt. Welche Zusammenhänge bestehen zwischen Faltungskodierer und Generatormatrix, welche Beschreibungsformen lassen sich im Weiteren als Grundlage der Dekodierung davon ableiten? Eine wichtige Kenngröße ist die Koderate. Im Abschn. 8.6.2 soll die Möglichkeit der Koderatenerhöhung durch mögliche Punktierung aufgezeigt werden. Die Dekodierung von Faltungskodes soll dann ausführlicher im Abschn. 8.6.3 betrachtet werden. Dabei wird die hard-decision Dekodierung zunächst als ein Spezialfall betrachtet, um dann Möglichkeiten der soft-decision Dekodierung aufzuzeigen. Basis dafür liefert der VITERBI-Algorithmus, der effizient das Maximum-Likelihood (ML) Dekodierungsprinzip umsetzt. Mit dem Maximum-a-posteriori (MAP) Dekodierungsprinzip, umgesetzt im BCJR-Algorithmus, existiert noch eine leistungsstärkere Rekonstruktion, aber auch die aufwendigste.

---

[25]Ergebnisse optimaler Generatormatrizen, optimal hinsichtlich Distanz und Distanzspektrum, findet man umfassend in der Literatur, wie z. B. in [BOS 98], s. a. Abschn. 9.1.

8.6.1 Kodierschaltung und Beschreibungsformen

Am Beispiel der zyklischen Kodes wird eine geforderte Leistungsfähigkeit mit der Bildung des Generatorpolynoms umgesetzt. Bei Faltungskodes ist ein solcher Zusammenhang nicht gegeben. Erst über eine Generatormatrix ist der Minimalabstand, hier mit freier Distanz d_f bezeichnet, ableitbar. Dabei ist d_f für eine Generatormatrix gleicher Dimension und gleichen Gewichts nicht immer gleich. Die Gewichtsverteilung der Kanalkodefolgen im d_f-Bereich ist eine ebenso wichtige Kodeeigenschaft. Die Anzahl sollte minimal sein.

Faltungskodierer bestehen aus einem (oder mehreren) Schieberegister(n) und Modulo-2-Addierern. Im Folgenden sei ein allgemeines Schaltbild (für *ein* Schieberegister) gezeigt:[26]

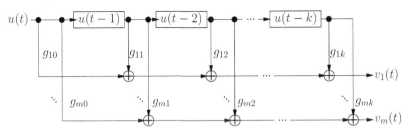

Formal lässt sich diese Schaltung als ein **determinierter Automat (dA)** mit k Zuständen beschreiben. Die Zustände $(z_1(t), z_2(t), ..., z_k(t)) = (u(t-1), u(t-2), ..., u(t-k))$ sind mit Null initialisiert. Eine Quellenkodefolge a^* mit

$$a^* = (..., u(t), u(t+1), u(t+2), ...)$$

wird in eine Kanalkodefolge a mit

$$a = (..., (v_1(t), v_2(t), ..., v_m(t)), (v_1(t+1), v_2(t+1), ..., v_m(t+1)), ...) \quad (8.46)$$

gewandelt. Auf *ein* Eingabe(Informations-)bit $u(t)$ ($u(t) \in \{0,1\}$) zum Zeitpunkt t wird eine Kodesequenz $v(t)$ der Länge m *Bit* ($v(t) \in \{0,1\}^m$) ausgegeben. Die Koderate beträgt damit $R = \frac{1}{m}$. Dabei hat ein Eingabebit nicht nur Einfluss auf eine Kodesequenz, sondern in Abhängigkeit von der Länge des Schieberegisters (**Gedächtnis** des Faltungskodierers) auf $(k+1)$ Kodesequenzen. Zwischen den Kodesequenzen bestehen demnach Abhängigkeiten. Man bezeichnet diese Abhängigkeit als **Einflusslänge** [constraint length] eines Eingabebits auf $K = k+1$ Kodesequenzen oder auf $(k+1)m$ Ausgabebits.[27] Sie beeinflusst die Leistungsfähigkeit eines Faltungskodes.

---

[26]Kodierung und Dekodierung erfolgen zeitabhängig. Ein- und Ausgaben sind zu *diskreten* Zeitpunkten $t, t+1, t+2, ...$ definiert.

[27]Blockkodes haben keine Abhängigkeiten und damit kein Gedächtnis. Informationsstellen haben nur innerhalb eines Kodewortes Einfluss auf die Bildung redundanter Stellen.

Für $x > 1$ Schieberegister lässt sich entsprechend ableiten:

– Die Zahl der Eingänge ist x. Das Gedächtnis des Faltungskodierers wird durch das längste Schieberegister mit $k = \max_{i \in \{1,2,...,x\}} k_i$ bestimmt. Die maximale Einflusslänge ist $K = x(k + 1)$.
– Die Koderate ergibt sich mit $R = \frac{x}{m}$.
– Der Aufwand für die Kodierung und Dekodierung wächst allerdings exponentiell mit steigendem k und x.

Trotz besserer Koderate verzichtet man in bekannten praktischen Anwendungen auf Faltungskodierer mit mehr als einem Eingang. Deshalb werden auch im Weiteren die *Betrachtungen nur für einen Eingang* geführt. Eine Koderatenerhöhung wird mit Hilfe der Punktierung erreicht (s. Abschn. 8.6.2). Weiter wird mit $g_{ij} \in \{0,1\}$ die Zuordnung der Eingabebits zu den Ausgabebits festgelegt. Sie bilden die Koeffizienten einer Generatormatrix. Ein Faltungskodierer mit einem Eingang definiert eine $m \times (k + 1)$ Generatormatrix:

$$G_{m \times (k+1)} = \begin{pmatrix} g_{10} & g_{11} & g_{12} & \cdots & g_{1k} \\ g_{20} & g_{21} & g_{22} & \cdots & g_{2k} \\ \cdots\cdots\cdots\cdots\cdots\cdots \\ g_{m0} & g_{m1} & g_{m2} & \cdots & g_{mk} \end{pmatrix}.$$

Mit Kenntnis von G kann zum Zeitpunkt t die Kodesequenz $v(t) \in \{0,1\}^m$ berechnet werden:

$$G_{m \times (k+1)} \cdot \begin{pmatrix} u(t) \\ u(t-1) \\ \vdots \\ u(t-k) \end{pmatrix} = \begin{pmatrix} v_1(t) \\ v_2(t) \\ \vdots \\ v_m(t) \end{pmatrix},$$

d. h., durch eine **faltungsähnliche Operation** wird den Informationsbits Redundanz hinzugefügt:

$$v_i(t) = \sum_{j=0}^{k} g_{ij} \cdot u(t-j) \quad (i = 1, 2, ..., m). \tag{8.47}$$

Die Generatormatrix lässt sich auch im Zeitbereich darstellen. Für

$$G = (G_0\,G_1\,...\,G_k) \text{ mit } G_j = (g_{1j}\,g_{2j}\,...\,g_{mj}) \quad (j = 0, 1, ..., k)$$

sieht $G(t)$ dann wie folgt aus:

$$G(t) = \begin{pmatrix} G_0\,G_1\,G_2\,...\,G_k & \\ & G_0\,G_1\,...\,G_{k-1}\,G_k \\ & \quad G_0\,...\,G_{k-2}\,G_{k-1}\,G_k \\ \ddots & \ddots \end{pmatrix}. \tag{8.48}$$

Mit dieser Darstellung lässt sich der bereits bekannte Zusammenhang für die Berechnung der Kanalkodefolge mit $a = a^* \cdot G(t)$ anwenden (s. Abschn. 8.3.4.1, 8.5.2.1).

Beispiel 8.6.1

Es sei eine $m \times (k+1)$ Generatormatrix mit $G_{2 \times 3} = \begin{pmatrix} 1\,0\,1 \\ 1\,1\,1 \end{pmatrix}$ gegeben. Für die Quellenkodefolge $a^* = (1101...)$ ist die Kanalkodefolge a zu berechnen.

$$a = a^* \cdot G(t) = (1101...) \cdot \begin{pmatrix} 11\,01\,11 & & & \\ & 11\,01\,11 & & \\ & & 11\,01\,11 & \\ & & & 11\,01\,11 \\ & & & & \ddots \end{pmatrix} = (11\,10\,10\,00\,01\,11\,...)\,.$$

Für $l = 4$ Eingabebits werden $n = (l+k)m = 12$ Ausgabebits berechnet.   □

Die Beschreibung der Verhaltensweise eines dA und damit des Faltungskodierers erfolgt i. Allg. durch einen Zustandsgraphen oder einer Zustandsübergangstabelle. Der Zustandsgraph ist zeitunabhängig, kann aber problemlos in eine zeitabhängige Darstellung gebracht werden. Sich daraus ergebende Beschreibungsformen sind das Baumdiagramm [tree diagram] und das Trellisdiagramm [trellis diagram], beide notwendig für die Dekodierung von Faltungskodes. Die Beschreibungsformen werden im Folgenden anhand eines Beispiels aufgezeigt.

Beispiel 8.6.2

Es ist ein (**nichtrekursiver, nichtsystematischer**) Faltungskodierer mit $k = 2$ Zuständen und $m = 2$ Ausgängen gegeben:

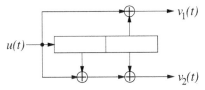

Die sich daraus ableitende Generatormatrix ist $G_{2 \times 3} = \begin{pmatrix} 1\,0\,1 \\ 1\,1\,1 \end{pmatrix} = (5_8, 7_8)$ (verkürzte Schreibweise: jede Zeile wird oktal ausgelesen).

Ein dA wird durch nachstehendes, allgemeines Blockschema symbolisiert:

| Eingangsgröße $u(t)$ | **dA** $\Phi = (U,V,Z,R,S,z(0))$ Zustandsgröße $z(t)$ | Ausgangsgröße $v(t)$ |

Hierbei sind

$u \in U$	Eingangsvariable $\in$ Eingangsmenge/Eingabealphabet,
$v \in V$	Ausgangsvariable $\in$ Ausgangsmenge/Ausgabealphabet,
$z \in Z$	Zustandsvariable $\in$ Zustandsmenge/internes Alphabet,
$R : U \times Z \to V$	Ergebnisabbildung,
$S : U \times Z \to Z$	Folgezustandsabbildung,
$z(0) \in Z$	Anfangszustand.

Für vorliegende Kodierschaltung ist die Beschreibung in dA-Notation:

$$U = \{0,1\}, \ V = \{0,1\}^2, \ Z = \{0,1\}^2, \ z(0) = (z_1(0), z_2(0)) = (0,0),$$

$$\begin{aligned} R : \ & v_1(t) = u(t) \oplus z_2(t) & S : \ & z_1(t+1) = u(t) \\ & v_2(t) = u(t) \oplus z_1(t) \oplus z_2(t), & & z_2(t+1) = z_1(t). \end{aligned}$$

Ein entsprechendes Automatenband sei für $a^* = (1101...)$ gegeben:

t	0	1	2	3	4	5
u	1	1	0	1	...	
z_1	0	1	1	0	1	...
z_2	0	0	1	1	0	...
v_1	1	1	1	0	...	
v_2	1	0	0	0	...	

$\longrightarrow \ a = (11\,10\,10\,00\,...)$
(s. Gl. (8.46) und vgl. mit Beispiel 8.6.1).

Eine *vollständige* Beschreibung des Automaten liefern die Zustandsübergangstabelle und der Zustandsgraph:

Zustandsübergangstabelle   **Zustandsgraph**

$u(t)$	$z(t)$	$z(t+1)$	$v(t)$
0	0,0	0,0	0,0
1	0,0	1,0	1,1
0	1,0	0,1	0,1
1	1,0	1,1	1,0
0	0,1	0,0	1,1
1	0,1	1,0	0,0
0	1,1	0,1	1,0
1	1,1	1,1	0,1

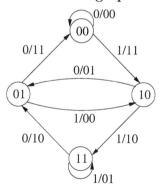

Die Knoten im Zustandsgraphen sind mit den möglichen Zustandsbelegungen $z_1 z_2$ und die Kanten mit den Ein-/Ausgaben $u/v_1 v_2$ bewertet. Es gibt genau 2^k Zustandsbelegungen und damit Knoten im Zustandsgraphen. Jeden Knoten verlassen mit $U = \{0,1\}$ genau zwei Zweige.

Der Zustandsgraph bietet eine Möglichkeit der Bestimmung der **freien Distanz**, eine wichtige Eigenschaft von Faltungskodes. Dazu betrachtet man alle Eingangsfolgen, die zum Zeitpunkt $t = 0$ den Nullzustand verlassen und nach wenigen Übergängen (frühestens nach $(k + 1)$) zum ersten Mal wieder in den Nullzustand übergehen. Die freie Distanz ergibt sich dann aus dem minimalen Gewicht der Ausgangsfolgen, bezogen auf unser Beispiel:

nach 3 Übergängen: $a_1^* = (100) \longrightarrow a_1 = (11\,01\,11) \longrightarrow w(a_1) = 5$,

nach 4 Übergängen: $a_2^* = (1100) \longrightarrow a_2 = (11\,10\,10\,11) \longrightarrow w(a_2) = 6$.

Die freie Distanz ist damit $d_f = \min_i w(a_i) = 5$.

Bei optimalen Generatormatrizen ist d_f meist nach $(k + 1)$ oder $(k + 2)$ Übergängen bestimmt. Ein Vergleich mit dem Gewicht dieser Matrizen offenbart, dass dann auch $d_f = w(G)$ oder $d_f = (w(G) - 1)$ ist.

Über den bekannten Zusammenhang $d_{min}(d_f) = 2f_k + 1$ berechnet sich der Fehlerkorrekturgrad f_k. Je nach Fehlerstruktur kann die *Anzahl korrigierbarer Fehler* auch bei d_f liegen, d. h. *über die begrenzte Mindestdistanz hinaus!*

Für diese Umsetzung ist es notwendig, Zusammenhänge in zeitlicher Entwicklung darzustellen. Dazu wird der Zustandsgraph zeitlich „abgerollt". Zunächst das **Baumdiagramm** (für vorliegendes Beispiel):

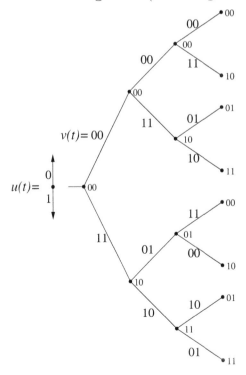

Jeder Pfad widerspiegelt eine mögliche Eingangsfolge. Jede Eingangsfolge und damit auch Kanalkodefolge beginnt im Nullzustand, d. h., der Wurzelknoten des Baumes ist immer auch Startknoten. Bei Eingabe von $u(t) = 0$ geht die Bewegung vom Knoten $z(t)$ immer nach oben und liest die entsprechende Kantenbewertung $v(t)$ aus, gleiches bei Eingabe von $u(t) = 1$ und Abwärtsbewegung. Die Eingangsfolge unterliegt (eigentlich) keiner Begrenzung. Nach $t = (k + 1)$ Eingaben wiederholt sich die Struktur und wächst allerdings mit t exponentiell. Diese Beschreibungsform nutzt man für die sequentielle Dekodierung (s. Abschn. 8.6.3.1).

Das **Trellisdiagramm** ist eine Art Kombination von Zustands- und Baumdiagramm. Führen Pfade zum Zeitpunkt t auf gleiche Folgezustände, dann bringt man diese auf einen Knoten zusammen. Die Zahl der Knoten ist damit zu jedem Zeitpunkt $t \geq k$ genau 2^k. Das Trellisdiagramm für vorliegendes Beispiel und Beispielfolge a^* sieht dann folgendermaßen aus:

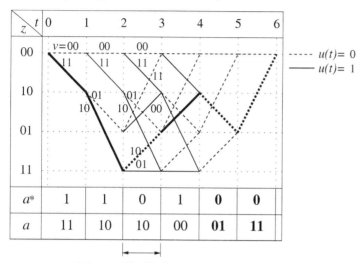

verkürztes Trellisdiagramm

Nach $t = k + 1$ Taktzeitpunkten wiederholt sich das Trellis(diagramm). Zur Beschreibung und später für die Dekodierung reicht die Kenntnis des verkürzten Trellis aus. Die Kantenbewertungen liefern wieder die Kodesequenzen, die Kantenlinie (durchgezogen oder gestrichelt) widerspiegelt das Eingabebit. Die Anzahl Pfade bestimmt die Kardinalität des Faltungskodes, die Kanalkodefolgen sind die Pfadbeschreibungen. Das Trellis bildet damit das Kodealphabet A vollständig ab. Jede Verlängerung des Trellisdiagramms um *ein* Informationsbit *verdoppelt* die Anzahl der Kanalkodefolgen $a_i \in A$.

Im vorliegenden Beispiel wird die Quellenkodefolge durch $k = 2$ Null(Terminierungs-)bit abgeschlossen. Damit erreicht man zum einen ein Rücksetzen des Schieberegisters, zum anderen begrenzt man die Länge der Eingangsfolge auf $l (= 4)$ und somit $|A| = 2^l (= 16)$. Alle Kanalkodefolgen enden im Nullzustand.

□

Wie im Beispiel gezeigt und auch in praktischen Anwendungen umgesetzt, ist eine feste Eingangslänge zum einen sinnvoll, um den hohen Speicherplatzbedarf bei der Dekodierung zu begrenzen, zum anderen das Rekonstruktionsergebnis zu beeinflussen (s. Abschn. 8.6.3). Es sollen deshalb einige Bemerkungen zu den Möglichkeiten der **Begrenzung von Eingangsfolgen** gemacht werden:

– Terminierung

Wie im Beispiel 8.6.2 wird die Quellenkodefolge der Länge l um k (Gedächtnis des Faltungskodierers) verlängert. Das Nachschieben von $k\,Bit$ (Nullen bei nichtrekursiven Faltungskodierern) bringt das Schieberegister in den Anfangszustand. Damit werden bei der Dekodierung auch nur im Nullzustand beginnende und endende Pfade betrachtet (s. Abschn. 8.6.3). Mit den Terminierungsstellen ist jedoch ein Koderatenverlust verbunden:

$$R_T = \frac{1 \cdot l}{m \cdot (l+k)} = R \cdot \frac{l}{l+k}\,;\ R_T \approx R,\ \text{wenn } l \gg k\,. \tag{8.49}$$

Gute Rekonstruktionsergebnisse, je nach Fehlerstruktur sind bis zu d_f Fehler korrigierbar, werden mit Quellenkodelängen von $l \geq 5\,K = 5\,(k+1)$ erreicht. Ein Vielfaches dieser Länge kann auch ein Vielfaches von bis zu d_f Fehlern korrigieren (Ergebnis experimenteller Untersuchungen).

– Truncation

Hier findet eine Begrenzung der Eingabefolge auf l statt, unabhängig davon, in welchem Endzustand sich die Kodierschaltung befindet. Der Vorteil liegt in der unveränderten Koderate. Dafür sind jedoch die letzten Kodesequenzen der Kanalkodefolge wesentlich schlechter vor Fehlern geschützt.

– Tail-Biting

Auch hier findet eine Begrenzung der Eingabefolge auf l statt. Darüber hinaus startet aber der Faltungskodierer in dem Zustand, in welchem er nach Eingabe der Quellenkodefolge a^* endet. Dies setzt die Kenntnis der Eingabefolge voraus. Bei nichtrekursiven Faltungskodierern ist der Anfangszustand $z(0) = (u(l-1), u(l-2), ..., u(l-k))$. Die Anwendung von $G(t)$ (s. Gl. (8.48)) setzt durch eine quasi-zyklische Verschiebung diesen Zusammenhang um. Die $l \times (l+k)$ Matrix wird auf $l \times l$ begrenzt. Die verbleibenden Spalten werden linksbündig auf die $l \times l$ Matrix „aufgelegt".

Beispiel 8.6.3

Faltungskodierer (s. Beispiel 8.6.1) und Quellenkodefolge $a^* = (1101)$ seien gegeben. Aufgrund der Begrenzung wird die zeitabhängige Generatormatrix

$$G(t)_{l \times (l+k)} = \begin{pmatrix} 11\,01\,11 & & \\ & 11\,01\,11 & \\ & & 11\,01\,11 \\ & & & 11\,01\,11 \end{pmatrix}\ \text{in}\ G(t)_{l \times l} = \begin{pmatrix} 11\,01\,11 & & \\ & 11\,01\,11 & \\ 11 & & 11\,01 \\ 01\,11 & & 11 \end{pmatrix}\ \text{verkürzt.}$$

Die Kanalkodefolge berechnet sich dann wie bekannt aus:

$$a = a^* \cdot G(t)_{l \times l}$$

$$a = (1101) \cdot \begin{pmatrix} 11\,01\,11 & & \\ & 11\,01\,11 & \\ 11 & & 11\,01 \\ 01\,11 & & 11 \end{pmatrix} = (10\,01\,10\,00)\,.$$

Für $l = 4$ Eingabebits werden $n = l \cdot m = 8$ Ausgabebits berechnet. Anfangs-
und Endzustand sind $z(0) = z(l) = (1,0)$. $\qquad\square$

Bei der Dekodierung werden nur Pfade zwischen bekanntem Anfangs- und
gleichem Endzustand betrachtet. Vorteile liegen im nicht vorhandenen Koderatenverlust und im gleichmäßigen Schutz aller Kodesequenzen. (Für rekur-
sive Faltungskodierer ist das Finden von $z(0)$ komplexer [WEB 98].)

Zum Abschluss seien wichtige **Eigenschaften von Faltungskodierern** genannt:

– katastrophale Faltungskodierer
Faltungskodierer mit dieser Eigenschaft sind auszuschließen. Es existiert eine
Schleife im Zustandsgraph (über einen Zustand, Nullzustand ausgenommen,
oder über eine Folge von Zuständen), die die Nullfolge als Ausgangsfolge
hat. Ein Durchlaufen dieser Schleife führt zu einer katastrophalen Fehler-
fortpflanzung, die die Wahrscheinlichkeit für das Auftreten einer Eins in der
Ausgangsfolge gegen Null laufen lässt.[28]
Man erkennt diese Eigenschaft auch in G, entweder über den größten ge-
meinsamen Teiler mit $\mathrm{ggT}(\forall i.\, g_i(x)) \neq x^s$ $(s \geq 0)$ oder über das geradzahlige
Gewicht aller Generatorwörter.
Der Faltungskodierer mit $G_{2\times 3} = (5_8, 6_8) = \begin{pmatrix} 1\,0\,1 \\ 1\,1\,0 \end{pmatrix}$ besitzt diese katastro-
phale Eigenschaft:

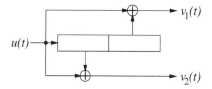

Die katastrophale Eigenschaft verhindert man, wenn mindestens ein Generatorpolynom $g_i(x)$, d. h. eine Zeile in G in Polynomdarstellung, irreduzibel
(auch primitiv) ist.

---

[28]Bei nicht katastrophal arbeitenden Faltungskodierern ist das Auftreten von 0 und 1 nahezu
gleichverteilt (vergleichbar mit Blockkodes).

– **systematische Faltungskodierer**

Wie bei Blockkodes kann aus der Kanalkodefolge die Quellenkodefolge ausgelesen werden. Auf einem Ausgang des Kodierers liegt die Eingangsfolge (un)verzögert an, z. B. bei $G = (4_8, 7_8)$ unverzögert:

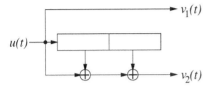

Diese Kodierer sind nie katastrophal. Allerdings ist die Leistungsfähigkeit schlechter als bei nichtsystematischen Faltungskodierern.

– **nichtsystematische Faltungskodierer** (s. Beispiel 8.6.2)

Die freie Distanz d_f ist größer als bei systematischen Faltungskodierern. Eine Quellenkodefolge mit $w(a^*) = 1$ führt immer auf eine *selbstterminierende* Ausgangsfolge a, welche die Generatormatrix spaltenweise widerspiegelt und bei einer Vielzahl optimaler Generatormatrizen die freie Distanz mit $d_f = w(a) = w(G)$ beschreibt (s. a. S. 213).

– **rekursiv systematische Faltungskodierer**

Ein Beispiel ist im Folgenden für $G = (1, \frac{5_8}{7_8})$ gezeigt:

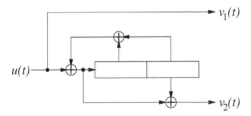

Trellisstruktur und freie Distanz stimmen mit den nichtsystematischen, nichtrekursiven Kodierern gleicher Generatormatrix überein, entsprechend obigem Beispiel mit $G = (7_8, 5_8)$. Beide Kodierer spannen das gleiche Kodealphabet A auf. Sie unterscheiden sich allerdings in der Zuordnung von Quellenkodefolge zur Kanalkodefolge.

Die Einflusslänge ist bei den rekursiv systematischen Kodierern durch die Rückkopplung unendlich. Ein Problem aber ist, dass Quellenkodefolgen mit einem Gewicht $w(a^*) \geq 2$ auf selbstterminierende Kanalkodefolgen führen können, auch ein Grund, diese Faltungskodierer in Verkettung anzuwenden (z. B. bei den *Turbo Codes*, s. Abschn. 8.7.2).

8.6.2 Punktierung

Faltungskodierer mit nur einem Eingang haben eine Koderate von $R = \frac{1}{m}$. Zur Erhöhung der Koderate wurde bereits 1976 die Möglichkeit der Punktierung, d. h. eine Streichung von Kodebits vor der Übertragung, vorgeschlagen.

Die Vorlage dafür liefert eine $m \times \frac{p}{m}$ Punktierungsmatrix P. Diese Matrix wird spaltenweise auf die Kodesequenzen der Kanalkodefolge, periodisch über p, angewendet. Das Gewicht der Matrix mit $v = w(P)$ widerspiegelt die Anzahl nicht punktierter Kodebits. Die sich daraus ableitende Koderate R_p berechnet sich wie folgt:

$$R_p = \frac{p}{v} R \quad \text{mit} \quad R < R_p \leq 1. \tag{8.50}$$

Beispiel 8.6.4

Es sei aus Beispiel 8.6.2 die Kanalkodefolge mit $a = (11\,10\,10\,00\,01\,11)$ gegeben. Die Koderate ist unter Berücksichtigung der angewandten Terminierung $R_T = \frac{1}{3}$ (Gl. (8.49)). Zur Erhöhung der Koderate ist die Punktierungsmatrix $P_{2 \times \frac{6}{2}} = \begin{pmatrix} 1\,0\,1 \\ 1\,1\,0 \end{pmatrix}$ anzuwenden.

Lösung:

Die punktierte Kanalkodefolge ist $a_p = (11\_0\,1\_00\_1\,1\_) = (11010011)$. Die Koderate erhöht sich auf $R_p = \frac{6}{4} \cdot \frac{1}{3} = \frac{1}{2}$. □

Am Ausgang der Übertragung sind die punktierten Kodebits mit Vorlage von P wieder einzufügen. Diese werden „bewertet", ohne die Entscheidung zugunsten einer Null oder Eins zu beeinflussen. Aufgabe des Dekodierungsalgorithmus ist auch die Wiederherstellung dieser Bitstellen (s. Abschn. 8.6.3.2.2).

Bereits 1988 sah man in der Punktierung eine Möglichkeit der adaptiven Übertragung [HAG 88]. Angepasst an das Übertragungsverhalten wird eine unterschiedliche Anzahl von Bit gestrichen und damit eine an den Kanal angepasste Koderate erzeugt. Je nach Rekonstruktionserfolg werden im Weiteren nur noch punktierte Stellen übertragen (s. a. Abschn. 8.5.5.3, Auslöschungskorrektur). Wichtig dabei ist, dass diese Reduzierung von Übertragungsbits von *einem* „Mutter"kode [rate compatible punctured convolutional codes, RCPC codes] abgeleitet wird. Damit liegen auch nur *ein* Kodierer und *ein* Dekodierer vor, unabhängig von der Punktierung. Wegen der Depunktierung ändert sich die Dekodierungskomplexität des Mutterkodes nicht.

Die Punktierung kann allerdings auf eine katastrophale Fehlerfortpflanzung führen und verschlechtert in jedem Fall die Distanzeigenschaften. Bei konstantem Matrixgewicht v spielt also das „wo" der 1-Belegung in P eine entscheidende Rolle. Gute punktierte Kodes sind solche, die bei gleicher Koderate R_p und gleicher Einflusslänge K die größte Distanz d_f besitzen. Deshalb sind auch bei Anwendung von Punktierung experimentelle Untersuchungen durchzuführen oder man greift auf bereits bestehende Tabellen zurück, z. B. [BOS 98].

8.6.3 Dekodierung

Bisherige Betrachtungen basierten auf einer hard-decision Dekodierung, d. h., seitens des Demodulators erfolgte eine harte Quantisierung mit einer Entscheiderschwelle. Dem Kanaldekodierer wurden nur 0 und 1 zugestellt, bedingt durch die nur harte Werte verarbeitenden Dekodierungsalgorithmen. Eine Möglichkeit von soft-input stellen die Auslöschung und Punktierung dar. In die Dekodierung werden bereits bekannte Fehlerstellen einbezogen, sei es in Form des Auslöschungsvektors U oder einer Punktierungsmatrix P.

Informationstheoretische Überlegungen zeigen, dass die SHANNON-Grenze leichter erreicht werden kann, wenn die am Ausgang des Demodulators verfügbare (Zuverlässigkeits-)Information in den Dekodierungsprozess einbezogen wird *und* darüber hinaus Zuverlässigkeitsinformation für die rekonstruierten (geschätzten) Informationsbits erzeugt und weiterverarbeitet werden kann.

Das erfordert, in den weiteren Betrachtungen die Möglichkeiten des Demodulators/Detektors mit einzubeziehen.

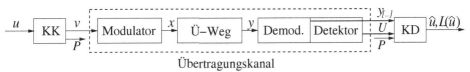

Bild 8.6.1 *Übertragungsmodell mit Realisierungen zum Zeitpunkt t*

Die Kodebits $\in \{0, 1\}$ werden auf die Signalzustände $\in \{+1, -1\}$ abgebildet. Ausgangsseitig werden kontinuierliche Signale empfangen. Das Vorzeichen des Signals zum Zeitpunkt t bringt die harte Entscheidung, 0 oder 1. Eine weiche Entscheidung, die Zuverlässigkeitsinformation, stellt eine Quantisierung mit mehr als einer Entscheiderschwelle oder den Signalwert selbst dar.

Im Folgenden sind in der Reihenfolge des Übertragungsablaufs die Zusammenhänge zum Zeitpunkt t gezeigt (vgl. mit Bild 8.6.1):

$$u(t) \in \{0, 1\} \;\rightarrow\; v(t) \in \{0, 1\}^m \;\rightarrow\; x(t) \in \{+1, -1\}^m \;\longrightarrow$$

$$y(t) \in \mathbb{R}^m \;\rightarrow\; \left\{ \begin{array}{ll} y_h(t) \in \{0, 1\}^m & \text{, hard-input} \\ y_q(t) \in Q^m & \text{, soft-input} \\ y(t) \;\in \mathbb{R}^m & \text{, soft-input} \end{array} \right\} \;\rightarrow\; \widehat{u}(t) \in \{0, 1\}, L(\widehat{u}(t)) .$$

Mit $L(\widehat{u}(t))$ wird die Zuverlässigkeit für das geschätzte Informationsbit $\widehat{u}(t)$ ausgegeben (soft-output).

Die Darstellung obiger Zusammenhänge ist notwendig für die Beschreibung nachfolgender Dekodierungsalgorithmen.

Zunächst wird eine sequentielle Dekodierung am Beispiel des FANO-Algorithmus vorgestellt. Diese ist eine hard-decision Dekodierung auf der Basis des Baumdiagramms. Eine effiziente Umsetzung des Maximum-Likelihood (ML)/ Minimum-Distance (MD) Dekodierungsprinzips zeigt der VITERBI-Algorithmus (Abschn. 8.6.3.2). Dieser verwendet das Trellisdiagramm zur Rekonstruktion. Zur Einführung soll zunächst als Spezialfall die Möglichkeit der hard-decision Dekodierung gezeigt werden, um im Folgenden auf die Möglichkeiten der soft-decision Dekodierung (soft-input, soft-output) einzugehen. Am effizientesten, aber auch aufwendigsten ist die Maximum-a-posteriori Dekodierung basierend auf dem BCJR-Algorithmus im Abschn. 8.6.3.3. Eine vereinfachte Umsetzung wird gezeigt. Grundlage bildet auch hier die Trellisdarstellung.

8.6.3.1 Sequentielle MD Dekodierung: FANO-Algorithmus

Der FANO-Algorithmus setzt eine hard-decision Dekodierung um. Grundlage dafür ist das Baumdiagramm (s. S. 213). Die Sequenzen in der Empfangsfolge $b = (..., y_h(t), y_h(t+1), ...)$ sind Belegungen $y_h(t) \in \{0,1\}^m$. Taktweise wird eine Empfangssequenz $y_h(t)$ mit einer Kodesequenz $v(t)$ im Diagramm verglichen. Es wird mit $d_{(H)}(v(t), y_h(t))$ die HAMMING-Distanz (Gl. (8.5)) zum Taktzeitpunkt t berechnet und über den betrachteten Pfad summiert. Ausgehend vom Wurzelknoten wird immer nur ein Pfad betrachtet. Dabei können im Baum die Bewegungen „vorwärts, rückwärts, seitwärts" ausgeführt werden. Der Algorithmus lässt sich vereinfacht wie folgt notieren:

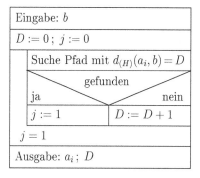

Beim Durchlaufen des Baumes wird eine Distanzschwelle D vorgegeben. Sobald diese beim Vergleich von Empfangssequenzen in b und Kodesequenzen in einer Kodefolge a_i (= Pfad im Baumdiagramm) überschritten wird, erfolgen Rückwärtsbewegung(en) und Seitwärtsbewegung, um nach Zusammenhängen in einem anderen Pfad zu suchen. Erfüllt kein Pfad den Distanzwert, geht es zurück zum Wurzelknoten. Die Distanzschwelle wird erhöht und die Suche beginnt von neuem. Wird eine Kanalkodefolge a_i mit $d_{(H)}(a_i, b) = 0$ gefunden, liegt kein erkennbarer Fehler vor. Bei $d_{(H)}(a_i, b) = D > 0$ gibt die Distanzschwelle den Abstand zwischen beiden Folgen an, damit auch die Zahl korrigierter Fehler. Es ist möglich, dass mehrere Kanalkodefolgen zur Empfangsfolge die gleiche Distanz haben. Die Entscheidung fällt zugunsten der Folge, welche die Distanzschwelle als erste erfüllt. *Die Folge a_i ist die geschätzte, wahrscheinlichste Kanalkodefolge $\widehat{a}$ ($= b_{korr}$).*

Der Nachteil des Algorithmus liegt in der sich ändernden Bearbeitungszeit, abhängig von der Fehleranzahl. Bei geringem Störverhalten, auch bei Betrachtung der durchschnittlichen Bearbeitungszeit, hat dieser Algorithmus Vorteile gegenüber anderen Verfahren. Für Realzeit[real time]-Anwendungen ist dieser Algorithmus jedoch wenig attraktiv. So sind z. B. bei Sprachübertragungen feste Verzögerungszeiten notwendig. Beim Filetransfer [non real time packet application] stellen unterschiedliche Verzögerungszeiten kein Problem dar.

Der Algorithmus ist weiterhin nahezu unabhängig von der Einflusslänge K (z. B. $K = 32$ in Pioneer-Missionen [COH 98]; zum Vergleich: beim VITERBI-Algorithmus sollte K nicht größer 9 sein, s. Abschn. 8.6.3.2).

Die Anzahl Pfade und damit die Mächtigkeit des Kodealphabets A wächst exponentiell mit der Informationslänge. Sinnvolle Längen liegen bei $l \leq 100$. Zu dem liegt der Vorteil des Algorithmus in der *Speicherung immer nur einer Kanalkodefolge*.

Eine Begrenzung durch Terminierung schränkt bei Übertragungsfehlern die Zahl möglicher Kanalkodefolgen gleichen Abstands zu b ein, verlängert natürlich das Baumdiagramm um die k Terminierungsstellen.

Beispiel 8.6.5

Auf der Grundlage des Faltungskodierers aus Beispiel 8.6.2 ist der FANO-Algorithmus zur Kodierung von $a^* = (1101)$ und zur Dekodierung von $b = (10\,10\,11\,10\,01\,11)$, unter Berücksichtigung von Terminierung, anzuwenden.

Lösung: s. S. 222

(Die Knoten in $t + 1$ sind mit dem Abstand $\sum_{i=0}^{t} d_{(H)}(v(i), y_h(i))$ bewertet.)

Für eine Distanzschwelle von $D = 3$ wurde eine Kodefolge mit $d_{(H)}(\widehat{a}, b) = 3$ gefunden. Die zugehörige Quellenkodefolge b^* stimmt mit a^* überein. In diesem Beispiel wurden demzufolge 3 Fehler korrigiert, d. h. mehr als $f_k = \lfloor \frac{d_f - 1}{2} \rfloor = 2$ mit Sicherheit rekonstruierbare Fehler. $\qquad \square$

Die Leistungsfähigkeit von Faltungskodes liegt in der Regel über dem Fehlerkorrekturgrad f_k. Vorteile findet man vor allem bei zufällig verteilten Einzelfehlern. *Die Dekodierungsergebnisse sind immer korrekt oder falsch. Ein Dekodierungsversagen kann nicht auftreten.*

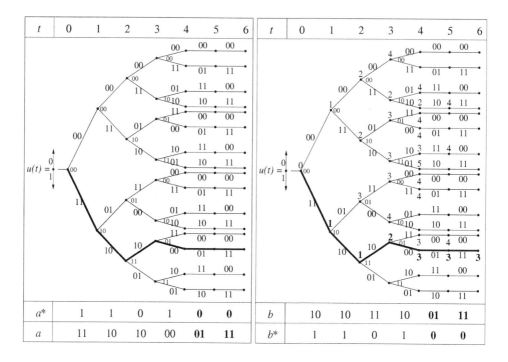

a^*	1	1	0	1	**0**	**0**
a	11	10	10	00	**01**	**11**

b	10	10	11	10	**01**	**11**
b^*	1	1	0	1	**0**	**0**

8.6.3.2 MD/ML Dekodierung: VITERBI-Algorithmus

Minimum-Distance (MD) und Maximum-Likelihood (ML) Dekodierung werden auch als Ähnlichkeitsdekodierung bezeichnet. Für die MD Dekodierung ist es die Kanalkodefolge

$$a = \min_{\forall x \in A} d_{(H),(E)}(x, b)$$

mit dem kleinsten Abstand zur Empfangsfolge b. Bei der ML Dekodierung ist es die Kanalkodefolge

$$a = \max_{\forall x \in A} p(b|x)$$

mit der größten Übereinstimmung zur Empfangsfolge b.

Die Sequenzen einer Empfangsfolge b sind für die weiteren Betrachtungen wie folgt notiert:

$$y_h(t) \in \{0,1\}^m \quad \text{für hard-input,}$$
$$y_q(t) \in Q^m \qquad \text{für soft-input,}$$
$$y(t) \ \in \mathbb{R}^m \qquad \text{für soft-input.}$$

In diesem Zusammenhang ist auch die Angabe $d_{(H),(E)}$ zu verstehen. $d_{(H)}$ ist die bekannte HAMMING-Distanz (Gl. (8.5)) und findet Anwendung bei hard-decision Dekodierung. Liegen die Empfangssequenzen quantisiert (mehr als zwei Stufen) oder als Signalwertfolge vor, dann berechnet sich der Abstand aus der quadratischen EUKLIDischen Distanz, zeitunabhängig ausgeführt:

$$d^2_{(E)}(x, y_{[q]}) = \sum_{i=1}^{m}(x_i - y_{[q,]i})^2 \quad \text{mit} \quad x_i \in \{+1, -1\}, \; y_{[q,]i} \in Q \text{ bzw. } \mathbb{R}.$$

Der Bearbeitungsaufwand für den Vergleich einer Empfangsfolge mit allen Kanalkodefolgen wächst exponentiell mit der Anzahl an Informationsstellen (Länge der Quellenkodefolge). Eine effiziente Lösung liefert der VITERBI-Algorithmus. Zunächst sollen dafür Zusammenhänge am Beispiel der hard-decision Dekodierung aufgezeigt werden. Die beiden folgenden Abschnitte beschäftigen sich dann mit der soft-decision Dekodierung, aufgespalten nach Möglichkeiten des soft-input und soft-output.

8.6.3.2.1 Spezialfall: hard-decision Dekodierung

Basis für die Anwendung des VITERBI-Algorithmus ist das Trellisdiagramm (s. S. 214). Die Bearbeitung erfolgt taktweise. Zum Zeitpunkt t wird die Empfangssequenz $y_h(t) \in \{0,1\}^m$ *mit jeder* Kodesequenz $v_{\sigma'\sigma}$ im verkürzten Trellis verglichen und eine Zweigmetrik berechnet. Am Beispiel der **MD Dekodierung** ist es die HAMMING-Distanz $d^{\sigma'\sigma}_{(H)t}(v_{\sigma'\sigma}, y_h(t))$, kurz mit $d^{\sigma'\sigma}_{(H)t}$ angegeben. Mit $\sigma'\sigma$ werden die Zustandsübergänge vom Zeitpunkt t zum Zeitpunkt $t + 1$ beschrieben. Für σ' und σ sind mit $\sigma', \sigma \in \{0, 1, ..., 2^k - 1\}_2$ die 2^k Zustände definiert, dual oder dezimal angegeben. Die Zweigmetrik $d^{\sigma'\sigma}_{(H)t}$ wird zum Metrikwert $D^{\sigma'}_t$ addiert. Man erhält den neuen Metrikwert D^{σ}_{t+1}, welcher den kleinsten Abstand von Kodesequenzen zu den Empfangssequenzen zum Zeitpunkt $t + 1$ im Zustand σ widerspiegelt:

$$D^{\sigma}_{t+1} = \min_{\forall \sigma'\sigma}\{D^{\sigma'}_t + d^{\sigma'\sigma}_{(H)t}\} \quad \text{mit} \quad d^{\sigma'\sigma}_{(H)t} = \sum_{i=1}^{m}\left(v_{\sigma'\sigma,i} \oplus y_{h,i}(t)\right). \tag{8.51}$$

Die folgende Darstellung soll die Zusammenhänge nochmals verdeutlichen (verkürztes Trellis aus Beispiel 8.6.2):

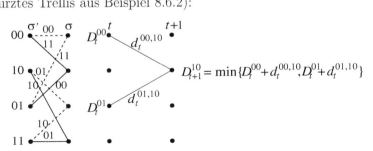

Nach $t > k$ Schritten treffen in jedem Zustand jeweils zwei Übergänge zusammen. Es wird nur der Pfad mit der kleinsten Metrik weiterbetrachtet, d. h., zu jedem Zeitpunkt $t = k + 1, k + 2, ..., l$ werden 2^k Pfade verworfen. Bei gleicher Metrik entscheidet der Zufall für den überlebenden Pfad (Survivor).

Bei Anwendung von *Terminierung*, in weiteren Betrachtungen zugrunde gelegt, sind Anfangs- und Endzustand zum Zeitpunkt $t = 0$ und $t = l + k$ immer gleich Null (bei *Tail-Biting* sind diese ein gleiches σ zum Zeitpunkt $t = 0$ und $t = l$, abhängig von der Quellenkodefolge). *Es überlebt nur eine Kanalkodefolge.*

Der **Algorithmus** sieht am Beispiel der MD Dekodierung wie folgt aus:

Eingabe: b
$D_t^\sigma = D_0^0 := 0$
$t = 0(1)l - 1$
$\quad \sigma = 0(1)2^k - 1$
$\quad\quad D_{t+1}^\sigma := \min\limits_{\forall \sigma' \sigma}\{D_t^{\sigma'} + d_{(H)t}^{\sigma'\sigma}\}$
$\quad\quad$ mit $d_{(H)t}^{\sigma'\sigma} = \sum\limits_{i=1}^{m}(v_{\sigma'\sigma,i} \oplus y_{h,i}(t))$
$t = l(1)l + k - 1$
$\quad \sigma = 0(1)2^k - 1$
$\quad\quad D_{t+1}^\sigma := \min\limits_{\forall \sigma' \sigma}\{D_t^{\sigma'} + d_{(H)t}^{\sigma'\sigma}\}$
$\quad\quad$ *nur für* $\sigma'\sigma_{u=0}$
Ausgabe: D_{l+k}^0 ; b^*

Anmerkung 1:
$\forall \sigma'\sigma$ bezeichnet alle im Trellis definierten Übergänge zum Zustand σ.

Anmerkung 2:
$\sigma'\sigma_{u=0}$ sind Zustandsübergänge mit Eingabe(Terminierungs-)bit 0.

Der Abstand der Empfangsfolge zur geschätzten Kanalkodefolge ist D_{l+k}^0. Mit dem Survivor sind die Fehler in der Empfangsfolge korrigiert. Die Zurückverfolgung des Survivors liefert die geschätzte Quellenkodefolge b^*.

Bei der **ML Dekodierung** ändert sich nur die Metrikberechnung. Für Maximierung soll hier der Metrikwert Λ_{t+1}^σ stehen:

$$\Lambda_{t+1}^\sigma = \max_{\forall \sigma' \sigma}\{\Lambda_t^{\sigma'} + \lambda_t^{\sigma'\sigma}\} \quad \text{mit} \quad \lambda_t^{\sigma'\sigma} = \sum_{i=1}^{m}\overline{v_{\sigma'\sigma,i} \oplus y_{h,i}(t)} \, . \tag{8.52}$$

Treffen jetzt zwei Übergänge zusammen, dann wird der Pfad mit der größten Metrik (größten Übereinstimmung) weiterbetrachtet.

MD/ML Dekodierung werden mit VITERBI effizient umgesetzt. Taktweise werden 2^k Kanalkodefolgen aussortiert. Die Dekodierungskomplexität ist im Vergleich zum FANO-Algorithmus unabhängig vom Fehlerverhalten. Nachteilig ist das Speichern von 2^k Pfaden. Der Aufwand verdoppelt sich mit $k + 1$ (jedoch mit einem Kodierungsgewinn von ca. $0, 4\,dB$). In Anwendungen findet man deshalb Faltungskodierer nur bis zu einer Einflusslänge von $K = k + 1 = 9$ (mit dem ($K = 15, R = \frac{1}{4}$)Big-Viterbi-Decoder Anfang der 90er Jahre hatte man nur versucht, an die SHANNON-Grenze heranzukommen, s. a. [COH 98]).

Beispiel 8.6.6

Der Faltungskodierer aus Beispiel 8.6.2 sei gegeben. Die Empfangsfolge $b =$ (10 10 11 10 01 11) soll dekodiert werden (Anwendung der MD Dekodierung).

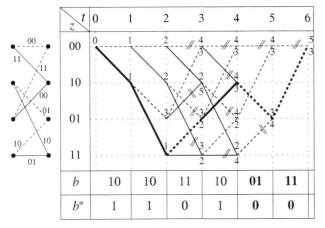

Zum besseren Verständnis sind zwei Berechnungsbeispiele angeführt:

– Metrikwert zum Zeitpunkt $t + 1 = 3$ im Zustand $\sigma = 00$:

$$D_3^{00} = \min\{D_2^{00} + d_{(H)2}^{00,00}, D_2^{01} + d_{(H)2}^{01,00}\}$$

$$= \min\{D_2^{00} + \sum_{i=1}^{2}(v_{(00,00),i} \oplus y_{h,i}(2)), D_2^{01} + \sum_{i=1}^{2}(v_{(01,00),i} \oplus y_{h,i}(2))\}$$

$$= \min\{2 + (00 \oplus 11), 3 + (11 \oplus 11)\} = \min\{4, 3\} = 3,$$

– Metrikwert zum Zeitpunkt $t + 1 = 4$ im Zustand $\sigma = 11$:

$$D_4^{11} = \min\{D_3^{10} + d_{(H)3}^{10,11}, D_3^{11} + d_{(H)3}^{11,11}\}$$

$$= \min\{2 + (10 \oplus 10), 2 + (01 \oplus 10)\} = \min\{2, 4\} = 2.$$

Der Abstand der Kanalkodefolge $\widehat{a} =$ (11 10 10 00 01 11) (im Bild fett dargestellt) zur Empfangsfolge b ist damit $D_6^{00} = d_{(H)}(\widehat{a}, b) = d_{(H)}(b_{korr}, b) = 3$. Die geschätzte Quellenkodefolge lautet $b^* =$ (1101) (ohne Terminierungsstellen). □

8.6.3.2.2 Soft-decision Dekodierung: soft-input

Allein mit weichen Eingaben, $y_{[q]}(t) \in \left\{\begin{array}{c} Q^m \\ \mathbb{R}^m \end{array}\right\}$, können bereits Kodierungsgewinne (s. a. S. 282) erzielt werden. Notwendig ist ein geeignet nachgeschalteter Korrekturalgorithmus. Zwei Möglichkeiten von soft-input existieren:

- Punktierung (kein Kodierungs-, aber Koderatengewinn)

  Auf diese Möglichkeit wurde im Abschn. 8.6.2 eingegangen. Der Kanaldekodierer fügt unter Berücksichtigung der Punktierungsmatrix die punktierten

Stellen wieder ein. Bei Anwendung der hard-decision Dekodierung wie auch bei der Quantisierung im Signalbereich zwischen 0 und 1 ($|Q| > 2$, s. u. DVB-Standard) wird ein „don't care" Wert gesetzt. Diese Stelle bleibt damit bei der Zweigmetrikberechnung unberücksichtigt.

Quantisiert der Demodulator die Signalwerte im Bereich $+1$ und -1 wird eine Null gesetzt. Die depunktierte Stelle ist bewertet, ohne die Entscheidung zugunsten $+1$ oder -1 zu beeinflussen.

- Quantisierung (Kodierungsgewinne bis zu $3\,dB$)

Die Empfangssequenzen $y_{[q]}(t)$ sind Quantisierungsstufen aus dem Quantisierungsalphabet Q oder die Signalwerte selbst mit $Q = \mathbb{R}$.

In praktischen Anwendungen findet man meist 2-Bit($= 2^2 - 1$ Entscheiderschwellen)- bzw. 3-Bit($= 7$ Entscheiderschwellen)-Quantisierungen. Höhere Auflösungen (ohne soft-output Betrachtung!) bringen kaum noch Kodierungsgewinne und erhöhen lediglich den Aufwand.

Am Beispiel des DVB[digital video broadcast]-Standards [REI 08] liegen die Quantisierungsstufen im positiven Bereich mit zwei möglichen Quantisierungen:

2-Bit-Quantisierung: $Q = \{00, 01, 10, 11\} \equiv \{0, \frac{1}{3}, \frac{2}{3}, 1\}$,

3-Bit-Quantisierung: $Q = \{0, \frac{1}{7}, \frac{2}{7}, \frac{3}{7}, \frac{4}{7}, \frac{5}{7}, \frac{6}{7}, 1\}$.

Diese Zusammenhänge ändern die Zweigmetrikberechnung. Mit vorliegenden bewerteten Quantisierungsstufen erfolgt eine Maximierung des Metrikwertes Λ_{t+1}^{σ}. Es wird also eine Kanalkodefolge mit größter Übereinstimmung zur Empfangsfolge ermittelt. Die Zweigmetrik berechnet sich aus

$$\lambda_t^{\sigma'\sigma} = \sum_{i=1}^m \lambda_{t,i}^{\sigma'\sigma} \ \text{ mit } \ \lambda_{t,i}^{\sigma'\sigma} = \begin{cases} y_{q,i}(t) & v_{\sigma'\sigma,i} = 1 \\ 1 - y_{q,i}(t) & v_{\sigma'\sigma,i} = 0 \end{cases}. \tag{8.53}$$

Andere Quantisierungsalphabete und damit Zweigmetrikberechnungen sind möglich:

- Ist die Quantisierung vorzeichenbehaftet, erfordert das die Abbildung der Kodesequenzen $v_{\sigma'\sigma} \in \{0,1\}^m$ auf das Modulationsalphabet X. Ein möglicher Zusammenhang zum Zeitpunkt t wäre:

$$v(t) \in \{0,1\}^m \ \longrightarrow \ x(t) \in \{+1, -1\}^m \ \longrightarrow \ y_q(t) \in Q^m,$$

z. B. bei einer Quantisierung mit $Q = \{\text{-}2, \text{-}1.5, \text{-}1, \text{-}0.5, 0.5, 1, 1.5, 2\}$.

Bei Anwendung der ML Dekodierung ergibt sich die Zweigmetrik wie folgt:

$$\lambda_t^{\sigma'\sigma} = \sum_{i=1}^m x_{\sigma'\sigma,i} \cdot y_{q,i}(t). \tag{8.54}$$

– Verwendet man den Signalwert als Quantisierungsstufe (Vorteile für soft-output und damit für Kodeverkettung und iterative Dekodierung) gilt:

$$v(t) \in \{0,1\}^m \;\longrightarrow\; x(t) \in \{+1,-1\}^m \;\longrightarrow\; y(t) \in \mathbb{R}^m \,.$$

Die Zweigmetrik berechnet sich dann mit

$$\lambda_t^{\sigma'\sigma} = \sum_{i=1}^{m} x_{\sigma'\sigma,i} \cdot y_i(t) \,. \tag{8.55}$$

Die vorliegenden Zweigmetriken setzen die ML Dekodierung um. Die zugrundeliegende *Maximierung* des Skalarprodukts leitet sich *aus der Minimierung* der quadratischen EUKLIDischen Distanz ab. Die quadratische EUKLIDische Distanz zwischen Kode- und Empfangssequenz ist

$$d_{(E)}^2 = \sum_{i=1}^{m}(x_i - y_i)^2 = \sum_{i=1}^{m} x_i^2 - 2\sum_{i=1}^{m} x_i \cdot y_i + \sum_{i=1}^{m} y_i^2 = m + c - 2\sum_{i=1}^{m} x_i \cdot y_i \,.$$

$c = \sum_{i=1}^{m} y_i^2$ hat beim Vergleich der Empfangssequenz mit den Kodesequenzen keinen Einfluss und kann wie m als Konstante betrachtet werden. $d_{(E)}^2$ ist dann minimal, wenn $\sum_{i=1}^{m} x_i \cdot y_i$ maximal ist. Die Zweigmetrik bei Umsetzung der MD Dekodierung ist somit

$$d_{(E)t}^{\sigma'\sigma} = \sum_{i=1}^{m} \left(x_{\sigma'\sigma,i} - y_{i,(q)}(t)\right)^2 \,. \tag{8.56}$$

Der Ablauf des VITERBI-Algorithmus wird weder von der MD oder ML Dekodierung noch von der hard-decision oder soft-decision Dekodierung beeinflusst. Es ändert sich lediglich die Metrikberechnung:

$$\textbf{MD: } D_{t+1}^{\sigma} = \min_{\forall \sigma'\sigma}\{D_t^{\sigma'} + d_{(H),(E)t}^{\sigma'\sigma}\}; \; \text{hard } d_{(H)t}^{\sigma'\sigma} = \sum_{i=1}^{m}(v_{\sigma'\sigma,i} \oplus y_{h,i}(t))$$

$$\text{soft } d_{(E)t}^{\sigma'\sigma} = \sum_{i=1}^{m}(x_{\sigma'\sigma,i} - y_{[q,]i}(t))^2$$

$$\textbf{ML: } \Lambda_{t+1}^{\sigma} = \max_{\forall \sigma'\sigma}\{\Lambda_t^{\sigma'} + \lambda_t^{\sigma'\sigma}\}; \; \text{hard } \lambda_t^{\sigma'\sigma} = m - d_{(H)t}^{\sigma'\sigma} = \sum_{i=1}^{m} \overline{v_{\sigma'\sigma,i} \oplus y_{h,i}(t)}$$

$$\text{soft } \lambda_t^{\sigma'\sigma} = \sum_{i=1}^{m} x_{\sigma'\sigma,i} \cdot y_{[q,]i}(t)$$

Beispiel 8.6.7

Der Faltungskodierer aus Beipiel 8.6.2 sei gegeben. Es soll eine *punktiert und quantisiert* vorliegende Empfangsfolge $b_{p,q} = (0.5 \; \text{-}1 \; 1 \; \text{-}1 \; 0.5 \; 1 \; 1 \; \text{-}0.5 \; \text{-}1.5)$ mit dem VITERBI-Algorithmus (ML Umsetzung) dekodiert werden.

Die Anwendung der Punktierungsmatrix $P_{2\times\frac{4}{2}} = \begin{pmatrix} 1 & 0 \\ 1 & 1 \end{pmatrix}$ erhöht die Koderate von $R = \frac{1}{2}$ auf $R_p = \frac{2}{3}$ (Gl. (8.50)), Terminierung sei vernachlässigt. Der Quantisierung liegt das Alphabet $Q = \{-2, -1.5, -1, -0.5, 0.5, 1, 1.5, 2\}$ zugrunde.

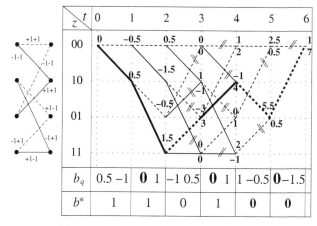

Anmerkung:
Zur Vermeidung negativer Metrikwerte kann auch mit $\Lambda_0^0 > 0$ initialisiert werden.

Z. B.: $D_3^{10} = \max\{0.5 + ((-1)\cdot(-1) + (-1)\cdot 0.5)\,,\, -0.5 + ((+1)\cdot(-1) + (+1)\cdot 0.5)\} = 1\,$,
$\qquad D_4^{01} = \max\{1 + ((+1)\cdot\mathbf{0} + (-1)\cdot 1)\,,\, 0 + ((-1)\cdot\mathbf{0} + (+1)\cdot 1)\} = 1\,$.

Die Kanalkodefolge $\hat{a} = (11\,10\,10\,00\,01\,11)$ hat zur Empfangsfolge b den größten Metrikwert mit $\Lambda_6^{00} = 7$. Dieses Beispiel macht bei einem Vergleich mit dem Ergebnis von Beispiel 8.6.6 (gleiche Kanalkodefolge a zugrundegelegt) die Leistungsfähigkeit von Faltungskodes über Punktierung hinaus deutlich.   □

8.6.3.2.3 Soft-decision Dekodierung: soft-output

In diesem Abschnitt geht es um die Frage, wie zuverlässig die Entscheidung für die geschätzten Informationsbits $\hat{u}(i)$ $(i = 0, 1, ..., l-1)$ aus der wahrscheinlichsten Kanalkodefolge $\hat{a}$ ist. Die gewonnene Zuverlässigkeitsinformation kann im Weiteren durch Anwendung einer Kodeverkettung (z. B. bei der Umsetzung der iterativen Dekodierung, s. Abschn. 8.7.2) ausgewertet werden.

Die Möglichkeit der Berechnung von Zuverlässigkeitsinformation auf der Grundlage des VITERBI-Algorithmus wurde erstmals von HAGENAUER-HOEHER [HAH 89] vorgestellt. SOVA [soft output viterbi algorithm] setzt in der ursprünglichen Form die MD Dekodierung um, ohne den Algorithmus darauf zu beschränken.

Der Algorithmus geht vom bereits bekannten Zusammenhang zum Zeitpunkt t aus:

$$v(t) \in \{0,1\}^m \longrightarrow x(t) \in \{+1, -1\}^m \longrightarrow y(t) \in \mathbb{R}^m\,,$$

$y(t) \in \mathbb{R}^m$ verhindert einen Informationsverlust durch Quantisierung.

Zu jedem Zeitpunkt $t > k$ werden, wie bekannt, mögliche Alternativen zur Bestimmung der am wahrscheinlichsten gesendeten Kanalkodefolge verworfen. Die dabei getroffenen fehlerhaften Entscheidungen sind umso größer, je kleiner der Abstand der Metrikwerte ist. Die bedingte Wahrscheinlichkeit für einen Pfad x der Länge $t+1$ ist proportional dem Metrikwert $D_{t+1}^{\sigma}[x]$ zum Zeitpunkt $t+1$ und im Zustand σ:

$$p(y|x) \sim e^{-D_{t+1}^{\sigma}[x]} \quad \text{mit} \quad D_{t+1}^{\sigma}[x] = \sum_{j=0}^{t} \sum_{i=1}^{m} (x_{\sigma'\sigma_{(j)},i} - y_i(j))^2, \quad (8.57)$$

y widerspiegelt die Empfangsfolge und x einen Pfad zum Zeitpunkt $t+1$. Die Wahrscheinlichkeit für eine fehlerhafte Entscheidung im Zustand σ für einen Pfad x (Survivor) zulasten des verworfenen Pfades x' lässt sich damit berechnen:

$$p_f(\Delta_{t+1}^{\sigma}) = \frac{e^{-D_{t+1}^{\sigma}[x']}}{e^{-D_{t+1}^{\sigma}[x]} + e^{-D_{t+1}^{\sigma}[x']}} = \frac{1}{1 + e^{D_{t+1}^{\sigma}[x'] - D_{t+1}^{\sigma}[x]}} = \frac{1}{1 + e^{\Delta_{t+1}^{\sigma}}}. \quad (8.58)$$

Δ_{t+1}^{σ} ist die Differenz der Metriken von verworfenem Pfad und Survivor. Ist $p_f(\Delta_{t+1}^{\sigma}) \approx 0,5$, dann sind die Metrikwerte nahezu gleich. Die Wahrscheinlichkeit geht mit größer werdender Metrikdifferenz gegen Null.

Im Weiteren wird durch Rückverfolgung von Survivor und verworfenem Pfad festgestellt, an welchen Informationsstellen sich die Entscheidung zugunsten des Survivors auswirkt. Folgendes Schema soll das Vorgehen verdeutlichen (Faltungskodierer aus Beispiel 8.6.2):

Zum Zeitpunkt $t + 1 = 8$ laufen die Pfade x, x' im Zustand $\sigma = 10$ zusammen, d. h., mit $p_f(\Delta_8^{10})$ wird an dieser Stelle eine fehlerhafte Entscheidung getroffen:

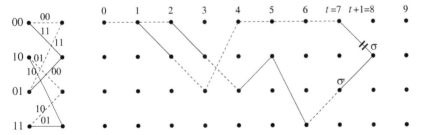

Von obiger Entscheidung ist nur ein Teil der möglichen Informationsfolge betroffen:

$$b^* = (u(0),\, u(1),\, u(2), ..., u(7)) = (0\ \mathbf{0}\ \mathbf{0}\ \mathbf{1}\ \mathbf{0}\ \mathbf{1}\ \mathbf{1}\ \mathbf{0}\ 1)$$
$$b^{*'} = (u'(0), u'(1), u'(2), ..., u'(7)) = (0\ \mathbf{1}\ \mathbf{0}\ \mathbf{0}\ \mathbf{0}\ \mathbf{0}\ \mathbf{0}\ 1).$$

Bei einem nichtrekursiven Faltungskodierer sind die letzten k Informationsbits immer gleich, so dass die Rückverfolgung über die Zeitpunkte $j = t - k + 1$, $t - k, ..., t - \delta$ (δ – in Abhängigkeit einer Längenvorgabe oder $\delta = t$) erfolgt.

Damit lassen sich nun die Wahrscheinlichkeiten $p_{t+1}^{\sigma}(i)$ für fehlerhaft entschiedene Bits an den Positionen i zum Zeitpunkt $t+1$ im Zustand σ berechnen[29]:

$$p_{t+1}^{\sigma}(i) = \begin{cases} (1 - p_f(\Delta_{t+1}^{\sigma})) \cdot p_t^{\sigma'}(i) + p_f(\Delta_{t+1}^{\sigma}) \cdot (1 - p_t^{\sigma'}(i)) & u(i) \neq u'(i) \\ p_t^{\sigma'}(i) & \text{sonst} \end{cases} . \quad (8.59)$$

$p_t^{\sigma'}(i)$ ist die Wahrscheinlichkeit für eine fehlerhafte Entscheidung des Bits $u(i)$ aus vorhergehenden Entscheidungen, die zum betrachteten Survivor führten. Bei $u(i) = u'(i)$ ist die Fehlerwahrscheinlichkeit nicht von der gerade getroffenen Entscheidung beeinflusst. Ist dagegen $u(i) \neq u'(i)$, widerspiegelt die Berechnung von $p_{t+1}^{\sigma}(i)$ zwei Zusammenhänge:

Der erste Term multipliziert die Wahrscheinlichkeit einer korrekten Entscheidung $(1 - p_f(\Delta_{t+1}^{\sigma}))$ mit der Wahrscheinlichkeit $p_t^{\sigma'}(i)$, dass es bereits bei vorhergehenden Entscheidungen für den Survivor zu Fehlern gekommen ist.

Der zweite Term geht von einer fehlerhaften Entscheidung aus. Die entsprechende Wahrscheinlichkeit $p_f(\Delta_{t+1}^{\sigma})$ wird mit der Wahrscheinlichkeit $(1 - p_t^{\sigma'}(i))$ multipliziert, dass das Bit in vorhergehenden Entscheidungen richtig entschieden wurde.

Am Dekodierungsende erhält man die „geschätzten" Wahrscheinlichkeiten $\widehat{p}(i)$ für eine fehlerhafte Entscheidung der geschätzten Informationsbits $\widehat{u}(i)$ ($i = 0, 1, ..., l - 1$) aus der Rückverfolgung der wahrscheinlichsten Kanalkodefolge. Die Zuverlässigkeit für das geschätzte Bit $\widehat{u}(i)$ leitet sich dann wie folgt ab:

$$L(\widehat{u}(i)) = \ln \frac{1 - \widehat{p}(i)}{\widehat{p}(i)} . \quad (8.60)$$

Im Weiteren hat man versucht, diese Berechnung zu vereinfachen, zumal die Multiplikation von Wahrscheinlichkeiten kleine und damit auch ungenaue Werte liefert. Durch die Einführung der Log-Likelihood-Algebra [HAG 94][30] kann die Berechnung *direkt* über Zuverlässigkeiten erfolgen. Es entfällt damit die Berechnung der Wahrscheinlichkeit einer fehlerhaften Entscheidung (Gl. (8.58)).

---

[29]Statistische Unabhängigkeit zwischen $p_{t+1}^{\sigma}(i)$ und $p_f(\Delta_{t+1}^{\sigma})$ wird vorausgesetzt. Diese ist für die meisten praktischen Kodes gegeben.

[30]**Log-Likelihood-Algebra** (*L*-Algebra) für eine binäre Zufallsvariable $x \in \{+1, -1\}$:

$$L(x) = \ln \frac{P(x = +1)}{P(x = -1)} .$$

Das Vorzeichen von $L(x)$ bestimmt die harte Entscheidung, der Betrag von $|L(x)|$ gibt die Zuverlässigkeit dieser Entscheidung an.

Der *L*-Wert für statistisch unabhängige Zufallsvariablen x_1 und x_2 ist definiert mit:

$$L(x_1 \oplus x_2) = \ln \frac{1 + e^{L(x_1)} e^{L(x_2)}}{e^{L(x_1)} + e^{L(x_2)}} \approx \text{sign } L(x_1) \, \text{sign } L(x_2) \, \min\{|L(x_1)|, |L(x_2)|\} . \quad (8.61)$$

Die Zuverlässigkeit der Modulo-2-Addition ist durch die Variable mit der geringeren Zuverlässigkeit bestimmt. Der Approximationsfehler ist am größten, wenn die Beträge $|L(x_1)|$ und $|L(x_2)|$ gleich sind.

Die Zuverlässigkeit $L^\sigma_{t+1}(i)$ für fehlerhaft entschiedene Bits zu jedem Zeitpunkt $t+1$ und in jedem Zustand σ aus der Rückverfolgung von Survivor und verworfenem Pfad lautet damit unter Verwendung der L-Algebra:

$$L^\sigma_{t+1}(i) = \begin{cases} \ln \dfrac{1 + e^{L^{\sigma'}_t(i)} e^{\Delta^\sigma_{t+1}}}{e^{\Delta^\sigma_{t+1}} + e^{L^{\sigma'}_t(i)}} & u(i) \neq u'(i) \\ L^{\sigma'}_t(i) & \text{sonst} \end{cases}, \tag{8.62}$$

unter Berücksichtigung der Näherung von $L(L^{\sigma'}_t(i) \oplus \Delta^\sigma_{t+1})$ (Gl. (8.61)) und der Tatsache, dass Δ^σ_{t+1} und $L^{\sigma'}_t(i) \geq 0$ sind:

$$L^\sigma_{t+1}(i) = \begin{cases} \min\{L^{\sigma'}_t(i), \Delta^\sigma_{t+1}\} & u(i) \neq u'(i) \\ L^{\sigma'}_t(i) & \text{sonst} \end{cases}. \tag{8.63}$$

Die Zuverlässigkeitswerte $L(\widehat{u}(i))$ der geschätzten Informationsbits $\widehat{u}(i)$ ($i = 0, 1, ..., l-1$) erhält man aus der Rückverfolgung der wahrscheinlichsten Kanalkodefolge, vorzeichenbehaftet mit

$$L(\widehat{u}(i)) = (1 - 2\widehat{u}(i)) \cdot L(\widehat{u}(i)) \quad (i = 0, 1, ..., l-1). \tag{8.64}$$

Vergleicht man jetzt die Zuverlässigkeitswerte $L(\widehat{u}(i))$ an allen Zustandsübergängen, dann wurde die unzuverlässigste Entscheidung ($|L(\widehat{u}(i))|$ ein Minimum) zu dem Zeitpunkt getroffen, an welchem Δ^σ_{t+1} ein Minimum war.

Beispiel 8.6.8
Der Faltungskodierer aus Beispiel 8.6.2 sei gegeben. Die Empfangsfolge $b = $ (0.3 -1 -0.5 1 -1 -0.1 -0.2 -0.2 0.2 -0.8 -1 -0.5) ist mit Anwendung von SOVA zu korrigieren. Die geschätzte Quellenkodefolge b^* mit den Zuverlässigkeiten $L(\widehat{u}(i))$ sind anzugeben.

Lösung:
Berechnung über die Wahrscheinlichkeiten $p^\sigma_{t+1}(i)$:
(„nr" verweist auf eine Aktualisierung von $p^\sigma_{t+1}(i)$ an Position i, s. nächste S.)

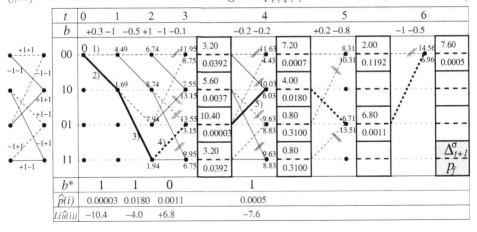

1) $p_3^{10}(0) = 0.0037$ 3) $p_4^{00}(1) = 0.0007$ 4) $p_5^{00}(2) = 0.1191$ 5) $\mathbf{p_6^{00}(3) = 0.0005}$

2) $p_3^{00}(0) = 0.0392$ $\mathbf{p_4^{10}(1) = 0.0180}$ $\mathbf{p_5^{01}(2) = 0.0011}$

   $\mathbf{p_3^{01}(0) = 0.00003}$ $p_4^{01}(1) = 0.3100$

   $p_3^{11}(0) = 0.0392$ $p_4^{11}(1) = 0.3100$

   $p_4^{01}(0) = 0.0392 \cdot (1 - 0.3100) + (1 - 0.0392) \cdot 0.3100 = 0.3249$

   $p_4^{11}(0) = 0.0392 \cdot (1 - 0.3100) + (1 - 0.0392) \cdot 0.3100 = 0.3249$

Berechnung direkt über die Zuverlässigkeiten $L_{t+1}^\sigma(i)$:

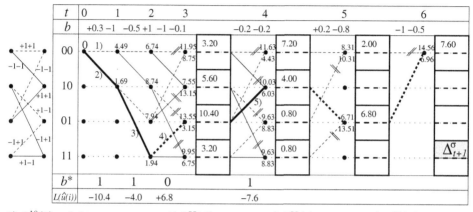

1) $L_3^{10}(0) = 5.6$ 3) $L_4^{00}(1) = 7.2$ 4) $L_5^{00}(2) = 2.0$ 5) $\mathbf{L_6^{00}(3) = 7.6}$

2) $L_3^{00}(0) = 3.2$ $\mathbf{L_4^{10}(1) = 4.0}$ $\mathbf{L_5^{01}(2) = 6.8}$

   $\mathbf{L_3^{01}(0) = 10.4}$ $L_4^{01}(1) = 0.8$

   $L_3^{11}(0) = 3.2$ $L_4^{11}(1) = 0.8$

   $L_4^{01}(0) = \min\{L_3^{11}(0), \Delta_4^{01}\} = \min\{3.2, 0.8\} = 0.8$

   $L_4^{11}(0) = \min\{L_3^{11}(0), \Delta_4^{11}\} = \min\{3.2, 0.8\} = 0.8$

Die Zuverlässigkeit für das Informationsbit $\widehat{u}(1)$ ist mit $|L(\widehat{u}(1))| = 4.0$ am kleinsten. Diese unzuverlässigste Entscheidung wurde zum Zeitpunkt $t = 4$ bei einer Metrikdifferenz von $\Delta_4^{10} = 4.0$ getroffen. □

Die berechnete Zuverlässigkeitsinformation kann bereits bei Anwendung einer „einfachen" Kodeverkettung mit Kodierungsgewinn ausgewertet werden. Durch Vorschalten eines Paritätskodes, dessen Länge die Informationslänge für den Faltungskode darstellt, wird auf Empfängerseite mit SOVA rekonstruiert. Über die geschätzten Informationsbits wird die Prüfsumme berechnet. Ist diese nicht Null, wird das Bit mit der betragsmäßig kleinsten Zuverlässigkeit gekippt und die um das Paritätsbit verkürzte Quellenkodefolge b^* ausgegeben.

Zur Erhöhung der Genauigkeit der Zuverlässigkeitsinformation oder zur Reduzierung der Bearbeitungszeit existieren Modifizierungen von SOVA:

– Verbesserung der Berechnung von $p_{t+1}^\sigma(i)$ bzw. $L_{t+1}^\sigma(i)$ durch zusätzliches Einbeziehen des verworfenen Pfades des vorhergehenden Zustandes

- Tiefe der Rückverfolgung nur $\delta \approx 5 \cdot k$; die Wahrscheinlichkeit ist groß, dass das Zusammenlaufen der Pfade im „δ-Fenster" liegt
- Aktualisierung von $p_{t+1}^{\sigma}(i)$ bzw. $L_{t+1}^{\sigma}(i)$ innerhalb der Betrachtungslänge n nur zwei- oder dreimal
- Berechnung von $p_{t+1}^{\sigma}(i)$ bzw. $L_{t+1}^{\sigma}(i)$ erst nach Schätzung der Kanalkodefolge
- Anwendung des bidirektionalen SOVA [VUY 01].

SOVA ist kein optimaler Algorithmus zur Dekodierung von Faltungskodes, findet aber wegen des geringen Implementierungsaufwands bevorzugte Anwendung. Die Berechnung der Zuverlässigkeitsinformation erfolgt über die wahrscheinlichste Kanalkodefolge. Bei der effizienten MAP Dekodierung erfolgt die Berechnung unabhängig davon.

8.6.3.3 MAP Dekodierung

Das Prinzip der Maximum-a-posteriori (MAP) Dekodierung ist im BCJR-Algorithmus (1974, nach ihren Entwicklern BAHL, COCKE, JELINEK, RAVIV) umgesetzt. *Dieser Algorithmus geht bei der Schätzung der Informationsbits und deren Zuverlässigkeit nicht von der wahrscheinlichsten Kanalkodefolge aus. Er liefert direkt eine optimale Aussage über die Zuverlässigkeit des dekodierten Bits.* Grundlage bildet (natürlich) die Empfangsfolge b:

$$
\begin{aligned}
L(\widehat{u}(t)) \quad &= \ln \frac{P(\widehat{u}(t) = 0 | b)}{P(\widehat{u}(t) = 1 | b)} \\
&= \ln \frac{\sum\limits_{\forall \sigma' \sigma_{u=0}} \alpha_t^{\sigma'} \gamma_t^{\sigma' \sigma} \beta_{t+1}^{\sigma}}{\sum\limits_{\forall \sigma' \sigma_{u=1}} \alpha_t^{\sigma'} \gamma_t^{\sigma' \sigma} \beta_{t+1}^{\sigma}} \quad (t = 0, 1, ..., (l-1)),
\end{aligned}
\tag{8.65}
$$

$$
\text{mit } \widehat{u}(t) = \begin{cases} 0 & L(\widehat{u}(t)) \geq 0 \\ 1 & \text{sonst} \end{cases}.
\tag{8.66}
$$

Die Berechnung erfolgt im Trellisdiagramm. Es stellt einen Markow-Prozess erster Ordnung zur Berechnung der Rekursionswerte α und β dar. Der Vergleich von Kode- und Empfangssequenz führt auf die Zweigmetrik γ. $\sigma' \sigma_{u=0}$ bezeichnet einen Zustandsübergang bei einem Eingabebit 0, entsprechendes gilt für $\sigma' \sigma_{u=1}$ und dem Eingabebit 1.

Im Folgenden sei gezeigt, wie sich Zweigmetrik und Rekursionswerte berechnen:

Die *Zweigmetrik* $\gamma_t^{\sigma' \sigma}$ hängt im Vergleich zu bisherigen Betrachtungen (vergleiche mit den Zweigmetriken $d_{(H),(E)t}^{\sigma' \sigma}$, $\lambda_t^{\sigma' \sigma}$, Abschn. 8.6.3.2) auch direkt von der Kanalcharakteristik ab. Bei Zugrundelegung eines AWGN[additive white

Gaussian noise]-Kanals wird diese über die Varianz

$$\sigma^2 = \frac{1}{2\frac{E_s}{N_0}} = \frac{1}{2\,R\,\frac{E_b}{N_0}} = \frac{1}{2\,R\,10^{\frac{r}{10}}}$$

beschrieben.

$$\gamma_t^{\sigma'\sigma} = p(t)\exp\left(-\frac{d_{(E)t}^{\sigma'\sigma}}{2\,\sigma^2}\right) = p(t)\exp\left(-\frac{\sum_{i=1}^{m}(x_{\sigma'\sigma,i} - y_i(t))^2}{2\,\sigma^2}\right)$$

$$(\forall\sigma'\sigma,\ t = 0, 1, ..., n-1)\,,$$

wobei $p(t)$ die a priori Wahrscheinlichkeit für $u(t)$ darstellt. Sie ist $\frac{1}{2}$ bei gleichwahrscheinlichem Auftreten der Informationsbits am Kanaleingang.

Es gibt Modifizierungen in der Berechnung der Zweigmetrik. Zum einen lassen sich die Zusammenhänge auf eine ML Dekodierung anwenden, d. h., anstelle $d_{(E)t}^{\sigma'\sigma}$ ist auch die Metrik $\lambda_t^{\sigma'\sigma}$ möglich. Zum anderen findet man auch die Kanalcharakteristik vernachlässigt. Für die Darstellung von Zusammenhängen ist letzteres sicher ausreichend. Für die Berechnung von Leistungskurven stellen Modifizierungen Möglichkeiten zum Experimentieren dar.[31]

Die Werte der Zweigmetrik sind völlig unabhängig von Vorwärts- und Rückwärtsrekursion.

Vorwärtsrekursion zur Berechnung der α-Werte

$$\alpha_{t+1}^{\sigma} = \sum_{\sigma'=0}^{2^k-1} \alpha_t^{\sigma'}\,\gamma_t^{\sigma'\sigma} \quad (t = 0, 1, ..., n-1)\,,$$

$$\alpha_0^0 = 1,\ \text{sonst}\ \alpha_0^\sigma = 0\,.$$

Im Trellisdiagramm veranschaulicht: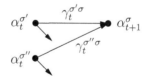

Rückwärtsrekursion zur Berechnung der β-Werte

$$\beta_t^{\sigma} = \sum_{\sigma'=0}^{2^k-1} \beta_{t+1}^{\sigma'}\,\gamma_{t+1}^{\sigma'\sigma} \quad (t = n-1, ..., 1, 0)\,,$$

$$\beta_n^0 = 1,\ \text{sonst}\ \beta_n^\sigma = 0\,.$$

Ist der Endzustand wie bei Truncation nicht bekannt, wird als Anfangsinitialisierung eine Gleichverteilung angenommen: $\forall\sigma.\ \beta_n^\sigma = \frac{1}{2^k}$.

---

[31]Unsere Betrachtungen beschränken sich auf die Beschreibung der Kodes und der Korrekturmöglichkeiten.

Im Trellisdiagramm veranschaulicht: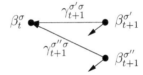

Die Umsetzung des BCJR-Algorithmus erfordert einen großen Speicher und eine große Zahl an Operationen, einschließlich Exponentationen und Multiplikationen. Beide wachsen exponentiell mit der Kodewortlänge n. Im Vergleich mit dem VITERBI-Algorithmus ist die Zweigmetrik viel komplexer zu berechnen, neben der Vorwärts- ist noch eine Rückwärtsrekursion notwendig. Das Fazit ist, dass der Algorithmus für eine Umsetzung in vielen Kommunikationssystemen viel zu komplex ist. Deshalb findet man auch bei der MAP Umsetzung eine Reihe von Modifikationen.

Beim **Max-Log-MAP-Algorithmus** bedient man sich eines sogenannten mathematischen Tricks:

Man rechnet im logarithmischen Bereich und erreicht dadurch, dass alle Rechenoperationen eine Rechenstufe niedriger ausgeführt werden.

Der Algorithmus rechnet mit den Logarithmen von $\gamma_t^{\sigma'\sigma}, \alpha_{t+1}^{\sigma}, \beta_t^{\sigma}$:

$$-\,\overline{\gamma}_t^{\sigma'\sigma} = \ln \gamma_t^{\sigma'\sigma}$$

$$-\,\overline{\alpha}_{t+1}^{\sigma} = \ln \alpha_{t+1}^{\sigma} = \ln \sum_{\sigma'=0}^{2^k-1} e^{\overline{\alpha}_t^{\sigma'}+\overline{\gamma}_t^{\sigma'\sigma}}$$

$$\overline{\alpha}_0^0 = 0, \text{ sonst } \overline{\alpha}_0^\sigma = -\infty$$

$$-\,\overline{\beta}_t^{\sigma} = \ln \beta_t^{\sigma} = \ln \sum_{\sigma'=0}^{2^k-1} e^{\overline{\beta}_{t+1}^{\sigma'}+\overline{\gamma}_{t+1}^{\sigma'\sigma}}$$

$$\overline{\beta}_n^0 = 0, \text{ sonst } \overline{\beta}_n^\sigma = -\infty \,.$$

Die Zuverlässigkeit der wahrscheinlichsten Bits berechnet sich dann mit

$$L(\widehat{u}(t)) = \ln \frac{\sum\limits_{\forall\sigma'\sigma_u=0} e^{\overline{\alpha}_t^{\sigma'}+\overline{\gamma}_t^{\sigma'\sigma}+\overline{\beta}_{t+1}^{\sigma}}}{\sum\limits_{\forall\sigma'\sigma_u=1} e^{\overline{\alpha}_t^{\sigma'}+\overline{\gamma}_t^{\sigma'\sigma}+\overline{\beta}_{t+1}^{\sigma}}} \quad (t=0,1,...,(l-1)) \,.$$

Dieser Ausdruck lässt sich approximieren. Für

$$\ln\left(e^{\delta_1} + e^{\delta_2} + ... + e^{\delta_n}\right) \approx \max_{i\in\{1,2,...,n\}} \delta_i$$

vereinfacht sich die Berechnung von $L(\widehat{u}(t))$:

$$L(\widehat{u}(t)) \approx \max_{\forall\sigma'\sigma_u=0}\left\{\overline{\alpha}_t^{\sigma'}+\overline{\gamma}_t^{\sigma'\sigma}+\overline{\beta}_{t+1}^{\sigma}\right\} - \max_{\forall\sigma'\sigma_u=1}\left\{\overline{\alpha}_t^{\sigma'}+\overline{\gamma}_t^{\sigma'\sigma}+\overline{\beta}_{t+1}^{\sigma}\right\} \,.$$

Die Berechnung von $\overline{\alpha}_{t+1}^{\sigma}$ und $\overline{\beta}_t^{\sigma}$ ist dann äquivalent zur Berechnung der Pfad-
metrik im VITERBI-Algorithmus, so dass geschrieben werden kann:

$$\overline{\alpha}_{t+1}^{\sigma} = \max_{\forall \sigma'\sigma}\left\{\overline{\alpha}_t^{\sigma'} + \overline{\gamma}_t^{\sigma'\sigma}\right\},$$

$$\overline{\beta}_t^{\sigma} = \max_{\forall \sigma'\sigma}\left\{\overline{\beta}_{t+1}^{\sigma'} + \overline{\gamma}_{t+1}^{\sigma'\sigma}\right\}.$$

Die Operationen (addieren-vergleichen-auswählen) für die Berechnung von $\overline{\alpha}_{t+1}^{\sigma}$
(und $\overline{\beta}_t^{\sigma}$) entsprechen denen des VITERBI-Algorithmus. Die Multiplikationen
im MAP-Algorithmus werden durch Additionen ersetzt.

Die Ergebnisse weichen vom MAP-Original ab. Sie stimmen mit denen von
SOVA überein, bei aber immer noch höherer Komplexität gegenüber SOVA.
Eine andere Modifizierung ist der Log-MAP-Algorithmus. Dieser liefert zwar
gleiche Leistungsfähigkeit wie das MAP-Original, ist jedoch um das zwei- bis
dreifache komplexer als SOVA (s. a. [VUY 01]).

Beispiel 8.6.9

Der Faltungskodierer aus Beispiel 8.6.2 sei gegeben. Die Empfangsfolge
$b = (\text{-}1.024\ \text{-}0.169\ 0.241\ \text{-}0.825\ \text{-}0.260\ 1.101\ 0.266\ 0.244\ \text{-}0.169\ 0.111)$
ist mit Anwendung von MAP/Max-Log-MAP zu korrigieren. Die geschätzte
Quellenkodefolge b^* mit den Zuverlässigkeiten $L(\widehat{u}(i))$ sind anzugeben.

Lösung:

Der Einfachheit wegen ist für die Berechnung der Zweigmetrik der Zusammen-
hang $\gamma_t^{\sigma'\sigma} = d_{(E)t}^{\sigma'\sigma} = \sum_{i=1}^{m}(x_{\sigma'\sigma,i} - y_i(t))^2$ berücksichtigt.

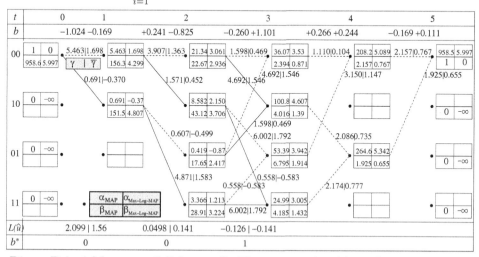

Dieses Beispiel kann natürlich nur die Umsetzung der Algorithmen verdeutlichen. Es sind experimentelle Betrachtungen mit wesentlich größeren Blocklängen zu führen. Beide Herangehensweisen führen hier auf $b^* = (0\,0\,1)$. $\square$

8.6.4 Blockkodes und Trellisstruktur

Die hard-decision Dekodierungsalgorithmen der betrachteten Blockkodes set-
zen *nur* das Prinzip der begrenzten Mindestdistanz um. Die Abbildung einer
Generator- oder Kontrollmatrix in eine Trellisstruktur (bereits 1974 erstmals
vorgestellt, eine Weiterentwicklung erfolgte dann in den 90er Jahren mit dem
Durchbruch der soft-decision Dekodierung) macht auch für Blockkodes eine
MD/ML Dekodierung möglich.

Die folgenden Betrachtungen beschränken sich auf die Umsetzung der Kontrollmatrix in eine Trellisstruktur. *Interessant erscheint hier das Aufzeigen einer*
möglichen soft-decision Dekodierung für die betrachteten Blockkodes.

Die $k \times n$ Kontrollmatrix H sei wie folgt gegeben:

$$
H_{k \times n} = \begin{pmatrix} c_{10} & c_{11} & \cdots & c_{1,n-1} \\ c_{20} & c_{21} & \cdots & c_{2,n-1} \\ \vdots & \vdots & \ddots & \vdots \\ c_{k0} & c_{k1} & \cdots & c_{k,n-1} \end{pmatrix} = (H_0 H_1 \ldots H_{n-1}) \quad \text{mit} \quad H_i = \begin{pmatrix} c_{1i} \\ c_{2i} \\ \vdots \\ c_{ki} \end{pmatrix} .
$$

Der Blockkode kann, muss nicht, systematisch sein. Mit der Kontrollmatrix
wird der Nachweis geführt, ob eine Empfangsfolge Element eines Kanalkodealphabets ist oder nicht. Dafür gilt der bekannte *Syndrom*zusammenhang:

$$
s = H_{k \times n} \cdot b^T = \mathbf{0} \, ?
$$

Das Syndrom ist für eine Kanalkodefolge Null.

Diesen Zusammenhang nutzt man für den Aufbau des *Syndrom*trellis. Kanalkodefolgen beginnen und enden im Nullzustand. Jede andere Folge ist nicht
Kanalkodefolge und wird im Trellis auch nicht dargestellt.

Die Anzahl möglicher Zustände hängt von den redundanten Stellen k und den
Informationsstellen l ab. Je Taktzeitpunkt sind $\leq 2^{\min\{l,k\}}$ Zustände (WOLF-
Schranke, eine obere Schranke für die Anzahl von Zuständen) möglich. Die
Blocklänge n bestimmt die Länge des Trellis. Im Vergleich zu Faltungskodes
gibt es kein verkürztes Trellis.

Der Algorithmus nutzt zum Aufbau des Syndromtrellis das mathematische
Vorgehen der Syndromberechnung: spaltenweise Multiplikation von Korrek-
torspalte H_i und zugehörigem Element i der Empfangsfolge, Addition und
Fortsetzung mit $i = 0, 1, ..., (n - 1)$. Das Endergebnis ist Null, wenn die Empfangsfolge eine Kanalkodefolge ist.

Zum Aufbau des Kanalkodealphabets im Trellis muss die Multiplikation über
alle Kodeelemente ausgeführt werden. Im Folgenden ist der Algorithmus als
Struktogramm notiert. $\sigma'\sigma$ widerspiegelt, wie bekannt, einen Zustandsübergang vom Zustand σ' zum Taktzeitpunkt t in den Folgezustand σ zum Takt-

zeitpunkt $t + 1$. Eine Indizierung mit „(2)" bezieht sich auf die binäre Darstellung von σ bzw. σ' der Länge k.

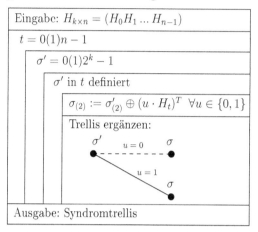

Das Ergebnis ist ein Trellisdiagramm, in dem nicht alle Pfade im Nullzustand enden. Diese sind zu entfernen. Man erhält ein minimales Syndromtrellis, minimal in Knoten- und Kantenzahl.

Von hier an kann auf Abschn. 8.6.3.2 verwiesen werden. Die Anwendung von hard-decision Dekodierung führt zu keiner Verbesserung der bisherigen Leistungsfähigkeit von Blockkodes. Die Anwendung der soft-decision Dekodierung beeinflusst das Rekonstruktionsverhalten vorteilhaft.

Beispiel 8.6.10

Für die Kontrollmatrix $H_{3\times 7} = \begin{pmatrix} 1111000 \\ 1100110 \\ 1010101 \end{pmatrix}$ eines einfehlerkorrigierenden

$(7,4)$HAMMING-Kodes ist das Syndromtrellis aufzustellen.

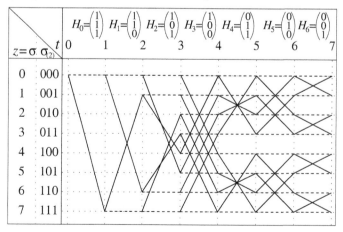

Z. B.: $t = 2$, $\sigma' = (110)$: $\sigma = (110) \oplus (\mathbf{0} \cdot H_2)^T = (110)$,
$$\sigma = (110) \oplus (\mathbf{1} \cdot H_2)^T = (110) \oplus (101) = (011).$$

Alle im Taktzeitpunkt $t = n$ nicht im Nullzustand endenden Pfade werden im Folgenden gestrichen:

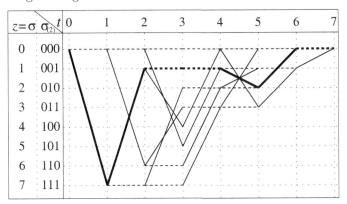

Das Syndromtrellis des vorliegenden HAMMING-Kodes ist jetzt eindeutig und minimal. Die Pfade widerspiegeln das Kanalkodealphabet. Der fett dargestellte Pfad stellt als ein Beispiel die Kanalkodefolge $a = (1100110)$ dar.

Die im Demodulator vorliegenden Signalwerte werden zum Kanaldekodierer geführt. Die Empfangsfolge lautet z. B. $b = (\text{-0.8 -1 -0.2 1 -0.8 0.1 1})$.

Eine hard-decision Dekodierung im Syndromtrellis führt auf eine Falschkorrektur. Die soft-decision Dekodierung korrigiert die Empfangsfolge korrekt. (Die Überprüfung wird als Übungsaufgabe empfohlen.)

Die bekannte Metrik für die soft-decision Dekodierung findet auch hier Anwendung. Lediglich die Berechnung der Zweigmetrik erfordert keine Summenbildung. Am Beispiel der MD Dekodierung heißt das:

$$D_{t+1}^{\sigma} = \min_{\forall \sigma' \sigma} \{D_t^{\sigma'} + d_{(E)t}^{\sigma' \sigma}\} \quad \text{mit} \quad d_{(E)t}^{\sigma' \sigma} = (x_{\sigma' \sigma} - y(t))^2 \,.$$

Der Zusammenhang zum Zeitpunkt t lautet:

$$u_t \in \{0, 1\} \; \longrightarrow \; x_t \in \{+1, -1\} \; \longrightarrow \; y_t \in \mathbb{R} \,. \qquad \square$$

Diese Herangehensweise eignet sich allerdings nur für kurze Kodes, da das Trellis sonst zu komplex wird. Wie bei Faltungskodes sollte die Anzahl möglicher Zustände $2^{\min\{l,k\}} \leq 2^8$ sein. Das hieße beispielsweise bei HAMMING-Kodes nur eine Blockgröße von $n_{max} = 2^k - 1 = 2^8 - 1 = 255$.

Unter Berücksichtigung der Beschränkung möglicher Zustände sind die Zusammenhänge beliebig auf binäre zyklische Kodes übertragbar (s. dazu auch die Übungsaufgabe im Abschn. 8.6.5).

Bei den nichtbinären RS-Kodes ist die Kantenbewertung kein Kodebit sondern ein Kodeelement $u \in GF(2^{k_1})$, abbildbar in k_1 Binärelemente mit $u \in \{0,1\}^{k_1}$ und moduliert in k_1 Signalzustände mit $x \in \{+1, -1\}^{k_1}$. Das Empfangselement ist dann entsprechend mit $y \in \mathbb{R}^{k_1}$ definiert. Die Teilmetrik berechnet sich damit aus

$$d_{(E)t}^{\sigma' \sigma} = \sum_{i=1}^{k_1} (x_{\sigma' \sigma, i} - y_i(t))^2 .$$

Die Kontrollmatrix H ergibt sich beispielsweise bei zyklischen Kodes aus der zyklischen Verschiebung des Prüfpolynoms $h(x)$, sich wiederum ergebend aus dem Zusammenhang $g(x) \cdot h(x) = f(x)$ (s. a. Fußnote 14, S. 170).

Die Wahl der Kodeparameter für einen RS-Kode ist natürlich stark eingeschränkt. Für einen $(7,5)$RS-Kode benötigt man $2^{k \cdot k_1} = 64$ Zustände, für einen $(15,13)$RS-Kode schon $2^{k \cdot k_1} = 256$ Zustände. Eine Anwendung der Trellisdekodierung auf diese Kodes zeigt im Vergleich mit dem klassischen Korrekturalgorithmus unter Anwendung des BERLEKAMP-MASSEY-Verfahrens bereits Kodierungsgewinne von nahezu $2\,dB$ und das bei hoher Koderate. Ein $(7,4)$RS-Kode liefert sogar einen Gewinn von nahezu $3\,dB$. Die Ergebnisse sind beachtenswert, jedoch auch zulasten eines hohen Zeit- und Speicheraufwands erzielt (exponentiell steigend mit wachsendem k und/oder k_1). In diesem Fall stellt sich natürlich die Frage, ob Faltungskodes über eine vergleichbare Leistungsfähigkeit verfügen (oder auch nicht?).

Trellisdekodierung stellt somit eine gute Möglichkeit der soft-decision Dekodierung für klassische Blockkodes dar, stößt aber auch schnell an Grenzen.

8.6.5 Aufgaben

Abschn. 8.6.1: Kodierschaltung und Beschreibungsformen

1. Folgende Schaltung beschreibt zwei Faltungskodierer (mit/ohne ·····):

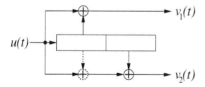

a) Schließen Sie aus, dass der Kodierer katastrophale Eigenschaften besitzt (Untersuchung von G_1 und G_2).

b) Beschreiben Sie den nichtkatastrophalen Faltungskodierer (Anwendung aller Beschreibungsformen).

c) Ermitteln Sie für die Quellenkodefolge $a^* = (011101)$ die Kanalkodefolge a, bei Anwendung von Terminierung.

2. Ein Faltungskodierer ist mit $G = \begin{pmatrix} 1\,1\,1 \\ 1\,0\,0 \\ 1\,0\,1 \end{pmatrix}$ beschrieben.

   a) Geben Sie das Schaltbild an.

   b) Welche Eigenschaften besitzt der Kodierer?

   c) Geben Sie für eine mit $l = 6$ begrenzte (terminierte) Informationsfolge die Kanalkodefolge a an, z. B. für $a^* = (111001)$.

Abschn. 8.6.2: Punktierung

1. Beschreiben Sie für die 2. Aufgabe, Abschn. 8.6.1, einen punktierten Kode der Rate $R_p = \frac{3}{5}$ mittels einer Punktierungsmatrix P. Geben Sie für a die punktierte Kodefolge a_p an. Hätte eine Änderung von P bei gleicher Koderate R_p Einfluss auf das Ergebnis?

Abschn. 8.6.3: Dekodierung

1. Fortsetzung Aufgabe 2., Abschn. 8.6.1.

   a) Die Kanalkodefolge a wird während der Übertragung gestört.

   Die quantisierte Empfangsfolge $b_q = (1\frac{3}{7}\frac{2}{7}\ 0\frac{6}{7}1\ \frac{6}{7}1\frac{1}{7}\ 00\frac{3}{7}\ 101\ \frac{1}{7}\frac{2}{7}1\ \frac{6}{7}\frac{1}{7}0\ 101)$

   (3-Bit-Quantisierung entsprechend DVB-Standard, s. S. 226) ist mit dem Algorithmus von VITERBI zu dekodieren.

   b) Die Kanalkodefolge a wird punktiert übertragen. Die Punktierungsmatrix ist

   mit $P = \begin{pmatrix} 1\,1\,0 \\ 1\,0\,0 \\ 1\,0\,1 \end{pmatrix}$ bekannt. Auf der Empfangsseite sind die depunktierten

   Stellen mit **p** zu kennzeichnen. Dekodieren Sie die punktierte Empfangsfolge $b_p = a_p$ mit dem VITERBI-Algorithmus (MD Umsetzung).

Abschn. 8.6.4: Blockkodes und Trellisstruktur

1. Für einen verkürzten $(7,3)$BCH-Kode ist die Kontrollmatrix

$H_{4\times7} = \begin{pmatrix} 1\,0\,0\,1\,0\,0\,0 \\ 1\,1\,0\,0\,1\,0\,0 \\ 0\,1\,1\,0\,0\,1\,0 \\ 0\,0\,1\,0\,0\,0\,1 \end{pmatrix}$ gegeben.

Grundlage für H bildet die Berechnung von $H_i(x) = x^{6-i} \bmod g(x)$ $(i = 0, 1, ..., 6)$, $g(x) = x^4 + x + 1$. H_i ist die Koeffizientendarstellung von $H_i(x)$.

Stellen Sie das Syndromtrellis auf.

Untersuchen und vergleichen Sie das Leistungsverhalten des VITERBI-Algorithmus bei Eingabe von harten oder weichen Signalwerten (quantisierte Signalwerte mit $|Q| \geq 2$).

Hinweis: Es gibt 2^m unterschiedliche Kodesequenzen und damit je Taktzeitpunkt auch nur 2^m unterschiedliche Zweigmetriken! Bei insgesamt $2^k\,2$ Zweigen können diese Zweigmetriken $\frac{2^k\,2}{2^m}$ mal kopiert werden.

8.7   Kodeverkettung

Neue Anwendungsfelder erfordern meist neue Ansätze in der Umsetzung der Kodierung. Vorangetrieben wurde die Kodierung in den 60er und 70er Jahren durch die Weltraum- und Satellitenkommunikation, seit den 90er Jahren u. a. durch den Mobilfunk (GSM[global systems for mobile communications]- und UMTS[universal mobile telecommunication system]-Netze sowie geplante Weiterentwicklungen mit LTE [long term evolution]) und die digitale Fernseh- und Rundfunkübertragung. Bereits seit den 80er Jahren gehört dazu auch der große Bereich der Speichersysteme, wie CD [compact disc] oder DVD.

Es reicht vielfach nicht mehr aus, Kodes anzuwenden, die entweder Einzelfehler oder nur kurze Bündelfehler rekonstruieren können. Die Forderung für die genannten Anwendungen besteht in *gleichzeitiger Korrektur von zufällig verteilten Einzelfehlern und langen Bündelfehlern.*

In den 60er Jahren sah man in der seriellen Verkettung von Kodes eine Möglichkeit, diese Forderung zu realisieren. Die Verkettung von Block- und blockfreien Kodes mit Berücksichtigung von Kodespreizung [interleaving] führt zu längeren und leistungsfähigeren Kodes. Es werden die Vorteile der einzelnen Kodes in einem Gesamtkode genutzt. Eine Verbesserung wird mit der Einbeziehung von soft-Werten erreicht. Die Verwendung klassischer Fehlerkorrekturverfahren setzt hier jedoch Grenzen.

Ein *Durchbruch*, auch in Richtung SHANNON-Grenze, ist mit der Anwendung der *iterativen Dekodierung* erreicht, „wiederbelebt" mit der Vorstellung des *Turbo Codes* [BEG 93]. Bei diesem Kode handelt es sich um eine parallele Verkettung von Faltungskodes mit iterativer soft-decision Dekodierung.

Es wurden im Weiteren große Anstrengungen unternommen, diese iterative Herangehensweise für parallele/serielle und Block-/blockfreie Kodes zu untersuchen. Darüber hinaus gibt es turboähnliche Entwicklungen [turbo like codes] mit diesem Dekodierungsprinzip. GALLAGER [GAL 63] wandte erstmals die iterative Dekodierung auf sparsame Kontrollmatrizen an, ohne Verkettung, seit Mitte der 90er Jahre weitergeführt und als LDPC[low density parity check]-Kodes in der Literatur bekannt (u. a. [MKN 96]). Dazu zählen auch die RA[repeat accumulate]-Kodes [DJE 98], eine serielle Verkettung von Wiederholungs- und Faltungskode.

Mit der Untersuchung von Turbo- und turboähnlichen Kodes scheint das Ziel einer Maximierung der Minimaldistanz einbezogener Einzelkodes in den Hintergrund zu rücken. Weniger leistungsfähige Kodes werden über leistungsfähige, distanzmaximierende Interleaver verkettet und iterativ dekodiert.

Im Abschn. 8.7.1 soll zunächst auf die klassische serielle Kodeverkettung eingegangen werden. Viele Anwendungen basieren heute noch auf dieser Verkettung.

Bei begrenzter Dekodierungsverzögerung, notwendig u. a. für Sprachkommunikation und Speicheranwendungen, sind diese (noch) unschlagbar.

In den neuen Entwicklungen, wie z. B. für die Datenübertragung beim UMTS (Sprachübertragung, wie oben erwähnt, nach wie vor in der klassischen Verkettung), findet man die Anwendung von Turbokodes. In der Satellitenversion S2 der digitalen Fernseh- und Rundfunkübertragung sind es die LDPC-Kodes. Für das Erreichen von kleinen Restfehlerwahrscheinlichkeiten findet man diese Kodes immer auch in Verkettung mit einem klassischen RS- oder BCH-Kode! Der Abschn. 8.7.2 beschreibt das Prinzip der iterativen soft-decision Dekodierung am Beispiel von Blockkodes (ohne Verkettung – dazu gehören im Besonderen die LDPC-Kodes – und mit Verkettung) und Turbokodes.

8.7.1 Serielle Kodeverkettung

Ziel der seriellen Verkettung von fehlerkorrigierenden Kodes ist zunächst das Einbringen der Leistungsfähigkeit der Einzelkodes in den Gesamtkode. Das Zwischenschalten eines Interleavers führt zu langen Kanalkodewörtern, zur Erhöhung (bei geeignet gewähltem Interleaver zur Maximierung) des Minimalabstandes und damit zur Erhöhung der Leistungsfähigkeit des Gesamtkodes.[32]

Im Folgenden ist der Ablauf der seriellen Verkettung schematisch dargestellt (Bild 8.7.1). Dabei wird von zwei zu verkettenden fehlerkorrigierenden Kodes, einem äußeren und einem inneren, ausgegangen.

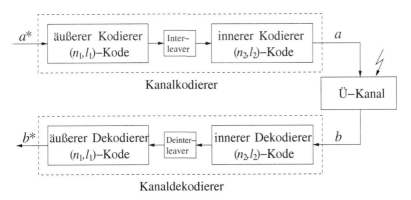

Bild 8.7.1 *Übertragungsmodell mit serieller Kodeverkettung*

---

[32]Die serielle Verkettung eines fehlererkennenden mit einem fehlerkorrigierenden Kode hat das Ziel, verbleibende Fehler nach Ausführung der Fehlerkorrektur zu erkennen und zu verdecken. Ein nachgeschalteter Interleaver ermöglicht die Auflösung großer Bündelfehler in kleine und damit auch die Reduzierung der erforderlichen Leistungsfähigkeit des fehlerkorrigierenden Kodes.

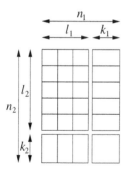

Der innere Kodierer wird sowohl auf die äußeren Informationsstellen als auch die äußeren redundanten Stellen angewendet, jedoch in veränderter Reihenfolge.

Der verkettete Kode ist demnach ein $(n_1 \cdot n_2, l_1 \cdot l_2)$ Produktkode. Der Minimalabstand leitet sich mindestens aus dem Produkt der Minimalabstände der einzelnen Kodes ab, abhängig vom verwendeten Interleaver:

$$d_{min} \geq d_1 \cdot d_2 \,. \tag{8.67}$$

Die höhere Leistungsfähigkeit wird jedoch auf Kosten einer kleineren Koderate erzielt. Diese ergibt sich aus dem Produkt der Koderaten von äußerem und innerem Kode:

$$R = \frac{l_1 \cdot l_2}{n_1 \cdot n_2} = R_1 \cdot R_2 \,. \tag{8.68}$$

Bei der Dekodierung werden die Empfangsfolgen zunächst durch den inneren Dekodierer rekonstruiert. Nach Entfernen der redundanten Stellen und Zusammensetzen der äußeren Empfangsfolgen erfolgt im äußeren Dekodierer die Rekonstruktion.

Bei Anwendung eines binär darstellbaren RS-Kodes (s. Abschn. 8.5.4) als äußeren Kode sind die Elemente der Kanalkodefolge über $GF(2^{\boldsymbol{k_1}})$ definiert. Aus Synchronisationsüberlegungen und Verzögerungsbeschränkungen sollte die Länge des Quellenkodeworts eines inneren binären Blockkodes genau $l_2 = \boldsymbol{k_1}$ oder ein Vielfaches von $\boldsymbol{k_1}$ sein[33]. Diese Bedingung lässt sich problemlos mit verkürzten Kodes erfüllen. Ein innerer RS-Kode sollte dasselbe $\boldsymbol{k_1}$ haben. Ein innerer Faltungskode wandelt die Elemente lediglich in Binärsequenzen.

Ein RS-Kode hat beispielsweise Vorteile bei der Korrektur von Bündelfehlern. Bei Faltungskodes (s. Abschn. 8.6) zerfallen, abhängig von Koderate und Gedächtnis des Kodes, größere Bündelfehler in (Bündel-)Fehler kleinen Gewichts. *Zur Auflösung großer Bündelfehler und damit passenden Leistungsbeschreibung der Kodes spielen Kodeverkettung und Interleaving eine entscheidende Rolle.*

---

[33]Der Grad $\boldsymbol{k_1}$ des Modularpolynoms wird an dieser Stelle bewusst fett geschrieben, um Verwechslungen mit der Anzahl k_1 redundanter Stellen des äußeren Kodes zu vermeiden.

Bevor Verkettungsbeispiele aufgezeigt und praktische Umsetzungen ausgeführt werden, sei zunächst zum besseren Verständnis ein kurzer **Exkurs zum Interleaving** gegeben:

Kodewörter werden so ineinander verschachtelt, dass die Kodewortelemente in einem bestimmten Abstand zeitlich voneinander versetzt weiter „verarbeitet" werden.

Bei einem $I \times n$ **Blockinterleaver** werden I Kodewörter a_i $(i = 1, 2, ..., I)$ der Länge n zeilenweise in eine Matrix geschrieben und anschließend spaltenweise gelesen:

$$M_{I \times n} = \begin{pmatrix} u_{11}\ u_{12}\ u_{13}\ \cdots\ u_{1n} \\ u_{21}\ u_{22}\ u_{23}\ \cdots\ u_{2n} \\ u_{31}\ u_{32}\ u_{33}\ \cdots\ u_{3n} \\ \cdots\cdots\cdots\cdots\cdots \\ u_{I1}\ u_{I2}\ u_{I3}\ \cdots\ u_{In} \end{pmatrix}.$$

Nach I-facher Spreizung (auch als Interleavingtiefe [interleaving depth] bezeichnet) lautet der Ausgabeblock der Länge $I \cdot n$

$$a_{Block} = (u_{11}\ u_{21}\ u_{31}\ ...\ u_{I1}\ u_{12}\ u_{22}\ u_{32}\ ...\ u_{I2}\ u_{13}\ u_{23}\ u_{33}\ ...\ u_{I3}\ ...\ u_{In}),$$

d. h., zwischen anfangs aufeinanderfolgenden Elementen liegen jetzt $(I - 1)$ Elemente aus anderen Kanalkodefolgen.

Zum Entspreizen [deinterleaving] wird der Empfangsblock b_{Block} jetzt spaltenweise in eine $I \times n$ Matrix geschrieben und zur Fehlerkorrektur eine n-stellige Empfangsfolge zeilenweise ausgelesen.

Wenn I Zeilen einer Matrix Empfangsfolgen b_i $(i = 1, 2, ..., I)$ eines f_k fehlerkorrigierenden Kodes der Länge n sind, dann können im Block der Länge $I \cdot n$ insgesamt f_k Bündelfehler der Länge I oder ein Bündelfehler der Länge $I \cdot f_k$ vollständig korrigiert werden.

Beispiel 8.7.1

Dem Kodierer eines $(15, 11, 5)$RS-Kodes über $GF(2^4)$ ist ein Blockinterleaver mit einer Interleavingtiefe von $I = 8$ nachgeschaltet. Ohne Interleaving wären nach der Übertragung Bündelfehler bis zu einer Länge von $f_k \cdot k_1 = 2 \cdot 4 = 8\,Bit$ (mit Sicherheit nur $(f_k - 1) \cdot k_1 + 1 = 5\,Bit$) korrigierbar. Mit einem Blockinterleaver sind Bündelfehlerlängen bis zu $I \cdot f_k \cdot k_1 = 64\,Bit$ (bzw. $I \cdot f_k = 16\,Elemente$) möglich.

Die folgende Grafik veranschaulicht diesen Sachverhalt. Die Elemente sind fortlaufend nummeriert.

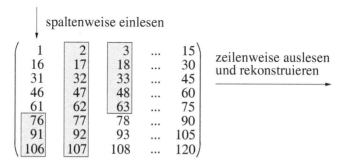

zeilenweise
einlesen

$$\begin{pmatrix} 1 & 2 & 3 & \dots & 15 \\ 16 & 17 & 18 & \dots & 30 \\ 31 & 32 & 33 & \dots & 45 \\ 46 & 47 & 48 & \dots & 60 \\ 61 & 62 & 63 & \dots & 75 \\ 76 & 77 & 78 & \dots & 90 \\ 91 & 92 & 93 & \dots & 105 \\ 106 & 107 & 108 & \dots & 120 \end{pmatrix}$$

spaltenweise auslesen
und übertragen

$b_{Block} = (1,16,31,46,61,\boxed{76,91,106,2,17,32,47,62,77,92,107,3,18,33,48,63},78,93,\dots,120)$

spaltenweise einlesen

$$\begin{pmatrix} 1 & 2 & 3 & \dots & 15 \\ 16 & 17 & 18 & \dots & 30 \\ 31 & 32 & 33 & \dots & 45 \\ 46 & 47 & 48 & \dots & 60 \\ 61 & 62 & 63 & \dots & 75 \\ 76 & 77 & 78 & \dots & 90 \\ 91 & 92 & 93 & \dots & 105 \\ 106 & 107 & 108 & \dots & 120 \end{pmatrix}$$

zeilenweise auslesen
und rekonstruieren

Ein Bündelfehler über 16 *Elemente* am Ausgang der Übertragung wird durch Deinterleaving in rekonstruierbare kleine Bündelfehler zerlegt. □

Nachteilig wirkt sich obige Herangehensweise bei periodisch auftretenden Fehlern aus. Nach Entspreizung entstehen wieder Bündelfehler, die die Leistungsfähigkeit des Kodes sprengen. Dieses Problem löst man durch andere Vorschriften für das Aus- und wieder Einlesen.

Beim **Randominterleaver** werden die Kodeelemente nach einem zufällig gesuchten, festgelegten Muster ausgelesen und nach der Übertragung entsprechend in die Matrix wieder eingelesen. Bei einem **helical Interleaver** werden die Kodeelemente diagonalweise aus- und später wieder eingelesen. Diese Kodespreizung ermöglicht nach Auflösung eines langen Bündelfehlers, z. B. bei RS-Dekodierern, die Anwendung der Auslöschungskorrektur (s. Abschn. 8.5.5.3). Bei Erkennen eines zufälligen Fehlers in einer Empfangsfolge werden auf Verdacht in der nächsten Empfangsfolge von der Position des zufälligen Fehlers links stehende Stellen ausgelöscht (Vorhersage eines Bündelfehlers [error forecasting]). Damit können bis zu $2f_k$ Fehler in einer Empfangsfolge korrigiert werden.

Von Nachteil sind die mit dem Ein-/Ausschreiben der Matrix verbundenen Zeitverzögerungen. Eine zweite Matrix kann diese reduzieren.

Beim **Faltungsinterleaver** kommt es zu keinen Zeitverzögerungen. Es erfolgt ein ständiges Ein- und Auslesen von Kodeelementen. Das Einlesen erfolgt wie beim Blockinterleaver zeilenweise, jedoch erhöht sich mit jeder Zeile die Verzögerung der Kodeelemente um einen konstanten Basiswert (Basisverzögerung D).

□

Das folgende Beispiel zeigt Verkettungsmöglichkeiten mit einem binär darstellbaren äußeren RS-Kode.

Beispiel 8.7.2

- Verkettung eines $(n_1, l_1, f_{k,1}) = (15, 9, 3)$RS-Kodes über $GF(2^4)$ mit einem inneren $(n_2, l_2, f_{k,2}) = (7, 4, 1)$BCH-Kode

Schematisch lässt sich diese Verkettung wie folgt darstellen:

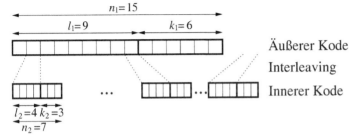

Ohne Anwendung von Interleaving liegt am Ausgang des Kanalkodierers ein $(105, 36)$Produktkode vor. Das Kanalkodewort des äußeren RS-Kodes wird durch Anwendung des Divisionsverfahrens gebildet. Für die innere Kodierung ist jedes Element des äußeren Kanalkodeworts eine binäre Quellenkodefolge der Länge $l_2 = 4$. Die redundanten Stellen ergeben sich auch hier aus der Anwendung des Divisionsverfahrens. Koderate und Minimalabstand sind $R = \frac{9}{15} \cdot \frac{4}{7} = \frac{36}{105} \approx 0,34$ und $d_{min} \geq 7 \cdot 3 = 21$. Ausgangsseitig können in den inneren Empfangsfolgen mit Sicherheit Einfachfehler korrigiert werden. Findet in höchstens $f_{k,1} = 3$ (Grad der Fehlerkorrektur des äußeren Kodes) inneren Empfangsfolgen aufgrund von Mehrfachfehlern (auch Bündelfehler bis zu einer Länge von $f_{k,1} \cdot n_2 = 21 \, Bit$) eine Falschkorrektur statt, ist diese durch den äußeren Dekodierer *auch* rekonstruierbar.

Mit Anwendung eines Blockinterleavers, z. B. $I = 5$, vergleiche auch mit Beispiel 8.7.1, sind sogar Bündelfehler bis zu einer Länge von $I \cdot f_{k,1} \cdot n_2 = 105 \, Bit$ korrigierbar.

- Verkettung eines $(15, 9, d_{min,1} = 7)$RS-Kodes über $GF(2^4)$ mit einem um ein Paritätsbit erweiterten $(8, 4, d_{min,2} = 4)$BCH-Kode; im äußeren Dekodierer sind nur Auslöschungen zu behandeln

Der innere Kodierer bildet eine weitere Paritätsstelle. Damit sind Koderate und Minimalabstand $R = \frac{9}{15} \cdot \frac{4}{8} = \frac{36}{120} = 0,3$ und $d_{min} \geq 7 \cdot 4 = 28$ bekannt. Der innere Dekodierer berechnet über die empfangene Folge die Paritätssumme. Ist die Paritätssumme Eins, erfolgt eine Einfachfehlerkorrektur über den $(7, 4, d_{min,2} = 3)$BCH-Kode. Die Paritätssumme ist Null bei einem geradzahligen Fehler, $r(x) = b(x) \bmod g(x) \neq 0$ vorausgesetzt. Dieser Fehler wird erkannt und die zugehörige fehlerhafte Stelle des Elements in der äußeren Empfangsfolge markiert. Maximal sind $2f_{k,1}$ markierte Stellen einer äußeren Empfangsfolge und damit Bündelfehler ohne Interleaving bis zu einer Länge von $2f_{k,1} \cdot n_2 = 48 \, Bit$, mit Interleaving, z. B. $I = 5$, bis zu einer Länge von $I \cdot 2f_{k,1} \cdot n_2 = 240 \, Bit$ korrigierbar.

Diese verbesserte Leistungsfähigkeit, bei nur geringem Koderatenverlust, wird mit weniger Aufwand erreicht. Bei der Behandlung von nur Auslöschungsstellen im äußeren Dekodierer entfallen beim Fehlerkorrekturalgorithmus die Bearbeitungsschritte 2. und 3. (Bildung des Lokatorpolynoms und Nullstellensuche).

Anmerkung:

Ein Kode vergleichbarer Koderate und Kodewortlänge wäre ein verkürzter $(21, 7, f_k = 7)$RS-Kode über $GF(2^5)$. Dieser kann Bündelfehler bis zur Länge $f_k \cdot \mathbf{k_1} = 35 \, Bit$ *oder* bis zu f_k zufällig verteilte fehlerhafte Elemente (in jedem Element bis zu 5 Binärfehler möglich) korrigieren. Der Aufwand für die Bestimmung des Lokatorpolynoms ist dabei nicht zu vernachlässigen.

Interleaving ist ebenfalls möglich. Vergleichen Sie selbst!

Beziehen Sie dazu auch die Ausführungen zur verbleibenden Restfehlerwahrscheinlichkeit im Abschn. 9.2.3 mit ein!   □

Das Beispiel macht deutlich, dass mit zusätzlicher Information, hier die Kenntnis der Fehlerstellen im äußeren Dekodierer, weitere Leistungsvorteile erreicht werden. Mit einem äußeren RS-Kode sind damit bereits die Möglichkeiten von soft-input erschöpft.

Eine andere Möglichkeit von soft-input bieten Faltungskodes mit der Anwendung von 2-Bit- oder 3-Bit-Quantisierung, die das Rekonstruktionsergebnis des Faltungsdekodierers verbessern. Mögliche soft-output Werte (z. B. mit SOVA) sind in der klassischen Verkettung jedoch nur begrenzt auswertbar (eine mögliche Verkettung mit einem fehlererkennenden Paritätskode s. S. 232). Mit diesem Wissen war allerdings der Weg zur Anwendung der iterativen soft-decision Dekodierung nur noch eine Frage der Zeit (s. Abschn. 8.7.2).

Typische klassische Kodeverkettungen sind ein serielles Aneinanderreihen von zyklischen Kodes, wie im Beispiel 8.7.2 aufgezeigt, oder ein RS-Kode verkettet mit einem Faltungskode. Letztere Verkettung wurde bis in die Mitte der 90er Jahre als perfekt passend für die Fehlerkorrektur gesehen.

Im Folgenden werden einige Anwendungen aufgeführt:

- **NASA-Standard für Satellitenkommunikation** (1987, 1998)

  Äußerer Kode: $(255, 223, d_{min} = 33)$RS-Kode über $GF(2^8)$,

  $$M(x) = x^8 + x^7 + x^2 + x + 1 \, , \; g(x) = \prod_{j=112}^{143} (x - \alpha^{11j}) \, ,$$

  Korrektur von Auslöschungen und zufälligen Fehlern mit
  BERLEKAMP-MASSEY(BM)-Algorithmus

  Kodespreizung: helical Interleaver

  Innerer Kode: $(7, \frac{1}{2})$Faltungskode erzeugt mit $G = (171_8, 133_8)$,
  hard-decision Dekodierung mit VITERBI-Algorithmus
  (auch 3-Bit-Quantisierung möglich)

  Dieser Standard verankerte ursprünglich einen Blockinterleaver mit $I = 5$ und die Anwendung einer hard-decision BM Dekodierung.

  Hinweis: Mit Turbokodes vergleichbarer Koderate können Kodierungsgewinne von mehr als $1\,dB$ zum Standard erreicht werden.

- **DVB[digital video broadcasting]-Standard** (1994)

  - DVB **über S̲atellit** (und terrestrische Ausstrahlung)

    Äußerer Kode: $(204, 188, 17)$RS-Kode über $GF(2^8)$

    Kodespreizung: Faltungsinterleaver ($I = 12$, $D = 17$)

    Innerer Kode: $(7, \frac{1}{2})$Faltungskode mit $R_p = \frac{2}{3}, \frac{3}{4}, \frac{5}{6}, \frac{7}{8}$ und
    3-Bit-Quantisierung mit VITERBI-Algorithmus

    Hinweis: Der neue Standard DVB-S2 (2005) ist eine serielle Verkettung von BCH- und LDPC-Kode.

  - DVB **über K̲abel** verzichtet auf einen inneren Kode, weil Kabelnetze – im Gegensatz zu Satellitenstrecken – eine wesentlich höhere Übertragungsqualität gewährleisten.

- **GSM-Standard** (1992) – Sprachübertragung –

  Äußerer Kode: CRC-Kode zur Fehlererkennung, $g(x) = x^3 + x + 1$

  Innerer Kode: $(5, \frac{1}{2})$Faltungskode erzeugt mit $G = (23_8, 33_8)$,
  3-Bit-Quantisierung mit VITERBI-Algorithmus

  Kodespreizung: Blockinterleaver

  Das Quellenkodewort der Länge $l = 260\,Bit$ wird für die Kanalkodierung in sehr wichtige ($50\,Bit$), wichtige ($132\,Bit$) und weniger wichtige ($78\,Bit$)

Bit aufgespalten. Der äußere Kode wird nur auf die 50 *Bit* angewendet. Der innere Kodierer hat eine Eingangsfolge der Länge von 189 *Bit* (53 *Bit* aus äußerem Kodierer, die 132 wichtigen *Bit* und 4 Terminierungsbit). Nach erfolgter innerer Kodierung (s. Abschn. 8.6.3.2.1) werden die ungeschützten, weniger wichtigen *Bit* angehängt. Das Kanalkodewort hat dann eine Länge von $n = 456\,Bit$. Erst nach Ausführung der Kodierung erfolgt eine Kodespreizung. Ist nach erfolgter Entspreizung und innerer Dekodierung das Restpolynom des äußeren Dekodierers ungleich Null, erfolgt eine Fehlerverdeckung [error concealment].

Hinweis: Für die Sprachübertragung wird im UMTS-Standard (2000) weiterhin eine klassische, aber leistungsfähigere Verkettung, u. a. CRC- und $(9, \frac{1}{2})$Faltungskode mit $G = (561_8, 753_8)$, angewendet.

- **Audio-CD** (1980)

  Äußerer Kode: $(28, 24, 5)$RS-Kode über $GF(2^8)$

  Kodespreizung: Faltungsinterleaver ($I = 28$, $D = 4$)

  Innerer Kode: $(32, 28, 5)$RS-Kode über $GF(2^8)$

  Der innere Kode hat eine Leistungsfähigkeit von $f_{k,2} = 2$. Der Dekodierer untersucht aber nur auf Einfachfehler. Liefern die Bestimmungsgleichungen mit $s_i\,\sigma_1 = s_{i+1}$ ($i = 1, 2, 3$) für σ_1 ein gleiches Ergebnis, liegt ein Einfachfehler vor. Es erfolgt eine Korrektur (s. Abschn. 8.5.5.1, 8.5.5.2). Ansonsten wird die Informationsfolge komplett ausgelöscht. Der äußere RS Dekodierer führt lediglich eine Auslöschungskorrektur aus (s. Abschn. 8.5.5.3). Bei mehr als $2f_{k,1}$ Auslöschungen wird interpoliert.

- **DVD** (1995)

  Äußerer Kode: $(182, 172)$RS-Kode über $GF(2^8)$

  Kodespreizung: Blockinterleaver ($I = 192$)

  Innerer Kode: $(208, 192)$RS-Kode über $GF(2^8)$

8.7.2   (Parallele) Kodeverkettung – Iterative Dekodierung

Interessant wurde die parallele Verkettung mit der Einführung der *Turbo Codes* 1993. „Parallel" steht für die parallele Verkettung von (Faltungs-)Kodierern. Die Dekodierung selbst läuft seriell *und* iterativ ab. Bild 8.7.2 zeigt schematisch Kanalkodierer und -dekodierer im Übertragungsmodell.

Das Beachtenswerte ist hier die iterative Anwendung der soft-decision Dekodierung. Berechnete Zuverlässigkeitswerte für die geschätzten Informationsbits bilden den soft-output eines Dekodierers und gehen als soft-input in den nächsten Dekodierer (soft-in/soft-out Dekodierer) oder in die nächste Iterationsstufe.

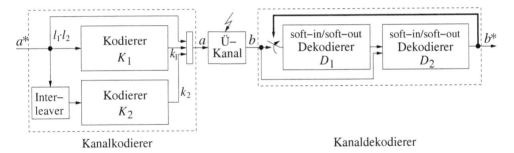

Bild 8.7.2 *Übertragungsmodell mit paralleler Kodeverkettung*

Ein scheinbares Problem ist die mit der Anzahl von Iterationen wachsende Dekodierungsverzögerung, jedoch zugunsten einer Leistungsfähigkeit in Nähe der SHANNON-Grenze. Die Verbesserung erfolgt nicht zulasten der Komplexität von Kodierer und Dekodierer. Die Faltungskodierer haben in der Regel nur ein Gedächtnis von $k = 2$ oder $k = 3$. Zum Vergleich: Die Faltungskodierer in den Standards für serielle Verkettung haben ein Gedächtnis von $k = 4$ (Mobilfunk), $k = 6$ (NASA, DVB) und größer. *Ein Interleaver übernimmt die Distanzmaximierung des verketteten Kodes* (im Bild 8.7.2 beim Kanaldekodierer aus Übersichtlichkeitsgründen zunächst weggelassen).

Weiterführende Untersuchungen mit parallelen und auch seriellen Verkettungen von mindestens zwei binären, einfachen und *immer gleichen* Block-/blockfreien *Kodes* (im Gegensatz zur seriellen Verkettung im Abschn. 8.7.1) zeigen, dass „schlechte" Kodes aus der Sicht des Minimalabstands bei großem Störeinfluss durch Anwendung von optimierten Interleavern *und* iterativer Dekodierung hervorragende Dekodierungsergebnisse liefern.

Der Minimalabstand ist zunächst bestimmt vom Minimalabstand der Einzelkodes und damit schlechter im Vergleich zur seriellen Verkettung. Eine Verbesserung hängt wie gesagt vom Interleaver ab:

$$d_{min} \geq d_1 + d_2 - 1 \, . \tag{8.69}$$

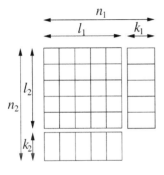

Die redundanten Stellen werden nur aus den Informationsstellen gebildet. Dies begründet die mögliche parallele Kodierung und verdeutlicht auch die systematische Eigenschaft dieser Verkettung. Die Änderung der Anordnung der Informationsstellen beeinflusst den Ablauf nicht. Ein „gewollter Nebeneffekt" ist wie gesagt die Einflussnahme auf den Abstand der aufeinanderfolgenden Bits.

Die Koderate leitet sich daraus wie folgt ab:

$$R = \frac{l_1 \cdot l_2}{l_1 \cdot l_2 + l_2 \cdot k_1 + l_1 \cdot k_2} = \frac{1}{\frac{1}{R_1} + \frac{1}{R_2} - 1}. \tag{8.70}$$

Sie ist im Vergleich mit der seriellen Verkettung größer.

Das Interessante bei diesen Kodes ist die Umsetzung der iterativen soft-decision Dekodierung:

Jeder Dekodierer bestimmt *extrinsische Informationen* [extrinsic information] $L_e(\widehat{u}(j))$ $(j = 1, 2, ..., l)$ für die geschätzten Informationsbits.

Die extrinsische Information $L_e(\widehat{u}(j))$ wird immer *unabhängig vom Informationsbit* $\widehat{u}(j)$ berechnet.

Die extrinsischen Informationen bilden *die* soft-output Werte und gehen als soft-input Werte in den nachfolgenden Dekodierer bzw. in die nächste Iterationsstufe ein.

Zu Beginn der Dekodierung liegt noch keine extrinsische Information als soft-input vor. Die Zuverlässigkeitsinformation $L(u(j))$ für ein Informationsbit am Kanaleingang ist bei der Dekodierung die Anfangsinitialisierung für die extrinsische Information. $L(u(j))$ widerspiegelt das Auftrittsverhalten der Binärelemente 0 und 1 und ist bei Annahme gleichwahrscheinlichen Auftretens mit

$$L(u(j)) = L(u_j) = \ln \frac{P(u(j) = 0)}{P(u(j) = 1)} = 0$$

gegeben[34] (s. a. *L*-Algebra, Fußnote S. 230).

Am Ende der Dekodierung, nach erfolgreicher Rekonstruktion oder Bearbeitung einer maximal festgesetzten Anzahl von Iterationen, wird für jedes geschätzte Informationsbit $\widehat{u}(j)$ $(j = 1, 2, ..., l)$ die Zuverlässigkeitsinformation $L(\widehat{u}(j))$, unter Einflussnahme der extrinsischen Information $L_e(\widehat{u}(j))$, ausgegeben.

Im Folgenden soll das Prinzip der iterativen soft-decision Dekodierung an Beispielen erläutert werden:

− Iterative Dekodierung bei Blockkodes,
− Iterative Dekodierung bei paralleler Verkettung von Blockkodes,
− Iterative Dekodierung bei paralleler Verkettung von Faltungskodes.

---

[34]Bei Blockkodes sind die Stellen einer Folge mit tiefergestelltem „*j*", bei Faltungskodes (bedingt durch die zeitabhängige Betrachtung) mit „(*j*)" bezeichnet, was die folgenden Ausführungen keineswegs einschränkt.

Iterative Dekodierung bei Blockkodes

Zum nachfolgenden Verständnis ist in der Reihenfolge des Übertragungsablaufs die „Wandlung" der Kanalkodefolge bei Anwendung eines Blockkodes angegeben (vergleiche auch mit Abschn. 8.6.3):

$$a \in \{0,1\}^n \longrightarrow a_M \in \{+1,-1\}^n \longrightarrow b_M \in \mathbb{R}^n \longrightarrow b \in \mathbb{R}^n,$$

stellenbezogen:

$$u_j \in \{0,1\} \longrightarrow x_j \in \{+1,-1\} \longrightarrow y_j \in \mathbb{R} \longrightarrow y_j \in \mathbb{R}.$$

Nach der Übertragung werden, zur Vermeidung eines weiteren Informationsverlustes durch Quantisierung, die im Demodulator vorliegenden Zuverlässigkeitswerte y_j ohne Einschränkung an den Dekodierer weitergeleitet. Dabei ist

$$y_j = \text{sign}\, y_j \cdot |y_j| \sim L(y_j|x_j) = \ln \frac{P(y_j|x_j = +1)}{P(y_j|x_j = -1)}.$$

Je größer $|y_j|$ umso zuverlässiger ist die harte Entscheidung für $y_{h,j} = \frac{1-\text{sign}\, y_j}{2}$. Gelingt es, die Zuverlässigkeit $|y_j|$ in den Dekodierungsalgorithmus einzubringen, spricht man von einer soft-decision Dekodierung. Der Dekodierer arbeitet iterativ. Der Ablauf lässt sich vereinfacht wie folgt darstellen (τ beschreibt die aktuelle Iteration):

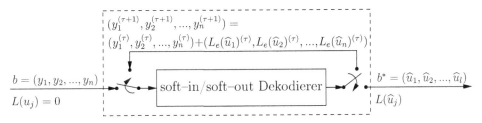

Nach einer maximalen Anzahl von Iterationen τ_{max} oder dem Erreichen einer definierten Abbruchbedingung werden die geschätzten Informationsbits $\widehat{u}_j$ und die Zuverlässigkeiten $L(\widehat{u}_j)$ ($j = 1, 2, ..., l$) ausgegeben. Ansonsten wird die Dekodierung mit der Berechnung der extrinsischen Werte $L_e(\widehat{u}_j)^{(\tau)}$ und deren Einflussnahme auf die $y_j^{(\tau)}$-Werte fortgesetzt.

Der Algorithmus ist in einem Struktogramm notiert (s. nächste Seite).

Die extrinsische Information $L_e(\widehat{u}_j)$ wird immer *unabhängig* vom Wert der Stelle j selbst berechnet und ist *abhängig von der Struktur des Kodes*.
$L_e(\widehat{u}_j)^{(\tau)} = \text{f}(y_k^{(\tau)} \setminus y_j^{(\tau)})$ ($k = 1, 2, ..., n$) bedeutet damit, dass die extrinsische Information von einer Vielzahl, nicht notwendigerweise von $n-1$ Stellen in der Empfangsfolge abhängen kann, jedoch nicht von $y_j^{(\tau)}$ selbst.

Eingabe: $b = (y_1, y_2, ..., y_n)$; l ; τ_{max}
$(y_1^{(0)}, y_2^{(0)}, ..., y_n^{(0)}) := (y_1, y_2, ..., y_n)$
$L_e(\widehat{u}_j)^{(0)} := L(u_j) = 0$ $(j = 1, 2, ..., n)$
$\tau = 0(1)\tau_{max} - 1$
$\quad$ $j = 1(1)n$
$\quad\quad$ $L_e(\widehat{u}_j)^{(\tau)} := f(y_k^{(\tau)} \setminus y_j^{(\tau)})$ $(k = 1, 2, ..., n)$
$\quad\quad$ $y_j^{(\tau+1)} := y_j^{(\tau)} + L_e(\widehat{u}_j)^{(\tau)}$
$j = 1(1)l$
$\quad$ $L(\widehat{u}_j) := y_j^{(\tau_{max})}$
Ausgabe: $L(\widehat{u}_j)$ $(j = 1, 2, ..., l)$

Die geschätzte Quellenkodefolge b^* ergibt sich dann aus

$$L(\widehat{u}_j) = y_j^{(\tau_{max})} = y_j^{(\tau_{max}-1)} + L_e(\widehat{u}_j)^{(\tau_{max}-1)} \quad \text{und damit} \tag{8.71}$$

$$\widehat{u}_j = \begin{cases} 0 & L(\widehat{u}_j) \geq 0 \\ 1 & \text{sonst} \end{cases} \quad (j = 1, 2, ..., l). \tag{8.72}$$

Für die Berechnung der Zuverlässigkeit der extrinsischen Information nutzen wir wieder die L-Algebra und damit die Möglichkeit der einfachen $\oplus$-Verknüpfung von unabhängigen Zufallsvariablen. Die näherungsweise Anwendung der $\oplus$-Verknüpfung (Gl. (8.61)) erlaubt die Verallgemeinerung auf eine beliebige Anzahl, vorliegend für die Verknüpfung von Zuverlässigkeiten y_j:

$$L(y_1 \oplus y_2 \oplus ...) \approx \prod_j \text{sign } y_j \cdot \min_j |y_j|. \tag{8.73}$$

Welche Zuverlässigkeiten verknüpft werden, hängt wie gesagt von der Struktur des Kodes ab. Bei der Verwendung von Blockkodes sind es die in einer Kontroll-(Prüf-)gleichung (Eins-Positionen in einer Zeile der Kontrollmatrix) verknüpften Elemente eines Kodewortes. Das Ergebnis einer Kontrollgleichung, angewendet auf ein Kanalkodewort, ist immer Null.

Beispiel 8.7.3

Es ist ein $(3, 2, 2)$Paritätskode (s. Abschn. 8.2.1.2) gegeben. Für die Kodefolge $a = (0\,0\,0)$ ist ausgangsseitig die Folge $b = (0.6\ \text{-}0.5\ 0.8)$ zu dekodieren.

Lösung:

Die hard-decision Dekodierung erkennt in der Empfangsfolge $b_h = (0\,1\,0)$ mit der Anwendung der Kontrollgleichung $s_0 = \sum_{j=1}^{n} y_{h,j} \bmod 2 \neq 0$ einen Fehler.

Eine Korrektur ist nicht möglich.

Die soft-decision Dekodierung erfordert die Berechnung der extrinsischen Information. Beim Paritätskode sind alle Elemente der Empfangsfolge in nur einer Kontrollgleichung. Fehlerhafte Elemente können über die anderen Elemente dieser Gleichung wiederhergestellt werden. Es ergeben sich damit für die Berechnung der extrinsischen Information $L_e(\widehat{u}_j)^{(\tau)}$ ($j = 1, 2, 3$) die folgenden Zusammenhänge:

$$L_e(\widehat{u}_1)^{(\tau)} = L(y_2^{(\tau)} \oplus y_3^{(\tau)}),\ L_e(\widehat{u}_2)^{(\tau)} = L(y_1^{(\tau)} \oplus y_3^{(\tau)}),\ L_e(\widehat{u}_3)^{(\tau)} = L(y_1^{(\tau)} \oplus y_2^{(\tau)}) .$$

Das Durchlaufen von $\tau_{max} = 3$ Iterationen liefert die folgenden Ergebnisse:

τ	$(y_1^{(\tau)}, y_2^{(\tau)}, y_3^{(\tau)})$	$(L_e(\widehat{u}_1)^{(\tau)}, L_e(\widehat{u}_2)^{(\tau)}, L_e(\widehat{u}_3)^{(\tau)})$
0	(0.6 -0.5 0.8)	(-0.5 0.6 -0.5)
1	(0.1 0.1 0.3)	(0.1 0.1 0.1)
2	(0.2 0.2 0.4)	(0.2 0.2 0.2)
3	(0.4 0.4 0.6)	$\longrightarrow b^* = (0\ 0),\ L(\widehat{u}_1) = 0.4,\ L(\widehat{u}_2) = 0.4$

Weitere Iterationen erhöhen die Zuverlässigkeiten, beeinflussen aber nicht die Entscheidung für b^*. Zur Begrenzung der Dekodierungsverzögerung ist es sinnvoll, ein geeignetes Abbruchkriterium zu finden. Vorliegend bietet es sich an, nach jeder Iterationsrunde $y_j^{(\tau+1)}$ ($j = 1, 2, 3$) hart zu entscheiden und das Syndrom s_0 auf Null zu testen. Ist das Syndrom Null, kann die iterative Dekodierung beendet werden, im Beispiel bereits nach der ersten Iterationsrunde. Die Empfangsfolge ist erfolgreich korrigiert. □

Anhand des sehr einfachen Beispiels ist bereits erkennbar, dass die größten Veränderungen in den ersten Iterationsrunden erzielt werden. Mit jeder weiteren Iteration fallen die Veränderungen aufgrund vorhandener statistischer Abhängigkeiten kleiner aus. Das „Einschwingen" der Zuverlässigkeiten kann ein weiteres Abbruchkriterium sein.

Die Struktur eines HAMMING-Kodes (s. Abschn. 8.4) hat im Vergleich zum Paritätskode mehr als eine Kontrollgleichung. Der $(7, 4, 3)$HAMMING-Kode (HK) benötigt für die Einfachfehlerkorrektur drei Kontrollgleichungen, notiert in der Kontrollmatrix $H_{HK} = \begin{pmatrix} 1\,1\,1\,1\,0\,0\,0 \\ 1\,1\,0\,0\,1\,1\,0 \\ 1\,0\,1\,0\,1\,0\,1 \end{pmatrix}$. Verschiedene Elemente des Kodes haben in mehreren Kontrollgleichungen Einfluss auf die Syndromberechnung. Für die Bestimmung von $L_e(\widehat{u}_j)^{(\tau)}$ ($j = 7, 6, ..., 1$) kann jeweils eine Kontrollgleichung herangezogen werden. Verbessert sich das Ergebnis, wenn alle Kontrollgleichungen, in denen das betreffende Element Einfluss hat, berücksichtigt und zur Weiterverarbeitung der Mittelwert über die extrinsischen

Informationen berechnet wird? (Experimentieren Sie!) Das erste Element (1. Spalte in H) hat beispielsweise in drei Kontrollgleichungen Einfluss, damit ist

$$L_e(\widehat{u}_7)^{(\tau)} = \frac{1}{3}\Big((L(y_6^{(\tau)} \oplus y_5^{(\tau)} \oplus y_4^{(\tau)}) + (L(y_6^{(\tau)} \oplus y_3^{(\tau)} \oplus y_2^{(\tau)}) + (L(y_5^{(\tau)} \oplus y_3^{(\tau)} \oplus y_1^{(\tau)}) \Big).$$

Am Ende jeder Iterationsrunde wird überprüft (Gl. (8.23), S. 152), ob für die hart entschiedene Folge das k-stellige Syndrom Null ist.

Zu den Blockkodes gehört auch der turboähnliche LDPC-Kode [GAL 63, MKN 96]. Dieser erreicht für große Blocklängen und verbessertem Dekodierungsablauf Ergebnisse nahe der SHANNON-Grenze. *Die, auch weniger komplexen, Dekodierungsalgorithmen werden direkt auf eine Kontrollmatrix angewendet.* Die vorgeschlagene Mittelwertbildung wird im Prinzip über eine Spaltenauswertung einbezogen. Diese Herangehensweise soll im folgenden Beispiel auf der Basis von Gl. (8.73) betrachtet werden. Der Algorithmus ist sub-optimal, verdeutlicht aber die zeilen- und spaltenweise Bearbeitung dieser Algorithmen.

Beispiel 8.7.4

Konstruktionsprinzipien für das Erstellen einer LDPC-Kontrollmatrix verteilen die Einsen in der Matrix sparsam, um zum einen große Kodewortlängen einzusetzen und zum anderen, natürlich damit verbunden, den Berechnungsaufwand klein zu halten. Auf diese Zusammenhänge soll hier nicht eingegangen werden. Es geht im Folgenden um die Beschreibung des Dekodierungsablaufs. Für die beispielhafte Anwendung reicht eine (nicht sparsam besetzte) Kontrollmatrix nach HAMMING-Beschreibung aus.

Zunächst ist der iterative Dekodierungsalgorithmus notiert, $\forall i, j \wedge h_{ij} = 1$:

	1. Iteration	> 1. Iteration
vertikal	$L(q_{ij}) = y_j$	$L(q_{ij}) = y_j + \displaystyle\sum_{\forall i' \neq i \wedge h_{i'j}=1} L_e(r_{i'j}) = L(\widehat{u}_j) - L_e(r_{ij})$
horizontal	$L_e(r_{ij}) = \displaystyle\prod_{\forall j' \neq j \wedge h_{ij'}=1} \operatorname{sign} L(q_{ij'}) \cdot \min_{\forall j' \neq j \wedge h_{ij'}=1} \|L(q_{ij'})\|$	
Auswertung	$L(\widehat{u}_j) = y_j + \displaystyle\sum_{\forall i \wedge h_{ij}=1} L_e(r_{ij})$ $\widehat{u}_j = \begin{cases} 0 & L(\widehat{u}_j) \geq 0 \\ 1 & \text{sonst} \end{cases} \quad (j = 1, 2, ..., n)$ $\longrightarrow b_{korr} = (\widehat{u}_1, \widehat{u}_2, ..., \widehat{u}_n) \longrightarrow s = H_{k \times n} \cdot b_{korr}^T = \mathbf{0}$? ja: stop *oder* τ_{max} erreicht (Dekodierungsversagen) nein: weiter mit vertikalem Schritt	

Die $h_{ij}=1$-Positionen in $H_{k \times n}$ werden zunächst mit den Zuverlässigkeiten y_j aus der Empfangsfolge spaltenweise (vertikal) initialisiert. Im Folgenden findet nach der zeilenweisen (horizontalen) Bearbeitung (Berechnung der extrinsischen Information für die Elemente der Kontrollgleichung) die Auswertung statt. Bei Nichterfüllung der Abbruchkriterien wird die nächste Iteration (vertikal, horizontal, Auswertung) durchlaufen. Für die Berechnung sind entsprechend der Struktur von H zwei Matrizen Q und R notwendig, wobei $q_{ij} \in Q$ und $r_{ij} \in R$ definiert sind.

Die Anwendung erfolgt am Beispiel des $(7,4)$HAMMING-Kodes:

$$H_{HK} = \begin{pmatrix} 1\,1\,1\,1\,0\,0\,0 \\ 1\,1\,0\,0\,1\,1\,0 \\ 1\,0\,1\,0\,1\,0\,1 \end{pmatrix} \text{ und } b = (0.4 \ 0.2 \ \text{-1.0} \ 0.3 \ 0.8 \ \text{-0.8} \ 0.1) \text{ sind gegeben.}$$

Die ursprünglich gesendete Kanalkodefolge lautet $a = (0\,1\,1\,0\,0\,1\,1)$.

Die hard-decision Dekodierung erkennt in $b_h = (0\,0\,1\,0\,0\,1\,0)$ einen Fehler und korrigiert in $b_{korr} = (1\,0\,1\,0\,0\,1\,0) \neq a$.

Der iterative soft-decision Algorithmus führt auf die korrekte Kanalkodefolge: (0-Positionen in H sind aus Übersichtlichkeitsgründen in Q und R leer.)

1. Iteration:

$Q =$

0.4	0.2	-1.0	0.3			
0.4	0.2			0.8	-0.8	
0.4		-1.0		0.8		0.1

$R =$

-0.2	-0.3	0.2	-0.2			
-0.2	-0.4			-0.2	0.2	
-0.1		0.1		-0.1		-0.4

$$(L(\widehat{u}_j)) = (\text{-0.1} \ \text{-0.5} \ \text{-0.7} \ 0.1 \ 0.5 \ \text{-0.6} \ \text{-0.3}) \longrightarrow b_{korr} = (1110011) \longrightarrow s \neq \mathbf{0}$$

2. Iteration:

$Q =$

0.1	-0.2	-0.9	0.3			
0.1	-0.1			0.7	-0.8	
0.0		-0.8		0.6		0.1

$R =$

0.2	-0.1	-0.1	0.1			
0.1	-0.1			0.1	-0.1	
-0.1		0.0		0.0		0.0

$$(L(\widehat{u}_j)) = (0.6 \ 0.0 \ \text{-1.1} \ 0.4 \ 0.9 \ \text{-0.9} \ 0.1) \longrightarrow b_{korr} = (0010010) \longrightarrow s \neq \mathbf{0}$$

Nach einer weiteren Iteration (die Berechnung von Q und R sei dem Leser überlassen) liefert die Auswertung bereits das richtige Ergebnis:

$$(L(\widehat{u}_j)) = (0.1 \ \text{-0.6} \ \text{-0.8} \ 0.2 \ 0.6 \ \text{-0.7} \ \text{-0.6}) \longrightarrow b_{korr} = (0110011) \longrightarrow s = \mathbf{0}\,.$$

Dieser Algorithmus erweist sich auch für die Behandlung von Auslöschungsstellen als äußerst vorteilhaft. Ausgelöschte Stellen werden mit 0 bewertet, die anderen Stellen werden hart mit $+1$ oder -1 entschieden. $\qquad\square$

Iterative Dekodierung bei paralleler Verkettung von Blockkodes

Bei der parallelen Verkettung werden die redundanten Stellen nur aus den Informationsstellen berechnet. Das gilt auch für die extrinsische Information.

Der Zusammenhang soll am Beispiel der (natürlich sehr einfachen, aber anschaulichen) Verkettung von jeweils zwei $(3, 2, 2)$Paritätskodes betrachtet werden [HAO 96]. Zunächst wieder eine grafische Veranschaulichung:

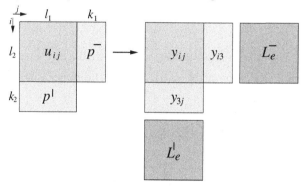

Der Kanalkodierer berechnet zeilenweise über den Informationsstellen u_{ij} die redundanten Stellen p^- (Kodierer K_1) und parallel dazu spaltenweise aus den gespreizten Informationsstellen (Anwendung von Interleaving) die redundanten Stellen $p^|$ (Kodierer K_2). Am Ausgang der Übertragung liegen die Zuverlässigkeitswerte y_{ij} über den Informations- und den redundanten Stellen vor.

Der Kanaldekodierer arbeitet seriell. Es werden in jeder Iterationsstufe zunächst die „waagerechte" (Dekodierer D_1 mit soft-output L_e^-), anschließend die „senkrechte" Berechnung der extrinsischen Information ausgeführt (Dekodierer D_2 mit soft-output $L_e^|$).

Zu Beginn der Dekodierung wird anstelle der noch fehlenden extrinsischen Information die Zuverlässigkeitsinformation mit $L(u_i) = \mathbf{0}$ ($i = 1, 2, ..., l$) (gleichwahrscheinliches Auftreten von 0 und 1 am Kanaleingang vorausgesetzt) berücksichtigt. Im Folgenden ist das Einbeziehen der soft-input Werte in die Berechnung der soft-output Werte iterationsabhängig dargestellt (vgl. mit Beispiel 8.7.3, Umsetzung der Kontrollgleichung):

- 1. Iteration: $\hspace{4cm}$ $(i = 1, 2)$, $(j = 1, 2)$

$$L_e^-(\widehat{u}_{i1}) = L((y_{i2} + \mathbf{0}) \oplus y_{i3}), \; L_e^-(\widehat{u}_{i2}) = L((y_{i1} + \mathbf{0}) \oplus y_{i3})$$
$$L_e^|(\widehat{u}_{1j}) = L((y_{2j} + L_e^-(\widehat{u}_{2j})) \oplus y_{3j}), \; L_e^|(\widehat{u}_{2j}) = L((y_{1j} + L_e^-(\widehat{u}_{1j})) \oplus y_{3j})$$

- > 1. Iteration:

$$L_e^-(\widehat{u}_{i1}) = L((y_{i2} + L_e^|(\widehat{u}_{i2})) \oplus y_{i3}), \; L_e^-(\widehat{u}_{i2}) = L((y_{i1} + L_e^|(\widehat{u}_{i1})) \oplus y_{i3})$$
$$L_e^|(\widehat{u}_{1j}) = L((y_{2j} + L_e^-(\widehat{u}_{2j})) \oplus y_{3j}), \; L_e^|(\widehat{u}_{2j}) = L((y_{1j} + L_e^-(\widehat{u}_{1j})) \oplus y_{3j})$$

Die y_{ij}-Werte bleiben unverändert. *Nur* die extrinsische Information beeinflusst die Dekodierungsergebnisse. Nach jeder Iteration steigt die Korrelation der extrinsischen Werte. Wie bereits erwähnt, werden die größten Veränderungen in den ersten Iterationen erreicht. Eine weitere „Verbesserung" fällt mit jeder Iteration kleiner aus.

Nach einer vorgegebenen Anzahl von Iterationen (oder nach Erfüllung einer Abbruchbedingung) werden die Zuverlässigkeitsinformationen für die geschätzten Informationsbits, unter Einbeziehung der extrinsischen Informationen und der Zuverlässigkeitswerte vom Demodulator, berechnet:

$$L(\widehat{u}_{ij}) = y_{ij} + L_e^-(\widehat{u}_{ij}) + L_e^|(\widehat{u}_{ij}) \tag{8.74}$$

$$\widehat{u}_{ij} = \begin{cases} 0 & L(\widehat{u}_{ij}) \geq 0 \\ 1 & \text{sonst} \end{cases} \quad (i = 1,2), (j = 1,2).$$

Die Zuverlässigkeiten der geschätzten Informationsbits hängen demnach von drei unabhängigen Schätzungen ab. Dies begründet auch die Addition.
Die ausgeführten Zusammenhänge werden im Folgenden angewendet.

Beispiel 8.7.5

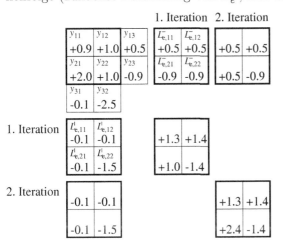

Die Bearbeitung erfolgt iterationsabhängig und in der vorgeschriebenen Reihenfolge (zunächst Berechnung von L_e^-, erst dann $L_e^|$). Die Ergebnisse lauten:

Die waagerechten Boxen enthalten die extrinsische Information L_e^- nach 1., 2.,
... Iteration, die senkrechten Boxen die extrinsische Information $L_e^|$ nach 1.,
2., ... Iteration. Die diagonalen Boxen weisen die Zuverlässigkeitsinformation
$L(\widehat{u}_{ij})$ (Gl. (8.74)) der geschätzten Informationsbits nach jeder Iteration aus.
Das Vorzeichen von $L(\widehat{u}_{ij})$ $(i = 1, 2), (j = 1, 2)$ bestimmt das Informationsbit
$\widehat{u}_{ij}$ $(i = 1, 2), (j = 1, 2)$.

In der 2. Iteration erkennt man bereits ein Einschwingen der Zuverlässigkeiten.
Eine weitere Iteration führt zu keiner weiteren Änderung, $b^* = (0\,0\ \ 0\,1)$.

Die hard-decision Dekodierung erkennt lediglich einen Mehrfachfehler (zeilen-
/spaltenweise s_0-Auswertung, s. a. Bild 8.2.2, S. 140). Die iterative soft-decision
Dekodierung rekonstruiert hingegen erfolgreich. □

Die Bildung der redundanten Stellen aus den Informationsstellen kann auch in
einer Kontrollmatrix dargestellt werden. Für das Beispiel 8.7.5 erhält man

$$
H_{4\times 8} = \begin{array}{c} u_{11}\ u_{12}\ u_{21}\ u_{22}\ \overline{p_1}\ \overline{p_2}\ p_1'\ p_2' \\ \begin{pmatrix} 1 & 1 & 0 & 0 & 1 & 0 & 0 & 0 \\ 0 & 0 & 1 & 1 & 0 & 1 & 0 & 0 \\ 1 & 0 & 1 & 0 & 0 & 0 & 1 & 0 \\ 0 & 1 & 0 & 1 & 0 & 0 & 0 & 1 \end{pmatrix} \end{array}.
$$

Die parallele Verkettung von Blockkodes ist wieder *ein* Blockkode. Auf die re-
sultierende Kontrollmatrix kann damit auch der LDPC-Dekodierungsalgorithmus angewendet werden. Der sub-optimale Algorithmus (s. S. 256) gibt für die
Empfangsfolge aus Beispiel 8.7.5 mit

$b = (y_{11}\ y_{12}\ y_{21}\ y_{22}\ y_{13}\ y_{23}\ y_{31}\ y_{31}) = (0.9\ 1.0\ 2.0\ 1.0\ 0.5\ \text{-}0.9\ \text{-}0.1\ \text{-}2.5)$

nach ebenfalls zwei Iterationen die hart entschiedene Folge $b_h = (0\,0\,0\,1\,0\,1\,0\,1)$
erfolgreich aus. Die geschätzte Informationsfolge ist $b^* = (0\,0\,0\,1)$.

In gleicher Weise läuft die parallele Verkettung mit anderen Blockkodes ab.
Nehmen wir die parallele Verkettung von HAMMING-Kodes. Es können zum
einen, wie beim unverketteten HAMMING-Kode (s. S. 255), entsprechend dem
Einfluss jedes Elements im Kode mehrere Kontrollgleichungen in die Berechnung der extrinsischen Information dieses Elements vorteilhaft einbezogen werden. Zum anderen kann diese parallele Verkettung auch in nur eine Kontrollmatrix abgebildet werden. In diesem Fall beschreibt beispielsweise die parallele
Verkettung von (7, 4)HAMMING-Kodes eine 24×40 Kontrollmatrix. Darauf
kann wieder der LDPC-Dekodierungsalgorithmus Anwendung finden.

Experimentelle Untersuchungen zeigen, dass mit dem LDPC-Dekodierungsalgo-
rithmus für die parallele Verkettung bessere Rekonstruktionsergebnisse erreicht
werden. Der LDPC-Dekodierungsalgorithmus tauscht die Zuverlässigkeitsinfor-
mationen über die zeilen- und spaltenweise Bearbeitung noch effizienter aus.

Iterative Dekodierung bei paralleler Verkettung von Faltungskodes,
am Beispiel des *Turbo Codes* [BEG 93]

Der *Turbokodierer* besteht aus zwei parallel verketteten, rekursiv systematischen Faltungskodierern. Im Gegensatz zu Blockkodes wird die Quellenkodefolge (der Informationsblock) nur durch *eine* Kanalkodefolge geschützt. Diese Quellenkodefolge ist in jedem systematischen Kodierer immer auch eine Ausgangsfolge und damit Bestandteil der Kanalkodefolge. Sie muss daher bei der Kodeverkettung nur einmal übertragen werden. Der Turbokodierer sieht dann wie folgt aus (Zeit vernachlässigt):

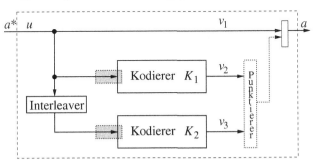

Turbo-(Kanal-)Kodierer

Ohne Punktierung ist die Koderate somit $R = \frac{1}{3}$.
In der Original-Umsetzung ist jeder Faltungskodierer K_i $(i = 1, 2)$ vom Gedächtnis $k = 2$ mit einem Minimalabstand von (nur) $d_f = 5$:

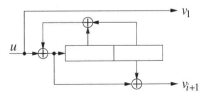

Die grau hinterlegten Kästchen deuten eine mögliche Terminierung an. Bei rekursiven Faltungskodierern reicht es nicht aus, k Nullen zum Zurücksetzen des Schieberegisters nachzuschieben. Aus der Zustandsbeschreibung

$$z_1(t + 1) = u(t) \oplus z_1(t) \oplus z_2(t)$$
$$z_2(t + 1) = z_1(t) \,,$$

ist bei Ausführung von Terminierung für $z_1(t+1) = 0$ das Eingabebit $u(t)$ $(t = l, l + 1, ..., l + k - 1)$ abzuleiten:

$$0 = u(t) \oplus z_1(t) \oplus z_2(t)$$
$$\longrightarrow \ u(t) = z_1(t) \oplus z_2(t) \,.$$

$u(l)$ und $u(l + 1)$ ergeben sich demnach aus der Verknüpfung der Zustände zu den Zeitpunkten l und $l + 1$ (schaltungstechnisch als Rückkopplung für die letzten $k\,(= 2)$ *Bit* einfach realisierbar).

Für den Kodierer K_2 wird oft auf die Terminierung verzichtet. Während die Terminierungsstellen des Kodierers K_1 mit den Informationsstellen in den Interleaver gehen und gespreizt im Kodierer K_2 kodiert werden, müssen die Terminierungsstellen des Kodierers K_2 zusätzlich, ohne weiteren Störungsschutz, übertragen werden.

Eine Terminierung verursacht Koderatenverlust. Tail-Biting würde diesen, zwar mit etwas größerem Aufwand, aber auch gleichmäßigem Schutz aller Kodesequenzen, verhindern [WEB 98].

Weiterhin existiert die Möglichkeit der Punktierung zur Koderatenerhöhung. Diese beschränkt sich im Originalkode auf die redundanten Stellen. Spätere Untersuchungen zeigen, dass auch mit punktierten Informationsstellen weitere Leistungsvorteile erzielt werden. Punktierung beeinflusst den Interleaver und umgekehrt.

Der Block-/Randominterleaver begrenzt die Länge der Informationsfolge. Diese hat Einfluss auf die Gewichtsverteilung und damit auf die Leistungsfähigkeit des Turbokodes. Eingangsfolgen mit einem Gewicht von $w(a^*) \geq 2$ können bei rekursiv systematischen Faltungskodierern auf selbstterminierende Ausgangsfolgen führen. Der Interleaver hat nun den Effekt, dass schlechte [low weight] Ausgangsfolgen in nahezu allen Fällen mit guten [higher weight] Ausgangsfolgen zusammengehen. Das Ergebnis ist um so besser, je größer der Interleaver und damit der Abstand aufeinanderfolgender Informationsbits ist. Der Turbokodierer erzeugt also, mit wenigen Ausnahmen, eine Kodefolge a hohen Gewichts. *Trotz geringer freier Distanz der Kodierer erfolgt durch den Interleaver eine Maximierung des Abstands zwischen den Kanalkodefolgen.*

Der *Turbodekodierer* mit (De)interleaving (I^{-1}, I), Aufsplittung der Empfangsfolge b und einer möglichen Punktierung kann durch folgendes Schema dargestellt werden:

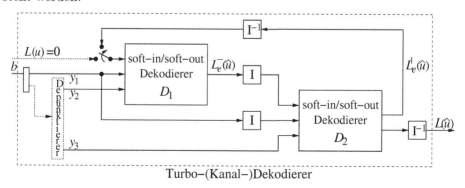

Turbo–(Kanal–)Dekodierer

Für den soft-in/soft-out Dekodierer werden entweder eine (modifizierte) MAP Dekodierung (s. Abschn. 8.6.3.3) oder eine MD/ML Dekodierung mit dem aufwandsgünstigeren (modifizierten) soft-output VITERBI-Algorithmus SOVA angewendet (s. Abschn. 8.6.3.2.3)[35]. Für die iterative Dekodierung muss die extrinsische soft-input Information in den Dekodierungsablauf eingebunden und die extrinsische soft-output Information berechnet werden.

Zur Veranschaulichung der *Einbindung* extrinsischer Information soll SOVA herangezogen werden. Die Metrik für die Berechnung der wahrscheinlichsten Kanalkodefolge zum Zeitpunkt $t+1$ im Zustand σ (Gl. (8.51))

$$D_{t+1}^{\sigma} = \min_{\forall \sigma' \sigma} \{D_t^{\sigma'} + d_{(E)t}^{\sigma'\sigma}\} = \min_{\forall \sigma' \sigma} \{D_t^{\sigma'} + \sum_{i=1}^{m} (x_{\sigma'\sigma,i} - y_i(t))^2\}$$

wird ergänzt um die Einbindung der extrinsischen Information:

$$D_{t+1}^{\sigma} = \min_{\forall \sigma' \sigma} \left\{D_t^{\sigma'} + d_{(E)t}^{\sigma'\sigma} - x(t) \cdot \frac{L_e^{-}(\widehat{u}(t))}{2}\right\} . \tag{8.75}$$

Die extrinsische Information $L_e^{-}(\widehat{u}(t))$ vom Dekodierer D_1 wird im Dekodierer D_2 in Abhängigkeit vom modulierten Informationsbit $x(t)$ zur Zweigmetrik entweder um die Hälfte hinzu addiert oder um die Hälfte des Wertes reduziert. Gleiches gilt für die Einbeziehung der extrinsischen Information $L_e^{\downarrow}(\widehat{u})$ vom Dekodierer D_2 in den Dekodierer D_1. In erster Iteration, bei noch fehlender extrinsischer Information im Dekodierer D_1, werden die Zuverlässigkeitswerte $L(u(t)) = 0$ vom Kanaleingang berücksichtigt (gleichwahrscheinliches Auftreten von 0 und 1 am Kanaleingang vorausgesetzt).

Die Berechnung der Metrikwerte D_{t+1}^{σ} (Gl. (8.75)) und der Zuverlässigkeiten $L_{t+1}^{\sigma}(i)$ für fehlerhaft entschiedene Bits (Gl. (8.63)) zum Zeitpunkt $t+1$ im Zustand σ erfolgt für $t = 0, 1, ..., n-1$ (Terminierung zugrundegelegt) und $\sigma \in \{0, 1, ..., 2^k - 1\}_2$ entsprechend Abschn. 8.6.3.2.

Am Ende jedes Dekodierungsvorgangs schließt sich die *Berechnung* der extrinsischen Information als soft-output Wert an. Dazu werden zunächst die Zuverlässigkeiten $L(\widehat{u}(t))$ für die geschätzten Informationsbits aus der Rückverfolgung der wahrscheinlichsten Kanalkodefolge dem Dekodierungsprozess entnommen. Gemeinsam mit dem systematischen Teil der Empfangsfolge $y_1(t)$ und der soft-input Information wird die soft-output Information berechnet.

---

[35]Für nichtrekursive Faltungskodierer ist SOVA nicht wesentlich schlechter als MAP. Für Turbokodes ist MAP signifikant besser, jedoch auch um den Faktor drei komplexer als SOVA [COH 98], [VUY 01]. SOVA und Max-Log-MAP sind wegen der Approximationen nur sub-optimal [HOE 97].

Die soft-output Information ergibt sich für den Dekodierer D_1:

$$L_e^-(\widehat{u}(t)) = L(\widehat{u}(t)) - y_1(t) - L_e^|(\widehat{u}(t)) \quad (t = 0, 1, ..., n-1) \tag{8.76}$$

(1. Iteration: $L_e^|(\widehat{u}(t)) = L(u(t)) = 0$)

und für den Dekodierer D_2:

$$L_e^|(\widehat{u}(t)) = L(\widehat{u}(t)) - y_1(t) - L_e^-(\widehat{u}(t)) \quad (t = 0, 1, ..., n-1) \,. \tag{8.77}$$

Die Zuverlässigkeitsinformation $L(\widehat{u}(t))$ wird also um die extrinsische Information bereinigt, die als soft-input in die Dekodierung eingeflossen ist. Außerdem wird $L(\widehat{u}(t))$ um den systematischen Teil der Empfangsfolge vermindert, da dieser die Dekodierung in D_1 und D_2 beeinflusst und sonst zweimal berücksichtigt werden würde.

In [PAR 96] wird aufgezeigt, dass die mit SOVA berechneten extrinsischen Informationen „überoptimistisch" sind, bedingt auch durch die Approximation bei der Bildung der Zuverlässigkeitsinformation (s. Gl. (8.63)). Man schlägt die Berechnung einer Konstanten (unter Bezugnahme aller im Dekodierer berechneten extrinsischen Informationen) vor, die, multipliziert mit jedem extrinsischen Wert, diesen Überoptimismus beseitigt und zu einer nachweislichen Verbesserung der Leistungsfähigkeit führt. Eine solche Korrektur ist nur für sub-optimale Algorithmen interessant.

Die Ausgabe der geschätzten Informationsfolge erfolgt am Ausgang des Dekodierers D_2, um den Effekt des Zusammengehens von guten und schlechten Ausgangsfolgen im Kodierer K_1 und K_2 (und umgekehrt) zu berücksichtigen. Nach der ersten Iteration erfolgt noch keine Ausgabe, denn beide Dekodierer arbeiten zu diesem Zeitpunkt noch mehr oder weniger unabhängig voneinander. Die größten Veränderungen sind in den ersten Iterationen erkennbar.

Nach Abarbeitung der Iterationen (vorgegebene Anzahl oder definierte Abbruchbedingung) werden dann die aus der Rückverfolgung der wahrscheinlichsten Kanalkodefolge berechneten Zuverlässigkeitsinformationen $L(\widehat{u}(i))$ ($i = 0, 1, ..., l-1$) ausgegeben.

Stellt man die Gln. (8.76) und (8.77) nach den Zuverlässigkeitsinformationen für die geschätzten Informationsbits um, erhält man einen bereits bekannten Zusammenhang (s. Gl. (8.74), auch Gl. (8.71)):

$$L(\widehat{u}(i)) = y_1(i) + L_e^-(\widehat{u}(i)) + L_e^|(\widehat{u}(i)) \tag{8.78}$$

$$\widehat{u}(i) = \begin{cases} 0 & L(\widehat{u}(i)) \geq 0 \\ 1 & \text{sonst} \end{cases} \quad (i = 0, 1, ..., l-1) \,,$$

d. h., die berechneten Zuverlässigkeitsinformationen hängen sowohl von den systematischen Demodulatorwerten (der übertragenen Informationsfolge) als auch den berechneten extrinsischen Informationen ab.

Turbokodes mit kleiner Einflusslänge ($K \leq 5$), sehr langen Eingangsfolgen ($l \approx 2^{16}$, gleich der Interleaverlänge) und 10-20 Iterationen erreichen Leistungsfähigkeiten nahe der SHANNON-Grenze.

Dieses Ergebnis zeigt, dass die Einführung des *Turbo Codes* im Jahr 1993 das Gebiet der Kanalkodierung revolutioniert hat.

In den letzten 10 Jahren entstanden hier praktikable Realisierungen mit Leistungsfähigkeiten nahe der SHANNON-Grenze. Turbo- und turboähnliche Kodes verdrängen in zunehmendem Maße klassische Kanalkodierungsverfahren aus vielen Anwendungen und Standards. So hat das Consultative Committee for Space Data Systems (CCSDS) Turbokodes als neuen Standard festgesetzt. Diese bestehen aus einer parallelen Verkettung von entweder zwei $(5, \frac{1}{2})$ oder den $(5, \frac{1}{3})$ und $(5, \frac{1}{2})$ rekursiv systematischen Faltungskodierern. Desweiteren sind Turbokodes für die 3. Mobilfunkgeneration (UMTS) in Anwendung (z. B. parallele Verkettung von zwei $(4, \frac{1}{2})$ rekursiv systematischen Faltungskodierern mit Terminierung). Das neue Satelliten-Übertragungsverfahren DVB-S2 verwendet einen leistungsstarken LDPC-Kode in serieller Verkettung mit einem äußeren BCH-Kode. Standards wie der IEEE 802.16e (WiMAX) oder der IEEE 802.11n (WLAN) benutzen einen LDPC-Kode.

Die klassischen Kanalkodierungsverfahren verlieren zunehmend ihre Dominanz, werden aber trotzdem weiterhin ihre Bedeutung behalten. Ein Beispiel ist, wie bereits angesprochen, die serielle Verkettung von zyklischen Kodes (BCH-, RS-Kodes) mit Turbo- und turboähnlichen Kodes zur Verbesserung der Restfehlerwahrscheinlichkeit. Ein anderer großer Anwendungsbereich sind die Speichersysteme. Auf der Basis von RS-Kodes können beispielsweise die Möglichkeiten von Auslöschungskorrekturen effizient eingebunden werden. In parallelen Speichersystemen wie RAID-6 nutzt man diese Eigenschaft, wie schon ausgeführt, zur Wiederherstellung fehlender Bereiche.

Ein Vorteil der klassischen Kodes ist auch die begrenzte Dekodierungsverzögerung, die bei Turbo- und turboähnlichen Kodes für Anwendungen wie der Sprachübertragung (noch?) ein Problem darstellt.

Die Anwendungen werden weiter die Entwicklung der Kodierungs- und Dekodierungsalgorithmen beeinflussen. Interessant wird sein, ob beide Kodebeschreibungen, klassisch und turbo(ähnlich), auch in der Zukunft ihre gemeinsame Bedeutung behalten werden.

9 Bewertung von Kanalkodes

Setzen wir das Modell eines Übertragungskanals nach Abschn. 8.1.3 voraus, sind grundsätzlich von den 2^n möglichen Fehlermustern in einem n-stelligen Kanalkodewort genau 2^l Fehlermuster nicht erkennbar, weil die verfälschten Kanalkodewörter ihrerseits wieder Kanalkodewörter sind.[1]

Welche Fehlermuster mit einem Gewicht $w(e_i)$ mit Sicherheit erkennbar sind und welche nicht, hängt von dem gewählten Kanalkode ab. Mit welcher Wahrscheinlichkeit die einzelnen Fehlermuster überhaupt auftreten, ist eine Frage des jeweiligen Übertragungskanals.

Für die Bewertung der Güte eines Kanalkodes ist es zweckmäßig, zunächst nach allgemeingültigen Kriterien zu suchen, die von den Kanalparametern unabhängig sind, wie

• relative Redundanz r_k soll klein sein,

• Implementierung soll mit technisch vertretbarem Aufwand erfolgen.

In einem zweiten Schritt ist auf der Grundlage der Fehlerstatistik des konkreten Kanals, für den der Kanalkode eingesetzt werden soll, eine kanalabhängige Bewertung durchzuführen.

Am vollständigsten ausgearbeitet sind derartige Bewertungsmethoden für lineare Blockkodes. Wir werden uns aber – soweit dies im Rahmen dieses Buches möglich ist – darüber hinaus auch mit der Bewertung von blockfreien und verketteten Kodes befassen.

9.1 Kanalunabhängige Bewertung

Für eine große Klasse von Kanälen und Speichermedien lassen sich gemeinsame Merkmale angeben. So ist die in Abschn. 8.1.2 getroffene Annahme über das Auftrittsverhalten von Einzelfehlern in vielen Kanälen und Speichermedien gegeben:

$$p(w(e_i) = 1) > p(w(e_i) = 2) > p(w(e_i) = 3) > \dots . \tag{9.1}$$

---

[1] Das einbezogene „Fehlermuster" $e = (0\,0\dots0)$ widerspiegelt den ungestörten Fall.

Unter dieser Bedingung ist die minimale HAMMING-Distanz d_{min} ein wichtiges Maß für die Güte eines (klassischen) **Blockkodes**, weil alle Fehlermuster mit dem Gewicht

$$w(e_i) \leq d_{min} - 1 \tag{9.2}$$

mit Sicherheit erkannt werden. Ist Gl. (9.2) nicht erfüllt, dann gibt es Fehlermuster, die ein Kanalkodewort so verfälschen, dass daraus ein anderes Kanalkodewort entsteht und damit der Fehler nicht erkennbar ist. In praktisch verwendbaren Kanalkodes ist der Anteil der nicht erkennbaren Fehlermuster an der Gesamtzahl der möglichen Fehlermuster i. Allg. gering, d. h., auch für $w(e_i) > d_{min} - 1$ werden die meisten Fehlermuster erkannt (s. a. Abschn. 8.5.2.4).

Bei der Fehlerkorrektur durch Rekonstruktion wäre eigentlich eine möglichst große HAMMING-Distanz für den Kanalkode anzustreben, denn alle Kanalkodewörter, die durch ein Fehlermuster mit

$$w(e_i) \leq \left\lfloor \frac{d_{min} - 1}{2} \right\rfloor \tag{9.3}$$

verfälscht wurden, werden in das ursprüngliche Kanalkodewort korrigiert. Ist $w(e_i)$ größer als in Gl. (9.3), entsteht bei Korrektur ein „falsches" Kanalkodewort oder die Rekonstruktion versagt.

Allerdings erfordert die damit verbundene Übertragung redundanter Information letztlich eine Erhöhung des Zeichenflusses auf dem Kanal. Ein weiteres Kriterium für die Güte eines Kanalkodes ist deshalb die relative Redundanz r_k (Gl. (8.13)) seiner Kanalkodewörter. *Die Zuführung von Redundanz sollte immer nur so groß wie nötig sein. Sie hängt von der geforderten minimalen HAMMING-Distanz d_{min} ab.* Unter Berücksichtigung von Gl. (9.1) sollte man auf den notwendig redundanten Aufwand für selten auftretende Fehlermuster verzichten.

Anstelle der Forderung nach kleiner relativer Redundanz kann als Zielstellung auch eine optimale Koderate $R = 1 - r_k = \frac{l}{n}$ (Gl. (8.14)) stehen. Die Koderate darf dabei den Wert der Transinformation des Kanals (s. a. Abschn. 8.1.3) nicht überschreiten, wenn möglich auch nicht „groß" unterschreiten, sicher ein Problem bei Anwendung von klassischen Kanalkodes.

Lange Blocklängen beanspruchen viel Speicherplatz, können die Übertragung verzögern und erhöhen auch die Wahrscheinlichkeit, dass ein Block fehlerbehaftet ist. Es ist jedoch weniger wahrscheinlich, dass unvorhergesehene Fehlermuster wie große Bündelfehler auftreten können, die eine Empfangsfolge großer Länge vollständig „löschen". Ziel jeder Realisierung eines Übertragungsvorganges muss sein, die Information sicher und in angemessener Zeit zu übertragen.

Für **Faltungskodes** kann zur kanalunabhängigen Bewertung die freie Distanz d_f verwendet werden (s. Abschn. 8.6.1). Diese hängt maßgeblich von der Struktur des Faltungskodierers ab. Deshalb gibt es leider keine so einfachen Entwurfsprinzipien wie z. B. für BCH-Kodes mit vorgegebenem Entwurfsabstand. Man ist hier mehr oder weniger auf experimentelle Untersuchungsergebnisse angewiesen.

In der folgenden Tabelle ist eine Auswahl von optimalen Strukturen von (nichtrekursiven) Faltungskodierern mit verschiedenen Koderaten R dargestellt, die für gegebene Einflusslängen K Maximalwerte der minimalen freien Distanz d_f ergeben [BOS 98].

K	$R = 1/2$			$R = 1/3$				$R = 1/4$				
	g_1	g_2	d_f	g_1	g_2	g_3	d_f	g_1	g_2	g_3	g_4	d_f
3	5	7	5	5	7	7	8	5	7	7	7	10
4	15	17	6	13	15	17	10	13	15	15	17	13
5	23	35	7	25	33	37	12	25	27	33	37	16
6	53	75	8	47	53	75	13	53	67	71	75	18
7	133	171	10	133	145	175	15	135	135	147	163	20

Die Oktalzahlen in den Spalten $g_1, ..., g_4$ entsprechen den Zeilen der zugehörigen Generatormatrizen (s. Abschn. 8.6.1).

Die Tabellenwerte für d_f zeigen deutlich die zwei Möglichkeiten einer Erhöhung der Leistungsfähigkeit von Faltungskodierern:

- Vergrößerung der Redundanz zulasten der Koderate R oder/und
- Vergrößerung der Einflusslänge K, was mit einer exponentiellen Erhöhung der Komplexität des Faltungskodierers verbunden ist.

Da Faltungskodierer zur Klasse der linearen Kodes gehören, gilt für die Korrekturfähigkeit prinzipiell auch Gl. (9.3). Sie liefert jedoch nur grobe Richtwerte, weil die tatsächliche Korrekturleistung stark von der Struktur und Lage der konkreten Fehlermuster innerhalb der Kodefolge abhängig ist.

Der *Aufwand* für die Realisierung von Kodierung und Dekodierung eines Kanalkodes darf bei der Bewertung ebenfalls nicht unberücksichtigt bleiben.

Bei der Auswahl eines Kanalkodes ist insbesondere das Fehlerkorrekturverfahren zu berücksichtigen. Für die Fehlerkorrektur durch Wiederholung (als Fehlererkennung bezeichnet) sind der Aufwand für den Rückkanal und der Zeitfaktor nicht zu vernachlässigen. Für die Fehlerkorrektur durch Rekonstruktion (als Fehlerkorrektur bezeichnet) ist neben einem breitbandigeren Kanal (bei Übertragung gleicher Informationsmenge je Zeiteinheit) der zusätzliche technische Aufwand für die Lokalisierung und Rekonstruktion von Fehlern zu beachten.

9.2 Kanalabhängige Bewertung

9.2.1 Bewertungsgrößen für lineare Blockkodes

Die Wahrscheinlichkeit dafür, dass ein Block (Kanalkodewort) der Länge n bei der Übertragung über einen gestörten Nachrichtenkanal verfälscht wird, bezeichnet man als Blockfehlerwahrscheinlichkeit $p_B(n)$. Sie berechnet sich aus dem Quotienten

$$p_B(n) = \frac{\text{Anzahl der fehlerhaft übertragenen Blöcke}}{\text{Anzahl der insgesamt übertragenen Blöcke}} \,. \tag{9.4}$$

Das Ziel der Kanalkodierung besteht darin, einen möglichst großen Anteil der fehlerhaft übertragenen Blöcke zu erkennen bzw. zu korrigieren. Ein Maß für den Anteil der Blöcke, die – trotz Kanalkodierung – fehlerhaft an die Senke weitergegeben werden, ist die Restfehlerwahrscheinlichkeit[2] $p_R(n)$, definiert als

$$p_R(n) = \frac{\text{Anzahl der nicht als fehlerhaft erkannten Blöcke}}{\text{Anzahl der insgesamt übertragenen Blöcke}} \,. \tag{9.5}$$

Sie berechnet sich aus

$$p_R(n) = R_{erk}\, p_B(n) \,. \tag{9.6}$$

Der Reduktionsfaktor R_{erk} gibt an, mit welchem Faktor die Blockfehlerwahrscheinlichkeit bei der Dekodierung mit **Fehlererkennung** reduziert wird. Mit den Gln. (9.4) und (9.5) ergibt sich R_{erk} aus dem Quotienten

$$R_{erk} = \frac{\text{Anzahl der nicht als fehlerhaft erkannten Blöcke}}{\text{Anzahl der fehlerhaft übertragenen Blöcke}} \,. \tag{9.7}$$

Logischerweise sollte ein Kanalkode so angelegt sein, dass R_{erk} so klein wie notwendig ist. Die Konstruktion eines solchen Kanalkodes setzt aber die genaue Kenntnis der Struktur der Fehlermuster auf dem Kanal voraus.

Im Folgenden wollen wir uns auf *Linearkodes* und auf die Anwendung des Modells eines *symmetrisch gestörten Binärkanals* (SBK) beschränken.

Bei Linearkodes ist ein Fehlermuster genau dann nicht erkennbar, wenn es seiner Struktur nach einem Kanalkodewort entspricht.

Beträgt die Schrittfehlerwahrscheinlichkeit eines symmetrisch gestörten Binärkanals $p_s = 0,5$, dann treten alle Fehlermuster mit der gleichen Wahrscheinlichkeit auf [3]. Unter den 2^n möglichen Fehlermustern gibt es genau 2^l Fehlermuster mit der Struktur eines Kanalkodewortes, die nicht erkennbar sind.

---

[2] Neben der Rest*block*fehlerwahrscheinlichkeit, die in diesem Buch betrachtet wird, kann auch die Rest*bit*fehlerwahrscheinlichkeit berechnet werden.

[3] Bei $p_s = 0,5$ ist allerdings eine Informationsübertragung nach SHANNON nicht mehr möglich (vgl. Abschn. 5.3.2).

Für diesen (ungünstigsten) Fall ist der Reduktionsfaktor

$$R_{erk(max)} = \frac{2^l}{2^n} = 2^{-k} \, . \tag{9.8}$$

Mit dem Auftreten gleichwahrscheinlicher Fehlermuster ist beispielsweise in lokalen Netzen mit Busstruktur, die mit stochastischen Zugriffsmethoden arbeiten, während einer Nachrichtenkollision zu rechnen. Bei der „normalen" Nachrichtenübertragung ist die Schrittfehlerwahrscheinlichkeit auf dem Kanal jedoch um Größenordnungen geringer und – bei geeignet gewähltem Kanalkode – ist auch $R_{erk} < R_{erk(max)}$. Für eine Abschätzung der erforderlichen Anzahl redundanter Stellen k zur Gewährleistung eines bestimmten Reduktionsfaktors wäre die Annahme $R_{erk} = R_{erk(max)}$ ausreichend und die Bestimmung von k auf der sicheren Seite.

Um Aussagen über die Erkenn- und Korrigierbarkeit von verfälschten Kanalkodewörtern machen zu können, wird häufig ein Modell verwendet, bei dem die *fehlerhaften Elemente unabhängig voneinander und* in einem gestörten Kanalkodewort *binomial verteilt* sind:

Bei einem SBK mit der Schrittfehlerwahrscheinlichkeit p_s sind in einem n-stelligen Kanalkodewort

w Elemente verfälscht mit der Wahrscheinlichkeit p_s^w und

$(n-w)$ Elemente unverfälscht mit der Wahrscheinlichkeit $(1-p_s)^{n-w}$.

Da bekanntlich bei gleichzeitig auftretenden Ereignissen die Wahrscheinlichkeiten ihres Auftretens multipliziert werden, ist die Wahrscheinlichkeit eines bestimmten Fehlermusters mit w fehlerhaften Elementen in einem n-stelligen Kanalkodewort $p_s^w (1-p_s)^{n-w}$. Nun gibt es aber in einem n-stelligen Kanalkodewort $\binom{n}{w}$ verschiedene Fehlermuster mit w verfälschten Elementen. Damit ist die Wahrscheinlichkeit, dass in einem n-stelligen Kanalkodewort w Elemente verfälscht worden sind,

$$p(e_w) = \binom{n}{w} p_s^w (1-p_s)^{n-w} \, . \tag{9.9}$$

Die Blockfehlerwahrscheinlichkeit $p_B(n)$, d. h. die Wahrscheinlichkeit, dass ein n-stelliges Kanalkodewort überhaupt verfälscht wird, ergibt sich aus der Summe aller Fehlermuster mit $w = 1, 2, ..., n$ fehlerhaften Elementen:

$$p_B(n) = \sum_{w=1}^{n} p(e_w) = \sum_{w=1}^{n} \binom{n}{w} p_s^w (1-p_s)^{n-w} \, . \tag{9.10}$$

Nach dem binomischen Satz lässt sich dieser Ausdruck darstellen durch

$$\begin{aligned}
p_B(n) &= \sum_{w=0}^{n} \binom{n}{w} p_s^w (1-p_s)^{n-w} - \binom{n}{0} p_s^0 (1-p_s)^{n-0} \\
&= ((1-p_s) + p_s)^n - (1-p_s)^n \\
&= 1 - (1-p_s)^n \, . \tag{9.11}
\end{aligned}$$

Ist die Schrittfehlerwahrscheinlichkeit $p_s \ll 1$, dann erhält man durch Auflösung des Binoms

$$(1 - p_s)^n = \binom{n}{0} 1^n p_s^0 - \binom{n}{1} 1^{n-1} p_s^1 + \binom{n}{2} 1^{n-2} p_s^2 - \ldots + \ldots \binom{n}{n} 1^0 p_s^n$$

$$= 1 - n\, p_s + \binom{n}{2} p_s^2 - \ldots + \ldots p_s^n$$

$$\approx 1 - n\, p_s$$

als Näherungswert für die Blockfehlerwahrscheinlichkeit

$$p_B(n) \approx n\, p_s\,. \tag{9.12}$$

Beispiel 9.2.1

Gegeben sei ein SBK mit einer Schrittfehlerwahrscheinlichkeit $p_s = 10^{-2}$, bei dem die Fehler unabhängig voneinander auftreten.
Es ist zu berechnen, mit welcher Wahrscheinlichkeit w Elemente ($w = 0, 1, \ldots,$ n) in einem Kanalkodewort der Länge $n = 10$ verfälscht werden und wie groß die Blockfehlerwahrscheinlichkeit $p_B(10)$ ist.

Lösung:

Nach Gl. (9.9) ergeben sich die folgenden Wahrscheinlichkeiten:

w	$\binom{n}{w}$	p_s^w	$(1 - p_s)^{n-w}$	$p(e_w)$
0	1	1	$0,90438$	$0,90438$
1	10	10^{-2}	$0,91352$	$0,09135$
2	45	10^{-4}	$0,92274$	$0,00415$
3	120	10^{-6}	$0,93207$	$0,00011$
4	210	10^{-8}	$0,94148$	$\approx 2 \cdot 10^{-6}$
5	252	10^{-10}	$0,95099$	$\approx 2 \cdot 10^{-8}$
6	210	10^{-12}	$0,96060$	$\approx 2 \cdot 10^{-10}$
7	120	10^{-14}	$0,97030$	$\approx 10^{-12}$
8	45	10^{-16}	$0,9801$	$\approx 10^{-15}$
9	10	10^{-18}	$0,99$	$\approx 10^{-17}$
10	1	10^{-20}	$1,0$	10^{-20}

Durch Summierung der $p(e_w)$ für $w = 1, 2, \ldots, 10$ gemäß Gl. (9.10) ist $p_B(10) = 0,09562 \; (= 1 - p(e_0))$.
Der Näherungswert nach Gl. (9.12) mit $p_B(10) \approx 10 \cdot 0,01 = \underline{0,1}$ entspricht etwa obigem Wert. $\qquad\qquad\qquad\qquad\qquad\qquad\qquad\qquad\qquad\qquad\qquad\qquad \square$

Aus dem Beispiel ist ersichtlich, dass der Anteil der Fehlermuster mit einem

Gewicht $w(e_i) = 1$ wesentlich größer ist als der Anteil der Fehlermuster mit $w(e_i) = 2$ usw.

Bei einem Kanalkode werden alle Fehlermuster mit dem Gewicht $w(e_i) < d_{min}$ mit Sicherheit erkannt. Daraus schlussfolgernd sollte d_{min} entsprechend angepasst werden. Von den Fehlermustern mit $w(e_i) \geq d_{min}$ bleiben nur die Fehlermuster unerkannt, deren Struktur einem Kanalkodewort entspricht. Unter diesem Aspekt ist es zweckmäßig, die Restfehlerwahrscheinlichkeit $p_R(n)$ für jedes Gewicht getrennt zu berechnen und Gl. (9.6) entsprechend zu modifizieren:

$$p_R(n) = \sum_{w=1}^{n} p(e_w) R_{erk}(w) \,, \tag{9.13}$$

wobei der Reduktionsfaktor $R_{erk}(w)$ den Anteil der Fehlermuster, die einem Kanalkodewort $a(w)$ mit dem Gewicht w entsprechen, an allen möglichen $\binom{n}{w}$ Fehlermustern mit dem Gewicht w darstellt:

$$R_{erk}(w) = \frac{\text{card}(a(w))}{\binom{n}{w}} \,. \tag{9.14}$$

Weil es (mit Ausnahme des Nullwortes) kein Kanalkodewort mit dem Gewicht $w < d_{min}$ gibt, ist $R_{erk}(w < d_{min}) = 0$. Daher ist

$$p_R(n) = \sum_{w=d_{min}}^{n} p(e_w) R_{erk}(w) \,. \tag{9.15}$$

Für die Annahme binomial verteilter Fehler in einem gestörten Kanalkodewort gilt

$$p_R(n) = \sum_{w=d_{min}}^{n} p_s^w (1 - p_s)^{n-w} \text{card}(a(w)) \,. \tag{9.16}$$

Da die Ermittlung der Anzahl Kanalkodewörter $a(w)$ für jedes Gewicht w bei großen Kodewortlängen recht aufwendig ist, verzichtet man i. Allg. auf die genaue Berechnung der Restfehlerwahrscheinlichkeit nach Gl. (9.15) bzw. Gl. (9.16). Bei Linearkodes lässt sich für $w \geq d_{min}$ der Reduktionsfaktor näherungsweise mit $R_{erk}(w) \approx R_{erk(max)} = 2^{-k}$ angeben.

Für diese Näherung reduziert sich auch die Berechnung der Anzahl Fehlermuster mit dem Gewicht w auf solche mit dem Gewicht $w < d_{min}$.

Damit vereinfacht sich Gl. (9.15) zu

$$p_R(n) \approx 2^{-k} \left(1 - \sum_{w=0}^{d_{min}-1} p(e_w) \right) \,. \tag{9.17}$$

Wir betrachten dazu den Fall, dass $p_s = 10^{-2}$, $n = 50$ und $d_{min} = 3$ ist:

w	$\binom{n}{w}$	p_s^w	$(1 - p_s)^{n-w}$	$p(e_w) = \binom{n}{w} p_s^w (1 - p_s)^{n-w}$
0	1	1	$0,605$	$0,605$
1	50	10^{-2}	$0,611$	$0,306$
2	1225	10^{-4}	$0,617$	$0,076$

Bei $n = 50$ und $d_{min} = 3$ sind mindestens $k = 6$ Kontrollelemente (Anwendung der HAMMING-Schranke) erforderlich. Damit ergibt sich nach Gl. (9.17) eine Restfehlerwahrscheinlichkeit von

$$p_R(50) \approx 2^{-6}(1 - 0,605 - 0,306 - 0,076) = \underline{2 \cdot 10^{-4}}.$$

Um Fehlermuster auf Kanälen zu analysieren, sind Fehlerstrukturmessungen durchzuführen, deren Umfang von der geforderten Genauigkeit abhängt. Das Ergebnis kann entweder in Form von Häufigkeitsverteilungen oder als Kanalmodell dargestellt werden. Die Häufigkeitsverteilung kann sich z. B. auf die Anzahl der fehlerhaften Elemente in einem gestörten Block der Länge n, d. h. auf das Gewicht eines n-stelligen Fehlervektors, beziehen. Bei einem Kanalmodell wird das Störverhalten des Kanals nachgebildet. Gelingt es, das Störverhalten des Kanals mathematisch zu beschreiben, dann ist diese Beschreibung ein mathematisches Modell des Kanals, mit der die Wahrscheinlichkeit für das Auftreten bestimmter Fehlerstrukturen berechnet werden kann. Ein Beispiel für ein solches Modell eines Binärkanals ist die oben beschriebene Binomialverteilung für unabhängige Einzelfehler in einem Kanalkodewort. Ein Kanalmodell kann aber auch ein Fehlergenerator sein, der das Störverhalten des Kanals durch künstlich erzeugte Fehlerfolgen hardware- oder softwaremäßig simuliert. Zwischen Kodierungs- und Dekodierungsgerät geschaltet oder in eine entsprechend simulierte Umgebung eingebettet, kann ein solches Kanalmodell wertvolle Hinweise für die Wirksamkeit eines Kodierungssystems liefern.

Die bisherigen Betrachtungen bezogen sich ausschließlich auf die Fehlererkennung. Für die **Fehlerkorrektur** ist zu beachten, dass mehr Redundanz für deren Realisierung aufgebracht werden muss, d. h., die Anzahl der mit Sicherheit erkennbaren und für die Korrektur auswertbaren Fehlermuster ist mit $f_k = \left\lfloor \frac{d_{min}-1}{2} \right\rfloor$ kleiner als bei der Fehlererkennung mit gleicher Minimaldistanz. Fehlermuster mit einem Gewicht $w(e_i) > f_k$ werden mit Ausnahme von Fehlermustern mit der Struktur eines Kanalkodewortes ebenfalls erkannt, führen aber immer zu einer falschen Rekonstruktion der Empfangsfolge oder zu Dekodierungsversagen. Der Reduktionsfaktor $R_{korr}(w)$ mit

$$R_{korr}(w) = \frac{\text{Anzahl der nicht korrigierbaren Fehlermuster mit Gewicht } w}{\text{Anzahl möglicher Fehlermuster mit Gewicht } w}$$

ist also für $w(e_i) > f_k$ gleich Eins, d. h., es sind über f_k hinaus keine weiteren Fehler korrekt korrigierbar. Für die Bestimmung der Restfehlerwahrscheinlichkeit ergibt sich daraus der folgende Zusammenhang:

$$
\begin{aligned}
p_R(n)_{korr} &= p_B(n) - \sum_{w=1}^{f_k} p(e_w) \\
&= 1 - \sum_{w=0}^{f_k} \binom{n}{w} p_s^w (1 - p_s)^{n-w} .
\end{aligned}
\tag{9.18}
$$

Beispiel 9.2.2

Für obiges Fallbeispiel ($p_s = 10^{-2}$, $n = 50$ und $d_{min} = 3$) ist beim Dekodierer, wenn notwendig, eine Fehlerkorrektur auszuführen. Wie groß ist die Restfehlerwahrscheinlichkeit bei Anwendung eines Korrekturverfahrens?

Lösung:

Mit $d_{min} = 3$ sind Einfachfehler korrigierbar, d. h. $f_k = 1$. Aus obigem Beispiel sind die Wahrscheinlichkeiten $p(e_0) = 0,605$ und $p(e_1) = 0,306$ bereits bekannt. Die Restfehlerwahrscheinlichkeit ergibt sich mit Anwendung von Gl. (9.18):

$$
\begin{aligned}
p_R(50)_{korr} &= 1 - 0,605 - 0,306 \\
&= \underline{0,089} \; > \; p_R(50)_{erk} \approx 2 \cdot 10^{-4} .
\end{aligned}
\qquad \square
$$

Die Restfehlerwahrscheinlichkeit ist bei Anwendung der Fehlerkorrektur damit wesentlich größer als bei Anwendung der Fehlererkennung. Die Ursache liegt in der Falschkorrektur bei Fehlermustern mit einem Gewicht größer f_k. Eine Verbesserung von $p_R(n)_{korr}$ ist nur bei Erhöhung der Redundanz, d. h. zulasten der Koderate möglich.

Abschließend soll noch auf die Besonderheit bei der **Bewertung von RS-Kodes** hingewiesen werden.

Da diese Kodes hauptsächlich zur Fehlerkorrektur (in der Regel Byte-Korrektur) eingesetzt werden, gilt Gl. (9.18). Es ist jedoch zu beachten, dass die Kodewortelemente jetzt aus k_1 Bit (Byte-Korrektur: $k_1 = 8$) bestehen[4]. *Anstelle der Schrittfehlerwahrscheinlichkeit p_s muss demnach in Gl. (9.18)*

$$
p_e = p_B(k_1) = 1 - (1 - p_s)^{k_1}
\tag{9.19}
$$

eingesetzt werden. Dabei nehmen wir an, dass die Elementefehler im RS-Kode, wie beim Binärkode, voneinander unabhängig und binomial verteilt sind.

Bei dieser Voraussetzung ist die Blockfehlerwahrscheinlichkeit des RS-Kodes

---

[4] $k_1 = \operatorname{grad} M(x)$

der Länge n gleich der Blockfehlerwahrscheinlichkeit des entsprechenden Binärkodes der Länge $n \cdot k_1$:

$$p_B(n)_{RS} = 1 - (1 - p_e)^n = p_B(n \cdot k_1)_{Bin} = 1 - (1 - p_s)^{n \cdot k_1}.$$

Hinweis: s. a. Beispiel 9.2.5

9.2.2 Restfehlerwahrscheinlichkeit bei Berücksichtigung von Auslöschungen

Entsprechend dem Kanalmodell (s. Abschn. 5.3.2) werden folgende Wahrscheinlichkeiten unterschieden:

p_s Symbolfehlerwahrscheinlichkeit[5]
λ Auslöschungswahrscheinlichkeit
$1 - p_s - \lambda$ Wahrscheinlichkeit für den richtigen Symbolempfang.

Analog zu den Ableitungen im Abschn. 9.2.1 erhalten wir für diesen Fall die Blockfehlerwahrscheinlichkeit

$$p_B(n) = 1 - (1 - (p_s + \lambda))^n. \tag{9.20}$$

Für die Berechnung der Restfehlerwahrscheinlichkeit müssen die Gln. (9.17) und (9.18) entsprechend modifiziert werden.

Dafür sind einige Vorüberlegungen bezüglich der Wahrscheinlichkeiten p_s und λ erforderlich.

Gemäß Kanalmodell bezieht sich p_s auf die fehlerhaften Symbole, deren Signalwerte *außerhalb* des Auslöschungsintervalls liegen. Diese Fehlerwahrscheinlichkeit brauchen wir für die Bestimmung der Restfehlerwahrscheinlichkeit, denn *ausgelöschte* Signalwerte bzw. Symbole werden *mit Sicherheit erkannt*.

Wie kann p_s nun ermittelt werden?

Nehmen wir für das quantisierte Empfangssignal die Gleichverteilung aller Signalwerte an, dann kommen wir zu folgender Schlussfolgerung:

Im Mittel würde nur die Hälfte der ausgelöschten Signalwerte bei harter Entscheidung (d. h. ohne Auslöschung von Signalwerten) zu Fehlentscheidungen führen. Das bedeutet, dass die Schrittfehlerwahrscheinlichkeit p_{sk} des Kanals durch Auslöschungen um $\lambda/2$ reduziert wird.

Anders ausgedrückt: Jeder Schrittfehler im Kanal kann durch zwei disjunktive Ereignisse, nämlich *nicht ausgelöschter* oder *ausgelöschter* Schrittfehler dargestellt werden, deren Wahrscheinlichkeiten bekanntlich zu addieren sind:

$$p_{sk} = p_s + \frac{\lambda}{2}. \tag{9.21}$$

---

[5] p_s darf nicht mit der Schrittfehlerwahrscheinlichkeit des Kanals verwechselt werden.

Wir erhalten damit

$$p_s = p_{sk} - \frac{\lambda}{2} \qquad (9.22)$$

als Wahrscheinlichkeit für nicht ausgelöschte fehlerhafte Symbole.

Begrenzen wir diese Betrachtungen nun auf ein Kodewort (für das letztlich die Restfehlerwahrscheinlichkeit berechnet wird), muss Gl. (9.22) präzisiert werden. Es werden ja nicht nur einzelne fehlerhafte Signalwerte, die innerhalb des Auslöschungsintervalls liegen, ausgelöscht. Auch alle fehlerhaften Signalwerte, die innerhalb eines Kodewortes zusammen mit mindestens *einer* Auslöschung auftreten, werden damit bedeutungslos. Das betrifft alle Fehlermuster mit den Verbundwahrscheinlichkeiten λp_s, λp_s^2, $\lambda^2 p_s$, $\lambda^2 p_s^2$, ... Für eine praktische Anwendung in einer Näherungsformel wie Gl. (9.17) kann man sich auf das erste Glied λp_s beschränken, so dass Gl. (9.22) wie folgt korrigiert wird:

$$p_s = p_{sk} - \frac{\lambda}{2} - \lambda p_s$$

$$= \frac{p_{sk} - \lambda/2}{1 + \lambda}, \quad \text{wobei} \;\; 0 \le \lambda \le 2\,p_{sk}\,. \qquad (9.23)$$

Inwieweit die mit der Wahrscheinlichkeit p_s auftretenden Fehler vom Empfänger erkannt und ggf. korrigiert werden können, hängt von den dafür eingesetzten Verfahren ab.

Mit dem Ergebnis dieser Überlegungen wollen wir nun die Restfehlerwahrscheinlichkeit bestimmen.

1. Fehlererkennung

(1) Anwendung auf Quellenkodes $(n = l)$

Die Auslöschungsmethode macht es möglich, dass auch Quellenkodes mit einem gewissen Störungsschutz übertragen werden können, indem Empfangswörter mit mindestens einer Auslöschung wiederholt werden. Weitere zufällige Fehler, die nicht ausgelöscht wurden, sind jedoch nicht erkennbar.

Die Restfehlerwahrscheinlichkeit ist die Differenz zwischen der Wahrscheinlichkeit eines fehlerhaft empfangenen Kodewortes und der Wahrscheinlichkeit für mindestens eine Auslöschung im Empfangswort:

$$p_R(n) = 1 - (1 - p_s - \lambda)^n - (1 - (1 - \lambda)^n)$$
$$= (1 - \lambda)^n - (1 - \lambda - p_s)^n \qquad (9.24)$$

Beispiel 9.2.3

Auf einem SBK mit der Schrittfehlerwahrscheinlichkeit $p_{sk} = 10^{-3}$ sollen Informationen im Quellenkode $(n = 16)$ übertragen werden.

- Ohne Auslöschungen ($\lambda = 0$) wäre die Restfehlerwahrscheinlichkeit
  $p_R(16) = 1 - (1 - 0,001)^{16} = \underline{1,6 \cdot 10^{-2}}$.
- Mit $\lambda = 1,5 \cdot 10^{-3}$ wird entsprechend Gl. (9.23) $p_s \approx 2,5 \cdot 10^{-4}$ und damit erhalten wir nach Gl. (9.24)
  $p_R(16) = \underline{3,9 \cdot 10^{-3}}$.   □

(2) Anwendung auf Kanalkodes ($n = l + k$)

Da alle Auslöschungen mit Sicherheit erkannt werden, brauchen nur die mit der Wahrscheinlichkeit p_s fehlerhaften Signalwerte berücksichtigt werden. Die Restfehlerwahrscheinlichkeit kann also im Fall von Auslöschungen ebenfalls nach Gl. (9.17) berechnet werden, wenn p_s entsprechend Gl. (9.23) eingesetzt wird.

Betrachten wir die beiden Grenzfälle:

$\lambda = 0$: es gilt wieder die ursprüngliche Gleichung für $p_R(n)$,
$\lambda = 2\,p_{sk}$: $p_R(n) = 0$, weil (stastistisch gesehen) alle fehlerhaften Symbole ausgelöscht und damit als Fehler erkannt werden.

Bei Erhalt eines Empfangswortes kann man prinzipiell so verfahren:

- Liegt keine Auslöschung vor, testet man das Empfangswort auf weitere Fehler und entscheidet, ob das Kodewort erneut übertragen werden muss.
- Liegt dagegen eine Auslöschung vor, erfolgt unmittelbar eine Aufforderung zur Wiederholung des Kodewortes.

Beispiel 9.2.4

Für die Informationsübertragung auf einem SBK mit Auslöschung ($p_{sk} = \lambda = 10^{-2}$) wird ein $(16, 11, 4)$Kanalkode zur Fehlererkennung eingesetzt. Wie groß ist die Restfehlerwahrscheinlichkeit?

Lösung:

Der gegebene Kanalkode hat $k = 5$ Kontrollstellen und bei $d_{min} = 4$ können alle ein- bis dreifachen Fehler sicher erkannt werden.

Aus Gl. (9.23) erhalten wir $p_s = 4,95 \cdot 10^{-3}$.

Mit diesem Wert wird die Restfehlerwahrscheinlichkeit nach Gl. (9.17)

$$p_R(16) \approx 2^{-5} \left(1 - \sum_{w=0}^{3} \binom{n}{w} (4,95 \cdot 10^{-3})^w (1 - 4,95 \cdot 10^{-3})^{n-w} \right)$$

$$= \underline{3,25 \cdot 10^{-8}} .$$

Ohne Auslöschung ($\lambda = 0$) wäre

$$p_R(16) \approx 2^{-5} \left(1 - \sum_{w=0}^{3} \binom{n}{w} 0,01^w (1 - 0,01)^{n-w} \right) = \underline{3,15 \cdot 10^{-7}} .$$ □

Beachte: Die Koderate ist im Vergleich zur Übertragung im Quellenkode (Beispiel 9.2.3) von $R = 1$ auf etwa $0,7$ reduziert.

2. Fehlerkorrektur

In der Praxis wird die Auslöschungsmethode meistens in Verbindung mit Fehlerkorrektur angewendet.

Da für ρ Auslöschungen und ν weitere Fehler $2\nu + \rho \leq d_{min} - 1$ gilt (s. a. Abschn. 8.5.5.3), wird Gl. (9.18) zur Bewertung der Restfehlerwahrscheinlichkeit entsprechend angepasst:

$$p_R(n)_{korr} = 1 - \sum_{w=0}^{\rho+\nu} \binom{n}{w} p^w (1 - p)^{n-w}. \qquad (9.25)$$

$p = \lambda$: es werden nur Auslöschungen korrigiert,

$p = \lambda + p_s$: neben Auslöschungen werden auch weitere Symbole korrigiert,

$p = \lambda + p_e$: neben Auslöschungen werden auch weitere nichtbinäre Symbole korrigiert (wobei λ sich auch auf ein nichtbinäres Symbol bezieht).

Die Möglichkeit der damit verbundenen Reduzierung der Restfehlerwahrscheinlichkeit setzt effektive Störungsdetektoren (zur Bestimmung der Auslöschungen) und leistungsstarke Fehlerkorrekturverfahren voraus.

Ein praktisch interessantes Anwendungsbeispiel hierzu ist bei der Fehlersicherung in ATM[asynchronous transfer mode]-Netzen zu finden [KYA 96]. Bei diesem Übertragungsverfahren werden die Nachrichten in Paketen bzw. Zellen konstanter Länge asynchron übertragen, wobei der Zellenverlust die wichtigste Fehlerquelle ist. Die beim Empfänger (Dekodierer) fehlenden Zellen werden nun einfach als Auslöschungen betrachtet. Zur Fehlerkorrektur (speziell bei der Übertragung von Videosignalen) wird ein (128,124,5)RS-Kode über GF(2^8) verwendet, mit dem $d_{min} - 1 = 2f_k = 4$ ausgelöschte Bytes korrigiert werden können. Durch Anwendung eines $I \times n$ Blockinterleavers (s. Abschn. 8.7.1) mit $I = 47$ (= Zellengröße) können $I \cdot 2f_k = 47 \cdot 4 = 188\,Byte$, d. h. vier fehlende Zellen vollständig rekonstruiert werden.

Die Restfehlerwahrscheinlichkeit in einem Übertragungsblock von 128 Zellen bzw. $47 \cdot 128 = 6016\,Byte$ kann nach Gl. (9.25) bestimmt werden.

Bei der Anwendung dieser Gleichung sind jedoch einige Vorüberlegungen erforderlich. Die Auslöschungswahrscheinlichkeit λ bezieht sich jetzt auf Zellenverluste in einem Übertragungsblock. Solange wir *nur* Auslöschungen betrachten, können wir dieses Problem auf den Binärfall reduzieren: eine Zelle ist ausgelöscht oder nicht ausgelöscht. Die Fehlerereignisse können näherungsweise wieder als voneinander unabhängig und binomial verteilt angenommen werden.

Die gleichen Überlegungen könnten auch auf der Byte-Ebene für ein RS-Kodewort angestellt werden.

Beispielhaft sollen folgende Berechnungsergebnisse nach Gl. (9.25) angeführt werden:

$$\lambda = 10^{-3} : \quad p_R(128)_{korr} = \underline{2,4 \cdot 10^{-7}},$$
$$\lambda = 10^{-4} : \quad p_R(128)_{korr} = \underline{2,6 \cdot 10^{-12}}.$$

9.2.3 Restfehlerwahrscheinlichkeit bei verketteten Blockkodes

Da die Dekodierung bei seriell verketteten Kodes (s. Abschn. 8.7.1) in zwei Stufen abläuft, kann auch die Berechnung der Restfehlerwahrscheinlichkeit stufenweise erfolgen:

1. Fehlerkorrektur und Dekodierung der *inneren* Empfangswörter mit dem Fehlerkorrekturgrad $f_{k,2}$.

   Bei einer Kodewortlänge n_2 und einer Schrittfehlerwahrscheinlichkeit p_s ergibt sich folgende Restfehlerwahrscheinlichkeit:

   $$p_R(n_2)_{korr,2} = 1 - \sum_{j=0}^{f_{k,2}} \binom{n_2}{j} p_s^j (1 - p_s)^{n_2 - j}. \tag{9.26}$$

   $p_R(n_2)_{korr,2}$ bestimmt den größtmöglichen Wert der Fehlerwahrscheinlichkeit p_e eines Elements des äußeren Kodes nach der inneren Dekodierung.[6] Wir setzen $p_e = p_R(n_2)_{korr,2}$ und nehmen wieder an, dass die Fehler voneinander unabhängig und binomial verteilt sind.

2. Fehlerkorrektur und Dekodierung der *äußeren* Empfangswörter mit dem Fehlerkorrekturgrad $f_{k,1}$.

   Bei n_1 Elementen des äußeren Kodes und der Elementefehlerwahrscheinlichkeit p_e ergibt sich folgende Restfehlerwahrscheinlichkeit des verketteten Blockkodes:

   $$p_R(n_1)_{korr,1} = 1 - \sum_{j=0}^{f_{k,1}} \binom{n_1}{j} p_e^j (1 - p_e)^{n_1 - j}. \tag{9.27}$$

---

[6] Der Wert kann praktisch auch kleiner sein, wenn sich bestimmte Restfehler in den Kontrollstellen befinden, die bei der inneren Dekodierung automatisch beseitigt werden.

Beispiel 9.2.5

Serielle Verkettung eines $(15, 9, d_{min,1} = 7)$RS-Kodes über $GF(2^4)$ mit einem $(7, 4, d_{min,2} = 3)$HAMMING-Kode (ohne Interleaving):

Aus einem Quellenkode der Länge $l_1 = 9$ Elemente werden zunächst die $k_1 = 6$ Kontrollelemente des äußeren RS-Kodes gebildet. Danach wird im inneren Kodierer jedes RS-Element zu je $4 \, Bit$ um 3 Kontrollbit erweitert.

Der Minimalabstand ist $d_{min} \geq d_1 \cdot d_2 = 21$. Es können damit im Kodeblock $n = n_1 \cdot n_2 = 105 \, Bit$ beispielsweise Einzelfehler in den inneren Empfangsfolgen und/oder Bündelfehler bis zu einer Länge von $f_{k,1} \cdot n_2 = 21 \, Bit$ korrigiert werden.

Die kodierten Nachrichten sollen auf einem SBK mit $p_s = 10^{-2}$ übertragen werden. Wie groß ist die verbleibende Restfehlerwahrscheinlichkeit nach der Dekodierung mit Fehlerkorrektur?

Lösung:

Nach der Fehlerkorrektur der inneren Empfangswörter bleibt eine Restfehlerwahrscheinlichkeit gemäß Gl. (9.26) von

$$p_R(7)_{korr,2} = 1 - (1 - 0,01)^7 - \binom{7}{1} 0,01 \, (1 - 0,01)^6 = \underline{2,03 \cdot 10^{-3}}.$$

Mit $p_e = p_R(7)_{korr,2}$ ergibt sich für den äußeren und damit für den verketteten Kode entsprechend Gl. (9.27)

$$p_R(15)_{korr,1} = 1 - 0,99797^{15} - \binom{15}{1} 0,00203 \cdot 0,99797^{14} - \binom{15}{2} 0,00203^2 \cdot 0,99797^{13} -$$
$$\binom{15}{3} 0,00203^3 \cdot 0,99797^{12} = \underline{2,28 \cdot 10^{-8}}.$$

Diese Restfehlerwahrscheinlichkeit wird i. Allg. zu akzeptieren sein. Man beachte aber, dass dieses Ergebnis auf Kosten der verhältnismäßig niedrigen Koderate von $\frac{36}{105} \approx 0,34$ erreicht wurde. $\qquad\square$

Zur Einschätzung der Effektivität dieser Verkettung wollen wir noch zwei Vergleichsfälle betrachten (Anwendung der Gln. (9.19), (9.18) für $p_s = p_e$):

- Es wird nur der $(15, 9, 7)$RS-Kode über $GF(2^4)$ eingesetzt. Die Koderate ist mit $\frac{9}{15} = 0,6$ zwar deutlich höher gegenüber dem verketteten Kode, aber dafür ist $p_R(15)_{korr} = \underline{2,32 \cdot 10^{-3}}$ wesentlich schlechter. Es sind nur $f_k = 3$ Fehler oder Bündelfehler von maximal $f_k \cdot k_1 = 12 \, Bit$ korrigierbar.

- Es wird ein $(15, 5, 11)$RS-Kode über $GF(2^8)$ verwendet, der eine annähernd gleiche Koderate von $\frac{5}{15} \approx 0,33$ aufweist. Der Fehlerkorrekturgrad ist $f_k = \frac{k}{2} = 5$, Bündelfehler sind bis zu einer Länge von $f_k \cdot k_1 = 40 \, Bit$ korrigierbar. Wir erhalten damit immerhin $p_R(15)_{korr} = \underline{5,77 \cdot 10^{-4}}$.

9.2.4 Restfehlerwahrscheinlichkeit bei Faltungskodes

Eine Berechnung der Restfehlerwahrscheinlichkeit, wie im Abschn. 9.2.1 für lineare Blockkodes definiert und explizit in Gl. (9.18) dargestellt, ist für Faltungskodes nicht möglich, weil kein eindeutiger Zusammenhang zwischen der freien Distanz d_f und dem Fehlerkorrekturgrad f_k besteht: Die tatsächliche Korrekturfähigkeit (die mindestens so hoch wie bei vergleichbaren Blockkodes ist) hängt nämlich wesentlich von den Fehlerpositionen innerhalb der Empfangsfolge ab (s. a. S. 213).

Es ist deshalb üblich, zur Bewertung von Faltungskodes die *Dekodierfehlerwahrscheinlichkeit* zu bestimmen, d. h. die Wahrscheinlichkeit, mit der eine dekodierte Empfangsfolge nicht mit der gesendeten Kanalkodefolge übereinstimmt. Diese Fehlerwahrscheinlichkeit ist natürlich gleichbedeutend mit der Restfehlerwahrscheinlichkeit.

Die mathematische Ableitung der Dekodierfehlerwahrscheinlichkeit ist kompliziert und läuft notwendigerweise auf näherungsweise Abschätzungen in Form von oberen Schranken hinaus. Im Folgenden soll dies kurz skizziert werden.

Die Wahrscheinlichkeit p_w der fehlerhaften Dekodierung einer Empfangsfolge mit dem Gewicht w kann mit Hilfe der komplementären Fehlerfunktion $Q(x)$ berechnet werden [VUC 01]:

$$Q(x) = \int_x^\infty \frac{1}{\sqrt{2\pi}} \exp\left(-\frac{t^2}{2}\right) \mathrm{d}t = 1 - \Phi(x)\,, \tag{9.28}$$

wobei $\Phi(x)$ das GAUSSsche Fehlerintegral ist.

Das Integral in Gl. (9.28) kann mittels Reihenentwicklung näherungsweise bestimmt werden. Daraus ergibt sich für $Q(x)$ die obere Schranke

$$Q(x) \le \frac{1}{2} \exp\left(-\frac{x^2}{2}\right)\,. \tag{9.29}$$

Für den AWGN-Kanal (s. Abschn. 5.1) und einen Faltungskode mit der Koderate R und dem Gewicht w der betrachteten Empfangsfolge gilt

$$x = \sqrt{2\,R\,w\,\frac{E_b}{N_0}}\,. \tag{9.30}$$

Mit $p_w = Q(x)$ und der Beschränkung auf $w = d_f$ erhalten wir aus den Gln. (9.29) und (9.30) damit die folgende Abschätzung der Dekodier- bzw. Restfehlerwahrscheinlichkeit einer Empfangsfolge:

$$p_R(n)_{korr} \le \frac{1}{2}\, e^{-R\,d_f\,\frac{E_b}{N_0}}\,. \tag{9.31}$$

Darin wird das Signal-Störverhältnis (s. Abschn. 6.1) des AWGN-Kanals durch
E_b die übertragene Energie je Kanalbit und
N_0 die spektrale Rauschleistungsdichte des Übertragungskanals
ausgedrückt.

Die Auswertung der Gl. (9.31) wollen wir in der grafischen Darstellung von
$p_R(n)_{korr} = \mathrm{f}\left(\frac{E_b}{N_0}\right)$ vornehmen (s. Bild 9.2.1).

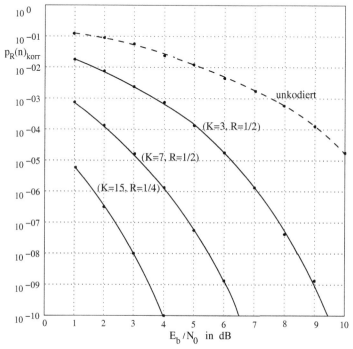

Bild 9.2.1 *Restfehlerwahrscheinlichkeit bei Faltungskodes unterschiedlicher Leistungsfähigkeit*

Aus dieser Darstellung kann zwecks Leistungsvergleich unterschiedlicher Faltungskodes der **Kodierungsgewinn** [coding gain] bestimmt werden: das ist die *Differenz in dB zwischen zwei Kurven bei konstanter Restfehlerwahrscheinlichkeit.*
Beispiel: Durch Vergrößerung der Einflusslänge von $K = 3$ auf $K = 7$ wird eine Leistungssteigerung von etwa $3\,dB$ erreicht. Der sehr leistungsstarke $(15, \frac{1}{4})$Faltungskode bringt gegenüber dem $(7, \frac{1}{2})$Faltungskode nochmals einen Gewinn von etwa $2,5\,dB$.

9.3 Aufgaben

Abschn. 9.2

1. Über einen symmetrisch gestörten Kanal (SBK) mit der Schrittfehlerwahrscheinlichkeit $p_s = 5 \cdot 10^{-3}$, dessen Fehler unabhängig voneinander sind, werden Blöcke der Länge $n = 15$ übertragen. Geben Sie an, mit welcher Wahrscheinlichkeit in einem Block w Elemente ($w = 0, 1, ..., 15$) verfälscht sind!

2. Über einen SBK mit der Schrittfehlerwahrscheinlichkeit $p_s = 5 \cdot 10^{-3}$, dessen Fehler unabhängig voneinander sind, werden Kanalkodewörter der Länge $n = 100$ übertragen. Wie groß ist die Restfehlerwahrscheinlichkeit $p_R(100)_{erk}$, wenn die Minimaldistanz des Kanalkodes $d_{min} = 3$ beträgt?

3. Für die Übertragung von Kanalkodewörtern eines $(7, 4, f_k = 1)$HAMMING-Kodes steht ein SBK mit $p_s = 0,4$ zur Verfügung.
   Berechnen Sie Transinformation H_T am Kanalausgang und Restfehlerwahrscheinlichkeit p_R nach der Kanaldekodierung! Wie groß wäre die Restfehlerwahrscheinlichkeit, wenn nur Fehlererkennung erfolgt? Vergleichen Sie die Ergebnisse!

4. Ein 4stelliger Quellenkode soll so erweitert werden, dass die minimale HAMMING-Distanz $d_{min} = 3$ beträgt. Die Übertragung erfolgt auf einem symmetrisch gestörten Binärkanal mit $p_s = 10^{-2}$.
   Berechnen Sie die Restfehlerwahrscheinlichkeit,
   a) wenn die Redundanz ausschließlich zur Fehlererkennung genutzt wird,
   b) wenn eine Fehlerkorrektur zur Anwendung kommt!

Algebraische Strukturen und Vektorräume

Algebraische Strukturen

Eine algebraische Struktur ist eine nichtleere endliche oder unendliche Menge von Elementen mit einer (oder mehreren) darin definierten Operation(en) samt den dazugehörigen Verknüpfungsvorschriften.

Gruppe

Eine Gruppe G ist eine algebraische Struktur, bei der *genau eine* Verknüpfungsvorschrift definiert ist, welche den Axiomen G1 bis G4 genügt. Die Menge der Elemente sei $A = \{a_1, a_2, a_3, ...\}$. Die Verknüpfungsvorschrift für die Elemente von A wird i. Allg. durch plus $(+)$ oder mal $(\cdot)$ dargestellt und als Addition bzw. Multiplikation bezeichnet, obgleich sie nicht der gewöhnlichen Addition und Multiplikation von Zahlen zu entsprechen braucht.

Axiom G1: Abgeschlossenheit
Wird die Verknüpfungsvorschrift auf zwei beliebige Elemente der Gruppe angewendet, dann ist das Ergebnis definiert und wieder ein Element der Gruppe:
Additive Gruppe (Summe) $\qquad \forall i, j. \ a_i + a_j = a_k$,
Multiplikative Gruppe (Produkt) $\ \forall i, j. \ a_i \cdot a_j = a_k$.

Axiom G2: Assoziatives Gesetz
Für drei beliebige Elemente gilt:
bei einer additiven Gruppe $\qquad \forall i, j, k. \ (a_i + a_j) + a_k = a_i + (a_j + a_k)$,
bei einer multiplikativen Gruppe $\ \forall i, j, k. \ (a_i \cdot a_j) \cdot a_k = a_i \cdot (a_j \cdot a_k)$.

Axiom G3: Neutrales Element
In einer Gruppe gibt es genau ein neutrales Element. Bei einer additiven Gruppe ist dies das Nullelement:
$\forall i. \ a_i + 0 = 0 + a_i = a_i$;
bei einer multiplikativen Gruppe ist dies das Einselement:
$\forall i. \ a_i \cdot 1 = 1 \cdot a_i = a_i$.

Axiom G4: Inverses Element

Zu jedem Gruppenelement existiert ein inverses Element. Die Verknüpfung beider Elemente liefert das neutrale Element. Bei einer additiven Gruppe bezeichnet man das zu a_i inverse Element $-a_i$:

$\forall i.\ a_i + (-a_i) = (-a_i) + a_i = 0$;

bei einer multiplikativen Gruppe mit a_i^{-1}:

$\forall i.\ a_i \cdot a_i^{-1} = a_i^{-1} \cdot a_i = 1$.

Gilt zusätzlich zu den Gruppenaxiomen das kommutative Gesetz

bei einer additiven Gruppe $\quad\quad \forall i,j.\ a_i + a_j = a_j + a_i$,

bei einer multiplikativen Gruppe $\forall i,j.\ a_i \cdot a_j = a_j \cdot a_i$,

dann heißt die Gruppe *kommutativ* oder *abelsch*.

Ring

Ein Ring R ist eine algebraische Struktur, für dessen Elemente *zwei* Verknüpfungsvorschriften definiert sind, die Addition *und* die Multiplikation. Die folgenden Axiome müssen erfüllt sein.

Axiom R1: Abelsche Gruppe bzgl. der Addition

Die Elemente aus A bilden eine Gruppe bzgl. der Addition. Die Gruppe ist abelsch.

Axiom R2: Abgeschlossenheit bzgl. der Multiplikation

Das Produkt zweier beliebiger Elemente aus A existiert und ist wieder ein Element aus A:

$\forall i,j.\ a_i \cdot a_j = a_k$.

Axiom R3: Assoziatives Gesetz bzgl. der Multiplikation

Für drei beliebige Elemente aus A gilt:

$\forall i,j,k.\ (a_i \cdot a_j) \cdot a_k = a_i \cdot (a_j \cdot a_k)$.

Axiom R4: Distributives Gesetz

Für drei beliebige Elemente aus A gilt:

$a_i \cdot (a_j + a_k) = a_i \cdot a_j + a_i \cdot a_k$ und $(a_i + a_j) \cdot a_k = a_i \cdot a_k + a_j \cdot a_k$.

Gilt für beliebige Elemente eines Ringes zusätzlich das kommutative Gesetz bzgl. der Multiplikation, d.h. $\forall i,j.\ a_i \cdot a_j = a_j \cdot a_i$, dann heißt der Ring kommutativ.

Körper

Ein Körper K erfüllt die Axiome K1 bis K3.

Axiom K1: Kommutativer Ring

Die Elemente eines Körpers bilden einen kommutativen Ring.

Axiom K2: Einselement
Es existiert ein Einselement, so dass für ein beliebiges Element des Körpers gilt: $\forall i.\ a_i \cdot 1 = 1 \cdot a_i$.

Axiom K3: Inverses Element
Jedes von Null verschiedene Element eines Körpers besitzt ein multiplikativ Inverses: $\forall i.\ a_i \cdot a_i^{-1} = a_i^{-1} \cdot a_i = 1$ mit $a_i \neq 0$.

Die *von Null verschiedenen* Elemente eine Körpers genügen allen Gruppenaxiomen bzgl. der Multiplikation und bilden daher eine multiplikative Gruppe.

Vektoren und Vektorräume

Einen n-Tupel $(a_1\, a_2 \ldots a_n)$, der aus der geordneten Menge von n Elementen eines beliebigen Körpers K besteht, bezeichnet man als *Vektor v*: $v = (a_1\, a_2 \ldots a_n)$.
Man sagt, ein solcher n-stelliger Vektor hat die Länge n.

Eine nichtleere Menge $V = \{v_1, v_2, \ldots\}$, deren Elemente Vektoren v_i sind, heißt ein *linearer Vektorraum* über einem beliebigen Körper K. Dessen Elemente a_{ij} werden Skalare genannt, wenn die folgenden Axiome erfüllt sind.

Axiom V1: Abelsche Gruppe bzgl. der Addition
Die Menge V ist eine abelsche Gruppe bzgl. der Addition.

Axiom V2: Multiplikation eines Vektors mit einem Skalar
Zu jedem Vektor v_j und einem beliebigen Körperelement a_i ist ein Produkt $a_i v_j$ definiert, welches wieder einen Vektor darstellt:
$$a_i v_j = a_i\,(a_{j1}\ a_{j2} \ldots a_{jn}) = (a_i a_{j1}\ a_i a_{j2} \ldots a_i a_{jn})$$
$$= (a_{k1}\ a_{k2} \ldots a_{kn}) = v_k\,.$$

Axiom V3: Distributives Gesetz der Multiplikation mit einem Skalar bzgl. der vektoriellen Addition
Sind v_j und v_k Vektoren aus V und ist a_i ein Skalar, dann gilt:
$a_i(v_j + v_k) = a_i v_j + a_i v_k$.

Axiom V4: Distributives Gesetz der Multiplikation mit einem Skalar bzgl. der skalaren Addition
Ist v_k ein Vektor und sind a_i und a_j Skalare, dann gilt:
$(a_i + a_j)v_k = a_i v_k + a_j v_k$.

Axiom V5: Assoziatives Gesetz der Multiplikation mit einem Skalar
Ist v_k ein Vektor und sind a_i und a_j Skalare, dann gilt:
$(a_i a_j)v_k = a_i(a_j v_k)$.

Lösungen der Aufgaben

Abschnitt 2

Abschn. 2.2.1

1. a) $H_m = 2,06\ bit/Zeichen$
   b) $H_0 = 2,58\ bit/Zeichen$
2. $H_0 = 14,3 \cdot 10^3\ bit/Seite$
3. a) $H_0 = 6,66\ bit/Messwert$
   b) $H_0 = 9,97\ bit/Messwert$
4. a) $H_m = 1,88 \cdot 10^5\ bit/Bild$
   b) $H_0 = 2,32 \cdot 10^5\ bit/Bild$

5. a) $H_m = 6,07\ bit/Amplitudenwert$
   b) $H_0 = 6,81\ bit/Amplitudenwert$
6. a) $H_m = 6,52\ bit/Zahl$
   b) $H_0 = 6,64\ bit/Zahl$

Abschn. 2.2.2

1. a) $\overline{p(x_1)} = \overline{p(x_2)} = 0,25,\quad \overline{p(x_3)} = 0,50$
   b) $H_M = 1,28\ bit/Zeichen$
2. a) $p^{(5)}(z_1) = 0,30,\quad p^{(5)}(z_2) = 0,66,\quad p^{(5)}(z_3) = 0,04$
   b) $H_M = 0,94\ bit/Zustand$
3. a) $\overline{p_1} = \frac{\mu}{\lambda+\mu},\quad \overline{p_2} = \frac{\lambda}{\lambda+\mu}$
   b) $H_M = \overline{p_1}\left((1-\lambda)\operatorname{ld}\frac{1}{1-\lambda} + \lambda\operatorname{ld}\frac{1}{\lambda}\right) + \overline{p_2}\left(\mu\operatorname{ld}\frac{1}{\mu} + (1-\mu)\operatorname{ld}\frac{1}{1-\mu}\right)$

Abschn. 2.2.3

1. a) $H(A) = 1,54\ bit/Zeichen,\quad H(B) = 1,57\ bit/Zeichen$
   b) $H(A|B) = 1,45\ bit/Zeichen,\quad H(B|A) = 1,48\ bit/Zeichen$
   c) $H(A,B) = 3,02\ bit/Zeichenpaar$
2. a) $H(X) = 1,56\ bit/Zeichen,\quad H(Y) = 2,29\ bit/Zeichen$
   b) $H(X|Y) = 1,39\ bit/Zeichen$
   c) 1. $H(X,Y) = H(Y) + H(X|Y) = 3,68\ bit/Zeichenpaar$
      2. $H(X,Y) = H(Y) = 2,29\ bit/Zeichenpaar$

Abschn. 2.3

1. $H_{rel} = \operatorname{ld}\frac{2e}{a}$

Abschnitt 3

Abschn. 3.2 und 3.3

1. a) Eindeutig dekodierbar: K1, K3, K4
   b) $l_m = 2,5\ Bit/QZ$ für K1 und K3
   c) $R_K = 0,08\ bit/QZ$
2. $H(X,X) = H(X) + H(X) = 2 \cdot H(X)$ (vollständige Unabhängigkeit),
   allgemein: $H(X^m) = \underbrace{H(X) + H(X) + \ldots + H(X)}_{m\ \text{mal}} = m \cdot H(X)$

Abschn. 3.4.2.1 und 3.4.2.2

1. a) $l_m = 2,84\ Bit/QZ,\ \ R_K = 0,06\ bit/QZ$
   b) $l_m = 2,81\ Bit/QZ,\ \ R_K = 0,03\ bit/QZ$
2. a) Optimalkode
   b) $l_m = 2,97\ Bit/Amplitudenwert$
   c) $\Delta l = l - l_m = 1,03\ Bit/Amplitudenwert$
3. a) $H_m = 7,95\ bit/Signalwert$
   b) $l_m = 8,50\ Bit/Signalwert$
   c) $\Delta R_K = R_{K,l} - R_{K,l_m} = 1,50\ bit/Signalwert$

Abschn. 3.4.2.3

1. a) $R_K = 0,53\ bit/QZ$
   b) $R_K = 0,18\ bit/QZ$
   c) $R_K = 0,06\ bit/QZ$
2. $m = 1:\ R_K = 0,10\ bit/QZ$
   $m = 2:\ R_K = 0,04\ bit/QZ$
3. a) Optimalkode einer erweiterten Quelle für $m = 3$
   b) $27,2\,\%$, da $l_m = 0,728\ Bit/QZ$ für $m = 3$
   c) nein, weil $H_m = 0,722\ bit/QZ \leq l_m$

Abschn. 3.4.2.4

1. a) Teilkodes: $l_{m,1} = 1,9\ \ l_{m,2} = 1,5\ \ l_{m,3} = 1,6\ \ l_{m,4} = 1,0\ \longrightarrow\ l_M = 1,50$
   b) $R_K = 0,21\ bit/Zustand$
   c) $\Delta l = l_m - l_M = 0,45\ Bit/Zustand$

Abschnitt 5

1. a) $H_T = 0,53\ bit/KZ = 0,53\ bit/Bit$
   b) $H_T = 0,36\ bit/KZ$
2. $f(0) = 0\ bit/KZ,\ f(0,5) = 1\ bit/KZ$
3. a) $H_T = 0,31\ bit/KZ,\ H(X) = 1\ bit/KZ$
   b) $H_T = 0,17\ bit/KZ,\ H(X) = 0,72\ bit/KZ$
   c) $H_T = 0,27\ bit/KZ,\ H(X) = 0,72\ bit/KZ$

4. a) $p(x_0) = 0,63$, $p(x_1) = 0,37$

   b) $H_T = 0,55\,bit/KZ$

   c) $H_T = 0,61\,bit/KZ$

5. $H_T = 0,75\,bit/KZ$, $H_{T_{ers}} = 0,71\,bit/KZ$

6. $H_T = 1,36\,bit/KZ$

7. a) $H_T = \operatorname{ld} N - p_F \operatorname{ld}(N-1) + p_F \operatorname{ld} p_F + (1-p_F)\operatorname{ld}(1-p_F)$

   b) Max.: $p_F = 0$, $H_{T_{max}} = \operatorname{ld} N$

   Min.: $p_F = \frac{N-1}{N}$, $H_{T_{min}} = 0$

8. gesichert: $f_Q = 258\,QZ/s$, ungesichert: $f_Q = 300\,QZ/s$

Abschnitt 6

1. a) $\frac{\Delta C}{C} \approx 58\,\%$

   b) $\frac{\Delta C}{C} \approx 10\,\%$

2. a) $C \approx 3 \cdot 10^4\,bit/s$

   b) $r = 45\,dB$

   c) $t = 33\,s$

   d) $t = 167\,s$

3. $B \geq 5,2\,MHz$

4. a) $s_D \approx 10^5\,bit/cm$

   b) $C \geq 1,9 \cdot 10^6\,bit/s$

Abschnitt 7

1. Optimale Kennlinie: $H_{rel_{opt}} = \operatorname{ld}(2\,a)$, lineare Kennlinie: $H_{rel_{lin}} = \operatorname{ld}(1,65\,a)$
   $\Delta H = H_{rel_{opt}} - H_{rel_{lin}} = 0,28\,bit/AW$

2. a) $N = 32$

   b) $t_{\ddot{u}} = 12\,s$

   c) $t_{\ddot{u}} \approx 4\,s$

3. a) $f_g = 6,25\,kHz$

   b) $t_u < 0,08\,ms$

   c1) $B \geq 50\,kHz$

   c2) $B \geq 25\,kHz$

4. a) ungesichert: $v_s = 1,4 \cdot 10^4\,KZ/s$, gesichert: $v_s = 1,63 \cdot 10^4\,KZ/s$

   b) ungesichert: $B \geq 7\,kHz$, gesichert: $B \geq 8,15\,kHz$

   c) ungesichert: $I_T \approx 1,2 \cdot 10^4\,bit/s$, gesichert: $I_T = 1,4 \cdot 10^4\,bit/s$

5. a) $l = 7$ Kanäle

   b) 5% der Gesamtmenge

   c) $70\,bit$

6. a) $\Delta U = 15,6\,mV$

   b) $C = 1600\,bit/s$

7.

x_i	1	2	3	4	5	6	7
a) $p(x_i)_{opt}$	0,032	0,030	0,054	0,089	0,121	0,113	0,061
b) $p(x_i)_{lin}$	0,227	0,124	0,068	0,037	0,020	0,011	0,013

c) $H_{q_{opt}} = 7,64\,bit/AW$, $H_{q_{lin}} = 7,12\,bit/AW$

Abschnitt 8

Abschn. 8.1.3

1. $k = 10$
2. $k = 6 \longrightarrow r_k = 0,095$; $R = 0,905$
3. $n = 15$, $k = 5$ (Anwendung Gl. (8.15));
   $d_{min} = 3: f_k = 1$ oder $f_e = 2$ *oder*
   $d_{min} = 4: f_k = 1$, $f_e = 2$ oder $f_e = 3$ (Anwendung Gl. (8.12))

Abschn. 8.2.1.2

1. $a_1 = (1\,0\,1\,1\,0\,1)$, $a_2 = (0\,0\,1\,1\,0\,0)$, $a_3 = (0\,1\,0\,1\,1\,1)$; $r_k = 0,167$
2.

$$
\begin{array}{cccc|c}
1 & 0 & 0 & 1 & 0 \\
0 & 1 & 1 & 0 & 0 \\
1 & 1 & 1 & 0 & 1 \\
0 & 0 & 1 & 0 & 1 \\
1 & 0 & 1 & 0 & 0 \\
\hline
1 & 0 & 0 & 1 & 0
\end{array}
\longrightarrow r_k = 0,333;
$$

$$
\begin{array}{cccc|cc}
 & & & & s_0 & \\
1 & 0 & 0 & 1 & 0 & 0 \\
0 & 1 & 1 & 0 & 0 & 0 \\
1 & 1 & 1 & 0 & 1 & 0 \\
0 & 0 & \mathbf{0} & 0 & 1 & 1 \\
1 & 0 & 1 & 0 & 0 & 0 \\
\hline
1 & 0 & 0 & 1 & 0 & 0 \\
s_0 = \quad 0 & 0 & 1 & 0 & 0 & 1
\end{array}
\leftarrow
$$

Abschn. 8.3.2

1. a) Nein!
   b) $d_{min} = 2$
2. a) $a_4 = (0\,1\,0\,1\,1\,1\,0)$, $a_5 = (1\,0\,1\,1\,1\,0\,0)$, $a_6 = (1\,1\,1\,0\,0\,1\,0)$,
   $a_7 = (0\,1\,1\,1\,0\,0\,1)$, $a_0 = (0\,0\,0\,0\,0\,0\,0)$
   b) Vgl. Gruppenaxiome G1 bis G4 (s. Algebraische Strukturen und Vektorräume)

Abschn. 8.3.3

1. Wegen $v_4 = v_1 \oplus v_2 \oplus v_3$ und $v_5 = v_1 \oplus v_4$ gehören die Vektoren $v_1, v_2, ..., v_5$ zu einem Unterraum der Dimension $l = 3$ eines Vektorraums der Dimension $n = 7$.
2. Nein!

Abschn. 8.3.4

1. a) $H_{3\times 7} = \begin{pmatrix} 1\,0\,1\,1\,1\,0\,0 \\ 1\,1\,0\,1\,0\,1\,0 \\ 0\,1\,1\,1\,0\,0\,1 \end{pmatrix}$
   b) $d_{min} = 3$ (auf Basis von H: $n_1 \oplus n_2 \oplus n_3 = \mathbf{0}$)
2. a) $b_1, b_2 \notin A$, $b_3 = g_2 \oplus g_3 \in A$
   b) $s = H \cdot b_3^T = \mathbf{0}$, sonst $s \neq \mathbf{0}$
3.

l	k	$(n, l[, d_{min} = 3])$Kanalkode
5	4	(9,5)Kanalkode
7	4	(11,7)Kanalkode
11	4	(15,11)Kanalkode, dichtgepackt
17	5	(22,17)Kanalkode

Abschn. 8.4

1. a) $k = 3 \longrightarrow$ perfekter $(7, 4, 3)$HAMMING-Kode
   b) s. Beispiel 8.4.2
   c) $b_1 \in A$, $b_{2,korr} = (0\,0\,1\,1\,1\,1\,0)$, $b_{3,korr} = (1\,0\,1\,0\,1\,0\,1)$
2. a) verkürzter $(11, 7, 3) \longrightarrow$ erweiterter $(12, 7, 4)$)HAMMING-Kode
   Bestimmungsgleichungen k_j $(j = 4, 3, ..., 0)$:
   $$k_4 = l_7 \oplus l_6 \oplus l_5 \,, \quad k_3 = l_4 \oplus l_3 \oplus l_2 \,, \quad k_2 = l_7 \oplus l_6 \oplus l_4 \oplus l_3 \oplus l_1 \,,$$
   $$k_1 = l_7 \oplus l_5 \oplus l_4 \oplus l_2 \oplus l_1 \,, \quad k_0 = \sum_{i=1}^{11} n_i \bmod 2$$
   b) $a = (l_7 l_6 l_5 k_4 l_4 l_3 l_2 k_3 l_1 k_2 k_1 k_0) = (1\,0\,1\,k_4\,0\,1\,0\,k_3\,0\,k_2\,k_1\,k_0) = (1\,0\,1\,0\,0\,1\,0\,1\,0\,0\,0\,0)$
   c) $b_1: s = (1\,0\,0\,0)^T$, $s_0 = 1 \to b_{1,korr} = a$
   $b_2: s = (0\,0\,1\,1)^T$, $s_0 = 0 \to$ geradzahliger Fehler, nicht rekonstruierbar
   $b_3: s = (1\,1\,1\,0)^T$, $s_0 = 1 \to$ ungeradzahliger Fehler, nicht rekonstruierbar
3. a) verkürzter $(12, 8, 3)$HAMMING-Kode, $|A| = 2^l = 256$
   b) $b = (0\,0\,0\,0\,1\,0\,0\,0\,1\,0\,1\,0) \to s = (1\,1\,1\,0)^T \notin H \to b$ nicht rekonstruierbar
   c) $2^l = 256$

Abschn. 8.5.1

1. $P_5(x)$ irreduzibel, $P_3(x)$ primitiv
2. $p_{max} = 255 = 3 \cdot 5 \cdot 17 \notin \mathbb{P}:\ x^{17}, x^{51}, x^{85}, x^{255} \bmod M(x) = 1 \longrightarrow n = p = 17$
3. $n = p = 9$:
   $$m_1(x) = (x + \alpha^1)(x + \alpha^2)(x + \alpha^4)(x + \alpha^8)(x + \alpha^7)(x + \alpha^5) = x^6 + x^3 + 1 = M(x),$$
   $$m_3(x) = (x + \alpha^3)(x + \alpha^6) = x^2 + x + 1,$$
   $$f(x) = m_0(x)\, m_1(x)\, m_3(x) = (x + 1)(x^6 + x^3 + 1)(x^2 + x + 1) = x^9 + 1$$

Abschn. 8.5.2

1. Nein! $n = 6$, $k = 3 \longrightarrow l = 3$, $|A| = 2^l = 8$
2. $L = 2^3$ Kanalkodewörter, Verfahren s. Abschn. 8.5.2.2, 8.5.2.3;
   Division: $a = [a^* \, k_k ... k_2 k_1]$
3. a) $a_1^* = (1\,1\,0\,0\,0\,1\,0\,1\,1\,0\,1)$ $\quad (a_i^* = a_i \bmod g \,!)$
   b) $a_2^* = (0\,1\,0\,1\,1\,0\,1\,1\,0\,0\,1)$
   c) $a_3^* = (1\,0\,0\,0\,1\,1\,1\,0\,0\,0\,1)$
4. $H_{3 \times 7} = \begin{pmatrix} 1\,1\,1\,0\,1\,0\,0 \\ 0\,1\,1\,1\,0\,1\,0 \\ 1\,1\,0\,1\,0\,0\,1 \end{pmatrix}$ über $G_{4 \times 7}$; auch möglich über $h(x)$ (s. Abschn. 8.5.2.1)
5. $\operatorname{grad} e(x) < \operatorname{grad} g(x)$ (zyklische Verschiebung unberücksichtigt)
6. a) $b_1 \notin A$
   b) $b_2 \notin A$
   c) $b_3 \in A$; $e = \mathbf{0}$: fehlerfreie Übertragung, $e \in A$: nicht erkennbarer Fehler
7. $g(x) = x + 1$

Abschn. 8.5.3

1. verkürzter primitiver (427,400,7)BCH-Kode
2. $g(x) = \mathrm{kgV}\{m_1(x), m_2(x), ..., m_5(x)\}$, $\mu = 1$
   a) $k_1 = \mathrm{grad}\,M(x) = 6$ erfüllt Gl. (8.32)
      $\longrightarrow$ verkürzter primitiver (38,20,7)BCH-Kode, $R = \frac{20}{38} \approx 0,53$
   b) aus Tabelle (s. Beispiel 8.5.13) Wahl von $p = n$ und Zyklenbildung:
      $p = 45:\ \beta^1, \beta^2, \beta^4, \beta^8, \beta^{16}, \beta^{32}, \beta^{64\mathrm{mod}45} = \beta^{19}, \beta^{38}, \beta^{31}, \beta^{17}, \beta^{34}, \beta^{23}$
      $\overline{\beta^3}, \overline{\beta^6}, \overline{\beta^{12}}, \beta^{24}$
      $\overline{\beta^5}, \overline{\beta^{10}}, \beta^{20}, \beta^{40}, \beta^{35}, \beta^{25}$
      $(\longrightarrow k_1 = \mathrm{grad}\,m_1^*(x) = 12$, d.h. $m_1^*(x)$ über $GF(2^{12})$ definiert$)$
      $\longrightarrow$ verkürzter nichtprimitiver (42,20,7)BCH-Kode, $R = \frac{20}{42} \approx 0,48$
3. a) $n = p = 63$, $k = 24:$ 4 Zyklen der Länge $k_1 = 6 \longrightarrow d_{min} = 9$, $f_k = 4$
   b) erweiterter nichtprimitiver $(36, 11, d_{min} + 1)$BCH-Kode $\longrightarrow$ nichtprimitiver $(35, 11, d_{min})$BCH-Kode:
      $n = p = 35$, $k = 24:$ 2 Zyklen der Länge $k_1 = 12 \longrightarrow d_{min} = 5$, $f_k = 2$;
      $m_{351}(x)$ bit-reversed von $m_{117}(x)$!
4. $a^* = (011001)$, $w(e) \leq 4 \longrightarrow l = 6, f_e = 4$, $d_E = f_e + 1 = 5$
   $g(x) = \mathrm{kgV}\{m_1(x), m_2(x), m_3(x), m_4(x)\}$
   $k_1 = 3:\ 7 \geq 6 + k$, $k = 1$? $\longrightarrow$ Abbruch, da bereits $\mathrm{grad}\,m_1(x) \geq k$
   $k_1 = 4:\ 15 \geq 6 + k$, $k \leq 9$?
   $\qquad$ Zyklen: $\underline{\alpha^1, \alpha^2, \alpha^4}, \alpha^8$
   $\qquad\qquad \underline{\alpha^3}, \alpha^6, \alpha^{12}, \alpha^9 \longrightarrow g(x) = m_1(x)\,m_3(x)$, $k = 8$
   $\longrightarrow$ verkürzter primitiver $(14, 6, 5)$BCH-Kode
5. $l = 10$, Bündelfehler ≤ 12, $d_E = 6:$
   $g(x) = m_1(x)\,m_3(x)\,m_5(x)$, $k_1 = \mathrm{grad}\,m_1(x) = 5$
   $\longrightarrow$ verkürzter primitiver (25,10,7)BCH-Kode mit $f_b \leq 15$, $f_e \leq 6$

Abschn. 8.5.4

1. a) $a^* = (\alpha^5 \alpha^6 \alpha^4) \longrightarrow a = (\alpha^5 \alpha^6 \alpha^4 \alpha^5 \alpha^2 \alpha^2 \alpha^6)$
   b) $a_{zykl} = (\alpha^6 \alpha^4 \alpha^5 \alpha^2 \alpha^2 \alpha^6 \alpha^5) \in A$
      Die Division $a_{zykl}(x) : g(x)$ liefert den Rest $r(x) = 0$.
   c) $b \in A$? (Ausführung der Division in Koeffizientenschreibweise):
      $\begin{array}{l} \alpha^3 \alpha\ \alpha^5\,0\ \alpha^4 \alpha^6 1 : 1\alpha^3 1\alpha\alpha^3 = \alpha^3 \alpha^5 \alpha^4 \\ \underline{\alpha^3 \alpha^6 \alpha^3 \alpha^4 \alpha^6} \\ \quad \alpha^5 \alpha^2 \alpha^4 \alpha^3 \alpha^6 \\ \quad \underline{\alpha^5\ \alpha\ \alpha^5 \alpha^6 \alpha} \\ \qquad \alpha^4\,1\ \alpha^4 \alpha^5 1 \\ \qquad \underline{\alpha^4\,1\ \alpha^4 \alpha^5 1} \\ \qquad\qquad\quad 0 \ \longrightarrow\ b \in A \end{array}$

Abschn. 8.5.5

1. $b(x) = x^{14} + x^{13} + x^{12} + x^9 + x^6 + x^3 + x^2 + x + 1$

   0. $b \notin A$

   1. $s_1 = b(x = \alpha^1) = (\alpha^{14} + \alpha^{13} + \alpha^{12} + \alpha^9 + \alpha^6 + \alpha^3 + \alpha^2 + \alpha + 1) \bmod M(\alpha) = \alpha$,

   $s_2 = s_1^2 = \alpha^2, s_3 = b(x = \alpha^3) = 1, s_4 = s_2^2 = \alpha^4$,

   $s_5 = b(x = \alpha^5) = 1, s_6 = s_3^2 = 1$

   2. $\alpha\ \sigma_3 + \alpha^2\sigma_2 + \quad \sigma_1 = \alpha^4$

   $\alpha^2\sigma_3 + \quad \sigma_2 + \alpha^4\sigma_1 = 1$

   $\sigma_3 + \alpha^4\sigma_2 + \quad \sigma_1 = 1 \quad \longrightarrow \quad \sigma(x) = x^3 + \alpha x^2 + \alpha^9 x + \alpha^{11}$

   3. $x_1 = \alpha^3, x_2 = \alpha^{10}, x_3 = \alpha^{13}$

   $e(x) = x^{13} + x^{10} + x^3$

   $b_{korr}(x) = x^{14} + x^{12} + x^{10} + x^9 + x^6 + x^2 + x + 1$

2. $b_{korr,0} = b_{korr,1} = (110010001111010)$

3. $b_1 = (\alpha^4 000000)$:

   0. $b_1 \notin A$

   1. $s_1 = b(x = \alpha^1) = \alpha^3, s_2 = b(x = \alpha^2) = \alpha^2$

   2. $\alpha^3\sigma_1 = \alpha^2 \quad \longrightarrow \quad \sigma(x) = x + \alpha^6$

   3. $x_1 = \alpha^6 \quad \longrightarrow \quad e(x) = y_1 x^6$

   4. $s_1 = y_1 x_1 \quad \longrightarrow \quad e(x) = \alpha^4 x^6 \quad \longrightarrow \quad b_{1,korr} = (0000000) \in A$

   $b_2 = (\alpha^4 0000\alpha^2 0)$:

   0. $b_2 \notin A$

   1. $s_1 = b(x = \alpha^1) = 0, s_2 = b(x = \alpha^2) = \alpha$

   2. $0\,\sigma_1 = \alpha \quad \longrightarrow \quad$ nicht lösbar, Rekonstruktionsversagen

4. $b = (00000000000\alpha^0\alpha^0\alpha^0\alpha^0)$

   0. $b \notin A$

   1. $s_1 = \alpha^{12}, s_2 = \alpha^9, s_3 = \alpha^{12}, s_4 = \alpha^3, s_5 = 1, s_6 = \alpha^9$

   2. $\sigma(x) = x^3 + \alpha^{12}x^2 + \alpha^9 x + \alpha^{12}$

   3. Für alle $x \in GF(2^4)$ ist $\sigma(x) \neq 0$. Es liegen mehr als f_k Fehler und damit Rekonstruktionsversagen vor.

5. a) $b = (\alpha^2 0\alpha^5\alpha^5\alpha\alpha^6 0)$, $U = (\alpha^0, \alpha^5)$; $\rho = 2$, $f_k = 2$

   0. $b \notin A$

   1. $s_1 = \alpha^4, s_2 = \alpha^5, s_3 = \alpha, s_4 = \alpha$

   2. Abarbeitungsprotokoll:

i	Δ_i	$\Lambda(x)$	l	$B(x)$	$T(x)$
		1	0	1	
1		$1 + x$	1	$1 + x$	
2		$1 + \alpha^4 x + \alpha^5 x^2$	2	$1 + \alpha^4 x + \alpha^5 x^2$	
3	α	$1 + \alpha^2 x + \alpha^6 x^3$	3	$\alpha^6 + \alpha^3 x + \alpha^4 x^2$	$1 + \alpha^2 x + \alpha^6 x^3$
4	α	$1 + \alpha^6 x + \alpha^4 x^2 + \alpha x^3$		$\alpha^6 x + \alpha^3 x^2 + \alpha^4 x^3$	$1 + \alpha^6 x + \alpha^4 x^2 + \alpha x^3$

   $\longrightarrow$ Ausgabe: $\Lambda(x)_{BM} = 1 + \alpha^6 x + \alpha^4 x^2 + \alpha x^3$; $\nu = 3 - 2 = 1$.

   $\longrightarrow \sigma(x) = x^3 + \alpha^6 x^2 + \alpha^4 x + \alpha$ (Anwendung Gl. (8.45))

   3. $x_3 = \alpha^3$

4. $s_j = \sum\limits_{i=1}^{\rho+\nu} y_i\, x_i^j \;\; (j = 1, 2, 3):$ $\quad \alpha^4 = \alpha^0 y_1 + \alpha^5 y_2 + \alpha^3 y_3$

$$\alpha^5 = \alpha^0 y_1 + \alpha^3 y_2 + \alpha^6 y_3$$
$$\alpha \;= \alpha^0 y_1 + \alpha^6 y_2 + \alpha^5 y_3$$
$$\longrightarrow \; y_1 = \alpha^4, y_2 = 1, y_3 = \alpha^2$$

$\longrightarrow\; b_{korr} = b + e = (\alpha^2 0 \alpha^5 \alpha^5 \alpha \alpha^6 0) + (010\alpha^2 00\alpha^4) = (\alpha^2 1 \alpha^5 \alpha^3 \alpha \alpha^6 \alpha^4)$

b) $b = (\alpha^3 \alpha^3 \alpha^4 \alpha^3 1 \alpha^4 \alpha^3)$

0. $b \notin A$

1. $s_1 = 1, s_2 = \alpha^2, s_3 = \alpha^3, s_4 = \alpha^6$

2. PZG:

$$1\,\sigma_2 + \alpha^2 \sigma_1 = \alpha^3$$
$$\alpha^2 \sigma_2 + \alpha^3 \sigma_1 = \alpha^6$$
$$\longrightarrow \; \sigma(x) = x^2 + \alpha^2 x + \alpha^6$$

BERLEKAMP-MASSEY:

i	Δ_i	$\Lambda(x)$	l	$B(x)$	$T(x)$
		$1 + x$	1	1	
2	α^6	$1 + \alpha^2 x$		x	$1 + \alpha^2 x$
3	α^6	$1 + \alpha^2 x + \alpha^6 x^2$	2	$\alpha + \alpha^3 x$	$1 + \alpha^2 x + \alpha^6 x^2$
4	0			$\alpha x + \alpha^3 x^2$	

$\longrightarrow \; \Lambda(x)_{BM} = 1 + \alpha^2 x + \alpha^6 x^2\,;\; \nu = 2 \;\longrightarrow\; \sigma(x) = x^2 + \alpha^2 x + \alpha^6$

EUKLID:

i	$r_i(x)$	$q(x)$	$w_i(x)$
-1	x^4		0
0	$\alpha^6 x^3 + \alpha^3 x^2 + \alpha^2 x + 1$		1
1	$x^2 + \alpha^3 x + \alpha^5$	$\alpha x + \alpha^5$	$\alpha x + \alpha^5$
2	α	$\alpha^6 x + \alpha^5$	$x^2 + \alpha^3 x + \alpha$

$\longrightarrow \; \Lambda(x)_{EUKL} = (x^2 + \alpha^3 x + \alpha)\alpha^{-1} = \alpha^6 x^2 + \alpha^2 x + 1 = \Lambda(x)_{BM}$

3. $x_1 = 1, x_2 = \alpha^6$

4. $y_1 = \alpha^5, y_2 = \alpha^5 \;\longrightarrow\; e(x) = \alpha^5 x^6 + \alpha^5$

$\longrightarrow \; b_{korr} = b + e = (\alpha^2 \alpha^3 \alpha^4 \alpha^3 1 \alpha^4 \alpha^2)$

Abschn. 8.6.1

1. a) G_2 ist katastrophal (Nullschleife im Zustand (1,1)).

   b) Beispiel: Zustandsübergangstabelle

$u(t)$	$z(t)$	$z(t+1)$	$v(t)$
0	0,0	0,0	0,0
1	0,0	1,0	1,1
0	1,0	0,1	1,1
1	1,0	1,1	0,0
0	0,1	0,0	0,1
1	0,1	1,0	1,0
0	1,1	0,1	1,0
1	1,1	1,1	0,1

c) $a = (00\,11\,00\,01\,10\,10\,\mathbf{11}\,\mathbf{01})$

2. a)

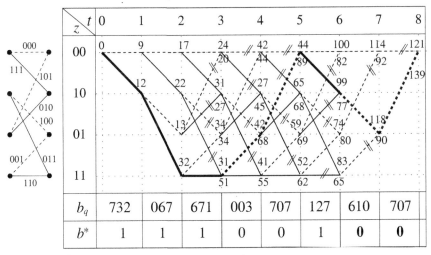

b) $K = k + 1 = 3$, $R = \frac{1}{3}$, $d_f = 6$

c) $a = (111\,011\,110\,001\,101\,111\,\mathbf{100}\,\mathbf{101})$

Abschn. 8.6.2

1. $P = \begin{pmatrix} 1\,0\,0 \\ 0\,1\,1 \\ 1\,0\,1 \end{pmatrix} \longrightarrow a_p = (1111001011100)$.

Einfluss von P bedarf einer Untersuchung von d_f bei gleicher Koderate R_P und Einflusslänge K.

Abschn. 8.6.3

1. a) $b_q = (\frac{7}{7}\frac{3}{7}\frac{2}{7}\ 0\frac{6}{7}\frac{7}{7}\ \frac{6}{7}\frac{7}{7}\frac{1}{7}\ 00\frac{3}{7}\ \frac{7}{7}0\frac{7}{7}\ \frac{1}{7}\frac{2}{7}\frac{7}{7}\ \frac{6}{7}\frac{1}{7}0\ \frac{7}{7}0\frac{7}{7})$:

Für die Umsetzung dieser Quantisierung kann die Zweigmetrik nach Gl. (8.53) vereinfacht wie folgt berechnet werden:

$$\lambda_t^{\sigma'\sigma} = \sum_{i=1}^{m} \lambda_{t,i}^{\sigma'\sigma} \quad \text{mit} \quad \lambda_{t,i}^{\sigma'\sigma} = \begin{cases} \text{Zähler}(y_{q,i}(t)) & v_{\sigma'\sigma,i} = 1 \\ \text{Nenner} - \text{Zähler}(y_{q,i}(t)) & v_{\sigma'\sigma,i} = 0 \end{cases}.$$

b) $a = (111\,011\,110\,001\,101\,111\,\mathbf{100}\,\mathbf{101}) \longrightarrow$

$b_p = a_p = (1110 \qquad 00011 \qquad 1\mathbf{100}1 \quad)$

Die depunktierten Stellen sind in b mit $\mathbf{p}$ gekennzeichnet. MD Dekodierung:

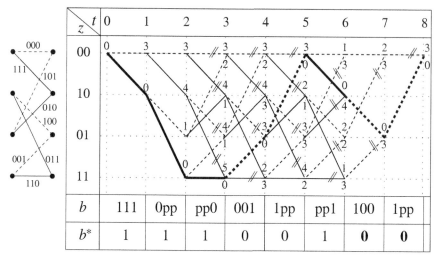

z \ t	0	1	2	3	4	5	6	7	8
b	111	0pp	pp0	001	1pp	pp1	100	1pp	
b^*	1	1	1	0	0	1	**0**	**0**	

Abschn. 8.6.4

1. Ansatz:

Anzahl Knoten je Taktzeitpunkt im minimalen Trellis $\leq 2^{\min\{l,k\}} = 2^{\min\{3,4\}} = 8$, $L = 2^l = 8$ Kanalkodefolgen.

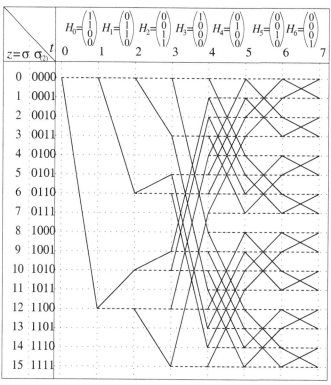

Minimales Syndromtrellis:

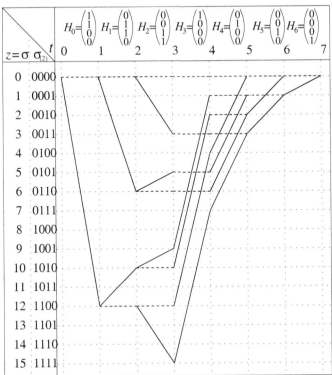

Abschnitt 9

Abschn. 9.2

1. $p_e(0) = 0,92757$, $p_e(1) = 0,06992$, $p_e(2) = 0,00246$, $p_e(3) = 0,00005, \ldots$
2. $p_R(100)_{erk} = 1,1 \cdot 10^{-4}$
3. $H_T = 0,029\,bit/KZ$, $p_R(7)_{korr} = 0,841$, $p_R(7)_{erk} = 0,072$
4. a) $p_R(7)_{erk} = 6,8 \cdot 10^{-6}$
   b) $p_R(7)_{korr} \approx 2 \cdot 10^{-3}$

Literatur

[AMT 94] U. Ammon, K.-H. Tröndle. *Mathematische Grundlagen der Codie-rung.* München: Oldenbourg Verlag, 1974.

[BAC 74] L. Bahl, J. Cocke, F. Jelinek, J. Raviv. *Optimal decoding of linear codes for minimizing symbol error rate.* IEEE Trans. on Inform. Theory, 1974, 284-287.

[BEG 93] C. Berrou, A. Glavieux, P. Thitimajshima. *Near Shannon Limit Error-Correcting Coding: Turbo Codes.* Proc. 1993 IEEE Intern. Conf. on Com., Geneva, May 1993.

[BOS 98] M. Bossert. *Kanalcodierung.* Stuttgart: Teubner-Verlag, 1998.

[CAC 79] J.B. Cain, G.C. Clark, J.M. Geist. *Punctured convolutional codes of rate $(n-1)/n$ and simplified maximum likelihood decoding.* IEEE Trans. on Inform. Theory, 1979, 97-100.

[COH 98] D.J. Costello, Jr., J. Hagenauer. H. Imai, S.B. Wicker. *Applications of Error-Control Coding.* IEEE Trans. on Inform. Theory, 1998, 2531-2560.

[DJE 98] D. Divsalar, H. Jin, R.J.M. Eliece. *Coding theorems for 'turbo-like' codes.* Proc. 36th Annual Allerton Conf. on Comm., Control and Computing, Sept. 1998, 201-210.

[DOP 88] W. Dörfler, W. Peschek. *Einführung in die Mathematik für Informatiker.* München, Wien: Carl Hanser Verlag, 1988.

[DUD 93] *Duden Informatik.* Mannheim, Leipzig, Wien, Zürich: Dudenverlag, 1993.

[FEY 68] P. Fey. *Informationstheorie.* Berlin: Akademie Verlag, 1968.

[GAL 63] R.G. Gallager. *Low density parity check codes.* Cambridge, MA: MIT Press, 1963.

[HAG 88] J. Hagenauer. *Rate-Compatible Punctured Convolutional Codes (RCPC Codes) and their Applications*. IEEE Trans. on Com., 1988, 389-400.

[HAH 89] J. Hagenauer, P. Hoeher. *A Viterbi Algorithm with Soft-Decision Outputs and its Applications*. IEEE, Globecom 1989, 1680-1686.

[HAG 94] J. Hagenauer. *Soft is better than hard*. In: R.E. Blahut, D.J. Costello, U. Maurer, T. Mittelholzer (Hrsg.): Communications and Cryptography – Two Sides of One Tapestry, 1994, 155-171.

[HAO 96] J. Hagenauer, E. Offer, L. Papke. *Iterative Decoding of Binary Block and Convolutional Codes*. IEEE Trans. on Inform. Theory, 1996, 429-445.

[HAM 50] R.W. Hamming. *Error Detecting and Correcting Codes*. Bell Syst. Tech. J. 29(1950), 147-160.

[HAM 87] R.W. Hamming. *Information und Codierung*. Weinheim: VCH Verlagsgesellschaft, 1987.

[HAR 28] R.V.L. Hartley. *Transmission of Information*. Bell Syst. Tech. J. 7(1928), 535-563.

[HEQ 95] Heise, W.; Quattrocchi, P.: *Informations- und Codierungstheorie*. 3. Auflage. Berlin, Heidelberg, New York: Springer-Verlag, 1995.

[HOE 97] P. Hoeher. *New Iterative („Turbo") Decoding Algorithms*. Proc. of Int. Symp. on Turbo Codes, Brest, France, 1997, 63-70.

[HÖH 75] E. Hölzler, H. Holzwarth. *Pulstechnik*. Berlin, Heidelberg, New York: Springer-Verlag, 1975.

[KAD 91] F. Kaderali. *Digitale Kommunikationstechnik I. Netze-Dienste-Informationstheorie-Codierung*. Braunschweig, Wiesbaden: Vieweg-Verlag, 1991.

[KÄM 71] W. Kämmerer. *Einführung in mathematische Methoden der Kybernetik*. Berlin: Akademie Verlag, 1971.

[LEZ 77] A. Lempel, J. Ziv. *A Universal Algorithm for Sequential Data Compression*. IEEE Trans. on Inform. Theory, 23(1977)3.

[MKN 96] D.J.C. MacKay, R.M. Neal. *Near Shannon Limit Performance of Low Density Parity Check Codes*. Electronics Letters 12.07.1996.

[MAN 74] D.M. Mandelbaum. *An adaptive-feedback coding scheme using incremental redundancy.* IEEE Trans.Inform.Theory, 1974, 388-389.

[MEY 99] M. Meyer. *Kommunikationstechnik.* Braunschweig, Wiesbaden: Vieweg-Verlag, 1999.

[PAR 96] L. Papke, P. Robertson, E. Villebrun. *Improved Decoding with the SOVA in a Parallel Concatenated (Turbo-Code) Scheme.* IEEE Int. Conf. on Com., 1996, 102-106.

[PEW 91] W.W. Peterson, E.J.Weldon. *Error-Correcting Codes.* Eleventh printing 1991. Cambridge, Mas., and London: The MIT Press, 1991.

[REI 08] U. Reimers. *Digitale Fernsehtechnik. Datenkompression und Übertragung für DVB.* Berlin, Heidelberg: Springer-Verlag, 2008.

[SAL 97] D. Salomon. *Data Compression.* New York: Springer-Verlag, 1997.

[SCH 92] O. Schmidbauer. *Sprachspezifisches Wissen in Spracherkennungssystemen.* In: Mustererkennung 1992. 14. DAGM-Symposium in Dresden. Berlin, Heidelberg, New York: Springer-Verlag, 1992.

[SHA 48] C.E. Shannon. *A Mathematical Theory of Communication.* Bell Syst. Tech. J. 7(1948), 379-423, 623-656.

[SHW 76] C.E. Shannon, W. Weaver. *Mathematische Grundlagen der Informationstheorie.* München: Oldenbourg Verlag, 1976.

[STR 05] T. Strutz. *Bilddatenkompression.* Braunschweig, Wiesbaden: Vieweg-Verlag, 2005.

[VIT 87] J.S. Vitter. *Design and Analysis of Dynamic Huffman Codes.* J. ACM, 34(1987)4, 825-845.

[VUY 01] B. Vucetic, J. Yuan. *Turbo Codes. Principles and Applications.* Boston, Dordrecht, London: Kluwer Academic Publishers, 2001.

[WEB 98] Ch. Weiß, Ch. Bettstetter, S. Riedel. *Turbo Decoding with Tail-Biting Trellises.* in: Proc. 1998 URSI Int. Symp. on Signals, Systems, and Electronics (ISSSE'98), Pisa, 1998, 343-348.

[WEL 84] T.A. Welch. *A Technique for High Performance Data Compression.* IEEE Computer, 17(1984)6.

[VAL 99] M.C. Valenti. *Iterative Detection and Decoding for Wireless Communications.* Diss., Virginia Politechnic Institute and State University, 1999.

Sachverzeichnis

Printed in the United States
By Bookmasters